国家社科基金资助项目
受国家社科基金资助出版

A History of the Renaissance

欧洲文艺复兴史

法学卷

刘明翰 主编

周春生 徐家玲 陶永新 著

人民出版社

责任编辑：杨美艳
装帧设计：曹　春
责任校对：周　昕

图书在版编目（CIP）数据

欧洲文艺复兴史·法学卷／刘明翰主编　周春生　徐家玲　陶永新著
　－北京：人民出版社,2010.11
ISBN 978－7－01－009278－2
Ⅰ.①欧...　Ⅱ.①刘...②周...③徐...④陶...
Ⅲ.①文艺复兴－历史－欧洲②法制史－欧洲－中世纪　Ⅳ.①K503②D950.9
中国版本图书馆CIP数据核字（2010）第182430号

书　　　名　欧洲文艺复兴史·法学卷
　　　　　　OUZHOU WENYI FUXING SHI FAXUE JUAN
著 译 者　刘明翰主编　周春生　徐家玲　陶永新著
出版发行　人民出版社
　　　　　　（北京朝阳门内大街166号　邮编　100706）
邮购地址　100706 北京朝阳门内大街166号人民东方图书销售中心
邮购电话　(010)65250042　65289539
经　　　销　各地新华书店
印　　　刷　环球印刷（北京）有限公司
版　　　次　2010年11月第1版　2010年11月北京第1次印刷
开　　　本　710毫米×1000毫米1/16　印张 22.25
字　　　数　327千字
印　　　数　1—4,000册
书　　　号　ISBN 978－7－01－009278－2
定　　　价　45.00元

欧洲文艺复兴史

宋健

目　录

总　序

　　历史长河，波涛起伏，滚滚向前。世界历史的画卷，纵横数万里，上下几千年。它既有暴风骤雨、电闪雷鸣的惊天动地时刻，又有漩涡险滩、曲折逆流的暂时倒退场面，还有那熠熠生辉、异彩纷呈的璀璨图景。多元景观和七色珠玑的文艺复兴，一如那异彩纷呈的图景，人们播撒着新的价值和理性精神的种子，破除迷信，解放思想，创建了独特的新观念和文明内涵，唱响出一首迈向新时代的高歌。

　　现在呈献给读者们的多卷本《欧洲文艺复兴史》，是国家社会科学规划的一个研究项目。它是我国首次系统地梳理和全方位地阐析欧洲文艺复兴思想精华的一次尝试，也是多层面地探究文艺复兴成果和历史经验的纵深耕耘。

一

　　欧洲文艺复兴运动一直以其思想和文化的恢弘灿烂而备受世人瞩目。文艺复兴发生在欧洲从中世纪向近代转型的过渡时代，是欧洲在意识形态层面开启的一场与封建文明决裂，在知识、科技、人文和社会诸领域中展开的一场新思想和精英文化的运动。它是以反封建、反天主教会、反对神学蒙昧主义为主要内容的伟大的思想解放运动。中世纪晚期欧洲面临着总体危机。"阿维农之囚"后，教权下降，封建生产方式逐渐解体。人们由于信仰的失落和价值符号的错位，在时代转型的风云中，直面生存深渊，渴望走出蒙昧的漫漫黑夜。学之染人，甚于丹青。欧洲文艺复兴画卷，充分揭示了先进文化和先进知识分子在历史关键时刻的启蒙作用。先进文化代表了人类社会前进的方向，是人类社会发展的灵魂，是促使社会进步的导向和动力之一，它发挥着震古烁今、振聋发聩的精神解放的作用。直接将新兴资产阶级推上了欧洲经济政治和文化平台的中央。

自14世纪初至17世纪30年代共三百余年的文艺复兴时代，先进知识分子的思想体系和精神象征是人文主义。人文主义是一个历史范畴的特定概念，其主要标志是以人为中心，反对以神为中心，提倡人性，反对神性。文艺复兴并非古代希腊、罗马奴隶制文化的复活，而是利用古典文学艺术作品中的现实主义成分，自然科学和哲学中的唯物主义因素，去反对封建的神学体系和经院哲学。人文主义在哲学观上表现为人本主义，政治思想上体现出民族主义，在伦理思想上集中表现为反禁欲主义，文学艺术上展现了现实主义。人文主义思想的主要特征是：强调以人为中心，主张发展人的个性、才智和自我奋斗，赞扬英雄史观；肯定现实世界和现世生活，向往享受、功利和致富，反对禁欲、悲观和遁世；否定对罗马教皇和天主教会绝对服从，嘲笑僧侣的愚昧，蔑视贵族的世家出身，反对封建特权和等级制；提倡理性，追求知识和技术，重视科学实验，反对先验论，主张探索自然，欣赏资产阶级新文化的语言符号系统和各种表现形态。

文艺复兴时代，人文主义的核心是"以人为本"，把人看做一切事物的前提、最终的本质和根源。"以人为本"就是反对人被边缘化，强调人在宇宙中心的主体性，肯定人在社会发展中的主体地位和作用；它同时是一种价值功能取向，尊重人的价值，肯定人是权利和责任的主体，描述人内心的丰富、刚毅和身体美；它也是一种思维方式，否定封建文化和神学的主导地位，提倡人的个性，树立人的自主意识。"以人为本"的提出，发挥了积极进步的历史作用。然而，社会的积壳层岩永远不是一朝所能凿穿的，疏浚如导壅，发明如烛暗，人文主义思潮随历史的发展，其体系也是逐渐丰满的。

欧洲文艺复兴如怒海波涛，"教会的精神独裁被摧毁了"（恩格斯语）。它敲响封建制的丧钟，改变了"万马齐喑"的局面，加速了民族国家的形成，展示了近代曙光初露的黎明；留学意大利热潮中群贤荟萃，创造了精英文化；现实主义的文学艺术获得了空前的繁荣；难以企及的佳作荣膺世界不朽名著之列；空想社会主义先驱者思想的萌育；近代自然科学和新人文科学迎着暴风雨诞生。文艺复兴史的经验证明，必须同反动势力渊薮和落后传统坚持长期斗争，不畏强暴，殚精竭虑，艰苦实践，才能与时代同步，结硕果，出巨人。

二

一个半世纪之前（1860年），瑞士史学家布克哈特的名著《意大利文艺复兴时期的文化》问世，他集前人研究之大成，又加以综合与发展，对文艺复兴给予充分的肯定和总结，把它作为一个文明整体加以阐述。这部巨著，是文艺复兴研究的奠基性著作，流传甚广，成为西方史学中关于文艺复兴史正统理论的基础。布氏摆脱了欧洲传统史学只限于政治、军事和外交史的传统，对先进文化加以颂扬，评析了人文主义，开始把政治同文化联系起来，在结构和体系上进行创新。但书中把中世纪视为黑暗时期，是当时史学界的偏见；全书没有艺术的内容，将文化成就主要归功于一小部分君主和统治者乃其缺陷。英国史学家西蒙斯的《意大利文艺复兴》是同布氏观点接近的另一部正统派巨著，此书卷帙有七、内容浩繁丰富。设专章写美术和方言文学，专门论述了罗马教皇和天主教会，将不同城市辟专题加以分析，对但丁、莎士比亚等均列有小传。但全书缺少经济背景，政治事件较多，范围仍窄，是其不足。布克哈特的研究方法和传统持续到20世纪，许多著作，如《剑桥近代史》第一卷《文艺复兴》等，均采纳布氏的观点。

20世纪初，尤其在30年代，西方史学界一度盛行反对和批判布克哈特的史学传统。以德国史家H.索德、法国艺术史家L.孔诺德，特别是美国中世史家C.H.哈斯金斯和L.桑代克等为代表，他们指出，"中世纪并非黑暗和静止"，中世纪文化中有文艺复兴的源流，认为历史发展只是连续的渐进，甚至否认文艺复兴时代的伟大意义。

第二次世界大战前后，在文艺复兴研究上传统观点与反传统观点有过激烈论战。但一批学者仍沿着布克哈特的正统的研究道路前进。他们的代表人是汉斯·巴伦、保罗·克瑞斯泰勒和欧金尼奥·加林。他们特别注意文化和政治、社会的结合，将文艺复兴放在更广阔的历史背景之下，从文化社会学、人文学和哲学等不同角度补充和深化了布氏的立论，为全面研讨文艺复兴开辟了道路。

20世纪50至60年代，许多史学家在坚持布克哈特的传统的基础上，对布氏的观点和方法进行了修正和补充，进一步拓宽了文艺复兴研究的思路，即：在研究领域上开辟了新的方向；在研究方法上开展跨学科、多学科交叉的比较研究；拓宽史料来源，重视档案、文物典籍的作用；强调以点带面，将佛罗伦萨作为典型，探研经济基础与上层建筑之间的关系和变迁。这一时期有关文艺复兴的成果显著，研究取得重大进展。

20世纪80年代后，文艺复兴的研究有了重大转折。西方史学界由于法国年鉴学派和英国马克思主义史学流派的"新史学"运动的影响，在研究方向上更集中地转向社会史领域；研究对象上，逐渐从文化名人转向广大群众；从精英文化转向大众文化。对文艺复兴的概念、性质、时代和社会结构等基本理论性问题的辨析和定性上采取了审慎的态度。同时又广泛重视了史料的更新，对研究领域则进一步拓宽。在第十六届国际历史科学大会（1985年在斯图加特举行）的文艺复兴研究专门委员会的会议上，表现出各国学者对文艺复兴兴趣的明显提高。

20世纪末，各国学者对意大利以北各民族国家中文艺复兴的研究成果激增；对文艺复兴时期城市与社会生活，一些教皇对文艺复兴的态度的异同以及文艺复兴时代经济、教育、建筑、妇女等诸多领域的探研均相继展开；特别是重视史料来源的扩大。这些在第十八届国际历史科学大会（1995年在蒙特利尔举行）中有所反映。美国的六卷本《文艺复兴百科全书》（1999年版）对文艺复兴人物、事件分别有新的概述。

我国在80年代以前，关于欧洲文艺复兴史的研究基础薄弱，主要是少数学者对文艺复兴的背景、性质和意义作宏观分析，很少进行分门别类的专题研究。80年代后，在改革开放的新形势下，20年来我国世界中世纪史学会组织国内外学者们连续对文艺复兴史展开了一系列研讨，刊出了较多的研究成果，取得了初步的进展。

三

众所周知，中华文明曾长期居世界前列，中国四大发明的西传有巨大贡献。中国的建筑技术、造船、航海、陶瓷与漆器生产等等许多工艺曾在世界领先。14世纪前，世界重要的科学成就和发明约300项，其中出自中国的约175项，占57%以上。但文艺复兴后期，由于西欧自然科学一系列发现、发明以及政治经济、海外贸易等都有新发展，而在封建围墙内长期徘徊的中国重农抑商、闭关锁国、文化专制，以致从这时起同西欧的差距拉开并逐渐扩大。我们祖国何时开始落后于西方的？落后的根本原因何在？从欧洲文艺复兴前后中西历史的对比落差中最能找到端倪。

恩格斯以高屋建瓴的眼界进一步对文艺复兴做出了高度也最正确的评价，他指出"这是一个人类从来未经历过的最伟大的、进步的变革，是一个需要巨人而且产生了巨人——在思维能力、热情和性格方面，在多才多艺和学识渊博方面的巨人的时代。"

目前，我国对欧洲文艺复兴史的研究方兴未艾。全面、多角度地审视欧洲文艺复兴仍是一道难题。迄今，对它主体多层性研究阙如，薄弱和空白环节较多。我国作为一个拥有东方文明、地负万物、海纳百川的悠久古国，炎黄文化的精华博大精深，传承文明和借鉴中外文化精华，历来是中华民族的优良传统。我们必须坚持辩证唯物史观的指导和"国人治史"夐夐独造的胆识，宏观和微观相结合，进一步开拓研究的深度和广度，以恩格斯对文艺复兴的正确评价作为这部丛书全面贯彻的指导思想，充分探究先进思想和先进文化在历史进程中的作用。

《欧洲文艺复兴史》分成各有主题而又互有联系的十二卷，即：总论卷、经济卷、政治卷、哲学卷、科学技术卷、文学卷、艺术卷、教育卷、法学卷、宗教卷、史学卷、城市与社会生活卷。这样多卷本的范围和规模，在国内尚属第一次。我们力求恪守严谨、创新的原则，在汲取国内外研究成果的基础上，体现出"自得之见"。"横看成岭侧成峰，远近高低各不同"。全书的基本框架虽统一，但各卷出自众手，写法和文风、笔调不可能也不必千篇一律。我们由衷的愿望是想通过这部书为中华民族的伟大复兴，提供可鉴之镜。

回眸自2001年起，全体作者以求实的学术品格，齐心合力，迎晨霜晓露、伴午夜孤灯，焚膏继晷，辛勤笔耕，其合作态度和钻研精神令人感动。本书的框架、重点、难点及各卷初稿，是在四届审稿会反复切磋和研讨后解决和定下的。每卷的内容和文字都经由编委会成员和主编审定。尤为感人的是本书得到人民出版社领导和历史编辑室主任乔还田编审、责任编辑杨美艳的大力支持、督促和具体指导，特此衷心致谢。尽管我们努力进行创新探讨，但有关欧洲文艺复兴史的系统研究，在我国还起步不久，尚在不断衍化发展之中。我们的学力不逮，限于水平和资料，各卷中不可避免地会有论述欠充分或粗疏漏误之处，渴望得到专家、学界同仁和读者的批评指正！

刘明翰

2007年3月

导　论：
文艺复兴时期法学思想的精髓

在欧洲的法学思想演进中，罗马法是灵魂和主线。而罗马法之所以香火不断、传承翻新，其中一个重要原因是罗马法注重民法的特征适应了欧洲几千年文明史以公民社会为基本社会结构的需求。另外，公民社会不仅关注个体的权利和义务，还将公民的人格自由、平等作为法律的根本。由此，讲究人格平等的自然法原则也在罗马法中占据了首要的或根本的位置。即使在今天欧洲各国的民法典中，我们仍能清晰地看见自然法的光彩。

文艺复兴时期是近代欧洲思想文化发展的承上启下阶段。文艺复兴时期的法学领域既传承罗马法传统的风骨，又在早期近代公民社会、民族国家和国际社会形成的特殊背景下对罗马法中的自然法精义等有独到的"复兴"。本卷的主题就是讨论罗马法、自然法在文艺复兴时期的传承和复兴内容。

文艺复兴时期的法学是整个欧洲法学史的一个重要组成部分，因此要分析文艺复兴时期的法学（这里我们着重指法学思想）就必须首先理解整个欧洲法学史，甚至是欧洲思想文化史的特点。有时我们很难用因果关系理论来考虑欧洲文化中各个因素之间的关系，如欧洲的理性主义与法治主义之间究竟何为因、何为果。但从有机的文化整体看问题，我们至少能发现所有那些因素都相依相存。那些因素有：公民社会、与公民社会相应的

文艺复兴时期表示一个好的法治政府的象征图

政治体制、理性精神、法制传统、特定的宗教精神、城市和商业的发达，等
等。罗马法只是这些因素的集中体现而已。

　　罗马法有两个特点即注重自然法和民法。自然法及关于自然法的思想
并非起源于罗马时代，或为罗马法所特有。早在古典时代的希腊就有学者
提出了相关的想法。但自然法的思想只是到了罗马时代才得到了全面的论
述，并作为法典的基础而确立下来。从更深的学术层次来开掘，罗马法及
其灵魂——自然法在欧洲法学史上有如此重要的地位，这还与欧洲的思想
文化特征和社会历史演变密切相关。我们知道，自然法所强调的是理性恒
定的原则，强调的是人在共性方面的平等地位。这两点恰恰是自古希腊以
来的理性本体论和各种公民社会发展的需求、体现。从柏拉图（Plato，约
公元前428—约前348）的法学理论起，理性始终被视作永恒的、普遍性的
存在。在法学家的心灵中，唯有理性原则千真万确。到了基督教哲学兴起，
理性又与神的存在关联起来，并得到进一步的强化。所以，只要每个人都

具有理性的品质或达到理性的程度，那么，大家就先天地具有平等的地位。再来回顾欧洲历史发展的史实。无论是古代的希腊城邦国家还是罗马的共和国、帝国政治结构，抑或中世纪的基督教世界、封建社会，在所有这些社会结构中都或多或少地体现着公民社会的基本特征。即使是中世纪庄园经济占统治地位的时期，公民社会的形式也有某种形式的反映。例如，中世纪的城市生活就是一幅自下而上孕育发展的市民社会模式（关于公民社会和市民社会的关系、界定问题本书的相关部分有论述）。在庄园内部，尽管领主和农奴之间存在着人身统辖的关系，但这种关系仍有各种明确的法律予以限定。这就让人不得不考虑另外一个问题，即法律文化与其他文化不同，它直接介入到社会的各个层面，并对社会发挥实际的制约作用。由此看来，罗马法及其中的自然法早已不是纯粹的法律条文和法律思想，它已经是渗入社会各个层面的制度因素。只要以公民社会为社会的基本结构，那么民事活动的强化就需要罗马法发挥其特有的作用。人们很容易会想到一个问题，即中世纪欧洲的商业社会从未停止其发展的步伐。在陆地和河海、城市和乡村、宫廷和底层，甚至不同的国度之间，商业社会都在表现其特有的活力，罗马法事实上就是上述不同层面商业活动的一个重要环节。

文艺复兴时期，城市经济的地位开始上升，逐渐成为经济发展的主导力量。新的城市市民生活（经济的、政治的和文化的）使市民的主体地位和意识也开始上升。同时近代民族国家崛起，新的国家政治体制在酝酿和构建，奠定在新的国家政治体制之上的国与国之间的关系也逐渐显露。于是，罗马法及其中的自然法内容又一次扮演起法律保障、法律制约的角色。它照应了各国市民社会发展和国际社会变化的现实需求，并经过人文主义者的阐释而赋予了它新的意义，成为新兴市民阶级构建其政治体系的理论工具。

从总体上看，文艺复兴时期的欧洲法律制度和法学思想发展状况可概括为：以民法为核心内容的罗马法系再次受到法学界的重视；英国的普通法进一步确立了其法律基础的地位；国际法体系正在逐步确立和完善之中。上述法学的发展过程始终伴随着法学思想家对自然法问题的高度关注和研究探讨。正是通过自然法思想的普及及其基本准则的确认，从而使文艺复兴时期的欧洲法学思想成为日后欧洲法学思想和法律实践的基础。其中涉及的法学课题有：（1）自然法与神法、实在法等的相互关系；（2）罗马法中的自然法、民法和万民法等的相互关系；（3）普遍的契约行为与自然权利的关系；（4）主权国家的法理基础，等等。涉及的法学范围有：商法、城市法、行会法、教会法、王室法、封建法，等等。但本书不可能面面俱到，而只拟从法学思想的角度对罗马法和自然法问题展开研究。这种写法也符合历史的实际。欧洲的资本主义文明的基本特征和制度等大致要到18、19世纪才真正得到确立。同时以国家为主体的各种法典逐渐问世。文艺复兴时期的许多法学内容可能不尽完善，但正是这些思想的出现对以后欧洲法律制度和法律思想的发展起着决定性的影响。可以这么说，文艺复兴时期的各种法学思想及其中包含的法律制度内容奠定了资本主义法律文明的基础。到了启蒙理性时代，文艺复兴时期所确立起的法律思想、原则等也得到了进一步完善，终于成为至今仍在欧洲产生效力、影响的主导性法律文化。

　　鉴于自然法思想在文艺复兴时期受到高度重视，在此先对自然法思想做一点介绍。要给自然法下一个完整的定义并非易事。结合前人的许多观点，不妨概括为：自然法是以法权的形式对人的共同特征和地位的理想化肯定。其核心内容是所有人平等相待。依据《大不列颠百科全书》的说法，自然法是指全人类所共同维护的一系列权利和义务，而就其作为普遍承认的正当原则而言，它通常是"实在法"，即经国家正式颁布并强制执行的法规的对称。也就是说，自然法并非实在的、具体的法律，它毋宁说是一种"正义"和权利的体系，一种形而上的法哲学观念，是一种理想化的法律原则。从古代到中世纪，自然法学说一直是西方政治法律思想学说史上独具特色的内容。古希腊时期，"自然(φύσις)"与"法(νόμος)"就已成为哲学家关注的焦点。在哲学家眼里，宇宙万物皆源于自然，而又复归自然。另外，人的理性也是相同或相通的。凡此等等决定了人生来就应当是平等的。梅因说："它(指自然法——笔者注)的规定据说是受命于自然衡平(naturalis

①梅因：《古代法》，沈景一译，商务印书馆1959年版，第27页。

注
释

aequitas）和自然理性。"① 古希腊的大思想家在进行哲学探索时一般都从自然着手，许多人撰有《论自然》之类的著作。按照其时通常的解释，自然中存在着许多共性：同类中一物所有的特性在同类中另一物的身上也必然具有。自然界万事万物又按一定规律发生相互作用、变化运动。上述共性和规律即所谓自然衡平和自然理性。但自然理性一词需从认识论方面做一说明。古希腊时所谓自然理性主要就自然中的规律而言，与人的认识理性并非一回事。因此，人们是否千篇一律地受着自然规律支配或者人们能否认识、享有这种自然规律的法权形式，这两者被分割开来。例如在亚里士多德（Aristotle，公元前384—前322）看来，奴隶没有理性，故奴隶不可能认识和享有自然法。罗马时代的法学家们根据历史和社会的实际情况用独特自然法释义回答了这一问题。也就是说，奴隶有"人格上升"的可能，奴隶并不排斥在自然法之外。这最终解决了奴隶是否享有自然法意义上的法律权利的问题。这是罗马法对人类法学史的重要贡献。也正因为自然法问题还牵涉到人的理性，那么由理性这个中介导出的实在法是否和原本的自然法相一致呢？这又引起了一系列关于自然法和实在法相互关系的探讨。真正明确提及并对此加以初步阐述的思想家是亚里士多德。后来斯多葛学派的学者则做了进一步的发挥。他们认为法律是体现人们的理性对自然人性、对纯粹幸福的求索，自然法和实在法通过理性中介所发生的是内在的联系。斯多葛学派的自然法理论又对古罗马法学家乃至中世纪的思想家产生了深刻的影响。在中世纪，早期基督教神学家设法将自然法传统融入基督教教义。其中最为著名者当数公元4世纪的神学家奥古斯丁（Augustine），他最先搭建起自然法与永恒的上帝之法之间的桥梁。13世纪经院哲学的集大成者阿奎那（Aquinas）则融合了奥古斯丁的神学思想与亚里士多德的自然法思想，创造出系统的神学主义的自然法体系。

从比较文化学的角度看，在古代的各个文化区域不乏对自然规律的各种认识，但对自然规律的认识并不一定能转化为自然法思想，即使有自然法思想的萌芽也不一定能构成对法律体系起支配作用的因素。例如著名社会学家韦伯就认为，"古希腊罗马（尤其是斯多葛学派）以及中世纪意义上的那种自然法学说,显然是不可能在儒教里产生的。"① "个人自由的任何领域都未得到自然法认可。"②即使韦伯的看法还可进一步商讨,(关于古代中国是否存在自然法的问题学术界有着一些不同看法)③但古代中华法系中并不存在西方法学意义上的自然法思想要素则是事实。考虑到这些情况,我们更有必要对欧洲法学思想史上的自然法理论及其与此相关的实在法理论做一全方位的探讨,并在探讨时十分注意对现实社会历史的考察,以证明社会存在对社会意识的决定性作用。

到了14世纪左右,欧洲各地出现了经济复苏的现象,农工商业发展迅速,城市亦如雨后春笋般破土而出。其间,新兴市民阶级的迅速成长开始改变传统欧洲的社会结构乃至社会意识形态。为了获取适宜的生活方式和发展空间,许多具有市民意识的人文主义者借助古典文化弘扬人文精神,反对封建传统和封建生活方式。古典文化的遗产尤其是来自罗马法和斯多葛主义的自然法思想适应了市民阶级人文思想家建构普遍有效的世俗伦理体系的需要。当时,经院神学主义自然法思想适应时代变化也逐渐开始趋向世俗化、理性化。这样,各种文化的源流在自然法的河口处汇合起来。令人关注的是,自然法理论体系使人恢复以往的人的伦理道德尊严,找回失却已久的人的世俗价值。自然法理论体系还关涉到人的自然权利,它给近代以来的整个人类社会带来巨大的冲击力。如果没有自然法这套理论体系,人们就不能从道德上的完全混乱中逃离出来。④自然法理论体系之所以重要,还因为它建立在人类理性的"自足原则"上,它认为人的理性是独立自主的,它不需要任何的帮助。这个原则是一切自然权利理论的基石。⑤人文主义政治思想家主要是依据这种原则来构建社会秩序、法律秩序的思

注
释
① 马克斯·韦伯:《儒教与道教》,洪天富译,江苏人民出版社1995年版,第174页。
② 同上书,第172页。
③ 这方面的问题及自然法问题上的中西比较等,可参见耿云卿:《先秦法律思想与自然法》(台湾商务印书馆2003年版)、夏勇:《人权概念起源》(中国法律大学出版社1992年版)一书的第4章等。
④ 参见恩斯特·卡西尔:《国家的神话》,范进等译,华夏出版社1999年版,第208页。
⑤ 同上书,第211页。

想基础，论证近代国家权力的配属与运营机制的合理性。根据自然法理论的有关原理，国家的建立完全是个人的自主行为。为了共同福利，人们在共同意愿的基础上，以契约形式让渡个人的自然权利，组成国家权力，组建政治社会。

根据马克斯·韦伯的论述，自然法起到了正当化（legitimizing）的作用，也就是为实在法提供一种价值理性的正当性证明。①这里的正当化或正当性即合法化或合法性。"合法性"（légitimité）是一个较为现代的字眼，但它的出现却可以追溯至中世纪，而其词源"合法的"（légitime）一词甚至更早。据法国学者让-马克·夸克考证，"合法的"一词最初用来指明那些合乎法律的东西，即与法律相一致的东西，例如罗马学者西塞罗（Cicero，公元前106—前43年）使用它来表达"合法的权力"（legitimum imprium）与"合法的法官"（potestas legitima）。在中世纪，"合法性"一词在内涵上又增加了"对权力授予是否合乎正义的证明"，从而使其政治特性得到加强。②也就是说，思想家们早在中世纪便已开始使用"合法性"来论证既存政治体制问题了。正如韦伯所言，任何一种统治都试图唤醒和培养人们对其合法性的信念，一切权力都要求为自身辩护。③早期近代国家的统治者们也不例外，面对罗马天主教会等封建势力的抵触甚至反扑，他们急需来自意识形态领域的合法性理论支持，自然法正是早期近代欧洲政治思想家们用以论证近代公民权利和国家权力合法性的理论工具。所谓权力合法性，主要指既定的统治秩序的稳定性、有效性与合乎法律性。为获得民众的认可和服从，国家机器常常运用法律的、意识形态的、道德伦理的权威为自己的统治进行合法性论证。政治合法性机制的目标在于建立对统治权力的承认。④我们认为，这也是人文主义思想家们努力的方向。为此，我们把早期近代市民阶级人文思想家以自然法思想来解释近代国家起源及其权力

注释

① 参见郑戈：《韦伯论西方法律的独特性》，载《韦伯：法律与价值》，上海人民出版社2001年版，第92页。

② 参见让-马克·夸克：《合法性与政治》，佟心平等译，中央编译出版社2002年版，第25页。

③ 参见尤尔根·哈贝马斯：《合法性危机》，刘北成、曹卫东译，上海人民出版社2000年版，第127页。

④ 参见让-马克·夸克：《合法性与政治》，第36页。

构建的理论范式也视为一种合法性论证。

总之，我们要从思想史、社会史、文化史等多维的角度去考虑欧洲法学史上的自然法内涵和文艺复兴时期自然法重新受到重视的历史史实。就文艺复兴时期的法学研究而言，我们同样要采取多维性的视角。

本书将首先回顾古代希腊罗马的相关法学内容，然后探讨人文主义者究竟在古代希腊罗马的法学思想文化中吸取了什么养料并做了哪些创造性的发挥。探讨罗马法特别是罗马法中的闪光点自然法在文艺复兴时期受到如此广泛的缘由？在此过程中，我们会按照国别的线索去阐述文艺复兴时期有代表性的法学思想家的重要观点。最后简略叙述文艺复兴时期法学思想对以后启蒙理性时代法学思想的影响。

本书的研究将采取历史分析的方法进行。阐明罗马法在文艺复兴时期的再生不是一种突然呈现的历史现象。其实在中世纪漫长的岁月中罗马法一直发挥着特有的作用。到了11世纪城市生活逐渐活跃后，罗马法的复兴也随之展开。这种复兴的历史现象一直持续到16世纪。其中有注释法学派、评论法学派和人文主义法学派等的复兴活动。

法学是文艺复兴史研究的难点之一。有些法学内容（包括法律制度、法学思想等）在今天看来也许习以为常、清晰可辨，但它们在文艺复兴时期刚萌发，显现出来时则情况纷繁复杂。这意味着对文艺复兴时期法学的研究不可能一蹴而就，本书将有重点地、提纲挈领地做些探讨，起到抛砖引玉的作用，给未来有志于进行此项工作的研究者们提供一个有助于进行深入研究的平台。本书还将采取重点研究、个案研究相结合的方式展开论述。由于文艺复兴时期的法学思想流派十分复杂，因此要做到面面俱到十分困难。我们只能在一般性评述的同时选择有代表性的学派如西班牙法学派等和人物如维多利亚（Vitoria）等进行重点剖析。

我们所研究的只是文艺复兴时期法学现象中的一个部分。从文艺复兴时期的法学实际情况看，为了应对各种新出现的社会情况、为了适应教学等各种学术上的要求，当时的许多法学家正在做着极其繁琐的法学考订工作；社会上的律师们也正在进行各种富有创新性的法律实践活动；不同性质的国际法正在不断酝酿、签订和完善之中，所有这一切都是文艺复兴时期法学研究的课题。我们期待着学界同仁一起努力，有朝一日分门别类地写出更全面的文艺复兴时期法学著作。

第一章
文艺复兴时期法学思想的
古代源流

　　文艺复兴是发生在14至16世纪西欧的思想文化现象。按Renaissance字面的理解，它带有某种宗教的再生含义。由此理解文艺复兴时期的法学和法学思想，我们也应当从再生的角度考虑问题。这里既有希腊、罗马法学思想的再生，当然也有中世纪法学思想的延续（下章详论）。或者说，古代希腊罗马、中世纪以及基督教的法律文化为文艺复兴时期的法学思想和法律实践提供了丰富的养料。就文艺复兴时期的自然法思想而言，希腊的自然法思想和公民社会的法制实践是文艺复兴时期法学思想的最初源头；罗马法及浸透其中的自然法内涵和私法特征，再加上罗马时代各个法学思想家的理论阐述，这些是文艺复兴时期法学思想所继承发挥的核心内容；而中世纪基督教会法、基督教法哲学原理以及中世纪社会的各种法治内容是文艺复兴时期法学思想必须直接回应的一些课题。

第一节　古希腊的法学思想

我们可以从多种角度去考察文艺复兴时期法学思想的源头。有些学者如美国学者博登海默十分在意希腊人的思维特征和能力,"我们之所以着手从希腊人,而不是从其他某个国家的法律理论来开始考察法律哲学的演进,是因为古希腊知识界的领袖们非凡地拥有从哲理上洞察自然现象和社会现象的天赋才能。"①其实,希腊文化之所以成为文艺复兴时期法学思想的来源,这不仅有精神方面的因素,还在于整个希腊的政治制度、社会环境与精神因素一起构成了西方法学文化的家园。

一

城邦国家、公民社会与法治三位一体

与古希腊法学思想和法律实践密切相关的社会现象是城邦政治体制的形成和发展。古希腊特定的地理环境使它不断处于与周边不同文明的交融之中。公元前 2000 年左右阿卡亚人向希腊半岛的迁徙、公元前 1200 年左右多利亚人的大举侵入,这些是形成城邦政治的重要因素。另外,从公元前 8 世纪到公元前 6 世纪又发生了大殖民运动,使海外的城邦和希腊半岛的城邦发生了广泛的联系,母邦与子邦在政治结构上相互影响。由此建立的城邦政治体制与文艺复兴时期意大利的城邦政治体制相比,有一个十分相象的地方即都是以公民社会为背景,其中公民的权利、义务等现象成为所有政治问题的核心。为此,亚里士多德在《雅典政制》②一书中对当时雅典政治结构中的公民选举等问题做了详细的论述。从这篇著作中还可以

注释
① 博登海默:《法理学》,张智仁译,上海人民出版社 1992 年版,第 3 页。
② 亚里士多德:《雅典政制》,日知、力野译,商务印书馆 1959 年版。亚里士多德做了大量的城邦个案研究,但大都散佚,此为仅存的本子。

看出，雅典政治体制对亚里士多德的法学思想有独特的影响，特别是影响到了他的自然法思想和比较政治体制思想。亚里士多德以前，哲学家们如苏格拉底虽然还没有明确的自然法思想，但已经开始从某种普遍性的原则去考虑政治问题、进行政治比较等。苏格拉底从自然神论出发论述了国家产生的原因，认为城邦是为适应人的生活而产生的，是按照神的旨意出现的。在柏拉图的政治思想中，普遍性的原理就是所谓正义原则。而能够贯彻正义原则的人就是"哲学王"。他们以知识、智慧服从并治理国家，于是有了正义的国家。

柏拉图的法治观开创了西方法治理论的先河。亚里士多德接受了柏拉图法治理论，并就法治理论进行了系统阐释，他的"良法之道"和"普遍遵行"的法治思维模式对后世法治思想的发展产生了重大而持久的影响。到了亚里士多德系统的政治法律思想问世时，国家的起源等政治问题便与自然法关联了起来。亚里士多德的政治理论首先设定人有其特定的政治倾向，例如人作为一种高级智慧生物必定要在社会即城邦中生活。用他的话讲：人是天生的"城邦动物"。在亚里士多德看来，共和政体是最好的政体形式，尤其在它为中产阶级所掌握时更是如此。①亚里士多德明确指出，法律作为法治的基础必须是一种"良法"，"相应于城邦政体的好坏，法律也有好坏，或者是合乎正义或者是不合乎正义。"②只有法律体现了正义的原则，才能作为治国的基础，才能达到实施法治的目的。已经成立的法律，应当获得普遍的遵守。而且他认为"邦国虽有良法，要是人民不能全都遵循，仍然不能实现法治。"③"正义"是希腊人政治观念的早期形态，同时，它也构成源出于希腊哲学的自然法思想的核心内容。在《荷马史诗》中，"正义不仅是人间的秩序，也是神界的秩序"，权利观念主要表现为希腊英雄们的个人荣誉和特权。④诗人赫西俄德则在神的谱系的描述中将正义解释为宇宙间最高的行为法则。因此在古希腊，自然哲学与法制意识是有着密切

注释
① 参见亚里士多德：《政治学》，吴寿彭译，商务印书馆 1965 年版，第 206—207 页。
② 亚里士多德：《政治学》，吴寿彭译，第 148 页。
③ 同上书，第 199 页。
④ 参见徐大同主编：《西方政治思想史》，天津教育出版社 2005 年版，第 17 页。

关联的。

　　在《政治学》中，亚里士多德进一步分析了国家起源与公民生活的关系。亚里士多德认为，国家是自然村落走向联合的结果，是由原始家庭或者父系大家族自然增殖、分裂与再结合而形成的有机体，也就是说，国家是一个自然演变的过程和结果，其本质就是全体公民个性的总和。从人的自然本性出发，亚里士多德提出"人是政治的动物"的著名命题。其完整的说法是"人类自然是趋向于城邦生活的动物（人类在本性上，也正是一个政治动物）。"①从词源上来看，"政治"一词的希腊文是πολιτικός，该词本意指适于公民的、趋向城邦的、关于政治的。而"政治制度"的希腊文则是πολιτεια。不管怎样，它们的基本内涵都是与城邦密切相关的。也就是说，当亚里士多德说"人是政治的动物"的时候，是指人对城邦有一定的趋向性。但人们通常使用"人是政治的动物"这个概念时不免有简单化的倾向。实际上，把人看成天生的政治动物，就是认为人是离不开共同体的，特别是离不开最高的共同体——城邦。正如美国学者萨拜因所言，"政治上的亚里士多德主义根植于这一信念，即认为社会是从人类的自然冲动中产生出来的——人类的本性既然如此，他们就无法摆脱这种冲动——而这样形成的人类社会便提供了完美的人类本性所需要的一切。"②因而在《政治学》的开篇，亚里士多德这样来表述这一出自人本性的共同体，"既然一切社会团体都是以善业为目的的，那么，我们也可以说社会团体中最高而包含最广的一种，它所求的善业也一定是最高和最广的：这种至高而广涵的社会团体就是所谓'城邦'（πόλις），即政治社团（城市社团）。"③在雅典，人们崇信城邦，将其视为能借以全面实现其精神、道德与理智能

注
释
① 亚里士多德：《政治学》，吴寿彭译，第 7 页。
② 乔治·霍兰·萨拜因：《政治学说史》（上），盛葵阳、崔妙因译，商务印书馆 1986 年版，第 310—311 页。
③ 亚里士多德：《政治学》，吴寿彭译，第 3 页。当 13 世纪亚里士多德主义在欧洲复兴之时，莫尔贝克家族的威廉第一个将亚里士多德论及的"πόλις"一词称作"政治社团"，从而以这种方式促使"政治学"这个概念再次流行，政治学概念从道德哲学中分离出来并由此成为与政治艺术有关的一个分支，被剑桥学派学者昆廷·斯金纳视为近代国家概念产生的先决条件之一。参见 Quentin Skinner, *The Foundations of Modern Political Thought*, Cambridge University Press, 1978, Vol.2, p.349。

力的框架。他们认为,人的价值是在城邦中实现的,也只有在城邦中才能实现。公民积极参与城邦管理就是在实现自己的价值。正因为如此,有人以为从某种意义上讲,公民的定义本身就是和城邦的生活相统一的。人们之所以愿意结成社会团体,甚至成为社会团体高级形式的城邦之一,并不是因为社会团体或者城邦本身,而是为了能够在社会团体或者在城邦中更好地过一种善的生活。城邦是人类走向至善的桥梁。因而城邦的意义就在于它对人、对公民生活而言是一种实现真正的善和幸福的保证。在亚里士多德看来,政治学的终极目的正是为了人类所最珍视的善德,即"人类最高的至善"。国家则是最高的社团,其目的是实现"至高的善"。而善就是幸福,就是人所能过的最美好的生活。但唯有德行高尚者才能达致善、获得幸福。为了实现共同的善,就需要培养公民的善恶价值观,即他们把那些有助于实现共同善的品质看做"美德"或"正义",而把那些相应的缺点看做"恶"。正是这种对善恶一致的看法将全体公民联合起来。亚里士多德将公民对共同体的共同利益的参与视为无上光荣的职责和使命,认为城邦治理应以全体公民利益为己任,也就是要符合正义原则。没有共同利益,共同体的公共生活就失去意义。所有这一切又与自然法思想密切相关。在亚里士多德看来,"导致国家产生的自然法则与人自身有着密切的关系,是自然法则决定了人们生活在一个自足、独立和自治的共同体之中的,这个共同体就是国家。没有国家,人就不能存在,唯有在国家之内,人才能实现其最高的善。亚里士多德把人的自然本性视为国家产生和发展的第一驱动力。"①当然,自然法还与人的其他因素相关联。

二

理性、法、自然法思想的萌芽

欧洲的自然法思想最初产生于古代的希腊。在某种程度上,自然法概

注释 ① 徐大同主编:《西方政治思想史》(第2卷),天津人民出版社2005年版,第275—276页。

念就是自然哲学的创造。米利都学派的阿那克西曼德（Anaximander，约公元前611—前546年）较早论述了"宇宙正义"，另一位哲学家赫拉克利特（Herakleites，约公元前540—前480年）将自然法称为"神的法律"（宇宙正义）。公元前5世纪左右希腊哲学思想发生重大的变化，正义观中开始渗透人们的社会心理和社会利益层面的内容。智者安提丰（Antiphon，约公元前480—前410年）提出国家和实在法起源于契约，其基础是正义。安提丰还为自然法设想出道德的维度，这是后世所谓的自然法思想的最早发端。①也有人认为，"自然法"概念最早是由柏拉图提出的。在《高尔吉亚篇》中，柏拉图假借谈话者卡利克勒斯之口，在讨论强者有自然权利把其意志强加于弱者时用了"自然法（自然法则）"一词。②柏拉图在《法律篇》里已经提到法律的恒定性与理性的关系问题，"在家庭和国家两方面都要服从我们内心中那永恒的质素，它就是理性的命令，我们称之为法律。……人们说，不要把法律普遍地看成和平、或战争、或德性；它是现存政府的利益、力量和保存，是表明什么是公正的天然定义的最好办法。"③从中可以看出，法出自理性，或者说是理性介入的结果。正因为有理性的介入，所以，法具有普遍的适用性。④

首先明确提出自然法思想的政治思想家是亚里士多德。这里需提示一下亚里士多德对法律的一般看法，例如他提出既合乎道德理性又关系现实利益的法律手段，"法律是以合乎德性的以及其他类似的方式表现了全体的共同利益，而不只是统治者的利益。"⑤亚里士多德说："法律恰恰正是免除一切情欲影响的理智的体现。"⑥"要使事物合于正义（公平），需要有毫无偏私的权衡。"⑦这里，亚里士多德把城邦治理准则、法律的特性、公

① J. M. 凯利：《西方法律思想简史》，王笑红译，法律出版社2002年版，第14—15、19—20页。

② 参见A. E. 泰勒：《柏拉图：生平及其作》，谢随如等译，山东人民出版社1996年版，第171页。

③ 柏拉图：《法律篇》，选自西方法律思想史编写组编：《西方法律思想史资料选编》，北京大学出版社1983年版，第23页。

④ 参见柏拉图：《理想国》，郭斌和、张竹明译，商务印书馆1986年版，第279页。

⑤ 亚里士多德：《尼各马科伦理学》，苗力田译，中国社会科学出版社1990年版，第89—90页。

⑥ 亚里士多德：《政治学》，吴寿彭译，第169页。

⑦ 同上书，第169页。

民平等人格等政治要素都归结为理性本性的驱使。另外，亚里士多德一贯反对脱离具体物质、自然事物的空洞理性，所以上述本性也出自自然本身。由此推论，既然自然本性中能派生出法学原则，那么自然本性也就成了终极性的原则。自然法思想就在这个推论中诞生了。那段经典的话是："政治的公正，或者是自然的，或者是传统的。自然的公正对全体公民都有同一的效力，不管人们承认还是不承认。……出于自然的东西是不能变动的，对一切都有同等效力。"①在亚里士多德这段关于自然法的表述中包含两层意思：其一，自然赋予人的平等权利是人应当获得的，因为自然不会偏袒谁，也不会厌弃谁。其二，应当具有不等于实际具有。人的实际上的权利由传统的各种实在法所规定。按照亚里士多德的解释，实在法既出自自然本性也出自理性本性，因此自然法与实在法既有联系又不完全等同。于是引出了另一个反映亚里士多德作为奴隶主贵族思想家的观点，即自然法虽对所有人一视同仁，但实际上并非人人能够获得这种理想化的法权，因为从逻辑上讲，被自然法所肯定的不一定就被实在法所肯定，例如一个奴隶自认为应享有理想化的自然法，但实在法却以其不具有理性而剥夺其人格权利。亚里士多德说："所以，凡自己缺乏理智，仅能感应别人的理智的，就可以成为而且确实成为别人的财产（用品），这种人就天然是奴隶。"②这就更明确地指出，被实在法所否定的就必然被自然法所否定。显然，亚里士多德的自然法理论有相当的历史局限性和阶级局限性，它只适用于那些有理性的人、奴隶主贵族、富有者，等等。因此自然法理论如何看待奴隶的人格权利、如何真正高居于所有人之上并关照所有人的心灵，这个问题将留给以后欧洲法学思想界去解决。

但真正做到对自然法理论进行系统全面阐述的还是斯多葛学派。在该学派泛神论思想的指导下，自然法被看成内在于宇宙的理性，万物皆为其不同样态的显现。斯多葛学派形成于公元前300年前后。该学派注重自然哲学和伦理学的研究，认为自然界没有任何事物是偶然发生的，自然界的

注释

① 亚里士多德：《尼各马科伦理学》，苗力田译，第102—103页。
② 亚里士多德：《政治学》，吴寿彭译，第15页。另可参见该书第13页、第39页等处。

全部发展过程都由理性和普遍的自然规律所决定。强调人的本性是整个自然和宇宙的一部分，要求人们按照自然即按照理性、按照宇宙的自然法生活。正如该学派代表人物克里西普所说："我们个人的本性都是普遍本性的一部分，因此，主要的善就是以一种顺从自然的方式生活，这意思就是顺从一个人自己的本性和顺从普遍的本性；不做人类的共同法律惯常禁止的事情，那共同法律与普及万物的正确理性是同一的，而这正确理性也就是宙斯，万物的主宰与主管。"①斯多葛派还强调人们相互之间的自然吸引和自然联系是公共生活的基础。因而国家应该是自然的联合体，而不是人为约定的契约组织。他根据自然法的普遍性提出了世界国家、世界政府和宇宙公民、世界法律的思想，认为一切人都是平等的，自然法是一切法律的来源，是判断一切法律好坏的唯一标准。这也是斯多葛学派在自然法问题上的归结点，即自然法是个人的和普遍的本性以及二者本性的一致性，要服从自然规律生活。这种自然法适用于一切人以及自然法的永恒性和至高无上的地位等基本思想直接为罗马法学家西塞罗的自然法思想所继承。

第二节　古罗马法学体系的形成与发展

一

罗马法概述

如果说古希腊人创造了极富哲学思辨的古代法律思想，并使之成为西方各种法学理论的思想渊源，那么古代罗马人则以其非凡的法律意识和法律实践活动创造了古代奴隶制社会最为庞大精深的、以保障个体权利为核

注释　① 北京大学哲学系外国哲学史教研室编译：《古希腊罗马哲学》，商务印书馆1961年版，第375页。

心的私法体系。在此过程中还造就了一个并非由政治家操控的职业法学家群体。沃尔夫在其著作中就曾直言,"在我们的文明史上,罗马法占据着一个独一无二的地位。它从最初一种狭小和简陋的农村共同体的法律,发展成为一种强大的城邦国家的法律,然后,在其发展过程中又成为一种帝国的法律。而这个帝国几乎统治着当时的人们所知道的整个文明世界。"① 恩格斯也曾经精辟地指出,以《查士丁尼法典》为历史总结的罗马法是维护"以私有制为基础的法律的最完备形式",② "是纯粹私有制占统治的社会的生产条件和冲突的十分经典性的法律表现,以致一切后来的法律都不能对它作实质性的修改。"③ 显然,古罗马法律成就主要在于它的私法和私法学。但法学作为一门学科,除了具有一定的理论体系、概念、术语、原则制度、研究对象和方法等之外,还必须有一种精神、一种观念,这就是法学观或者法学世界观,任何一个法律体系,都需要法律思想的指导才能在内在精神上保持一致。④ 而法律制度的每一步发展也都必将在法律思想中得以体现,并为法律思想注入新的因素。如梅因所说,罗马《十二铜表法》的编纂者"曾经求助于希腊人,这些希腊人具有后期希腊在编纂法律工作上的经验。"⑤ 由此可见,罗马法与希腊的法律传统有相当的关联性。罗马人通过政治法律实践,推进了古希腊法律思想的发展,成为古希腊法律思想的继承者和完善者。

古罗马的许多法律观念和原则都来自于古希腊的法律思想。同时,古罗马的思想家和法学家根据古代罗马社会的实际情况对来自古希腊的法学思想进行了相应地诠释,形成了独具特色的法学理论。然而"罗马法之最有趣味的,而且在许多方面最为重要的分支是自然法。"⑥ 所以,研究罗马

注释

① Hans Julius Wolff, *Roman Law, An Historical Introduction*, University of Oklahoma Press, 1951, p.3.

② 恩格斯:《反杜林论》,《马克思恩格斯选集》第3卷,人民出版社1972年版,第143页。

③ 恩格斯:《论封建制度的瓦解和民族国家的产生》,引自《马克思恩格斯全集》第21卷,人民出版社1965年版,第454页。

④ 参见徐爱国、李桂林、郭义贵:《西方法律思想史》,北京大学出版社2002年版,第41—42页。

⑤ 梅因:《古代法》,沈景一译,第9页。

⑥ 爱德华·麦克诺尔·伯恩斯、菲利普·李·拉尔夫:《世界文明史》(1),罗经国等译,商务印书馆1987年版,第325页。

法不能不着重研究其中自然法的特有内涵。为了弄清此内涵又不能脱离对公民法和万民法的剖析。公元前449年第三次"撒离运动"后,平民终于获得了制订成文法的权力,其成果就是著名的《十二铜表法》的问世。这是一部对以后罗马法的发展有奠基意义的法律文件,它的一个核心内容就是对罗马公民人身、财产关系作详细的法律规定。罗马完成了对平民公民权的法律确认,并建起公民兵制,由此开始了向罗马以外领土的扩张过程。通过三次萨莫奈战争、一次拉定战争及对他林敦城邦的征服,意大利本土基本受制于罗马。于是引发了罗马历史上第二次公民权的变化,即公民权如何向整个意大利扩散的问题。然而最初罗马元老院并不想把公民权给予意大利人(主要指罗马人分而治之时划定的那部分"同盟者")。公元前123年,盖约·革拉古提出要授予意大利人以公民权。此时,元老院和骑士团害怕意大利商人与他们竞争,故极力反对此法案,后盖约被杀。公元前1世纪,意大利爆发争取公民权的"同盟战争"。在这种压力下,罗马一方面考虑到形势的严峻;另一方面也考虑到要扩大奴隶制国家的统治基础,最后同意将公民权授予全意大利人。罗马在稳定了亚平宁半岛后,帝国的触角跃跃欲试,开始向周边世界伸展。经过几次布匿战争、对马其顿希腊的征服、向地中海四周纵深地区的进军,公元前1世纪时那个庞大的罗马帝国基本确立了起来。那么罗马的公民与帝国其他地区的自由人应保持何种法的关系呢?罗马历史上第三次公民权的变化就这样发生了,这次涉及的是罗马公民权如何向帝国所有行省的自由人扩散的问题。从法学方面讲,此时万民法出现了,自然法也日益为大家接受。然而现实状况是,享有罗马公民权的意大利人与没有此种权利的其他地区的自由人毕竟不是平等的关系,可这些自由人在原来所在地区又都是有公民身份的,这就造成了同一个罗马帝国内有多种不平等关系的公民权。显然,这与帝国的万民法(更不用说自然法理论)发生了矛盾。因此从法理上讲,必须使其他地区自由人的公民权进行一次法律属性的转换,即转换成罗马公民权。如果说当时在这个转换中有什么障碍的话,罗马公民对利益的考虑远胜于法律解释上的障碍。但罗马帝国的根系深扎于行省之中,例如帝国的税收负担主要由行省分摊,一些将领们也多把行省作为他们的军事后盾以与元老院抗衡。

所以迫于形势，直至公元212年卡拉卡拉皇帝终于宣布"安东尼尼安宪令"，把罗马公民权授予所有帝国境内的居民。可见，罗马法中公民权文字的真正落笔者是漫长的现实政治历史本身，是历史书写的。

在罗马不断向外扩张并由共和向帝制转变的过程中，另一个形影相随的法学问题就是奴隶的法律地位应如何处理。当时罗马奴隶的来源主要是战俘。但这些战俘中有些原来就是奴隶。到了公元前2世纪中期，奴隶已成了社会的主要生产者，特别是奴隶在庄园里经过若干代的耕种，在手工作坊内经过若干代人相对独立的经营，他们与奴隶主之间的人身依附关系有所松弛。于是，释奴现象不断发生。到了公元3世纪，许多外省的释奴加入了骑士阶层。罗马城内外的平民也90%以上由释奴构成。加上奴隶暴动频发，罗马统治者开始考虑将公民权授予释奴。从法学的角度讲，罗马法在考虑奴隶身份（包括公民权问题等）时受到自然法理论的影响。但更重要的是，奴隶在现实社会中因发生上述变化而引发对公民权利的呼求。于是各种关于释放奴隶的法律规定、习惯及对奴隶释放后的法律地位规定等应运而生。这些在罗马法中有充分的反映。[1]

上述问题所涉及的就是公民法。公民法又称市民法，是罗马国家固有的法律，包括元老院和民众大会通过的所有决议以及习惯法规范，仅适用于罗马公民。换言之，市民法即罗马公民的属人法，这使得市民法具有保守性。在内容上，市民法主要涉及罗马国家的行政管理、国家机构职能和诉讼程序等内容，有关财产方面的内容不多，反映出市民法在体系上的不完整性。此外，罗马的市民法过于强调法律的形式，这些都限制了罗马市民法的进一步发展。面对罗马居民在明确私人权利义务关系等方面的迫切需要，"最高裁判官法"应运而生。公元前367年，罗马设置了内事最高裁判官。其职责是在保证市民法适用的同时，通过审判实践和发布告示，对市民法进行修改和补充。经过积累，这种告示逐渐形成了一套固定的规范，称为"最高裁判官法"。它不囿于形式，更加灵活，体现了法律"公平合理"

---

[1] 参见周枏：《罗马法原论》（上），商务印书馆1994年版，第213—241页。

的原则。

所谓万民法，也就是适用于罗马公民与非公民之间以及非罗马公民之间的法律。其内容多与财产关系有关，特别是所有权与债务方面的纠纷。随着罗马版图的扩张以及罗马经济的发展，居住在罗马的外来自由民数量激增。然而以往的罗马市民法，只赋予罗马公民以法律权利，只能调节罗马公民之间的法律纠纷，对居住在罗马的外邦人和被征服地区的居民则不予保护。这使得处理这些非罗马公民之间以及他们与罗马公民之间的法律纠纷时困难重重。为此，罗马国家于公元前242年设置了外事最高裁判官，专职处理此类纠纷，万民法逐渐形成。

在司法实践中，市民法与万民法并不是相互隔绝的。由于市民法在私法上特别是在财产关系上之规定的匮乏，内事裁判官在审理案件的过程中往往将万民法的原则移植到市民法中，造成市民法与万民法在实际的司法操作中相融合。《安东尼尼安宪令》将罗马公民权授予帝国全体自由民（包括外邦人）后，万民法与市民法逐渐融合为一体。

帝国前期（公元前1世纪到公元3世纪）是罗马法发展的黄金时代，"在这一时期，法学家的观点得到了充分的发展，并被详细地阐述。在图拉真和哈德良皇帝时期，这一发展的曲线达到了它的顶点（如同元首政治达到了顶点一样）。尤利安的《学说汇纂》是这一时期罗马法学的最伟大成果。法学家支配的法律科学一直延续到了元首政治的末期。尤利安以后，虽然在法学发展上不时地出现一些微弱的衰退，但在整体上，一直到3世纪中叶，法学仍然保持在一个相当的水平上。"[①]

公元3世纪到6世纪，由于帝国首都迁至君士坦丁堡，基督教精神逐渐渗入罗马民众的精神生活，罗马法的发展进入了一个新时期，即行政上的中央集权化和精神统治方面的基督教化时期。由于新旧两种意识形态的对抗和争斗，罗马国家原有的立法已经很难满足奴隶制的瓦解和隶农制度的逐步形成这些新的社会条件。为此，皇帝为适应社会新形势变化而反复、

① F. Schulz, *History of Roman Legal Science*, Oxford, 1946, p. 99.

多次颁布的敕令、敕谕、敕裁等成为国家各级地方行政部门所依据的基本规则。原来法学家对法律的解答权被皇帝们逐步收回，瓦伦提尼安三世颁布的《引证法》将对法律的解释权限于五位最有资历的法学家之间。[①] 法学在民间的发展即法学家们的著述和研究活动也远逊于早期帝国时代。一些学者借此认为，这是罗马法治传统发展过程中的低谷时期。但事实上，这时候的低谷并不意味着法学发展陷入停滞状态，而是进入了一个对以往的立法和执法原则重新审视、重新评价或者重新定位的时期。如4世纪先后出现的《格列哥利阿努斯法典》和《赫摩根尼阿努斯法典》，就收集了自哈德良时期（117—138年）到324年君士坦丁皇帝统一罗马世界之时的法令和法学著作中的论述。接下来是5世纪中期的《狄奥多西法典》和6世纪前半期的《查士丁尼民法大全》。前者包括4世纪初以来的皇帝敕令，对西罗马帝国灭亡后日耳曼人国家中的法律的形成和发展具有重要意义。后者成了千年来罗马法和罗马法学的集大成者，是东罗马帝国（后为拜占庭帝国）的法律经典，它完整而系统地保留了罗马法的精华。

二

罗马法的闪光点——自然法

以下就罗马法中的自然法及与此密切相关的公民法、奴隶人身法律地位等问题一并予以分析，因为这些内容是一个不可分割的法律整体。

《法学总论》在谈及自然法时这样说道："自然法是自然界交给一切动物的法律。因为这种法律不是人类所特有，而是一切动物都具有的，不论是天空、地上或海里的动物。由自然法产生了男与女的结合，我们把它叫做婚姻；从而有子女的繁殖及其教养。的确我们看到，除人以外，其他一切动物都被视为同样知道这种法则。"[②]这里所表述的自然法思想有一个最大的特点，即把所有动物都包括在自然法之内。罗马法关于自然法的这种

注
释

① A. H. M. Jones, *The Decline of the Ancient World*, Longman, 1980, pp.181-182.
② 查士丁尼：《法学总论》，张企泰译，商务印书馆1989年版，第6页。

西塞罗是文艺复兴时期法学家的尊奉对象，15世纪意大利的第一本印刷书籍即为西塞罗的《论辩术》

表述在当时曾引起过争论。①但这至少从哲理和法理上杜绝了有所谓天生就是置于自然法之外并受人控制的奴隶身份。可是奴隶制度究竟出自何种法呢？罗马法的解释是，自然法中不存在奴隶制度，奴隶制度是由万民法引出的。"这种制度（指奴隶制度——笔者注）导源于万民法。因为根据自然法，一切人生而自由，既不知有奴隶，也就无所谓释奴。……'人'原来是对一切人的一个自然的总称，万民法却开始把人分为三种：自由人，与人相对的奴隶，第三种是不再是奴隶的被释自由人。"②可万民法确定奴隶身份的理由又是什么呢？"奴隶是根据万民法的制度，一人违反自然权利沦为他人财产之一部分。"③这一提法也许太抽象了，罗马法接着讲出了一个现实的由来，"奴隶（servi）一词的由来是：将领们命令把俘虏出卖，于是就把他们保存（servare）起来而不把他们杀掉。奴隶又叫做mancipia，因为他们是被我们从敌人那里用手抓来的。"④所以自然法本身并没有奴隶和自由人的区分，是万民法根据现实状况做出的法理解释。

受早期斯多葛主义影响，西塞罗在其著作中真正建立正义与法的联系，它们都成了理性的体现。在《论法律》中，西塞罗谈道，"存在着源自大自然的理性，它督促人们趋近正确行为而远离错误勾当，这理性并非由于形成文字之时第一次成为法律，而是理性始出之时就成为法律；它是与神的

注
释

① 参见周枏：《罗马法原论》（上），第87页。
② 查士丁尼：《法学总论》，张企泰译，第14页。
③ 同上书，第12页。
④ 同上书，第12页。

智慧同在。这种真正的、首要的法就是至高无上的朱庇特的正确理性。他的指令和禁令都具有权威。"① 而在《论共和国》中，他较为完整地表述了他的自然法理念，"真正的法律是与本性相一致的正确的理性；它是普遍适用的和永恒不变的；这种法以其指令召唤人们履行责任，并以其禁令来避免人们做坏事。……而只有一种永恒、不变并将对一切民族和一切时代都有效的法律；对我们一切人来说，将只有一位主人或统治者，这就是上帝，因为他是这种法律的创造者、宣告者和执行法官。无论谁不遵从，逃避自然并否认自己的本性，那么仅仅根据这一事实本身，他就将受到最严厉的刑罚。"②

关于罗马市民法的约束力，西塞罗认为它的效力源于它符合自然理性。他宣称，在人的自然本性尤其是社会属性中，人们"将会发现法律和权利的真正源泉"。③他的意思是说，正义存在于人类持久不变的本性中，而实在法要想得到人们的遵守，就必须体现自然正义。而法律与国家治理密切相连，"法律是将政治社会联合起来的纽带"，④西塞罗断言，"没有任何东西能比国家权威以及随之而来的法律统治的图景更符合正义诸原则和自然秩序（当我这样表述时，我希望人们能够理解我是在说自然法）了。如果没有国家权威，一个家庭、一个城市、一个民族、整个人类、有形的自然界乃至宇宙自身都将不复存在。因为宇宙服从神；海洋和大地服从宇宙，而人类生活服从至高无上的自然法的命令。"⑤依据自然法，所有人在本性上都是自由和平等的，他们都受到自然法的约束。因而，他反对亚里士多德关于"天生"奴隶的说法，坚持主张人的"本性"只意味着伦理自由，而不是社会的奴役，不是本性而是命运使人成为奴隶。

从法理上讲，自然法与自然状态有别。自然法是理性介入的结果。从自然法到实在法又必须借助理性的桥梁得以沟通。因此，理性自身的明白

注释

① 西塞罗：《国家篇 法律篇》，沈叔平、苏力译，商务印书馆1999年版，第187—188页。
② 同上书，第104页。
③ 同上书，第157页。
④ 同上书，第40页。
⑤ 同上书，第224页。

无误就显得至关重要，而要确保理性自身的明白无误就只能引入神法。对此，西塞罗作了如下的说明。西塞罗先考察理性、法、自然权力相互间的关系，指出，"法就是最高的理性，并且它固植于支配应该做的行为和禁止不应该做的行为的自然之中。当这种最高的理性，在人类的理智中稳固地确定和充分地发展了的时候，就是法。……法是一种自然的权力，是理智的人的精神和理性，是衡量正义与非正义的标准。"①也就是说，自然默而不语，它的规则由人的理性来揭示。通过这种揭示，自然中的规则才能转化为对人有支配性的权力即法。所以，法是理性的产物。这重申了古希腊的理性法和自然法观点。然后西塞罗对理性的特点作了剖析，以便为法权形式的自然状态的权威性进行定位。西塞罗认为，理性进行判断推理的最高准则必须是先定的，即先天就有的。如果最高准则既是理性推导出来的，同时又是理性推导的前提，这就变成了循环论证。这最高的准则就是西塞罗所认为的神意。神意不是靠理性能推导出的，却是理性认识的真理性的前提。西塞罗解释道，"的确，尽管理性和智力存在于人的自身，任何人都不应该如此愚蠢地妄自尊大，以致认为它们不存在于天国和宇宙之中；还要承认，以人的智力的最高推理能力，也不能够理解那些根本不是靠理性指引的事物，难道有什么看法比这更真实呢？"②接着西塞罗归纳道，"神的理智就是至高无上的法，所以人本身完美的理性也就是法。"③例如在司法断案中，对于许多行为的断案并非先都有一个明确的实在法作为依据，但人的理性还是能断定其是非，并取得共识。西塞罗讲了这样一个故事：在罗马鲁塞乌斯·塔奎尼乌斯统治时期，对强奸尚没有断案的实在法，但人们能明确地意识到塞克斯特·塔奎尼乌斯强奸了特塞庇梯努斯的女儿鲁克丽蒂娅违反了永恒的法。故永恒的神法先于实在法而存在，并借助理性说出其真正的神意内涵。④显然，西塞罗作为罗马共和国末期的法学家对

注释

① 西塞罗：《法律篇》，选自西方法律思想史编写组编：《西方法律思想史资料选编》，第64页。
② 同上书，第79页。
③ 同上书，第77页。
④ 同上书，第76—77页。

神法的理解与后来基督教法学学中的神法说还有很大的差别,例如,西塞罗讲的故事就把神法与人的某种原始自然情感混同起来,他说过,"真正的和原始的应用于支配和禁止的法,就是最高的朱庇特(罗马主神——译者注)的正当的理性。"①而在基督教法学里神法是不能用现实事物及任何实在法来比喻的。不过,这是问题的次要方面,正是西塞罗从法学的立场对理性的发问启发了以后基督教法学关于神法、自然法、实在法等探索思路。

罗马时期的斯多葛派学者塞涅卡(Seneca,约公元前3年—公元65年)继续鼓吹"人人皆为兄弟"的世界主义,宣扬普世皆为世界公民,应该相互关爱,不要互相攻伐、以德报怨等思想。塞涅卡辩论说:"把奴役想象为渗透一个人的整个存在,这是一种谬误。对于人来说,他的较好的部分是免除奴役的:的确,肉体是受制约的,并在一个主宰的控制之中,但是,心灵是独立的,而且它是如此自由和狂热,以至它甚至不受束缚它的肉体的禁锢。"②心灵应当保持自由、独立和自主。

就政治思想而言,斯多葛主义认为,每个人都是两个共和国的成员。在公民的国家里,他是一个居民,同时他又因其人性而属于一切有理性的人所组成的更大的国家。在塞涅卡看来,这更大的共和国是一个社会而不是一个国家,因为这个国家不是以法律与政治,而是以道德与宗教为纽带的。③但是,塞涅卡对人性极度失望,他简直丧失了信心。他认定罪恶和邪恶是人的不可改变的本性,国家与政治恰恰是人类堕落的产物。由此可见,塞涅卡已经暴露了自然法(或道德)与国家之间的紧张关系,而基督教又进一步强化了这一紧张关系。④塞涅卡把自然法思想引入宗教,影响了基督教伦理的形成。罗马皇帝奥勒略(Aurelius,公元120—180)也笃信斯多葛主义,他被人们称为"宝座上的哲学家"。奥勒略亦鼓吹普世之爱,

注释
① 西塞罗:《法律篇》,选自西方法律思想史编写组编:《西方法律思想史资料选编》,第77页。
② 塞涅卡:《论恩惠》(第3卷),第20页。引自恩斯特·卡西尔:《国家的神话》,张国忠译,浙江人民出版社1988年版,第122页。
③ 参见乔治·霍兰·萨拜因:《政治学说史》(上),盛葵阳、崔妙因译,第218页。
④ 参见申建林:《自然法理论的演进:西方主流人权观探源》,社会科学文献出版社2005年版,第68—69页。

他认为，要使你自己适应于你的命运注定要同它们在一起的那些事物，以
及你命定要和他们在一起的那些人，要爱他们，要真正地、忠实地这样做。

斯多葛派的这种关于人的概念成了古代思想和中世纪思想的一个最坚
实的链结，它是一条甚至比古希腊哲学中人的概念更为坚固的链环。奥古
斯丁就是从西塞罗的《霍滕修斯》(Hortensius) 中第一次接触到斯多葛派哲
学家的理想。所以，在整个中世纪，西塞罗和塞涅卡的思想在伦理方面始
终保持着一种巨大的权威。基督教作家非常惊异地发现，在这些异教作家
中他们找到了他们自己的宗教观点。斯多葛学派关于人的基本平等的准则，
通常也很容易地被接受下来，它成了中世纪理论的一个基本点。①

斯多葛学派的自然法思想其意义是重大的，且影响深远。首先，它给
正在成长的罗马法送去急需的营养。罗马人发展罗马法主要靠自己的努力，
但罗马法的发达（最高裁判官法和万民法的出现）和罗马法学的产生则无
疑是与接受斯多葛派的自然法思想相联系的。②梅因也说，"从整体上讲，
罗马人在法律改进方面，当受到'自然法'理论的刺激时，就发生了惊人
的进步"，"罗马法所以能具有现在的形式，是依靠查士丁尼的坚强意志以
及不寻常的机会，但是制度的基本图形，则在皇帝的改革以前很早就计划
定当了。"③其次，斯多葛学派的自然法思想与基督教神学相结合而产生的
基督教普世帝国的思想长期影响西欧政治的发展。其实，基督教徒从一开
始就未曾视古典哲学为异物，而是抱着接近的态度，努力谋取哲学的支持。
保罗（Paulus，约公元10—64年)的教会哲学就有着至为明显的斯多葛派
哲学之痕迹。奥古斯丁则主要接受柏拉图的理念学说，并将理念移入上帝
的精神之中。④但奥古斯丁同时也吸收了斯多葛派的普世理性思想，他认
为基督赐予的"新的律法"，同样也能为缺少这种律法的异教徒遵循，因为
这种律法之书也写在他们心里。也就是说，依据自然法，异教徒也具有理

注
释

① 参见恩斯特·卡西尔：《国家的神话》，张国忠译，第123页。
② 参见乔治·霍兰·萨拜因：《政治学说史》(上)，盛葵阳、崔妙因译，第196页。
③ 梅因：《古代法》，沈景一译，第33页。
④ 参见阿图尔·考夫曼、温弗里德·哈斯默尔：《当代法哲学和法律理论导论》，郑永流译，
　 法律出版社2002年版，第69页。

性，他们也能认识和领会上帝的启示。由此可见，基督教神学家们已经敏锐地觉察到斯多葛哲学的自然法理论能为自身的巩固和扩展带来巨大利益，便加速改造这一哲学，并将其与基督教义密切结合，这一融合对未来文明的影响至为深远。①从奥古斯丁开始，基督教逐渐吸收了斯多葛派哲学的普世主义理念（包含全人类、由全世界组成的法社会）、柏拉图和亚里士多德的正义论等。

中世纪的基督教会对斯多葛主义倍感亲切，因为在许多教会神学家看来，斯多葛主义的自然法与上帝律法之间具有很大的相似性，从而，斯多葛主义轻而易举地进入基督教教义中。圣·托马斯则进一步吸收了12世纪以来重新传入欧洲的亚里士多德主义，完成了宗教神学自然法的体系化。正如凯利所言，"古希腊罗马的古典自然法理论正是经由早期的基督教会传递到中世纪的，并在此基础上，最终进入世俗'高级法'和'基本权利'的现代语境。"②

西塞罗的思想对正处在形成和发展过程中的罗马法学发生了巨大的影响。"正是西塞罗生活的时代，即共和国的最后几十年，法律科学获得了发展。西塞罗作为一名法学家、地方行政官、政治家和著作家，对自然法的含义和原则进行了阐述。这些阐述得到了古典学者、哲学家和法学家的广泛赞同和引用，并延续至今。"③他的学说，使自然法理论发生了根本的变革，自然法的哲学性质渐弱，而法学的性质增强，法哲学的世界观（哲学家对法和法律现象的基本观点）发展为法学世界观（法学家对法和法律现象的根本看法）。这一革命，为罗马法哲学以及整个法律科学奠定了思想基础。正是在吸收西塞罗的自然法思想的基础上，盖尤斯、乌尔比安、保罗等古典时期罗马著名法学家共同构建了一座法学大厦。④在罗马法学家那里，自然法的存在是无须证明的。他们已经不像斯多葛学派和西塞罗那样多是从伦理意义上来解读自然法的理性和正义，而是从社会生活的自由和

注释
① 参见 J．M．凯利：《西方法律思想简史》，王笑红译，第 96 页。
② J．M．凯利：《西方法律思想简史》，王笑红译，第 98 页。
③ 参见张宏生主编：《西方法律思想史》，北京大学出版社 1983 年版，第 59 页。
④ 参见何勤华：《西方法学史》，中国政法大学出版社 1999 年版，第 37 页。

权利方面来注释自然法的理性和正义。①在他们看来，"自然法"已经成为确信无疑的应然法，是与实在法共存的理想法，它先于实在法而存在，并成为实在法制定的依据。他们所要做的，只是用自然法的理念与原则来指导实在法，"在理念和原则的基础上，把自然法的思想蕴涵在一项人类共同遵守的实体法则之中"。②从这一点上来说，他们的自然法观念比西塞罗更接近生活。事实上他们也确实如此，他们并不局限于在抽象意义上来论述自然法，还通过在现实法律中对自然法理念与原则的表述，将自然法思想蕴含在实体法中。在古罗马，自然法的观念通过万民法的产生与完善而成为制度化的法律。盖尤斯在《法学阶梯》中就将万民法与自然法相结合，"根据自然原因在一切人当中制定的法为所有的民众共同体共同遵守，并且称为万民法，就像是一切民族所使用的法。"③盖尤斯的万民法虽然不完全等同于自然法，但却是自然法在现实中的反映。

总之，古罗马思想家和法学家继承了古希腊人的自然法思想，把自然法看做人类最高的理性，是公正和正义的代表，具有最高的法律效力。但是，他们并不是像希腊人那样只是抽象地谈论自然法。在罗马法学家的眼中，自然法不仅是一种法的观念，还是一项重要的法律原则，因此，自然法中所提倡的自由平等也就成为实在法的价值所在。自然法不是罗马法和罗马法学家所创造的，但是把自然法观念演绎成实在法的原则却是罗马法和罗马法学家的伟大创举。④正是自然法观念的植入，才使得罗马法成为古代法律体系中的经典而经久不衰。英国学者梅因就评价道，"我找不出任何理由，为什么罗马的法律会优于印度的法律，假使不是'自然法'的理论给了它一种与众不同的优秀典型。"⑤

注
释

① 参见汪太贤：《西方法治主义的源与流》，法律出版社2001年版，第98页。
② 汪太贤：《西方法治主义的源与流》，第96页。
③ 盖尤斯：《法学阶梯》，黄风译，中国政法大学出版社1996年版，第2页。
④ 参见汪太贤：《西方法治主义的源与流》，第96页。
⑤ 梅因：《古代法》，沈景一译，第44页。

三

以自然法为基础的法治精神

在确立了法律统治的正当性后,罗马的思想家和法学家还提出了法治的具体原则,首先,依据自然法理论,他们认为公民应当享有平等的法律权利。公民法律权利的平等源自于人的理性的平等。西塞罗指出,没有哪一种生物像我们人那样相互近似、相同,人类不存在任何差异,这是对人进行界定的前提。他强调所有的人"都是相同的、并平等的"①拥有法律赋予的共同生活的原则。这一观点在罗马成为法律的固有内涵。罗马法学家正是据此创设了人类生而自由、平等的原则,认为根据自然法则,"奴役是违反自然法的,……一切人都是生而自由的"②;"自由是每个人,除了受到物质力量或法律的阻碍外,可以任意作为的自然能力。"③ 3 世纪的罗马法学家乌尔比安就曾说过"从民法的观点来看,奴隶是什么也算不得的。但是根据自然法来看便不是这个样子。从后者的观点来看,一切人都是平等的。"④而这一原则也成为文艺复兴时期乃至近现代西方许多法治理论和制度的理论渊源。"真的,如果自然法没有成为古代世界中一种普遍的信念,这就很难说思想的历史,因此也就是人类的历史,究竟会朝哪一个方向发展了。"⑤

其次,古罗马法学家还强调法律至上、权力服从于法律的法治原则。在国家与法律的关系上,西塞罗依据他的国家起源论,论述了国家应当服从于法律。认为共和国是人民的事业,国家是人民基于共同的需要、共同的利益和共同的法律意识通过协议而形成的。国家是一个公民的法人团体,是人民之间形成的一种契约关系。国家的职能和目的就是为全体人民谋求福利。而要达到这一目的,国家就必须要服从人们的协议——即法律。只

注释
① 西塞罗:《国家篇 法律篇》,沈叔平、苏力译,第166页。
② 查士丁尼:《法学总论》,张企泰译,第7页。
③ 同上书,第12页。
④ 引自科瓦略夫:《古代罗马史》,王以铸译,生活·读书·新知三联书店1989年版,第816页。
⑤ 梅因:《古代法》,沈景一译,第43页。

有建立在法律（协议）基础上的国家，才是合法的、正义的。国家只有按照法律行使其统治权，才是正当合理的。①罗马人当然会把最高权力授予国家；但是他们这样做，并不是认为国家代表一个至上的道德力量。他们认为国家之所以是至高无上的，是因为它垄断着立法权，是法的制定者，这种法既约束个人，也约束着国家。国家被视为一个法人，在法的限制内行使它的权力。②在论及政府、官吏与法律的关系上，西塞罗主张，政府和官吏的权力都应受到法律的约束。既然国家的权力来自于人民的协议（法律），那么国家的政府和官吏的权力也同样来自于人民，理所应当按照法律行使他们所得到的权力，受到法律的制约。"官员的职责在于领导和发布正确的、有益的、与法律相一致的政令。犹如法律指导官员，官员也这样指导人民，因此完全可以说，官员是说话的法律，法律是不说话的官员。不仅如此，任何事情都不及权力那样与法和自然状态相一致"。③官吏虽然享有管理国家的权力，但这个权力必须在法律之下。即便是在帝国时期，罗马的法学家也仍然强调法律至上、权力服从于法律这一原则。"君主的谕令是皇帝通过裁决、告示或者诏书制定的。毫无疑问，它应具有法律效力，因为皇帝本人根据法律获得治权。"④"法律是由人民批准和制定的。平民会决议是由平民批准和制定的……一度贵族曾说他们不受平民会决议的约束，因为这些决议的制定未经他们准可；但是，后来颁布了《霍尔滕西法》（公元前282年），规定平民会决议对全体人民具有约束力；这样，平民会决议被等同于法律。"⑤毫无疑问，从盖尤斯的表述中可以看到，君主的权力应当服从于法律，君主应当按照法律进行统治，法律高于君主。

最后，罗马法学家们还提出了分权制衡的理论。最早提出权力制衡思想的是波里比阿。他提出了依靠元老院、人民大会和执政官三个权力机构之间的相互制衡来防止专制，西塞罗则大大地发展了波里比阿的思想。在西塞罗

注
释

① 参见汪太贤：《西方法治主义的源与流》，第79页。
② 参见阿·库·穆霍帕德希亚：《西方政治思想概述》，姚鹏、张峰等译，求实出版社1984年版，第50页。
③ 西塞罗：《论共和国 论法律》，王焕生译，中国政法大学出版社1997年版，第255页。
④ 盖尤斯：《法学阶梯》，黄风译，第2页。
⑤ 同上书，第2页。

的分权制衡理论中,权力的制衡不仅仅依靠各权力机构之间的相互制约,更主要的是强调各个权力机构和各个政治力量在行使职权时应该遵从法律的规定,即在法律的权限内依法运行。从而建立了一种法治性的制约机制。西塞罗为各个国家权力机构设计了相互制衡的关系和准则,体现在他的政体论中所倡导的混合政体理念中。根据他的设计,共和国的国家权力应当根据法律规定,合理地在元老院、平民大会和执政官三者间进行分配。而这三个机构的权力相互交叉,构成一种制约关系。以元老院的立法权去制衡平民大会的决策权和执政官的行政司法权;以平民大会的选举权、监督权去制衡元老院的立法权和执政官的行政司法权;以行政官的行政司法权来制衡元老院的立法权和平民大会的权力。同时对执政官的任期期限进行规定,还设立了监察官和保民官来对元老院和执政官进行监督。这种分权制衡的思想被后世文艺复兴时期以及启蒙时期的思想家所珍视,并成为文艺复兴时期城市共和国政治实践和近代分权学说及法治政府的直接思想来源。

四
自然法和万民法

依据西方学者的说法,近代国际法的雏形可以追溯到古代罗马法中的"万民法"(ius gentium)。例如,英国法律史家梅因就曾指出,国际法是"罗马法的后裔"。[1]何谓万民法?英国《大不列颠百科全书》的定义是:"从实践意义上讲,万民法指罗马人适用于他们自己和非公民双方的那部分罗马法。"[2]另根据罗马皇帝查士丁尼编订的《法学阶梯》所载,万民法是适用于罗马境内所有民族的共同法。[3]显而易见,万民法是罗马国家的法律。那么,一个古代国家的法律是如何发展成为近代国际法的呢?本文主要从罗马万民法概念的演进历程来探析近代国际法的起源。

注释
① 梅因:《古代法》,沈景一译,第57页。
② *Encyclopaedia Britannica*, 1973, Vol. 19, p.545.
③ See M. A. Thomas Collett Sandars, *The Institutes of Justinian with English Introduction*, Longmans, Green, and CO., 1903, p.8.

首先，从语词的词源来看，拉丁文"gentium"（意为种族、民族、国家）源于"gentes"（氏族）一词，因此，ius gentium 含有 "氏族之间的法"之意。由此推断，万民法概念的起源与罗马氏族制度之间应存在某种关联。我们仔细考究了罗马的氏族制度，事实的确如此。

罗马人的早期家庭社会中存在着这样一种法律制度：在群体生活和相互交往中，家庭之间形成一系列关系，人们把这些关系的总和称为"法"(ius)。[①]这种法被称为市民法，但它并非源于城市，虽然后来它们之间发生了关系，当时它反映的只是一种家庭社会的秩序。这样，在家际关系的基础上，罗马形成了较为广泛的氏族际社会的秩序，并且体现着"法"。[②]这就是前文所述"氏族之间的法"，罗马万民法就是罗马诸氏族通过联盟结成一个较大的共同体之前存在于各氏族间的氏族法的遗迹。[③]由此可知，万民法一开始就与罗马家庭和跨家庭组织密切地联系在一起。在同一氏族内，法是"跨家庭之法"，即市民法；相对于整个部落，法又成为氏族间的法，即为万民法。这一资料表明，在罗马早期家庭社会不发达之时，氏族间的关系实际就是一种对外关系。

但是，罗马早期家族之间的独立并不妨碍他们各家的联合。在不损害自家宗教的基础上，各个家庭举行一种共同信奉的宗教祭祀。这种由若干家庭联合组成的团体就是胞族(curie)。[④]胞族是一个仿照家庭样式建立起来的小社会。而胞族的进一步壮大与联合就形成部落。部落与家族、胞族一样也是一个自足的团体，它有自己的宗教，外人不得参与。人类社会就这样在发展中不断壮大，若干部落逐渐走向联合。而部落联合之日，也就是城邦形成之时。部落一旦组成城邦，也要点燃一坛圣火，设立一个公共宗教。[⑤]总之，罗马城邦就是由众多氏族联合组建的共同体——一个大的

注
释

① 参见朱塞佩·格罗素：《罗马法史》，黄风译，中国政法大学出版社1994年版，第24页。
② 同上书，第25页。
③ 参见徐国栋：《李维时代罗马人的跨民族法体系》，载《厦门大学学报》2001年第1期。
④ 参见库朗热：《古代城邦：古希腊罗马祭祀、权利和政制研究》，谭立铸译，华东师范大学出版社2006年版，第107—108页。
⑤ 同上书，第117页。

氏族（Gens）。在最初的较长岁月中作为联合体的城邦必须尊重各氏族、胞族和部落的宗教信仰，也无权过问它们的内部事务。当罗马与其他城邦发生关系时，也就形成了新的"ius gentium"，只是其含义发生了相应的改变，即氏族间的关系转变成为部落联盟、城邦国家之间的关系。

据考证，最早提出万民法概念的学者是西塞罗。① 西塞罗在其著作《论义务》中对罗马市民法与万民法做了这样的区别，"市民法不可能同时是万民法，但万民法应该同时也是市民法。"② 而罗马万民法却发端于公元前242年罗马外事裁判官发布的告令。当时，为了处理外来人口和被征服地区居民相互之间以及他们与罗马市民之间的民事纠纷和财产关系等，罗马设立外事裁判官。这些外事官员选择罗马与外来移民母邦（主要是意大利半岛上的城邦）共有的法律规定进行司法审判并颁布告令。后来，这些告令逐渐被汇编成一套法律规范即万民法。

当西塞罗创造万民法概念之时，罗马社会已经处在"帝国前夜"。经过长期对外扩张，罗马不仅控制整个意大利半岛，而且开始逐渐征服地中海周围地区。罗马由一个台伯河畔的城邦一跃而成为包拢无数民族在内的泱泱帝国。一方面，随着罗马的不断对外扩张，罗马国家在法律制度上取得很大进步。由于罗马人不愿将市民权授予被征服各族，罗马外事裁判官不得不在司法实践中频繁颁布"告令"取代市民法或与之并行。这样，万民法就能不断地从罗马市民法和其他民族习惯法中汲取营养。罗马的随军祭祀法③ 和其他

注释

① 参见桑德罗·斯奇巴尼：《被誉为罗马法灵魂的三部不朽之作：〈论共和国〉、〈论法律〉、〈论义务〉》，丁玫译，载《比较法研究》1999年第9期。

② 西塞罗：《论义务》，王焕生译，第309页。

③ 随军祭司（Fetiales）据说是由罗马的第二任国王努马创立的。该团体约由20人组成，主要任务是：牢记与邻国签署的各种条约，对违法条约应采取的行动提出权威性建议，必要时协助索取赔偿和宣告开战。罗马人曾经把随军祭司法称为"万民的神法"（Fas Gentium）。秘鲁学者埃尔维拉·门德斯·张（Elvira Mendez Chang）认为它不是罗马各城邦专有的规范，而是为所有的人共有的规范。徐国栋则认为，随军祭祀法只是在近代国家尚未形成、国际法观念尚未出现的背景下，由罗马人及其周边民族使用的跨民族法。随军祭祀法应是罗马人典型的适用于外邦人的法律——宗教规范。参见特奥多尔·蒙森：《罗马史》（上卷），李稼年译，商务印书馆1994年版，第156页；埃尔维拉·门德斯·张：《作为跨民族法适用于罗马与其他民族的随军祭司法》，肖崇明译，载《民商法论丛》第13卷，法律出版社2000年版，第415页。

公共法其间也获得很大发展。另一方面，公元前 1 世纪，罗马控制希腊地区。希腊哲学尤其是斯多葛哲学开始影响罗马上层贵族的思想。为了增强国家的坚实基础，巩固城市以及'"治疗各民族的疾病"，西塞罗首次从希腊借来了自然法理论。西塞罗认为，"法律是植根于自然的、指挥应然行为并禁止相反行为的最高理性"，当这一理性"在人类的意识中牢固确立并完全展开后，就是法律"。① 在西塞罗看来，人与人之间并没有类的差别，理性是人所共有的；完全发展的自然理性就是美德，而美德是人类社会的正义（法）之基。由于人类有追求善的共同倾向，西塞罗认为创立各民族共有的法律秩序是可能的。正如梅因所说，"从整体上讲，罗马人在法律改进方面，当受到'自然法'的理论的刺激时，就发生了惊人迅速的进步。"② 罗马法学家正是根据自然法的一般原理和随军祭祀团法以及其他公共法的实践，逐渐发展出一整套罗马与异邦、异国共有的法律制度组成的理论体系。在《论义务》一书中，西塞罗首次提出万民法的概念及其与市民法的区别。市民法的主体是罗马人民，它本质上是一族之法；而万民法的主体是所有的人，它适于罗马境内所有氏族。

在西塞罗所设定的概念基础上，盖尤斯进一步将万民法概念理论化，"根据自然原因在一切人当中制定的法为所有的民众共同体共同遵守，并且称为万民法，就像一切民族所使用的法。"③ 关于该定义的翻译问题，国内学术界存在些许分歧，最主要的是对其主体"populus"一词的不同理解。张企泰在翻译《法学总论》时将其译为"所有民族"。④ 黄风在另一部译著中将其译为"所有人"。⑤ 我国另一位学者徐国栋在经过数年教学实践后，

注释

① 西塞罗：《国家篇 法律篇》，沈叔平译，第 167、158 页。
② 梅因：《古代法》，沈景一译，第 33 页。
③ 盖尤斯：《法学阶梯》，黄风译，第 2 页。盖尤斯万民法定义的原文："quod vero naturalis ratio inter omnes homines constituit, id apud omnes populos peraeque custoditur vocaturque ius gentium, quasi quo iure omnes gentes utuntur." 参见: *The Institutes of Justinian with English Introduction*, translation, and Notes, by the late Thomas Collett Sandars, M.A., Longmans, Green, and CO., 1903, p.8.
④ 查士丁尼：《法学总论》，张企泰译，第 7 页。
⑤ 桑德罗·斯奇巴尼选编：《民法大全选译·正义和法》，黄风译，中国政法大学出版社 1992 年版，第 39 页。

对其1999年翻译出版的查士丁尼《法学阶梯》进行了修订。他关于罗马万民法定义的翻译是："自然理性在所有人中制定的法，它被完全一致地保留在所有的人民中，并被称作万民法，与由所有的民族使用的法同义。"[①]究竟哪种翻译更为恰切？为此我们还得追溯"populus"一词的起源与演变。在拉丁语中，"populus"一词起源于"populor"（意为"摧毁"、"劫掠"[②]）。最初，"populus"被用来指称"步兵的队列"或"武装者的集合"，后来逐渐演变为指称具体出席民众大会的人们的集合，即"Populus Romanus"（罗马人民），这些公民可以在其自己赋予的组织化的形式中表达个人意志。但在拉丁文中，Populus的含义与我们现代人理解的人民的含义存在很大差异，它不是一个全民的概念，而且，在各个不同历史时期，这种意义上的"人民"在构成成分及其权利和义务的发展演变方面存在很大差异。

"罗马人民"最初是罗马氏族天然形成的公民集团。这些公民主要是指参加祭祀的男性成年成员，也是罗马军队的主要组成成分。在早期罗马，只有参加宗教仪式，参与"百人队大会"和"民众大会"，才能成为罗马人民，在罗马共同体中拥有所有政治权力。妇女、儿童都非全权公民，奴隶和外邦人更无缘城邦政治。与"罗马人民"相对立的是罗马平民(plebs)，他们起源于罗马王政时代，主要由被征服地区的移民（或被称为外邦人）组成。到王政时代后期，罗马平民基本形成一个特定等级，[③]并不享有罗马公民权，他们处于对国王和罗马人民的依附地位。作为异邦人，虽具有人身自由，但却只是罗马的臣民，被排斥于罗马氏族成员的政治圈子之外。他们不属于任何罗马氏族，不能分享任何立法和行政管理等特权。[④]后来，塞尔维乌斯改革打破了只有罗马人民才能得到法律保护的状况，制定了有利于平民的《十二铜表法》。到罗马共和国时期，平民掀起轰轰烈烈地争取平等权利的斗争，开始获得政治平等。[⑤]此后，罗马的立法体系被分为两

注释

① 优士丁尼：《法学阶梯》，徐国栋译，中国政法大学出版社2005年版，第12页。

② P. G. Glare, *Oxford Latin Dictionary*, Oxford, 1977, p.1404.

③ See Niebuhr, *Lectures on the History of Roman*, vol.1, London, 1847, p.48.

④ See M. A. Thomas Collett Sandars, *the Institutes of Justinian*, Longmans, Green, and Co., 1903, p.xi.

⑤ See M. A. Thomas Collett Sandars, *the Institutes of Justinian*, pp.xvii-xviii.

部分。正如罗马法学家盖尤斯所言:"法律是由罗马人民批准和制定的;平民会议决议是由平民批准和制定的。"① 而平民会议决议在经罗马元老院预先同意(auctoritas)后即具有法律效力。② 到公元 1 世纪,"平民"和"人民"不仅在法律上逐渐平等,而且在罗马作家的笔下几乎成了同义语,二者之间的差别已彻底消失,公民集体的范围空前扩大。到公元 2 世纪,罗马法学家盖尤斯指出,所谓"人民"是指所有的罗马市民,包括贵族和平民。③ 因而,他的定义"在所有人民中"即指在所有拥有罗马公民权的公民中。另一方面,随着罗马城邦的发展,处于一位首领权力控制下的罗马共同体逐渐在共和宪制中发展出一种新的秩序,它的中心基准点是"人民"。由于罗马人长期保持着那种使人难以表述的抽象概念的具体精神,在形成"共和国"(res publica)这一抽象概念之前,罗马国家具体表现为"罗马人民"。④ 我们认为,这种提法也正反映出罗马国家与"人民"的关系。正如意大利学者格罗素所言,罗马人"对我们称之为'国家'的那个东西使用'罗马人民'一词表述"。⑤ 当然,这种国家只是古代意义上的国家,并不具有近代意义。我国学者廖学盛也曾谈及,罗马国家的一个重要特点就是"公民集体等同于国家"。⑥ 综上所述,我们认为,拉丁文"populus"在古罗马时代既是政治共同体——罗马人民(或称罗马公民,它甚至可以代表罗马国家),又是罗马法律主体。因此,将其译为"所有人"、"民众共同体"以及"民族"等等都是不恰切的,只有"人民"既反映了该词的时代特征,又能准确地表达其时代内涵。在英文译本中,"populus"与"gentes"

注
释

① 盖尤斯:《法学阶梯》,黄风译,第 2 页。
② 参见朱塞佩·格罗素:《罗马法史》,黄风译,第 173 页。
③ 参见盖尤斯:《法学阶梯》,黄风译,第 2 页。
④ 参见朱塞佩·格罗素:《罗马法史》,黄风译,第 98 页。按照西方学者的说法,现代意义的所谓"国家"(state)是 16 世纪以后的概念,16 世纪以前不存在"国家"。而就古罗马而言,只存在人民(Populus)、城邦(Civitas)、共和(Res publica)等概念。关于西塞罗借西庇阿之口提出的说法即"res publica res populi",王焕生将此译作"国家乃人民之事业",沈叔平、苏力则译作"国家是一个民族的财产"。徐国栋认为正确的译法应是"公共事务(共和)即人民的事务",并指出"公共"(Publicus)一词由"人民"(Populus)一词而来。
⑤ 朱塞佩·格罗素:《罗马法史》,黄风译,第 201 页。
⑥ 参见廖学盛:《从古希腊罗马史看奴隶占有制社会的若干问题》,《历史研究》1995 年第 5 期。

都被译为"nations"（民族、国家），①显然也是近代意义的先入之见。

在此基础上，我们重新考订了罗马万民法的定义。我们发现，在罗马法学家阐述万民法概念时，万民法的主体发生了三次转换。Homines 指生物意义上的人、所有的人，具有普遍意义；在法律上，则指拥有公民权的"法人"（尽管法人是一个近代概念）。因为，在法学家们看来，法律的制定应该是作为立法者的"人民"，而不是简单意义上的"人"②（在罗马，事实也的确如此），所以，罗马法学家紧接着就说，这种法被完全一致地保留在"Populus"中。很明显 Populus 具有罗马倾向，准确地说，它的含义应是像"罗马人民"一样的"人民"。我们知道，这种万民法主要是罗马人的社会实践成果，它完全是依据罗马人的意志进行制定的，所以其阐述意向也理应是罗马本位的。因而，他们未继续使用"homines"，而是使用罗马的"populus"一词。由此出发，所有的民族（gentes）也就成为包括罗马民族在内的世界各族。尽管此处"民族"也是古代意义上的，但把它翻译为"种族"显然是不合适的，种族更多的是生物学概念。既然其他 gentes 和罗马一样都适用万民法，并且罗马是一个政治共同体，准确地说，是一个独立自主的国家，那么在罗马人的想象中，其他与"罗马人民"对等的"gentes"也应该是拥有自己君主的独立的国家。众所周知，在罗马扩张之时，许多城邦国家和罗马一样都是同一类型的政治共同体。即使罗马帝国建立以后，它也并非当时世界上唯一的国家。有资料表明，罗马帝国也十

注 释

① See *The Institutes of Justinian with English Introduction*，translation，and Notes，by the late Thomas Collett Sandars，M.A.，p.8."民族"一词只有在罗曼语中是原生的，指血缘相连的亲属团体。无论民族原初意义是什么，民族在现代的概念与以前大不相同。民族的原生概念得到扩展，乃至与现代国家相联系。现代意义和政治意义的民族是相当晚近才出现的，与人民和国家密切相关，与民族国家相关。参见[英]埃里克·霍布斯鲍姆：《民族与民族主义》，李金梅译，上海人民出版社 2000 年版，第 19—21 页。民族与国家是密切相连的。民族"首先是一个共同体，是由人们组成的确定的共同体"。参见《斯大林选集》（上卷），人民出版社 1979 年版，第 61 页，而国家是建立在这个共同体之上的政治上层建筑，是一种把民族社会从政治上统一起来、形成为民族国家这种联合体的特殊结构。他们有机地结合起来，形成近代民族国家。

② See Arthur P. Monahan，*Consent，Coercion and Limit: the Medieval Origins of Parliamentary Democracy*，McGill-Queen's University Press，1987，pp.223-224.

分清楚与它并立、又为它所知的萨珊波斯、贵霜和汉帝国等。这些国家的人民到罗马来,与罗马人民交流,当然也要遵守罗马法律——万民法。也只有这样,我们才能解释最后一句:"与由所有的民族(gentes)使用的法同义"即是说,在其他民族中也存在类似于罗马万民法的法律,它们具有和罗马万民法一样的职能。同时,我们知道,其他民族的法律习惯也正是罗马万民法的渊源。

总而言之,在古罗马时代,万民法是由罗马氏族之间的法发展演变而成的罗马境内各族之间的法律体系,它适用于罗马境内所有民族。正如美国学者斯科特指出,万民法是每个人和所有人的法律——不仅是每个人、所有个人而且是由一群人组成的每个民族以及组成整个社会的所有民族的法律。万民法被用于所有人和所有民族的双重含义上:一方面它是全人类的法律;另一方面它又是在民族和所有民族表述的每个人和每一部分人的法律。① 法国思想家霍尔巴赫也曾说过,"各民族之间的法律构成所谓万民法。万民法并不是别的什么,而是适用于由人类划分出来的各个不同社会的自然法。"② 这就是罗马万民法概念的性质和内涵。当然,罗马万民法定义中的"gentes"一词虽有"民族、国家"之意,但这种国家并非近代意义的民族国家,③ 而是罗马人思想观念中的奴隶制君主国,尽管其中有些"gentes"可能不如罗马帝国那样庞大、繁盛一时,但它们仍被视为类似于罗马的民族或国家。也正因如此,我们认为,罗马万民法是一种适用于各民族的共同法,尽管它不是由"所有民族共同制定"的,也并非"规制不同国家关系的法律,但它却是一整套通常为所有民族所接受

注释

① See J. B. Scott, *the Spanish Origin of International Law*, Oxford, 1934, p.140. 当然,斯科特所言"民族"(nations)一词可能还含有近代国家之意,但这并非笔者引用的初衷。

② 霍尔巴赫:《自然政治论》,陈太先等译,第25页。该译文使用的是"国际法"一词,但霍尔巴赫生活的时代还未出现"international law"一词,仍应是"jus gentium"。

③ 16世纪以前,欧洲人以为最佳、最高的政治组织形式是幅员辽阔的帝国,他们将对地方统治集团的情感皆归属于一个大帝国或包容一切的教会之下。到了16世纪,欧洲传统的国际体制开始崩溃,近代国家在帝国废墟和教会瓦砾上纷纷涌现。为区别于旧帝国,人们称这些为新兴国家为"民族"或者"民族国家"。到17世纪初,格劳修斯已开始将"民族"视为自由、独立、平等的国家。参见海斯:《现代民族主义演进史》,帕米尔译,华东师范大学出版社2005年版,第2—5页。

的法律规范"。①

　　罗马万民法对近代国际法产生了重大影响。正如法学家劳特派特所言，"罗马人给后世开创了一个国家在其对外关系上有法律规则的范例。""他们的范例给那些后来努力创立近代国际法的人提供了许多论据，因而，他们对近代国际法是有贡献的。"② 另一方面，从理论方面看来，罗马帝国的万民法概念在实质上属于"普遍的自然法观念体系"③，这种更宽广意义的万民法概念是斯多葛哲学中的"普世主义"对罗马法的重大胜利，因而，我们可以说，普世主义既造就了万民法，同时也造就了万民法的普适性。也正是在这种意义上，罗马人认为由自然理性在万民中创建的法律"保留于所有的人民"、适用于所有的人民，并"与由所有的民族使用的法同义"。而西班牙神学家维多利亚也正是利用此意创新了万民法概念。

16世纪萨拉曼卡大学的法学课

注释

① See Brian Tierney，"vitoria and suarez on ius gentium，natural law，and custom，centre for research in the arts"，*social sciences and humanities annual report 2005*，University of Cambridge.
② 劳特派特修订：《奥本海国际法》（上，第1分册），商务印书馆1981年版，第53页。
③ Alex Mills，"The Private History of International Law"，from *International and Comparative Law Quarterly*，Vol.55，Part 1，2006.

第二章
文艺复兴时期法学思想与
中世纪的关系

中世纪的欧洲并非像传统所说的那样杂乱无序。事实上它也是一个有特定法律精神和法治结构的社会。罗马法的传统也并非中断，而是以各种形式或以个别条例形式保存在教会法、日耳曼法、庄园法、封建法或者王室法、城市法中。其中原来的罗马法内容仍在欧洲地区的法律制度和法律思想中延续。于是人们看到了这样一种历史现象，无论欧洲中世纪的各种法律形式有多么纷繁复杂的线索，但内容上都或多或少体现着罗马法的精髓，例如浸透着对特定行为主体的权利和义务进行限定之内容，而这种限定又与法学思想上的自然法思想等有关系。这些内容对中世纪后期及文艺复兴时期不同类型的公民社会孕育及相应的法律制度形成产生了影响，或者说为其提供了直接的养料。

第一节　中世纪的法律传统

考察文艺复兴时期的法学思想，当然要追溯古代的法律传统和法律思想,但是与文艺复兴时期直接相关的中世纪法律制度和法律思想更应当受到研究者的重视。事实上,新的法学是对先前存在的制度和思想的再创造。① 所谓中世纪西欧的法学主要指自公元5世纪中叶西罗马帝国灭亡到公元14世纪在西欧社会发生效力的各种法律制度和法律思想。而这些法学内容主要是在日耳曼人习惯法基础上并借鉴罗马法传统之后加以整合而成。就此而言,中世纪封建社会(包括罗马教廷)的法律制度和思想都存有罗马法的因素。

—

日耳曼法中的罗马法因素

在现代法学领域,日耳曼法被认为是欧洲封建社会早期(公元5—9世纪)新兴日耳曼国家中通行的习惯法和官方法律的总称。②恩格斯强调,所谓"日耳曼法"就是"古代的马尔克法律。"③ "马尔克"是日耳曼民族的村社组织,形成于日耳曼各族由原始社会向阶级社会过渡的历史阶段。在日耳曼人大举进入罗马帝国并先后建立国家的过程中,日耳曼传统与罗马传统发生了相互交融的过程。对此,历史学家汤普逊早有概括,"在第五世纪当日耳曼人以整个部族并在征服者的地位上涌入帝国境内的时候,他们发现在那里已住着很多他们自己的同种族人,后者已经采用罗马的生活方式,并在某种程度上已经受到罗马文明的同化"。④ 由于传统的日耳曼习惯法已经不能适应新的社会局面,于是日耳曼法逐渐进入成文法的发展阶段(5世纪末—7世纪初)。为了协调习惯法与罗马法、教会法的关系,也为了强化国家政权并处理好与被征服地区罗马居民的关系等,整个日耳曼国家在国王的倡导下开始编纂各自的成文法典。编撰过程是在基督教会

注释

① 参见哈罗德·J. 伯尔曼:《法律与革命——西方法律传统的形成》,贺卫方等译,中国大百科全书出版社1993年版,第59页。
② 参见何勤华主编:《外国法制史》,法律出版社1997年版,第103页。
③ 恩格斯:《马尔克》,载《马克思恩格斯全集》第19卷,第363页。
④ 汤普逊:《中世纪经济社会史》(上),耿淡如译,商务印书馆1961年版,第21页。

与罗马法学者的协助下进行的。在内容上仍以习惯法为基础。由此编撰成的法典史称"蛮族法典"或"日耳曼习惯法汇编"。其中最早的是西哥特王国的《尤列克法典》（466—484年）。此后还有勃艮第王国的《耿多伯德法典》、萨克森人的《萨克森法典》、《佛里西安法典》、巴伐利亚人的《阿勒曼尼法典》、《巴伐利亚法典》、法兰克人的《撒利克法典》、《里普利安法典》、《夏马威法典》和《图林根法典》等。除了上述欧洲大陆日耳曼王国的成文法典之外，盎格鲁－撒克逊人建立的不列颠诸王国也颁布了类似的法典，如7世纪初肯特王国的《埃塞伯特法典》、7世纪末撒克逊王国的《伊尼法典》、9世纪末英吉利王国的《阿尔弗列德法典》以及11世纪丹麦占领时期的《卡纽特法典》。其他各地区的法典有斯堪的那维亚各王国的《裘特法典》和《格拉辛法典》等。[①]公元9世纪后，在封建采邑制普遍发展并确立的基础上，日耳曼法逐步转变为封建法和庄园法。庄园法是西欧法律发展史上继罗马法之后又一个主要的法律体系。

日耳曼法的主要历史渊源是日耳曼人的部落习惯法，因此习惯法中的"属人主义"原则在日耳曼法中得到继承。所谓"属人主义"就是指某一部族的法律只适用本部族成员。换言之，无论本部族成员居住于何地都必须遵守本部族法律，同时受到本部族法律的保护。而在同一部族范围内生活的外族人，即使多年居住于此地，也不受本

犯人被上吊处死

注释

① 参见由嵘：《外国法制史》，北京大学出版社1992年版，第90—91页。

部族法律的保护。当日耳曼法进入成文法阶段，原来的属人主义原则仍然保留了相当长的历史时期。因此，日耳曼各王国在法律适用上因人而异：对日耳曼人使用日耳曼法，而对罗马人使用罗马法，等等。事实上罗马法曾长期存在于日耳曼人征服的这片土地上，因而罗马法在这些地区的影响是不可能于一夕之间销声匿迹的。现实社会中的法律诉讼、法律关系也不可能与人们思维中预设的情形完全吻合，实际交往中的法律关系远比存在于思维中的法律要复杂。这样，日耳曼法与罗马法这两种法律体系的并存与融合的局面就成了不可避免的发展趋势。

各蛮族王国编纂的法典内容都反映出日耳曼法与罗马法并存的现象。勃艮第王国的《耿多伯德法典》宣告，此法适用于勃艮第人与罗马人之间的争执，而处理罗马人之间的争执则适用于《勃艮第罗马法》。东哥特国王狄奥多里克的《告谕》则以哥特习惯法为准则约束哥特人，以罗马法律为准绳约束罗马人。《伦巴德法典》（643 年）也规定，凡罗马人与伦巴德人发生争执一律适用伦巴德法，而在罗马人之间发生争执时则适用罗马法。

在各族杂居的情况下，为了兼顾日耳曼人与罗马人各自的权益，于是实行"双轨制"的属人主义法律。这种情况不可避免地会发生法律适用方面的冲突。公元 7 世纪中叶西哥特国王泰达斯韦特（641—652）及其子利塞斯韦特统治时期，曾试图通过立法改革摒除"双轨制"法律制度的弊端，建立一种以各不同民族的人民在长期交往和相处过程中摸索出的共同法律原则为基础的"普通法"体系。泰达斯韦特颁布法律时宣称该"普通法"对罗马人和哥特人都具有约束力。利塞斯韦特在制定法律时参考了《民法大全》和《阿拉里克罗马法辑要》。① 该"辑要"大量吸收罗马法与教会法的原则和内容，对日耳曼法与罗马法的内容也采取兼容并蓄的态度。此法典及其彰显的"普通法体系"精神和共同性法律原则，为日耳曼法的一体化和罗马化开辟了道路。

5 世纪初，伦巴第国王流波兰特（715—735）在增订法典过程中，吸

注释 ① 《阿拉里克罗马法辑要》（Breviary of Alaric）又称《西哥特罗马法典》，颁布于 506 年。主要依据《狄奥多西法典》、盖尤斯的《法学阶梯》和保罗的《判例集》撰成。

纳了许多罗马法、教会法的基本精神。序文引用圣经词句，承认教会相关规定的法律效力（释奴权利及释奴方式，遗产继承等）。法典还采用罗马法的遗产继承规则，重新设定最高立法机关即贵族会议以取代民众大会。可见，罗马法的基本精神已渗入法典，而许多罗马法的具体规范也获得更大的合法性。

在诸日耳曼王国中，法兰克王国是统一法律意图最强烈、也最具力度的国家。公元9世纪初，查理大帝在建立基督教世界和所谓罗马"永续帝国"理论的指引下，决心继承罗马法并将日耳曼法与罗马法融合过程中产生的共同性法律原则和

INDEX AVCTORVM,
ET LIBRORVM, QVI

tanquam hæretici, aut suspecti, aut pernicio-
si, ab officio. S. Ro. Inquisitionis re-
probantur, et in vniuersa Chri-
stiana republica inter-
dicuntur.

ROMAE apud Antonium Bladum
Impressorem Cameralem.
M. D. LVII.

1557年天主教会公布禁书和禁书作家名单

普遍法体系推广至各王国，从而进入了日耳曼法统一的新时期。查理大帝为促进法律的统一，采取以下措施：提高君主立法权；废除"民众大会"立法权；大量颁布王室法令（包括普通法令如修订、补充部族法效力的法令、适用王室领地和维护居民公权的独立法令、皇室对于巡按使的训令）；建立完备的封建法院系统，等等。各级司法机关（包括最高司法机关王室法院暨巡回法庭、地方法院如行省百户法院、教会法庭等）以罗马化的王室法律体系为基础，逐步扩大地域法的适用范围。

查理帝国在9世纪中期瓦解，西欧社会遂进入封建割据时期。日耳曼法的统一进程也骤然停止。国王只能在王室领地上行使权力，无权过问大封建领地内部的事务。这样，日耳曼法又回到了习惯法时代。然而法律统一时期形成的属地主义原则对原来只具有属人主义特征的日耳曼习惯法产生了影响，使之演化为兼具属人和属地双重原则的、分散的地区性习惯法。随着封建制度的确立与庄园制的形成，这种习惯法改变原有性

火刑是文艺复兴时期教会处死异教徒的主要极刑手段

质，蜕变为封建法与庄园法。此后在西欧大陆上，那种加入了新的因素的日耳曼法作为法的历史渊源或构成要素继续发挥重要影响。

中世纪的日耳曼法虽然与罗马法有着各种关联性，但两者之间的区别仍十分明显。作为一种早期封建法，日耳曼法的内容反映了日耳曼人从原始社会直接进入封建社会的历史及其所处的特定社会现实。又由于没有完全形成私有制，日耳曼法没有抽象的关于所有权及他物权的概念，亦没有形成像罗马法那样完整的财产制度。与罗马法中那种具有绝对和排他性的所有权观念不同，①日耳曼法中的所有权内容可以分别行使。其中所有权主体身份地位不同，享有所有权的性质和范围也各不相同。以土地为例，日耳曼法中的土地被视为不动产，可供共同拥有；或为了群体利益，一片土地可在不同季节供不同人群而拥有。换言之，不同的人对同一片土地可拥有罗马法所有权中包括的不同方面的权利如所有权、收益权、处分权等，它们分属不同的权利主体。对所有权制度的含糊不清，这就为中世纪社会混乱的土地所有关系提供了一定的法律依据。由于各日耳曼王国中自然经济占统治地位，所以债权法也不发达，未形成债权观念。如对民事侵权行为没

注释　① 绝对性指任何人不得对所有者对该物的所有权加以侵害，不得妨碍所有者行使其权利。排他性即在一物之上不能同时有两个完全所有权或成立两个以上性质不相容的物权。

有在"债"的概念意义上加以追究。①民事侵权行为和犯罪概念亦无明确界定，往往将其通称为违法行为。"违法行为"依其所侵犯的利益分为两类：一是侵犯私人利益（包括家族利益）的行为，这由受害人及其家族进行报复或索取赔偿；二是侵犯公共利益，或既侵犯公共利益也侵犯私人利益，这将由国家给予惩罚。但什么是公共利益，何为私人利益，日耳曼人与现代的观念有较大的区别。例如公开杀人、欺辱妇女等都属于侵犯私人利益

教廷在圣安吉罗堡的刑讯室

的行为。因而日耳曼法中几乎没有公法和私法之分，这也造成日后中世纪封建庄园法兼具公法与私法的功能。而本该属于国家最高权力机构的公法则私法化，造成地方司法管辖权侵占中央管辖权。普通地方法院的诉讼制度由"宣誓"程序（民事诉讼）和神命裁判及决斗（刑事诉讼）等组成。而更高一级法院则采用纠问或诉讼程序，这种程序的实施需要强大的中央权力来保证。随着封建制的形成，以上程序的适用范围逐渐受到限制、废弛。直至中世纪晚期，又得以在各国法院包括教会法院中普遍采用，并渐渐演

注释　① 这与罗马法中的债法有着原则性的不同，罗马债法中有"损害赔偿之债"。参见周枏：《罗马法原论》，第636—637页。

化为近代的制度。另外日耳曼法的"属人主义原则"间接承认日耳曼法不是国家内唯一具有社会效力的法律，这为中世纪后期其他法律体系的形成与适用减少了阻力。对此，我们要有全面的认识。

二

教会法与罗马法

与日耳曼法同时通行于欧洲的，还有基督教会的法律。从本质上说，基督教会法律中的大部分原则继承了罗马法的传统，但它更强调基督教精神的核心。它是中世纪社会具有相当权威地位的通行法律。对教会法的界定，有广义和狭义之分。在广义的层面上，教会法泛指整个基督教会（包括东正教会、天主教会以及新教各教派）在不同历史时期所制定和编纂的各种规则、章程；在狭义的层面上，教会法特指中世纪西欧法律发展史上占有重要地位的罗马天主教的法规。因本书所要探求的是西欧文艺复兴中的法律源流，故主要涉及的内容仅限于上述所谓"狭义"上的教会法。

教会法的形成是与基督教的社会性密不可分的。确切地说，教会法的出现和发展是迎合基督教社会性的结果。作为一种宗教修习，基督教的宗教体验既具有个人性又具有集体性。这种集体性必然促成以统一信仰为基础的社团——教会、修道院的产生。同时为了巩固社团（教会）中人与人之间的"以基督为主的神圣伙伴"关系，教会需要一套规章制度以规范、约束教徒的行为和相互之间的关系。于是教会法应运而生，并在16世纪宗教改革之前成为通行于全西欧的法律体系。

早在5世纪以前，欧洲就已经存在具有准教会法性质的教会章程文献，如公元2世纪编于叙利亚的《主的训导》、公元3世纪罗马人希波律图的《使徒传统》以及4世纪末出现在叙利亚的《使徒法规律令》和安条克的《教规集成》等。这些古代的教会规程文献汇总了教会的礼仪和纪律，规范着基督教徒的言行，其中《教规集成》的效力更于公元692年在君士坦丁堡主教会议上得到认可。

结合中世纪法律的总体发展，教会法在中世纪大致经历了两个阶段：

形成和发展阶段（4—11世纪）以及教会法系统化阶段（11—16世纪）。①

自从君士坦丁大帝赋予基督教以合法地位后，基督教会的威望与日俱增。它以严密的组织形式约束着信徒的信仰和道德。它将信徒间的一切争议都看做是教会内部的事情，认为应由教会解决而无需诉诸世俗法律。这样就逐渐形成了基督徒之间的纠纷交由主教裁判的惯例。公元333年，君士坦丁堡主教获得了主教裁判权，从此西欧司法管辖权呈现出二元化的特征。民事案件既可诉诸教会法庭，又可诉诸世俗法庭，而教会法庭则拥有优先受理权。

早期基督教会并没有统一的管理，五大主教区之间的平行关系使之难以产生出统一化的、用于整个教会的法典。即使出现了一些教会法典汇编，如宗教会议的决议法令、地方教会的法规、修道院的规章、长老及教皇主教具有立法意义的个人信函以及罗马皇帝和其他统治者颁布的有关教会的敕令和法令（多见于私人汇编中），也多为教士自发的私人编撰物。它们之间毫无联系，编撰体例混乱，缺乏系统性，涉及的法律问题也无门类之分，其法律效力有限，适用与否完全由各地教会自行决定。

这一时期出现的汇编主要有：由法国马赛的教士热内迪尼斯编写的《古代教会研究》；5世纪末修士小狄奥尼修斯应教皇邀请编纂的《狄奥尼修斯汇编》（包括《狄奥尼修斯会议法令集》与《狄奥尼修斯教令集》两部）；公元555年编于罗马的《阿弗拉法集》等。

第二时期始自11世纪末的教皇改革，是教会法及其思想创新和系统化的时代。教皇格里高利七世的改革思想和教会法典籍为教会法古典时代的

注释　① 有关教会法发展阶段的划分，各家说法不一。彭晓瑜从教会专门史的角度出发，将整个教会法的发展史划分为三个阶段：1. 从教会起源到格兰西的《教会汇要》。2. 从格兰西到特兰托会议和《教会法大全》的审定和正式颁布。3. 从特兰托会议到《教会法典》（1917年）。他还指出由于1983年新版《教会法典》的颁布，1917—1983年这一阶段也可被看做是第四个阶段，以在使用中修正旧版法典的尝试和努力为核心内容（《教会法典》第17页）。法学界则通常将教会法的发展历程分为形成期（4—9世纪）、全盛期（10—14世纪）和衰落期（15世纪以后）。（参见何勤华：《外国法制史》，第119页）本书采用两个阶段即形成阶段（4—11世纪）与系统化阶段（11—16世纪）的提法。其中，4—6世纪间的教会法文献，多在中世纪的各个教会法汇编中被辑录，作为地方教会或罗马教廷立法和执法的借鉴，因此本书将古代的教会规章文献划归教会法的形成阶段。

创新和系统化作了铺垫。格里高利对教会法的原则规定如下：只有教皇所颁布和核准的教会法律有效；教皇的使节或代表在地方教会组织中和宗教会议上应该居首要和主持的地位；每一种教阶职位的取得，必须由教会当局加以任命；废止世俗当局对神职人员的授予权；以买卖行为取得的任命均为无效；对神职人员结婚严加禁止。为了确立教皇独尊的地位，教会又陆续地依据上述法律原则制定了相应细则并陆续颁布，如《教皇御旨》、《简论》、《74章教集》等宗教法律文献就是在这种情况下出现的。

公元12世纪，意大利波伦亚大学教会法学派兴起。该学派对宗教法律进行了系统的研究，出现了有关教会法的专著和注释汇编。公元1140年，修道士格兰西（Gratian）完成了《教会法律冲突调节》（又称《教会法汇要》）一书。书中系统地、学究式地分析和研究教会法令，使之符合法理。它为教会法学家提供了系统的法律资料，更为教皇法令的扩大提供了法理的依据。该书后来不仅成为各高等学校的法学教材，也成为各地宗教审判机构广泛使用的司法依据。13世纪，教皇格里高利九世主持编纂并颁布了历史上第一部官方教会法典《格里高利九世教令集》（1234年）。后来，教皇卜尼法斯八世又于1298年颁布《卜尼法斯八世教令集》作为补充。1317年，教皇克莱蒙特根据维也纳宗教会议的决议制定《克莱蒙特教会法规》，并由教皇约翰二十二世公布。至1582年，教皇格里高利十三世将《教会法律冲突调节》、《格里高利九世教令集》、《卜尼法斯八世教令集》和《克莱蒙特教会法规》以及格兰西的另外两本著作《集外集》和《一般流行性教会法规》等卷合而为一，命名为《教会法大全》。

这一时期教会法的特点是，在结构和形式上移植了罗马法的模式，在精神和原则上运用了罗马法学的原理。这与中世纪时期基督教士们的知识结构有着必然的联系。中世纪初期，基督教士是唯一的知识阶层，他们不仅参与立法而且担任法官，还附属于罗马帝国的罗马教宗那里。当时保存完好且具有公认权威性的法学文献首推罗马法和在君士坦丁皇帝之后由皇帝们钦定的教会法和修道院法规等。这些法令条文对于基督教会的神职人员无疑是不可亵渎、不可怀疑的。因此在制定教会法规时，自然要保留当年皇帝们钦定的那些原则、术语和概念。特别是在审理世俗民事案件中，凡涉及债权法、家庭法等内容，更需要援引罗马法的规范和条例。因而中世纪教会法是罗马法在中世纪基督教会中的延伸和发展。

在沿用罗马帝国基督教会早期立法原则的同时，中世纪基督教会还试图消除教会法中的自相矛盾的内容和习惯法中的粗俗性、原始性。由于罗马帝国已经不复存在，教廷更注重调节教廷和各发展中的民族国家或区域性政治实体的关系。于是在中世纪的教会法中亦出现了当年罗马帝国时期不需要那么关注的东西，即确立教皇对下属各教区及其世俗领主的精神控制权、什一税管理权以及教皇集中管理教会财产的制度。①

教会法的基本内容可分为两大类：一为纯教会事务的法规；一为对世俗事务的法规。对教会事务的规定包括节日、圣礼等以及对教会内部的管理规定。对世俗事务的规定包括财产权、债权、婚姻、继承以及刑罚等的规定。同时，中世纪教会法与日耳曼法长期并存，相互辅助，因而这两种法律也不免彼此渗透、彼此补充，形成了中世纪法制史上的特有现象。

三

封建法、庄园法、王室法中的权利和义务限定

封建法一词可以追溯到 12 世纪伦巴第地方的习惯法即《封土之律》。在这部法典中论述了封臣以服军役为条件领有封土之后所应遵行的权利义务等。近代西方学者正是以该法典为主要依据对中世纪西欧的封建制度进行研究探讨。但直至 18 世纪，西方学者（如孟德斯鸠等人）始终强调这一制度的政治法律特征，并称之为"封建法"。至 19 世纪，学者们才开始使用"封建主义"或"封建制度"来表述这一制度。但是多数人研究的重点仍然侧重于政治法律方面。到了 20 世纪，法国学者马克·布洛赫在《封建社会》一书中将封建主义的内容扩大到包括封君封臣关系、封土制、封建国家政权、庄园制、农奴制等诸多方面的内容。在有关界定封建法定义

注释

① 参见由嵘:《外国法制史》，第 112 页。

的论述方面,《法律与资本主义的兴起》一书认为"封建法或称封建领主法是规定臣服、统领、利用和保护等特殊关系的法规,这些关系是以领主和其臣属之间的封建人身约束为特征的。"①而在伯尔曼《法律与革命》书中也称封建法的调整对象为"封建占有关系(采邑)和领主—封臣的关系(忠诚)",②即调整以依附性土地占有权为基础的封君与封臣间的权利义务关系的规范体系。本书所述之"封建法"则更强调其法律方面的特征,即用于调整封建领主之间或封君与封臣之间特定权利义务关系的规范性体系。

中世纪的"封建法"是在日耳曼法与罗马法两大法律背景因素下,并伴随着以封君封臣制和封土制为核心的封建制度的形成与发展而成长起来的。封君封臣制的最初渊源是"一个人服从、服役于另一个人,这样结成的一种服从与保护的关系。"③就"封臣"一词的拉丁化词源 vassus 本身来看,它在墨洛温时期有"奴隶"之意。但8世纪初,其词义已经发生变化。它不再特指奴隶,而指一个依附于领主的自由人。就封臣对于封主的义务而言,servitium 原来的词义也含有"奴役"之意。在具体个案上看,封臣的身份可以从两种途径获得,一是由家奴上升为封臣,二是自由人委身于领主成为封臣。但在后一种情况下,多数自由人通过委身而沦为依附农民,而不是变成封臣,真正成为封臣的还是少数。

封建法与罗马法的区别还是很显著的。尽管封建法对封君封臣对封土的权利做了规定,但是在实际上,由于封君封臣关系的复杂性,使得封建土地所有权异常混乱。封建法的最主要来源是日耳曼的习惯法。在日耳曼法中并没有形成罗马法中的物权法,也没有明确的对所有权的法律规定。它所使用的是占有字样。这一点在封建法中也得到了体现。无论封君还是封臣,他们对土地的权利都是用占有来表述的。这就使得封土上的权利更加混乱。通常是一块封土上叠加了好几个人的权利。因此,封建法中的所有权相对于罗马法中的所有权以及近代资产阶级的排他性的私有权来说,是一种附有条件的私有权。另外由于领主权的存在,领主在其领地上行使

注
释

① 泰格·利维:《法律与资本主义的兴起》,纪坤译,学林出版社1996年版,第8页。
② 哈罗德·J. 伯尔曼:《法律与革命——西方法律传统的形成》,贺卫方等译,第361页。
③ 马克垚《西欧封建经济形态研究》,人民出版社2001年版,第90页。

着司法行政权，使得中世纪西欧各国国家的公共权力被分割。领主在其领地上是公法与私法的统一执行者，使得个人私权凌驾于公法之上。罗马帝国那种国家作为法律共同体的概念已经转变为中世纪的国家以个人"忠诚"为纽带而形成的一种军事关系。国家在中世纪只存在于观念中，并不是一个实体。中世纪后期随着王权和国家公权力的加强，各国国王以及国王法院的普通法逐渐取代了本国内彼此分离的、地方的以及区域性的法律。封建法逐渐退出了历史舞台。

庄园法是指中世纪西欧社会中领主与农民关系以及农业生产和一般庄园生活的法律规则。它与封建法是彼此紧密相联的两个法律体系，可以说，这两个法律体系是在封建制度形成发展过程中比肩成长起来的。与封建法相同，庄园法也主要来自于习惯法，这里所提到的习惯法是日耳曼习惯法和地区习惯法（包括习惯法化的罗马法规）的整合体。它的形成也是封建制度发展的必然结果。随着封建庄园经济在欧洲占据主导地位而得以最终确立。

庄园结构的最基本的要素是土地和人口的结合。土地又分为领主的自营地和农民的份地。自营地是领主自己直接经营管理耕种的那部分土地。其大小因时因地而各不相同。一般按照面积可分为大庄园和中小庄园。农民份地是农民从领主处领有的小块土地。该土地的所有权归领主，农民只享有使用权。农民死后必须归还给领主，也可以继承但必须交纳相关的费用。按领有条件的不同，份地可分为自由份地和农奴份地，前者以自由条件领有，后者以不自由条件领有。

如前所述，在中世纪的西欧，封地就是半独立或独立的社会经济实体，领主除了享有经济特权外还享有行政司法的特权。这种领主权是公权和私权的统一。领主权有不同的类型，主要集中于两个方面，土地的领主权和禁用权。前者指来自土地的权利，故领主可以按照自己的意愿来安排土地的经营，管理劳动者的生产。后者则来自对土地上的人的统治权。领主将其权威强加于他所统治的整个地区，从而能够使土地上的依附农民承担附加的义务。禁用权的具体内容因时因地而有不同，如对磨坊、烤面包炉和榨酒器等的禁用权，即农民只能到领主的这些地方去磨面、烤面包、榨酒等。最重要的是领主对于自己领地上的人民享有的司法权，庄园中的农民或农奴，遇有纠纷只能在领主法庭进行诉讼。所谓领主法庭即庄园法庭，是领主行使其司法权的最重要和最经常的手段，也是最基层的司法权利机构，管辖权限包括发生在庄园里的一切案件，是地方事务的管理者，也是地方法规的制定者以及地方案件的审判者。法庭的主持者为领主或他的代理人，参与庭审的时候，还要有陪审团（多由农奴或其他身份的农民组成）。但是法庭不是常设机构，没有固定的人员构成，没有法定的审判地点。其诉讼程序极其死板，语言也是程式化的。原告须先上告，并准备有真实证据和担保人。开庭之日，由原告先申诉理由，然后由被告自我辩护，双方相互辩驳。法庭就案件向陪审团进行调查取证，陪审团当庭宣誓，说明事实，提供裁决的意见和建议。最后由法庭和陪审团做出裁决。中世纪晚期，庄园法庭犹如其他封建制度和机构一样，力量逐渐削弱，法庭的召开越来越少，总之，到了晚期中世纪，作为行使领主司法权的庄园法庭逐渐丧失其管理庄园、控制人民的职能了。

王室法是中世纪欧洲法律体系中的重要分支，它的形成是欧洲中世纪社会发展的必然产物。11—12世纪是封建主义的全盛时期，农业垦殖、城市的兴起以及长短途贸易的发展，显示出经济的迅速扩张；封建制已经固定下来并向纵深发展；天主教会业已在西欧站稳脚跟，教会的力量不断增长，并通过教皇的改革运动推动教权的扩张；新的政治秩序正在开始形成，一系列具有地域性特点的国家逐渐出现。此外还出现了一批最早的城市国家。伴随着国家的成长，王权也呈现出日益强化的势头。正是在这样的时代背景下，王室法登上了历史舞台，并逐渐显示出它越来越强的活力。伯尔曼将王室法的定义表述为："在欧洲的每个王国中产生了一种王室的法律体系。国王们建立了中央法院，管辖他所辖全部领土上的某些类型案件，他们颁布由这些法院予以适用的法律。王室法院除了适用国王颁布的法律之外，还根据新的法律科学适用那些被认为对其全部领土具有拘束力的——'地域法'——以及从习惯、理性和良心推演出来的法律原则、概念和规则。"①

注
释
① 哈罗德·J.伯尔曼：《法律与革命——西方法律传统的形成》，贺卫方等译，第491页。

　　11世纪以前,封建王国的国王通常直接控制着权贵、顾问、直属封臣。但对于地方和部落首领、次级封臣和臣民一般只是通过权贵、顾问、直属封臣间接地加以控制。① 换言之,国王只是通过对权力世袭的自治封建贵族阶层的控制来管理国家,而国王对于地方事务只享有间接管辖权。11世纪末以后,国王作为地域性国家统治者的身份得以确定。同时国王开始完善行政机构,并使之常设化、专业化、部门化,还出现了诸如文秘署、财政署和王室法院等专职的政府部门。在处理地方事务时,国王委派王室官吏实行直接的管辖权。

　　在被伯尔曼称为第一个近代地域性国家的西西里王国中,诺曼人出身的国王接纳了此前这片土地上曾经使用过或者出现过的历史上各个民族的政治法律制度,包括习惯法、自然法、神法等,并融合拜占庭、穆斯林、伦巴第、诺曼和罗马—教会法法律传统的许多不同特性,以一种新的和全面的立法法令形式重新铸造上述法学渊源,形成第一个近代的王室法律体系。②统治者还创设了财政署,由主任书记官(后来成为御前大臣)主管的文秘署和专门的王室法院分别负责国家的税收与财政预算。在实行过程中以国王的名义签发政令、处理政事,包括处理严重的犯罪行为、自由人之间有关侵犯自由土地保有权的民事纠纷等。到12世纪末,国王法院统领国内除教会法院外的所有法院,包括城市法院和封建领主法院,对大部分诉讼具有专断性的司法管辖权。

　　早期西欧的国王们通常都是法官即执法者,而非立法者。伴随着行政司法制度的健全化,西方每一个王国的君主开始成为立法者。从11世纪开始,随着行政司法制度的日益完善和王室司法权限的日益扩大,对审理案件所适用的法律需求以及对可以普遍适用于全国的法律需求日益强烈。旧有的王室法令、地方习惯逐渐无法满足这种需要。制定新法势所必然。于是在西西里,居于法律之上的国王具有至高无上的地位。国王吸收了当地原有的习惯法,并吸收了曾经在这片土地上实行过的各种法律传统如拜占

注释
① 哈罗德·J.伯尔曼:《法律与革命——西方法律传统的形成》,贺卫方等译,第638页.
② 同上书,第506—507页。

庭、阿拉伯、伦巴底等法律的特点，重新整合为通行全国的新法律。在英格兰，通过亨利一世、亨利二世与爱德华一世的多次改革，逐渐剥夺了原有的地方司法管辖权，强化了国王令状在诉讼中的作用，形成了由国王领导下统一适用的王室法。而13世纪法兰西王室法律的形成则基于王室法院对各地较为流行的地方习惯与法律理论的重新撮合和释义，使原来的地方法律制度发展为具有普遍适用性的全法兰西共同习惯法。在上述情景下，各种法令、法律制度呈现在政治法律的舞台上，它们有：罗杰二世的《阿里亚诺法令》、弗雷德里克二世的《奥古斯都法典》、亨利二世对占有的解释和司法令状种类的增加、法兰西对习惯法的解释和改造、德意志的和平法令等。这些法律制度内容不仅健全了王室法的内容，也反映了对君主立法权的新信念，并通过创立王室法院适用的诉讼程序和各种法律补充措施，最终使王室法律体系得到确立和发展。在民法和刑法的关系上，两大部门逐渐分离。在具体的司法实践中，合理的诉讼程序和审理取证方法（如纠问式诉讼程序）取代了古老的日耳曼程序和方法（如共誓涤罪程序、神命裁判方法和司法决斗）。这样，欧洲各国以国王为中心的法律制度逐渐取代了地方以及区域性法律。①

四

城市法对市民权利的重视

城市法（City Law）是指中世纪西欧城市中形成、发展、适用的法律体系，其内容一般涉及商业、贸易、征税、城市自治及城市居民的法律地位等。11世纪末以后，随着西欧封建社会生产力的提高，手工业和商业的发展波及西欧内陆地区，出现了许多新兴的以手工业和商业为中心的城市。这些城市市民迫切需要符合新兴城市社会各种关系的法律。与此同时，封建领主为保证自己的固定收入而不断颁布特许状，允许城市从事工商贸易

---

① 参见哈罗德·J. 伯尔曼：《法律与革命——西方法律传统的形成》，贺卫方等译，第491页。

事业，自己则通过征税等形式获益。城市法就是在上述情景下诞生的，其重要的表现形式就是一系列成文的城市法典的公布。现今所知最早的一部城市法是1160年意大利城市共和国比萨制定的《比萨习惯与法律汇编》。此后，许多自治的城市都为自己制定法典，较重要者有1242年威尼斯城市法、1250年波伦亚城市法、1308年卢卡城市法、1330年米兰城市法和1335年佛罗伦萨城市法等。① 至中世纪晚期，欧洲各商业城市为协调彼此的关系、保证共同的贸易利益而结成城市同盟，并相应地制定了城市同盟法。例如，著名的"汉萨同盟"（Hanseatic League）就曾制定过《汉萨海上规则》。这种城市同盟法对参加同盟的城市具有法律的约束力。至15世纪，城市法又形成了许多新的规则和制度。15世纪以后，西欧各国的王权进一步强化，这使自治城市的司法权受到王权的直接干涉，自治特权被逐渐取消。国王利用颁布敕令等手段加强对全国（当然包括城市在内）的控制。于是城市法独立发展的道路中断，融入西欧既存的其他法律体系之中。

城市法的主要渊源包括各种特许状、自治城市的自主立法、行会章程以及城市习惯法和判例。此外，中世纪后期城市同盟所制定的城市同盟法令也是同盟城市的法律渊源之一。一般来讲，特许状由国王或城市所属辖区的封建主颁发，其主要内容为：承认自己领地内城市的自治权和经商特权，如大部分特许状在确定领主的征税和市民应缴的租税的同时，承认城市自治权，赋予相关城市以制订法律、建立城市机关、拥有组建商会或行会等权力；明确市民的权利和义务，确认市民人身自由，并赋予市民享有使用城市土地、管理市场、从事商业活动、加入行会组织等权利。从某种意义上讲，特许状是一种封建的权利转让书，它不同程度地限制了国王与领主对于城市的权力。就各种渊源而言，特许状是城市法的主要渊源因素，它确立了城市法的基本轮廓，提出了城市法的主要原则和制度。特许状虽不是近代意义上的宪法，但它对中世纪西欧城市社会的主要问题做了规范，对发展和保障市民的人身自由起了很大的作用。正因为如此，城市和市民

注释 ① See Joseph R. Strayer, *Dictionary of the Middle Ages*, Charles Scriber's Sons., 1986, Vol. 7, p.429.

对特许状都特别珍视,有的特许状曾被镌刻在市政厅等重要场所。当然,不同城市的特许状在获得的条件等方面会有所不同,发达的商业城市往往容易获得特许状,大部分特许状的适用时间也较长。

获得自治权的城市权力机关为适应本城市的社会经济发展需要而经常颁布法令、条例等。随着城市的发展,城市立法逐渐增多,城市法的内容随之不断充实。城市立法主要涉及城市的道路、桥梁等城市建设问题和商业、手工业、教育、救济、治安等城市管理问题,还涉及城市与领主的关系。城市法中的有些内容属于民法、刑法规范,有的则属于诉讼程序法则等。

中世纪西欧的城市按行业建立起许多行会。不同城市的行会种类和数量各不相同。一般来讲,行会由同一行业的商人和手工业者组成,是城市商人和手工业者为维护权益、保障自己的人身财产安全而组织的社团,是中世纪西欧城市解决商业与劳动纠纷的重要途径。各行会订有自己的章程,并经会员大会通过执行。行会章程详细规定了本行会的组织、行会会员的权利义务及行会活动规范。行会在城市的地位十分重要,它不仅支配着城市大部分居民的生活,而且实际上是城市的非正式管理机关,具有一定的行政职能。因此行会章程事实上如同法律一样产生效力,成为城市法的另一种渊源。

在中世纪西欧城市社会生活和商业交往中形成的、并为广大市民承认的各种习惯、判例等也是城市法的渊源。许多城市法实际上就是习惯法和判例的汇编。由此看来,城市习惯法和判例对规范市民行为、调整城市生活有一定意义,在成文法尚不完备的中世纪城市法律体系中起着重要的作用。

中世纪西欧城市法与近代系统、严格的抽象法律法规不能同日而语。城市法涉及的领域和部门还不够全面。例如,关于家庭、婚姻、继承等方面的法律问题就由教会法来处理、调整;关于叛国、谋反等重大犯罪则由王室法院加以处置。此外,中世纪的城市法具有典型的属地法性质,即凡是在某城市法管辖之下的地域,不管何人均需接受该城市法的约束。这样,城市法的实施范围通常是指城墙内的地区,也包括那些城墙外受市民支配的草地、湖泊、森林、河流及一些主要的交通干线等。

比较各地的城市法,它们之间虽存在差异,但所包含的基本内容则多有相仿之处，举例如下：

（1）有关市民的人身自由和权利。其中包括：第一，市民的人身自由。绝大多数城市法（主要指特许状）都规定，无论任何人，只要在城市里住满一年零一天，就被视为是自由人，受城市法的保护。体现自由的精神是中世纪城市法的核心。虽然市民的这种人身自由仅是相对于受封建制度压迫的农奴及其他社会阶层的不自由而言，但把历来属于贵族和教士的自由形式上赋予城市的市民，这是历史的一大进步。第二，平等权。从理论上讲，由于城市市民都享有人身自由，彼此无身份上的差别，故在法律面前是平等的。具体而言，立法在形式上须经市民大会审定通过，从而体现了市民的意志；在处理法律问题时运用正常的司法程序来解决纠纷；甚至特权阶层也会依法受到惩戒，严重的如13世纪初汉萨城市卢卑克在与丹麦发生争夺波罗的海霸权的战争中失败，该市市长因被认为有失职行为而处以死刑。①第三，经济方面的权利。城市是各种商品的交易和流动中心，城市获得自治以后，有关商品交换过程中的权益如市场的管理权、征税权、货币铸造权及对度量衡的规制权等，就作为市民权利的组成部分被写进城市法中，或体现在城市习惯中。此外，自治城市的土地制度与其他地区封建土地制度有显著的不同，集中表现在城市土地的持有人（市民）可以出租、遗赠甚至抵押、买卖土地。除上述情况外，市民还享有继承、借贷等方面的权利。当然，城市市民也需履行维护城市治安、维修防御设施、服兵役等义务。

（2）有关城市管理机构的内容。中世纪西欧城市管理机构的设置因国家、地区不同而有差异。即使在同一地区，也因获得自治程度（城市共和国、自治城市、半自治城市）的不同而在管理机构设置上各有特点。一般而言，城市管理机构多半由市议会、城市法院、市长、市民大会等组成。享有完全自治权的城市共和国和自治城市，其最高管理机构是由选举产生的市议会。市议会再选举产生行政长官（称城邦主、市长或统领）。行政长官

---

① 参见张冠增：《中世纪西欧城市的法秩序》，载《华东师范大学学报》1996年第1期。

下还设有执行具体行政事务的行政人员（如征税官等）。行政长官每年要进行更换。城市法院的法官由议会任命或推荐。最初，法院主要根据习惯进行审理。随着城市法的不断完善，城市法开始在法院审理案件中发挥重要的作用。有些城市还设立市民大会，其作用有通过城市法令等，但它的实际权力并不大。在领主还保有部分统治权的半自治城市，其统治则由国王或所属区域的封建领主派代理人和城市代表共同管理实施。这种情况在法国西部和英国比较普遍。另外，半自治城市中还有一部分自治权利极少的城市。这些城市往往无权单独建立自主的管理机构，而由代理人行使宣布判决、课征赋税等权力。

（3）关于行会制度方面的规定。第一，行会组织。行会是商业和手工业者组成的团体，只有加入行会才能经营商业和手工业，但入会有一定的资格限制。以手工业行会为例，一般只有正式工匠才能入会。同一行会会员在多数情况下住在城市中的同一街区，会员需交入会费和定期会费。会长由本行会的会员选举产生，行会内设有监察员，负责监督会员遵守本行业章程。如果会员中有人遭司法控诉而且一定时间后仍没有恢复名誉，就不得继续留在行会，如会员患病或死亡，其本人或家属可以得到一定的救济。初期，行会内部是较民主的，但后来被行会中的富有者所把持，入会资格也成了行会中富裕家庭世袭特权，其他人被拒绝加入。第二，工商活动规范。行会章程除规定行会组织外，一般还规定了本行会的工商活动准则。如许多手工业的行会章程都规定，开设手工业作坊者须具备某一手工业的专门技术，并且需购有开业执照，作坊一般设在家里，除作坊主本人外，可有兄弟、侄子1、2人，并可招收1名学徒和少量帮工。对于手工业者的工作时间也有统一规定，如《巴黎羊毛织工行会章程》规定："行会里的任何人，不得在日出前开始工作，……在第一次晚祷钟声发出的时候，就应停止工作"，①对于违反工作时限者要处以罚款。各行业对生产操作过程、产品规格、质量、销售价格、帮工工资均有一定的规定，主要目的是

① 参见周一良等：《世界通史资料选辑》（中古部分），商务印书馆1974年版，第137—138页。

保证产品质量，限制甚至禁止行会内部竞争。商业行会也都有本行业的商业活动规范，如大部分商业行会章程规定，禁止会员在商事活动之中的欺诈行为，商会有权统一商业交易的度量衡，并且调解商务纠纷的权利。

在刑事处罚方面，除叛国、谋反等重大犯罪外，其他的犯罪一般适用城市刑法，法律上废除封建等级特权，同罪同罚；废除了封建时期各地广泛采用的神明裁判、决斗等裁判形式；以罚金代替赎罪金制度，因在赎罪金制度中，是把犯罪看作侵犯私人利益的行为，故需要赎罪。在中世纪，刑法与诉讼方面的这些改革犹如一道曙光。但是，由于城市居民情况和社会情况复杂，为维护城市秩序，保证正常的商业活动和手工业生产，中世纪城市的刑罚又具有严厉和残酷的特点，如规定绞刑、斩刑、宫刑和肢解等刑种，刑具具有相当的威慑力，并且还一定程度地保留同态复仇和株连的原则。

中世纪的西欧城市法，虽有历史和时代的局限性，但它对后世的影响却不能被低估，具体体现在以下两个主要方面：

（1）城市法摒弃了封建的身份法，赋予城市市民人身自由权和一定的法律地位；取消了封建领主对城市土地的管辖权，土地可以被自由地出租、买卖、交换、抵押；改造了古老繁琐的封建法规，赋予其适应城市发展的新的内涵，等等，这些对传统封建法都有一定程度的瓦解作用，为确立新的社会法则奠定了基础。城市法肯定了市民民事权利主体资格，市民享有在民事、诉讼方面的平等权利；按12世纪城市惯例，妇女有资格独立定遗嘱和处分自己的财产。13世纪以后，对城市妇女的监护制度被取消。① 由于动产在社会财富中逐渐占据重要地位，使封建制度下的土地长子继承原则失去了其本来的意义，这些对近代的民法制度产生过重大的影响。由于享有自由平等权的市民阶级在城市中的出现，形成为一支相对独立的政治力量，市民们积极参与城市的政治生活，城市组织的活动及其职能模式也影响了近代国家所建立的国家机关体制。如在英、法、德等国家，市民阶

注释　① 参见万亿：《中世纪西欧的城市法》，载《厦门大学学报》1987年第2期。

级很早就成为社会中不可缺少的组成部分，甚至可以说，由于市民阶级的形成，才使这些国家议会制度的产生有了可能，市民阶级的壮大与否，决定了一国议会制度的发展方向。

（2）城市的法律意识对后世的影响尤为深远。中世纪西欧城市法体系由习惯法和实在法组成，习惯法是在长期的共同生活中形成的，大多实在法形式上是基于市民的共同意志而制定、颁布的，这就彻底否定了法律只能来源于教会的圣谕、领主的习惯、国王的命令这种三位一体的封建法律观。而且，法律来源于市民意志的观念的形成，必然促使市民自觉地遵守法律，依靠法律诉讼程序解决纠纷。这时期形成的法律意识，经受住了几百年的社会风云变革，持续影响了近现代西方国家人们的法治观念。中世纪城市法确立的制度和原则，有的直接被近现代国家所效仿、运用。如在现代国家被广泛运用的公证制度，就产生于 12 世纪意大利的城市。① 此外，城市法中公债、保险、公司等内容也一定程度被近现代各国所继承。

五
罗马法在中世纪欧洲的延续

除了日耳曼法和教会法之外，罗马法在中世纪西欧社会也有举足轻重的影响。罗马法是指罗马奴隶制国家从形成到灭亡整个历史时期全部法律的总称。它既包括自公元前 8 世纪罗马国家产生至公元 476 年西罗马帝国灭亡这个时期的法律，又包括查士丁尼时期拜占庭（即东罗马帝国）的法律。作为古代社会最发达、最完备的法律体系，罗马法伴随着罗马帝国疆域的扩大而成为第一个世界性的法律，维系着整个地中海世界的和谐。诚如沃尔夫所言："古代罗马社会传给我们有形的精神文化遗产，最著名的是两项：一个是《圣经》，另一个是罗马法，在我们的文明史上，罗马法占据着一个独一无二的地位。它从最初一种狭小和简陋的农村共同体的法律，

注释　① 参见张冠增:《中世纪西欧城市的法秩序》,载《华东师范大学学报》(哲学社会科学版)1996 年第 1 期。

发展成为一种帝国的法律。而这个帝国统治着几乎为当时的人们所知道的整个文明世界"。①

然而，日耳曼人在西欧地区陆续建立国家之后，罗马帝国原有的法律架构及法律秩序受到了致命的打击，"受到人们尊重的各种形式的法律管理均被这些人一手遮蔽了，甚至连一些法院都没有流传下来，这么多世纪以来，历经反复努力才确立起来的罗马法律的结构在这些野蛮人的屠刀下已散了架。各种法律都被削弱并混淆了起来，在它的法律曾经流传过的那些野蛮人的同一座城市或乡镇里，原先罗马市民如今正处在已经变质的罗马法律传统的管辖下，所有的法律都不正确，法律的严明已在战乱中丧失了，每个势力不大的封建主都有自己的法庭来实施自己的法律，只有教会的人有一点法律知识，或者说有文化，在这片曾经辉煌的土地上，到处都被无法无序的茫茫黑夜所笼罩。"② 以至于在野蛮时代复归那些日子里，各民族都把罗马法忘到了脑后，如果有人援用罗马法来为自己辩护，甚至会受到严厉的惩罚，在西班牙甚至会被判处死刑。意大利的贵族们也多以遵行罗马法处事为耻，只遵从伦巴德人的法律。③

然而作为长期存在并生效于罗马帝国所有统治地域的法律，其影响实际上是根深蒂固的，罗马法的知识、教育以及实际运用等在中世纪早期的西方各国从来没有完全消失过。④罗马法通常主要通过三个途径得以保留。首先，日耳曼人粗陋的习惯法不具备罗马法的普遍性，它只适用于本部族的人群。因此，在罗马帝国原来的核心地区，如北意大利、西班牙和法国南部，长期保持着"罗马人"遵行罗马法、蛮族人群遵行日耳曼法的"属人主义原则"。在这些地区所流行的罗马法律原则，主要来自狄奥多西法典与保罗的《判例集》。当战争的喧嚣归于平息后，有关罗马法的记忆以及罗马法的一些术语和规则残留了下来。在 5 世纪末 6 世纪初，甚至还出现了

注释

① Hans Julius Wolff, *Roman Law: An Historical Introduction*, University of Oklahoma Press, Norman, 1951, p.3.

② 约翰麦·赞思：《法律的故事》，刘昕、胡凝译，江苏人民出版社 1998 年版，第 178 页。

③ 参见维柯：《新科学》（下），朱光潜译，商务印书馆 1989 年版，第 541 页。

④ See Hans Julius Wolff, *Roman Law: A Historical Introduction*, p.184.

几部由日耳曼王国汇编的罗马法典：东哥特王国的《告谕》，勃艮第王国的《勃艮第罗马法》和西哥特王国的《西哥特罗马法》等。

其次，意大利是西欧即原罗马帝国的西半部唯一有幸接受拜占廷皇帝立法影响的地区。公元 554 年，查士丁尼重新将意大利纳入东罗马帝国的版图，恢复了罗马法律在这里的权威地位。大概就在意大利并在查士丁尼死后的 50 年内，出现了使《学说汇纂》得以流传的手抄本。[①]该手抄本成为后世对罗马法进行研究和评注的范本。然而对保留罗马法功劳最大的，则非基督教会和教会法体系莫属。当罗马帝国的一切被日耳曼人的铁蹄践踏得粉碎时，基督教及基督教会组织却得到日耳曼人的青睐完整地保留下来。于是，基督教成为向中世纪传递古代文明的使者。作为罗马帝国的国教，基督教在许多方面秉承了罗马的传统。正如罗素所言"公元 6 世纪及以后几个世纪连绵不断的战争导致了文明的普遍衰退，在这期间，古罗马所残留的一些文化主要借教会得以保留"，[②]在罗马帝国的社会文化氛围中逐渐成型的基督教会的组织形式和法律更是深受罗马因素的影响，一些拉丁文的词语甚或罗马法的词语，如 ius，ordo，potestaset，auteritas，……显然被基督教会经常使用，"在处理许多与世俗有关的具体事务时也必然会应用到罗马法。"[③]同时，罗马法学家传统的注释和评论的技术方法在教会中也常被采用，甚至有人说，教会法律体系是查士丁尼罗马法的后继者。[④]以至于"在西欧的氏族统治型的文化里，教会被认为是罗马法的传承者，在 8 世纪里普利安法兰克人的法典——《里普利安法》中有这样的文字：ecclesia vivit romano（教会靠罗马法而生存）。在各民族的人群都遵行自己本民族法律的"属人法"的时代，唯一能够具有权威性的通行法律是教会法。于是，在这个意义上说，教会的属人法便是罗马法。[⑤]因此，"教

注释

① 参见巴里·尼古拉斯：《罗马法概论》，黄风译，法律出版社 2000 年版，第 43 页。

② 罗素：《西方哲学史》（上），何兆武、李约瑟译，商务印书馆 1963 年版，第 461 页。

③ 彭小瑜：《教会法研究》，商务印书馆 2003 年版，第 38 页。

④ See Charles P. Sherman, "A Brief History of Medieval Roman Canon Law", *Canaclian Law Times*, 1919, p.632.

⑤ 参见哈罗德·J. 伯尔曼：《法律与革命——西方法律传统的形成》，贺卫方等译，第 244 页。

会法无论是在西方还是东方，都受到罗马法的深刻影响，古典时期和后古典时期的罗马法的大量概念和规则被接受过来。"①随着基督教会"作为一个较高层次的文明使者，带着罗马法的威望和罗马人的名字来到蛮族中间"，罗马法也因教会及教会法合法地位的确立而得以保留。

最后，除了教会法对罗马法的借鉴和模仿之外，教会学校及修道院对罗马法与教会法的研究（尽管在这里，罗马法仍从属于修辞学，没有形成一个单独的基础学科）、②对古典文献的整理以及由精通罗马法的教士充当日耳曼王国的法律顾问、或借用罗马法的模式编纂教会法令等，都自觉不自觉地在中世纪初期西欧社会中保护了罗马法的传统。英国著名历史学家保罗·维诺格拉道夫爵士认为，"有一道虽细微但涓涓不息的法律知识细流，一直在中世纪最黑暗的那几百年里流动着，就是说，从公元5世纪一直流动到公元10世纪。"③而这"涓涓细流"正是通过教会的立法和执法体系而流动的。④

上述以各种途径存留下来的罗马法，对中世纪早期西欧社会法律的发展起到了潜移默化的作用，它不仅作为实在法融入到日耳曼法中，影响改变着封建制形成时期法律的一些概念、术语及规则，同时也作为理想中的法学理论，对教俗法律观点（如普通法观点、理性与正义的观点、自然法观点等）的形成产生影响。但需要强调的是，这种"涓涓不息的法律知识细流"在11世纪之前，只能是"山涧小溪"，是补充主要体系法律——日耳曼法、教会法的支流；直到11世纪才形成强有力的"劲流"。11世纪以后，随着西欧大陆的进步，尤其是商品经济的发展，大规模贸易的重开，商业繁荣，城市的繁荣，新的社会关系的出现，对法律知识和法律规则的需求，特别是在11世纪末意大利伦巴第发现了罗马法集大成之作——《国法大全》的真本后，西欧各国掀起了一场学习、讲授和传授罗马法的运动——罗马法复兴运动。这场复兴运动发源于意大利波伦亚大学，迅速传遍整

注释
① 哈罗德·J. 伯尔曼：《法律与革命——西方法律传统的形成》，贺卫方等译，第243页。
② See Hans Julius Wolff, *Roman Law: An Historical Introduction*, p.184.
③ 引自泰格·利维：《法律与资本主义的兴起》，纪琨译，刘锋校，第30页。
④ See Hans Julius Wolff, *Roman Law: An Historical Introduction*, p.184.

个欧洲。在其本身的发展方面,这场复兴运动先后经历了注释法学派、评论法学派和人文主义法学派三个时期,从对罗马法自身体系到对罗马法理论的创新阐释,并最终将研究成果推广到西欧各国,付诸司法实践。罗马法的复兴运动改变了中世纪法律思想的发展路线,为近代法律思想观念的形成构建了基础。因此,罗马法作为古代文明的一个部分,它的影响贯穿整个中世纪。①它依靠不断的发展变化,取舍存留保存着生命活力,并影响至今。

罗马法在商业行为中体现得最为明显。我们从以下几个方面加以论述:(1) 商人。商人是指以自己的名义从事商业活动获得利润的人,主要来自于已经摆脱人身依附地位且已失去土地的农民,是城市市民等级的重要组成部分。初期,商人之间是平等的,但随着商业的发展和财产的分化,出现了大商人阶层,他们享有特权,左右行会的事务,并进而操纵城市的政权。但即使是普通的商人,在商业活动中也享有经商权、商号权、起诉权等,同时附有制作并保存商业账簿、不得欺诈等责任,并受本行会章程的约束。中世纪商业活动频繁的地区,除本土商人外,还吸引外国商人和外地商人参与商业活动,各地区一般都赋予这些商人与本土商人以平等的法律地位。但由于各地方政权存在,商业兴起初期,大、小封建主都要强迫、勒索通行的商人交纳运输通行税、货物通行税、执照税、关税等,并且通行途中商人的人身安全受到威胁。为进一步发展商业集市,吸引商人们经常光临城市参与集市的商业贸易,对于外国、外地商人的保护和救济成了各地普遍重视的工作。各地经常签订条约,共同修建公路,严惩劫匪,统一通行税。12世纪还形成了被劫商人可向劫匪所在国家寻求损害赔偿的惯例,后来法规对这项惯例作了具体规定,请求赔偿的程序是被劫商人需先向自己的政府申诉,然后其政府和劫盗者的国家办理交涉,如果交涉不成,乃可进行如下报复方式:申诉者由他的政府给予一项书面准许,允许其可用暴力或其他手段从劫盗者的同国人那儿取得任何可以获得的财产,

注释　① See Konrad Zweigert & Hein Katz, *Introduction to Comparative Law*, Clarendon Press, 1987, p.139.

以作为他所遭损失的补偿,这称为报复制度。[①] (2) 集市营业规范。集市形成初期,交易时间较短,后由于一再的特许,集市交易逐渐延长,集市交易规范也逐渐形成。有关交易时间、征收税制和税率、度量衡标准、治安、兑换钱币、收缴管理费等方面,每一集市都形成固定的惯例或明文加以详细规定,有些集市的部分交易规范还相互通用。如著名的香槟集市规定,正式集市之前,商人有8天的准备期,用以租货摊位并陈列商品,准备期不需纳税。正式集市开始后,第一阶段交易布匹,第二阶段交易皮革,第三阶段交易种类繁多的可使用衡量与尺度的杂货,每一阶段均为10天,集市结束后5天内允许商人清理货物、结清账目及在契约上加盖印章。集市的早晚开闭市时间及交易货物更换期都由警卫官摇铃通知。此外,还设立了集市监督、集市书记管理和指导集市营业,另有监印官、代书人各执行一定的事务,这些人员大多数受当地贵族控制。(3) 票据制度。西欧中世纪商业活动中广泛采用的票据制度对后世的影响非常重大,它的许多内容直接影响到近代,甚至被沿用至今。票据是以支付一定金额为内容的一种有价证券,它的出现和发展是以信用为基础,具有清楚、便利的特点。早在古希腊及古罗马时代,商人为避免携带现金至较远地区的风险及清兑现金的不便,就已开始使用票据。12世纪以后,随着西欧商业活动的频繁进行,票据被广泛采用,这一时期的票据按其作用可分为汇票、本票和支票三种:汇票是指发票人委托付款人在指定的日期向受款人支付一定金额的票据,起汇兑的作用,受款人可以是第三人,也可以是发票人本人;本票是指发票人付款的票据,大多由银钱业者签发,发票人见票时无条件支付确定的金额给持票人,以代替现金流通;支票是指存款人签发的、委托银钱业者在见票时从发票人账户内支付确定的金额给收款人的票据。16世纪时产生了票据的背书制度,17世纪又发展为多次背书转让,1673年《法国商法典》规定了汇票、本票制度。近现代以来,随着经济的发展,票据制度不断完善,其种类日益增多、作用也日渐增大,但最基本的仍是汇票、本

注释

① 参见汤普逊:《中世纪经济社会史》(下),耿淡如译,商务印书馆1984年版,第170页。

佛罗伦萨一犯人受绞刑前接受神甫祈祷

票、支票这三种。① (4) 审判制度。中世纪西欧城市中，对商事纠纷案件，按商业习惯主要由附设于集市的行商法院（又被称为"集市法院"）审理，法官由集市管理人员或地方官员担任，往往由行会会长任院长，行商法院进行定期或不定期的开庭审理工作，诉讼程序简单，证据以书面证据为主，有些国家还设有行商法院的上诉法院。在英国，行商法院曾被称为"灰脚法院"，因到法院进行诉讼的商人来去流动、脚上经常布满灰尘而得名。假如商事纠纷发生于本国商人与外国商人之间、或者纠纷双方都是外国商人，有的地方行商法院对此也有管辖权，而有些则组成"商事混合法庭"，由外国商人和本国商人代表一起参与案件的审理，以便纠纷得到公正解决。有的国家则在商人集中侨居的外国城市设立领事，解决本国商人之间的争端。

注释　① 各国的票据立法体系不尽相同，法国票据法至今仍仅指汇票和本票，支票属于另一种有价证券，由支票法规定，英国票据法的内容包括汇票、本票和支票，并将支票视为汇票的一种；美国的票据包括汇票、本票、支票和大额存单。

第二节 中世纪基督教法学思想中的自然法观点

自然法思想这种带有斯多葛哲学风格的理论很容易为基督教的思想所借鉴，因为"基督教教会感到斯多葛哲学的诸多理论与自己有着情感上的亲和力，因为两者都包含许多道德内容；现在确立的基督教哲学在数方面都是自己的原初教义和被改变的斯多葛哲学的融合"。[1]又或许这种借鉴对早期教父们而言并不是心甘情愿的，不过尽管他们"对古代作者的异教观念持消极否定或至少是怀疑的态度，但整体上仍然呈现一种强烈地将基督教观念与斯多葛或西塞罗的自然法相调和的趋势。"[2]这种基督教学说与古典自然法的调和，是以斯多葛学派关于自然法可由理性把握的观点为桥梁得以实现的。

一

奥古斯丁的自然法上帝赋予说

在中世纪早期的神学家中，对基督教自然法思想阐述得最为详尽的当首推奥古斯丁（Augustine，354—430）。奥古斯丁生于北非的塔加斯特城。早年接受过良好的教育。青年时代的生活极其放荡。放荡生活的另一边则是艰辛的精神劳作。他对诸圣哲（如亚里士多德、西塞罗等）充满敬慕之心。曾一度信奉摩尼教，但最终还是皈依了基督教，是年公元386年。奥古斯丁自称在米兰花园经历了一次思想历险后作出了此皈依的决定。[3] 也就是从386年起，奥古斯丁开始了其清贫寡欲的隐居生活，集中精力用新

注释
① J. M. 凯利：《西方法律思想简史》，王笑红译，第96页。
② Stig Str. mholm, *A short History of Legal Thinking in the West*, Stockholm, Sweden, 1985, p.86.
③ 参见奥古斯丁：《忏悔录》第8卷，商务印书馆1963年版。

柏拉图主义来阐释《圣经》。395年起，奥古斯丁任北非希坡城主教，直至430年去世。

奥古斯丁将基督教神学与斯多葛派自然法相结合，阐述了三重法律观念，从而对传统的法律思想进行了基督教的改造。在奥古斯丁的法的体系中，处于最高地位的是永恒法，即规定着万物秩序的上帝的理性；其次是自然法，它是人在良知状态对永恒法的领悟。不过，奥古斯丁并不像西塞罗那样将自然法解释为人类理性，在他看来，现有的人类理性并不是自然法的基础，自然法是上帝赋予人的本性，是人类未染原罪因而未受蒙蔽时的理性。人类始祖在伊甸园时代，是完全知晓自然法，并遵循自然法的。但由于人类始祖的堕落，人类中断了与上帝的直接联系，从而受原罪的支配和自身有限性的影响。堕落使现存人类成为不完善的，因此自然法在人类理性中也是不完善的。人类对上帝的意志既不能完全认识也不能完全遵行。但是人类的社会生活要求和平与秩序，于是需要借助法律的手段，人类依照永恒法和自然法，制定出适合人类政治实体的法律，就是第三类法，即世俗法（或人法）。自然法即根植于人灵魂深处的永恒法则，它表现为人类的理性和良知。自然法是世俗法的理想状态，而世俗法是自然法的不完善的体现。世俗法与自然法两者都源于体现了上帝理性的永恒法。世俗法必须符合自然法，而自然法的效力又源于永恒法。违背永恒法的自然法和世俗法都是无效的。不过，在奥古斯丁看来，人类不能完全认识上帝的理性，必须依靠外在的提醒，这种外在的提醒只能来自《圣经》和教会。这样，他就赋予教会权威，以监督世俗法的制定。在某种程度上，上帝的理性便由教会来表达。诚然，教会并不干预世俗事务，但世俗法的制定和适用也不能违背《圣经》和大公教会制定的教义。否则，世俗法便没有法律的效力，它会受到来自教会和信徒良心的抵制。

奥古斯丁的国家概念不同于古典政治哲学传统。相反，他对传统政治哲学的无效性和非实践性进行批判和攻击。[①]在西塞罗那里，正义是国家

注释　　① 参见列奥·施特劳斯、约瑟夫·克罗波西：《政治哲学史》（上），李天然等译，河北人民出版社1993年版，第201页。

的本质。但奥古斯丁认为，正义很少或许从未在城邦国家中存在过。依据自然法，人是生而平等的，然而在国家中人们事实上并不平等，因而国家不是正义的。关于这一点哲学家们自己也承认，现实的城邦与其说以正义不如说以非正义为特征。哲学家们断言了完善的人类正义的优越性，同时又宣称这样的正义在实践上是不可能的，由此他们也就揭露了这样的正义本身所固有的局限性；因此这至少不言自明地宣布，有必要以更高、更纯正形式的正义来补充人类的正义。① 因此，奥古斯丁宣布，真正实现完美正义的社会只能有一个，那就是"上帝之城"，那是一个真正的共和国，正义只存在于上帝之城的公民那里，也只有在这个世界终结时才会真正实现。在奥古斯丁看来，国家只是"一个由所爱的事物一致而联合起来的理性动物的共同体"。②在这种共同体下，只要人类坚持原始正义状态，就一定能达到普遍和谐。他们不违背自己的意志而服从他人，不为占有尘世之物而相互竞争，相反他们在完全和睦、自由的状态中公平地分享一切。

　　但有一点应当指出，奥古斯丁似乎无意抬高教权，他的《上帝之城》也只是驳斥当时流行的一种言论：基督教应该为罗马帝国的衰退负责。早在古希腊时期，柏拉图就曾提出过"天上的城邦"或者"神的城邦"，用来指代与现实城邦相对立的理想城邦。③斯多葛派也区分世间之城和上帝之城。如罗马元老贵族塞涅卡。在他们那里，这一上帝之城其实是一种"无形的教会"。④然而，奥古斯丁宣称他的"上帝之城"来自《圣经》。根据奥古斯丁的描述，上帝之城是由标准的注定得救的基督教徒组成的，他们真诚笃信上帝，具有"虔诚、敬畏、忏悔、勤劳和禁欲"等美德，其余的人则构成世人之城，到末日审判的时候，两座城才彻底分开。其中，"上帝之城是最高的善，是永久和完美的和平"，人们在其中享受永生的幸福，相互间形成一种最有秩序、最和谐的兄弟关系。"而现实是没有希望的、不幸

注释

① 参见列奥·施特劳斯、约瑟夫·克罗波西：《政治哲学史》（上），李天然等译，第201页。

② From J. H. Bunes, *The Cambridge History of Medieval Political Thought*, Cambridge University Press, 1988, pp. xix-xxi.

③ 柏拉图：《理想国》，郭斌和、张竹明译，第386页。

④ 徐大同主编：《西方政治思想史》（第2卷），第78页。

的,而且非常痛苦。"① 可见,奥古斯丁强调的是神的至高无上的救赎思想。

二

以格兰西为代表的教会法学家的自然法思想

格兰西(Gratian,12世纪意大利人,但具体生卒年月不详②)继承了伊西多尔的法律思想,将自然法等同于神法。他指出,人类受到两种规则的辖制,一是自然法,一是习惯。自然法见于律法和福音书。自然法要求每个人以自己期望被对待的方式对待他人,禁止每个人对他人做自己所不愿遭受的事情。所以基督在福音书里说,无论何事,他们愿意人怎样待你们,他们也要怎样待人,因为这就是律法和先知的道理。③ 通过这段话,格兰西已经表明自然法的基本原则就是己欲利而利人,己所不欲勿施于人;自然法是人类的共同法律,它随处存在,依靠人的自然本能去感受而不是法令规范。④这样,习惯便处于人法的位置上,两者之间的关系是:自然法是神圣的,这是教会法的最重要的观念之一。这一观点出自教父、西塞罗和古代学者的著述中。格兰西将这一点作为论证的起点。他明确指出,自然法在所有的法律之上,它是原始的和不可改变的,与自然法相悖的法律和习俗都无效。自然法的最高地位就像神的意志和《圣经》一样具有最高地位。所有的法律,无论是教会的还是世俗的,如果与自然法相悖都要被抛弃。自然法本身就是神圣的,高于任何教会权威或国家权威。⑤自然法所命令的无非是上帝所希望的,自然法所禁止的无非是上帝所禁止的,而且,经书里的一切都是上帝的命令,确定地与自然法保持和谐关系。所

注
释
① Saint Augustine, *the City of God*, *from Great Books of the Western World*, the University of Chicago, 1952, p. 254.
② 参见彭小瑜:《教会法研究》,第68页。
③ 参见彭小瑜:《教会法研究》,第93页。
④ See Janet Coleman, *A History of Political Thought, Form the Middle Ages to the Renaissance*, p.47. Also Walter Ullmann, *Medieval Political Thought*, p.172.
⑤ See R.W.Carlyle & A.J.Carlyle, *A History of Medieval Political Theory in the West*, vol.2, Barnes & Noble, Inc., p.105.

以，毋庸置疑，一切与神意和经书相违背的，也违背自然法。此外，如果某事物受制于神意、经书，受制于上帝的命令，那么也受制于自然法。教会法令和世俗当局的法令如果违背自然法，那就根本不应该为人们所接受。① 人法建立在习俗之上。格兰西认为所有的法律实质都是习俗，被记录下来的是成文法，不成文的是习俗。② 格兰西在讨论习俗时总结道，"法律是在日常的使用中被民众确定而建立起来的。"③他还进一步指出，无论某人具有多么高超的智慧，他的意志只有在经过公众的认可之后才有司法效力。④ 这一点暗示出法律权威的来源不是统治者个人的意志而是社会民众的经验。格兰西的弟子茹菲努斯作为12世纪《教会法汇要》最重要的阐释者，进一步发展了自然法的理论。他说，自然法是人天生的品质，它引导着人们去行善驱恶。茹菲努斯还强调，他的自然法定义不同于古代的法学家。古代法学家将自然法普遍应用于所有动物，而教会法学家只将其用于人类。⑤ 自然法规定了人类在理想状态的规则。但是，在现实生活中还有一些法律明显违背自然法的规定，如奴隶制和财产私有制度。对此，格兰西做出了如下的解释：包含自然法的"法律和《福音书》"的内容并不都属于自然法。在"法律"中有道德的观念，如不可杀戮；但是也有一些附加规定（mistica），如对献祭的规定。道德的规定属于自然法，是不可变的；附加规定的外部特征不属于自然法但是他们的道德意义属于自然法的范围。⑥ 教会法学家的自然法理论试图勾画出人类的理想状态，但是，现实的法律制度又使他们不得不面对理想与现实的矛盾。为了弥合这种矛盾，教会法学家在法律分类的基础上，以人性恶为基础解释了现实法律制度存在的必要性。

注
释
① 参见彭小瑜：《教会法研究》，第94页。
② See R.W.Carlyle & A.J.Carlyle, *A History of Medieval Political Theory in the West*, vol.2, p.100.
③ J.Canning, *A History of Medieval Political Thought: 300-1450*, Routledge, 1996, p.117.
④ See Janet Coleman, *A History of Political Thought: Form the Middle Ages to the Renaissance*, p.44.
⑤ See R.W.Carlyle & A.J.Carlyle, *A History of Medieval Political Theory in the West*, vol.2, pp.104-105.
⑥ See R.W.Carlyle & A.J.Carlyle, *A History of Medieval Political Theory in the West*, vol.2, p.110.

三

巴黎的约翰之自然现实政治法律观

巴黎的约翰（John of Paris, 约公元 1250/1254 — 1304）是一名多明我会修士。早年曾就读于巴黎大学并获得学士学位，后来留在该校执教。14 世纪的巴黎大学是亚里士多德主义传播的中心，约翰受到这一波激进思潮的影响，也被罗马天主教会视为具有异端倾向的神学家。巴黎的约翰是一个纯正的亚里士多德主义者，也是托马斯主义的热情传播者和忠诚捍卫者，其政治思想亦步托马斯之后尘。① 1302 年，他撰写了对后世具有深远影响的政治思想著作《论国王与教皇的权力》(De potestate regia et papali) 一书，热情为法国国王拥有独立于罗马教皇和神圣罗马帝国皇帝的世俗权力进行辩护，从而为近代王权的成长和教会与国家的分离进行合法性论证。

约翰著述的目的在于解决教会的财产问题，而"约翰关于教会和国家管辖权的全部主张，都是建立在他对财产权的狭义的理解之上的"。② 约翰认为财产是人们的劳动所得，即财产起源于人类的劳动。因而，每个人都是他自己财产的主人，"每一个人通过自己的技术、劳作和勤奋获得财富，每个人作为一名个体，对其财产拥有有效的权利和权力，每个人可以随心所欲地支配、处理、管理、控制甚至让渡其财产，只要他不用它对别人造成伤害，因为，他是自己财产的主人"。③ 既然个人是自己财产的主人，他对其财产就享有自主的权利，那么，君主和教皇就不是这种世俗财产的主人，因而不能随意支配和使用这一财产，除非有其他特殊的情况。在约翰看来，只有在每个人的和平生活受到威胁，或者某人攫取他人之物，或

<hr/>

注
释

① See John of Paris, *On Royal and Papal Power*, Translated with an Introduction by J. A. Watt, Pontifical Institute of Mediaeval Studies, 1971, p.13.

② 戴维·米勒、韦农·波格丹诺主编：《布莱克维尔政治学百科全书》，邓正来译，中国政法大学出版社 2002 年版，第 401 页。

③ John of Paris, *On Royal and Papal Power*, Translated with an Introduction by J. A. Watt, p.103.

者某人因过于自爱，而漠视共同体的共同利益之时，君主才有权接管财富。也就是说，国家的建立是为了处理财产问题，"确立统治者的目的就是防止当财产被那些没有正常所有权的人掠夺时，由于缺乏公正仲裁者而引发的种种争端。"①在约翰看来，这就是国家产生的根源。

约翰认为国家是自然产生的。在国家产生问题上，约翰深受亚里士多德主义的影响。约翰指出，政府的本质就是由一人统治的为了

文艺复兴时期对亵渎神灵者处以极刑经过的组图

共同福利目的而组建的完美而自足的共同体。人类有群居的自然天性，"只有在这样一个群体中，人的生活才能得到自我满足。这样一个群体并不是一个家庭或一个村落，而是城市或者国家。因为，在一个家庭或村落中，人们无法找到所有解决衣食问题，以及对一个人进行终生保护的必要之物，而这些东西只有在城市或王国中才能找到。"②约翰强调，"非常清楚，人们生活在一个群体之中，尤其是生活在诸如能够满足一切生活目的的城邦或王国中，并在一位被称为国王的人以共同的善为目的的统治之下，是必

注释
① 戴维·米勒、韦农·波格丹诺主编：《布莱克维尔政治学百科全书》，邓正来译，第401页。
② John of Paris, *On Royal and Papal Power*, translated with an introduction by J. A. Watt, p.79.

要的。"① 在这里，约翰认为王权就是由一个人为了共同福利而对一个完善的共同体进行的统治，生活在群体中的人们需要一个统治者，这是因为，"当人们都在追逐自己的私利时，整个共同体就会向四面八方分散，除非有一个对共同利益负有责任的人命令他们服从整体的利益，正如一个人的身体，如果其中没有一个共同的力量关照每一部分的共同利益的话，它就会崩溃。所以，所罗门在预言中说，无统治者则民不立。"② 为了使自己的观点更具说服力，他又援引《圣经》来为一个人统治的王权进行神学论证。他写到，只有一个人单独地统治才是国王，这也符合上帝借以西结之口所说的：我必立一牧人照管他们，牧养他们，就是我的仆人大卫。显而易见，这种政府是从自然法推演而来，因为人在本质上是文明的、政治的和社会的动物。③

　　总而言之，约翰认为国家是人性的产物，国家的目的以及国王权力存在的根本是世俗共同体的整体利益。尽管上帝赐予人们的世界是相同的，但是自然环境千差万别，人们在社会生活中的追求也各不相同，因而，人们通过劳动而获得的财产也是有差别的。为了确保共同福利，人们携手建立国家。由此可见，约翰的国家起源理论虽然承自前人，但也不同于前人，他已经将国家的建立与个人的利益联系起来，认为个人私利会危及国家利益。在他的政治理论中，国家成为自然的产物，而人民却是国家权力的直接源头，他反复强调，国家与教会之间没有什么联系，国王的权力是通过人民的选举从上帝那里获得的，国王是根据人民的意志而上台执政的。而且，就其最终目的而言，他也主要是为论证法国王权的合法性。巴黎的约翰的政治主张部分地反映了当时欧洲近代国家成长的社会现实。

注释
① John of Paris, *On Royal and Papal Power*, p.79.
② Ibid., p.77.
③ Ibid., p.79.

阿奎那的神法、自然法和人法体系

托马斯·阿奎那（Thomas Aquinas，1224/1225—1274）是意大利多明我会修道士，欧洲中世纪最重要的经院哲学家和最重要的政治思想家。他出生于意大利洛卡塞卡堡。幼年进入卡西诺修道院。1239 年进入那不勒斯大学学习。在那里，他接触到了亚里士多德的形而上学、自然哲学与逻辑学著作，还能阅读到犹太教亚里士多德学派的重要人物迈蒙尼德（Maimonides）的著作。1252年进入巴黎大学神学院学习，于1273 年病逝。阿奎那的学说是基

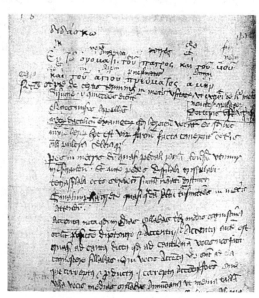

15 世纪后期学生听神学课的笔记

督教教义和亚里士多德哲学的结合，亚里士多德的思想对阿奎那的法律和正义思想产生了特别重大的影响。他将亚里士多德的理论适用于基督教神学，并将二者综合为一个精致的思想体系。其经院哲学体系被视为天主教国家中唯一正确的思想体系，并广为传播。阿奎那于1323年被教皇约翰二十二世（John XXII，1316—1334）追谥为圣徒。1567 年 4 月 15 日，被教皇庇护五世（Pius V，1566—1572 年在位）追授"基督教博士"称号。

托马斯·阿奎那是基督教法学中对神法、自然法的最伟大的阐释者。①

注
释　① 当代英国思想家怀特对人们是否已理解了阿奎那关于神法、自然法的思想问题殊感不安，为此写了一篇《圣经与自然法》对阿奎那的上述思想加以梳理，很值得参考。参见刘小枫主编：《20 世纪西方宗教哲学文选》（下），上海三联书店 1991 年版。

阿奎那指出，"法是人们赖以导致某些行动或为作其他一些行动的行动准则或尺度。'法'这个名词（在词源上）由'拘束'一词而来，因为人们受法的约束而不得不做某事。正如前面已经论述过的：人类行动的准则或尺度是理性，这是人类行动的第一原则；因为理性指导着行动以达到它的目的，按照哲学家的说法，这是所有行动的第一原理"。①从这个定义中，可以看出阿奎那认为法律具有意志性与理性的双重性质。法是人类指导自己行为的标准和尺度，具有规范性，但法来源于人的理性。法律具有意志性，指向人的行为，施加一定的权利和义务。但是，如果这种意志要想具有法的权能，它就必须受到理性的节制。正是在这个意义上，我们应当理解君主的意志具有法的力量这句话的真实涵义。在其他意义上，君主的意志成为一种祸害而不是法。②因此，就外部特征而言，法律具有强制力，但就其实质而论，只有理性才是确保法律合法性的实质。正是根据理性的不同来源，根据法律从不同的侧面在不同的层次上确保上帝的意志，阿奎那将法律分成了具有等级关系的四类——永恒法、自然法、神法和人法（或实在法）。

　　而他的阐释也是从分析理性着手的。阿奎那的整个体系是理性主义的。他注重理性，理性不仅是宇宙的秩序之源，也是世间法律之基；法律就是通过理性来规定人的行为准则和尺度。在阿奎那心中，秩序是首位的、第一重要的。因而，在阿奎那的体系中暗含着对公共权威的需求，因为上帝的理性也需要世间权威的明示，也就是说，为了实现人类的幸福，为了共同的善，有必要授权或者委托一位权威代表公众利益制定法律。从这种意义上说，他的体系因而又暗含世俗化的一面。但是，阿奎那却仅仅满足于道德层面。在这种体系中，上帝高高在上，主宰万物，它的理性体现为宇宙秩序，体现为自然法，并为人类分有，从而上帝的理性和权威经过自然法到达世间，所以要"接受神所赋予的法律的指导"。③另一方面，阿奎那

注释

① 《阿奎那政治著作选》，马清槐译，商务印书馆1997年版，第104页。
② 参见《阿奎那政治著作选》，马清槐译，第105页。
③ 同上书，第108页。

已经清楚地区分了抽象的一般的法律与具体的个别的权利。前者为权威创制（"安排"），后者寓于"行动"和"言说"之中。①法律以一般规范表现自己，最高的自然律法则包含最一般的基本规范：行善避恶，合乎理性行为，还有一些自然律法的命令，它们出自人的自然情感和秩序：依自我保存之本能，戒杀；依繁衍之本能，结婚和生育；依理性天赋和社会性情感，要讲真话，不伤害他人。这就是自然法的范围，原则上，它适于一切人，永远有效。②相反，自然权利只是出自此时此地具体表现的法律，这意味着自然权利是一种历史权利。因为托马斯说道，人之本性(具体的本性)是变动不居的。考夫曼认为阿奎那只是非常粗浅地理解权利的历史性这一现象，但他也警告说，人们也不要因此以为在他那儿，具体的自然权利就毫无绝对性可言，相反，它一如后来启蒙时代理性主义的自然权利。③

阿奎那进一步发问道，并非所有的理性判断都是明白无误的，只有当理性是神的理性时，理性作为神法和自然法、实在法的桥梁才是有效的。一旦人的理性为情欲、恶习等败坏，那么上述效用就会消失。阿奎那说："自然法只有在大多数的情况下才仍然是对所有的人都一样的，无论作为一种标准或就其为人所熟知的范围而言，都是如此。因此在个别情况下，自然法可能容许例外：无论关于正义……或关于它的可知性。……因为在某些人身上，理性为情欲或某种天生的恶习所败坏；……"④这表明由于理性的属性关系而使神法与自然法、实在法之间产生出差别性。阿奎那认为，神法就如一个范本，"就万物都由神的智慧所创造这一点来说，神的智慧所抱有的理想就具有一个范本、艺术或理念的性质；……永恒法不外乎是被认为指导一切行动和动作的神的智慧所抱有的理想。"⑤所以神法和自然法、实在法之间的关系就不应是重叠的，而只是交叉的。我们可作这样的

注释

① 参见阿图尔·考夫曼、温弗里德·哈斯默尔：《当代法哲学和法律理论导论》，郑永流译，第73页。
② 参见《阿奎那政治著作选》，马清槐译，第112—115页。
③ 参见阿图尔·考夫曼、温弗里德·哈斯默尔：《当代法哲学和法律理论导论》，郑永流译，第74页。
④ 阿奎那：《神学大全》，选自《阿奎那政治著作选》，马清槐译，第114页。
⑤ 同上书，第111页。

解释：实在法涉及的是具体现实状况，故实在法虽与自然法有关却不是完全的契合关系，例如，"所有的人得共同占有一切物品并享有同等的自由权"一语反映的是自然法，然而人的理性在现实中采用的是私有权或地役权的实在法内容。就抽象的权利享有而言，此实在法并不与自然法相冲突，但事实上只能当做在个体的人身上实现的自然法。阿奎那称其为部分的自然法或"自然法的增益"。① 又由于自然法不回避具体的人和具体的实在法，故虽得自神的理性又与神法不完全等同。实在法的正当性只有当它出自自然法且自然法又关涉到神的理性时才能成立，也就是说，真正的正义最终只存在于神的理性之中，这显示出基督教法学唯心的、虚幻的一面。

在他的法律体系中，永恒法来源于神的理性，是神统治整个宇宙的法律。体现神的理性和意志。它是"上帝对于创造物的合理领导，就像宇宙的君王那样具有法律的性质"。② 世上的一切事物都受永恒法的支配与调整。因此，它是最高类型的法，是万法之母，是上帝在法学领域中的代名词。自然法是上帝统治人类的法律，是永恒法在理性动物——人类身上的体现。"与其他一切动物不同，理性的动物以一种非常特殊的方式受着神意的支配；他们既然支配着自己的行动和其他动物的行动，就变成神意本身的参与者。所以他们在某种程度上分享神的智慧，并由此产生一种自然的倾向以从事适当的行动和目的。这种理性动物之参与永恒法，就叫自然法。"③ 可见，自然法的理性来源于上帝的理性，是"神的荣光在我们身上留下的痕迹"，④ 是"永恒法对理性动物的关系"。⑤ 神法是永恒法通过《圣经》对自然法的补充。阿奎那称："除自然法之外，还必须有一项神法来指导人的生活。"⑥ 这种神法是神的理性的体现，是引导人们达到永恒幸福的法律。它的存在是为了弥补其他法律的局限，防止罪恶的产生。"为了使人

注
释

① 参见阿奎那：《神学大全》，选自《阿奎那政治著作选》，马清槐译，第115页。
② R. W. Carlyle & A. J. Carlyle, *A History of Medieval Political Theory in the West*, vol.3, p.183.
③ 《阿奎那政治著作选》，马清槐译，第107页。
④ 同上书，第107页。
⑤ 同上书，第107页。
⑥ 同上书，第108页。

确凿无疑地知道他应该做什么和不应该做什么，就有必要让他的行动受神所赋予的法律的指导，因为大家知道神的法律是不可能发生错误的"。"为了不让任何罪恶不遭禁止和不受惩罚，那就必须有一种可以防止各式各样罪恶的神法"。①神法与自然法并不矛盾，也不会使自然法无效，不过神法可以被认为是人们的理性以更高级的形式对永恒法的参与。

人法是人类的理性从自然法的箴规出发并依靠推理的力量而做出的特殊安排。人法源于自然法的理性，是人类理性的体现，它从属于自然法。只要人法按照真正的理性行事，它便具有法的性质。就此而言，人法是从永恒法产生的。但人法一旦违背理性，就被称为非正义的法律，并丧失了法的性质，剩下的只是暴力的性质。② 如果一种人法在任何一点与自然法相矛盾，它就不再是合法的，而勿宁说是法律的一种污损了。③与此同时，阿奎那还指出人法是"理性对自然法的运用"。④这些想法对后来理性主义与自然权利观念的兴起提供了思想养分。

五
唯名论者的法学思想

唯名论（Nominalism）认为抽象概念只是一名称而已，真正实在的是个体事物。威廉·奥卡姆（Guillelmus de Ockham，或者William of Occam，1285—1349）是唯名论的代表性人物。他是圣方济会会士，有"不可战胜的博士"之美誉。著作有《箴言集》、《逻辑大全》、《论辩集七篇》、《神学百谈》等。在他之前，还应提及一位圣方济会会士即约翰内斯·邓斯·司各脱（Johannes Duns Scotus，1266—1308），曾就读于英国牛津大学，在23岁那年，他就被牛津大学聘为教师。他因博闻强记、思维敏捷、论证有力而获得"精明博士"的称号。有《箴言书》(Opus Oxoniense)等。司各

注释
① 《阿奎那政治著作选》，马清槐译，第108页。
② 同上书，第111页。
③ 同上书，第116页。
④ J. Canning, *A History of Medieval Political Thought, 300-1450*, Routledge, 1996, p.130.

脱哲学被后世称为"司各脱主义"。司各脱曾尖锐地批评过托马斯主义。司各脱是一名意志主义者，他反对亚里士多德主义关于世界永恒性与自然决定论的观点。他认为，世界的终极原因是上帝的自由意志，因此世界是偶然存在。司各脱承认现实世界因果关系的恒常性，然而，因果关系是第二性原因，他说，"偶然性来自第一原因，而不是第二性原因。如果第一原因不是偶然原因，那么就没有什么东西能够在本质上被偶然地决定了。"① 因果关系之所以起作用，在他看来，那是上帝使然。但司各脱的意志论也是一种理性主义伦理观，他认为无限的意志"必然热爱自身的善"，意志的善在于服从上帝、热爱上帝。意志向善的倾向"不仅根据事物的自然秩序，而且根据正确理性的指示"。② 在司各脱看来，自由意志和正确理性是相辅相成的，二者的关系集中体现在人们对自然法的理解上。对于正确理性而言，自然法是不言自明的真理，人的理性可以鉴别出与自然法相一致的法律条规。自然法的第一原则就是"必须热爱上帝"。因而，司各脱不仅与阿奎那的自然法学说不同，而且截然相对。他反对自然法与永恒法存在某些关联，自然法既非上帝理性所创，也不是上帝理性之一部分，上帝的意志高于上帝的理性。意志是自由的，它不受理性的约束。"那种关于理性支配意志的观点是错误的，因为事实恰恰相反，是意志在支配理性。"③ 上帝可以创造世界，也可以不创造世界，或者创造另一个不同世界，这一切都是上帝意志的自由行动。而且，一切法律，包括神法在内都源于上帝的意志而不是理性，"统治天国的法则是根据神的意志制定的而不是根据神的智慧制定的。"④ 在司各脱的神学著作中，哲学与神学之间的鸿沟变得越来越大，哲学领域被限定在自然理性范围内，而神学不断被还原为通过启示中的超自然手段让我们相信的东西，哲学与神学的分离渐趋明朗。⑤

与司各脱相比，奥卡姆思想更加激进。人类试图根据理性的要求认识

注释

① 引自赵敦华：《基督教哲学 1500 年》，人民出版社 1994 年版，第 482 页。
② 引自赵敦华：《基督教哲学 1500 年》，第 484 页。
③ 引自爱德加·博登海默：《法理学 法律哲学与法律方法》，邓正来译，第 36—37 页。
④ 同上书，第 37 页。
⑤ 参见科林·布朗：《基督教与西方思想》，查常平译，北京大学出版社 2005 年版，第 110 页。

天国的合理性企图等都遭到他的坚决否定。认为自然法不能为人的理性所发现，"由于上帝早已在圣经中向我们展示了他的现实意志，因此这些法则就构成了确定神意的唯一的真正渊源。除了实际展现的神法以外，不存在任何可以为人的理性所能发现的自然法。"① 在他看来，世界只存在个别、特殊的事物，但不存在一般。依据他的观点，"普遍"、"一般"等概念只是作为由思维的精神构成的概念存在着。奥卡姆关于"自然法"的论点是他持有的君主立宪政体的理论基础。在国家起源问题上，奥卡姆主张社会契约说，国家必须借助于"人类社会共同契约"来建立，国家的目的在于扶植一切国家法律所许可的"共同善"。这是国家的最高原则，它来自自然法。根据自然法每个社会成员都有权参与国家立法，选举自己的君主。但君主的权力并不是无限的，它的实施不能超越实现共同福利所许可的范围，在某种程度上，国家之所以需要君主主要是依靠他来管理自由的人们，以便实现人类共同幸福。因而，如果他违背民意，超越个人权限，人民有权废除甚至处死他。从整体上看，奥卡姆思想拆除了宗教信仰的理性基础，进一步倡导哲学与神学分离开来。他既反对教权至上性，也反对王权至上性。他的理论动摇了整个经院哲学的基础。

依据唯名论的观点，真正的、普遍性的自然律法是不可能存在的。但唯名论思想还是为自然法学说留下一席之地。他们认为，"自然法未设定或完全未预设什么，而只是一种'理论产品'。显而易见，这种'自然法'完全被置于实证的、制定的法之下，且不可能与实在法，如恶法相抗而得以实现。"② 因而，唯名论实际上担当了法律实证主义一统天下的清道夫。奥卡姆的学说深刻地影响了宗教改革家路德（Luther）的政治思想。虽然从本质上看，路德的自然权利观念仍属于经院哲学。

16世纪，基督教经院哲学在文艺复兴和宗教改革浪潮的冲击下渐趋衰落，但它仍然控制着欧洲文化的中心阵地——大学。③ 16世纪中期，罗马教廷为了维护传统教义的正统地位，在特兰托召集宗教会议，重新将托马

注　① 引自爱德加·博登海默：《法理学 法律哲学与法律方法》，邓正来译，第38页。
释　② 阿图尔·考夫曼、温弗里德·哈斯默尔：《当代法哲学和法律理论导论》，郑永流译，第75页。
　　③ 参见赵敦华：《西方哲学通史》（第1卷），北京大学出版社1996年版，第620页。

斯主义定位为天主教官方意识形态。1567年，罗马教皇庇护五世又将托马斯·阿奎那宣布为整个基督教会的"共有博士"。随后，新兴的耶稣会和传统的多明我修会以西班牙为中心展开托马斯主义复兴运动。[①]在这次运动中，以弗兰西斯科·德·维多利亚为首的西班牙神学家在复兴托马斯主义旗帜下，以西班牙的萨拉曼卡（Salamanca）、埃沃拉（Évora）等大学为中心创建了著名的西班牙法学派。

注
释

① 参见赵敦华：《西方哲学通史》（第1卷），第620—621页。

第三章
文艺复兴时期法学思想的
时代背景

　　随着城市的兴起、商业的活跃和市民社会的生长，早期近代的欧洲社会逐渐从封建的桎梏中挣脱出来，出现了新的政治、经济气象。特别是世俗王权的崛起、国家力量的上升，使欧洲的政治格局发生了巨大的变化。宗教改革、新型国际关系的酝酿就是对上述变化的反应。一言概之：时代变了。在此情景下，文艺复兴的潮流更迭了人们的观念，人文主义思想文化成为社会主流意识。这些就是研究文艺复兴时期法学所必须关注的时代背景。①

第一节　城市、商业、市民社会的生长与法学变迁

　　欧洲中世纪行将谢幕之际正是欧洲市民社会成长之时，与市民社会相伴随的则是城邦政治结构的孕育、发展。

注释　① 参见朱孝远：《近代欧洲的兴起》，学林出版社 1997 年版；朱孝远：《欧洲涅槃：过渡时期欧洲的发展概念》，学林出版社 2002 年版。

我们先来考证一下市民社会的概念问题。"市民社会"一词的起源可以追溯到古希腊时期著名思想家亚里士多德的《政治学》一书。在该书中，亚里士多德最先提出了"城邦共同体"(πόλιςκοινόν)的概念，并将此概念定义为"自由和平等的公民在一个合法界定的法律体系下组建的政治共同体"。① 这里，"公民"专指参加雅典公民大会、参与雅典国家政治的成年男子。妇女、儿童、奴隶以及外邦人都不在此范围之内。公元前1世纪，罗马政治家西塞罗将其译成拉丁文"civitates societas"，并且首次在市民社会、公民社会和政治社会等意义上使用，正如《布莱克维尔政治学百科全书》所述，"它不仅是指单个国家，而且也指业已发达到出现城市的文明政治共同体的生活状况。这些共同体有自己的法典(ius civile)，有一定程度的礼仪和都市特性(野蛮人和前城市文化不属于市民社会)、市民合作并依据民法生活并受其调整以及'城市生活'和'商业艺术'的优雅情致。"② 西塞罗关于市民社会的内涵与罗马繁荣发达的城市文明密切相连。上述观点还会引起人们对市民社会和公民社会相互关系等的思考。大致有这样几点值得人们注意：(1)市民社会与城市的发展有内在的关系，但后人在使用公民社会概念时，其适用范围不能仅限于城市；(2)从权利形态的角度看，市民社会

文艺复兴时期佛罗伦萨的一所监狱

注
释
① Jean L.Cohen and Andrew Arato, *Civil Society and Political Theory*, MIT Press, 1992, p.84.
② 戴维·米勒、米农·波格丹诺主编：《布莱克维尔政治学百科全书》，邓正来译，第132页。

与公民社会等都是各成员之间有权利和义务制约的政治共同体。有了这两个界定，本书在不同场合下使用市民社会和公民社会概念就不会产生误解。

中世纪早期，城市生活式微，庄园成为社会结构的主角。从某种意义上讲，中世纪的欧洲社会是由大大小小庄园组成的松散的政治集合体，在这个集合体的夹缝中出现了新的政治经济单位即城市。① 11世纪以后，欧洲许多地区出现了新崛起的城市如佛罗伦萨、威尼斯、热那亚、那不勒斯、马塞等。在这些城市中，有些是移民的结果，有些是从商业集散地演变而成，情况各异。它们作为商业城市和经济中心，迅速成为最为繁荣的国际性都市，吸引来自东西方的商人。正如著名经济史家龙多·卡梅伦所说："意大利城市处在一个较富裕较发达的东方与贫穷落后的西方之间的媒介位置，一个使它实际性的和象征性的受益地位置"。② 佛兰德尔、布鲁日、根特、里尔等成为南北方货物的主要集散地，它们是北欧、法国、英格兰，甚至意大利商人经常出没的地方。一些重要城市和地区还逐渐形成自己的商业特色，例如佛兰德尔的纺织业、英国的羊毛出口、勃艮第的葡萄酒、意大利各城市共和国的工业和航运业，等等。

与此相应，市民社会表现出由下而上的发育过程，而且与当时的国家政治处于相互作用之中。当然，思想学术界在市民社会与国家相互关系的问题上意见相佐。按照洛克（Locke）的想法，社会先于国家，国家必须受制于其对社会的承诺。黑格尔（Hegel）则认为，国家应当绝对统领市民社会。现在有学者从词源学的意义上详尽地阐述西方学者的两种不同的市民社会观念和两种不同的理解趋势，指出现代市民社会是古希腊、罗马和中世纪的自治城市社会两种观念的融合，既是一个"私人利益关系的总和"，又是"国家公民"的社会，在西方经历了漫长的演变而成。③ 我们认为，还是让历史本身来回答。

随着商业复兴和城市的成长，城市市民集体也开始壮大。一般认为，

注释

① See J. B. Bury, *The Cambridge Medieval History*, Cambridge University Press, 1992, p.208.
② 龙多·卡梅伦：《世界经济史》，徐柏嘉译，河南大学出版社1997年版，第113页。
③ 参见方朝晖：《市民社会的两个传统及其在现代的汇合》，《中国社会科学》1994年第5期。

在 11 至 14 世纪期间，欧洲人口是稳步增长的。[①]有学者估计，在 13 世纪中期，西欧已有巴黎、米兰、威尼斯和佛罗伦萨等四个城市人口超过 8 万人，他们中的一些甚至接近或者几乎接近 10 万居民。[②]伦敦、巴塞罗纳、科隆等 14 个城市的人口超过 4 万。但大多数城市的人口不到 2 万人。[③]稍晚一些时候，意大利城市共和国和法国巴黎等大城市市民人数很快突破 10 万人，人口在 5 万以下的中小城镇数目达到上百个。当然这些统计资料的准确性如何还有待进一步考证，但人口增长较快则是事实。同时，手工业者和商人等新兴城市市民阶层逐渐成为城市社会结构中的主体力量。比利时著名经济史学家皮朗指出，"这些大商人，或者说这些新富们，自然是市民阶级的领袖，因为市民阶级本身就是商业复兴的产物，而最初'商人'与'市民'两个名词就是同义语。不过当它发展成为一个社会阶级时，市民阶级就变成了一个具有高度特性的合法阶级。"[④]

文艺复兴时期，在一些自治城市中，市民阶级掌握着城市政权，城市治理也呈现出与过去时代迥异的结构：市政厅是市民阶级的管理机构；主教堂是教会势力的象征；而集市广场是市民文化和生活的集散地。他们各自代表不同的职能和不同的思维方式，他们在行动上代表着某种社会权力。在当时的人文主义者看来，在一个管理良好的社会中，神学的、公共的和私人的利益是能够协调一致的，宗教生活和世俗生活的冲突是荒唐的，世俗生活也就是尊重法律、尊重生产活动的市民生活。[⑤] 以佛罗伦萨为例，其政治历史就是充分体现上述市民社会的特征。佛罗伦萨曾将政治单位分为 6 个区。由每个区选出的 2 名公民代表组成 12 人"长老会"，后改称"贤人政府"。每年选举一次。长老会与其他检察、审判机构等一起组成共和国国家机构。后来又将城区划分为 20 个旗，农村划分为 76 个旗。另外还有

注释

① 参见 M. M. 波斯坦主编：《剑桥欧洲经济史》（第 3 卷），经济科学出版社 2002 年版，第 30 页。

② 参见 M. M. 波斯坦主编：《剑桥欧洲经济史》（第 3 卷），第 31 页。

③ J. P. Mckay and others, *A History of Western Society*, Vol. I, Boston, 1991, p.329.

④ Henry Pirnne, *Economic and Social History of Medieval Europe*, London, 1936, p.44.

⑤ 萨尔沃·马斯泰罗内：《欧洲政治思想史：从十五世纪到二十世纪》，黄华光译，社会科学文献出版社 1998 年版，第 5 页。

平民和贵族代表组成的"议事会"。对行会也进行划分，"这些代表集合在一起开会时，立即决定把全体居民按技艺或行业分类，每种行业委派一名官员负责在他所管辖的那些人当中执行公正裁判；发给每种行会一面旗帜：城邦号召时，每个成员就要拿起武器集合在旗帜下面。开始时，技艺行会总数是 12 个，7 个大行会，5 个小行会。后来次要技艺行业增加到 14 个，所以技艺行会总数达到 21 个，至今仍是这样。这 36 位改革家为了增进公共福利还在其他方面进行了一些改革。"①在未来的佛罗伦萨历史发展进程中，行会逐渐主导了政局。②为了维持军队的开支，采用在公民中抽税的办法进行。③后来行会的势力增强，取消公民代表执掌政权的形式，改为由行会推举的代表（平民和贵族都有）来管理政府。那些"长官"任期仅 2 个月。每届政府推举一名"正义旗手"。同时，平民代表组成"人民公会"，贵族代表则组成"公社会议"，共同执掌政权。由于这样的政治运作兼顾了最大多数公民的利益，因此在相当长的时期内，佛罗伦萨保持着相当的稳定。马基雅维里（Machiavelli）指出，"虽说在贵族和平民之间仍有某些嫌隙猜忌，但未曾招致任何恶果，全体市民一起过着和平统一的生活。这个和平统一的局面如果不是因为内争而再次遭到破坏的话，佛罗伦萨就不会再有什么值得担心的事了。它既不必害怕帝国，又不必顾虑那些由于政治原因而离开乡的公民。佛罗伦萨以自己的力量就足以对付意大利所有城邦。不幸的是，外力未能造成的灾难，却由内争招来了。"④这里所说的"内争"就是家族之间、党派之间的争斗。

在这样的城市中，市民的人身是自由的。市民阶级的政治特性之一就是对自由的追求。亨利·皮朗指出，"市民阶级不可少的需要就是个人自由。没有自由，那就是说没有行动、营业与销售货物的权利，这是奴隶所不能享有的权利，没有自由，贸易就无法进行。他们要求自由，仅仅是由于获得自由以后的利益。在市民阶级的思想中，根本没有把自由视为天赋

注释

① 马基雅维里：《佛罗伦萨史》，李活译，商务印书馆 1982 年版，第 63 页。
② 同上书，第 144、157 页。
③ 同上书，第 63 页。
④ 同上书，第 72 页。

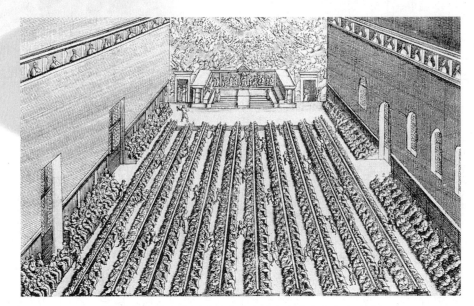

威尼斯的大议事会（重大法律事项由大议事会表决通过）

权利。在他们看来，自由不过是一种很方便的事。"①在这种自由的氛围中，各阶层的人群都带去了各自不同的作用。马克斯·韦伯指出，"西欧中世纪市民是包含有特殊性质之经济利害关系的各个阶级。"②在城市兴起之时，商人逐渐以城市为中心形成各种团体以保护其自身利益。这种经济行为也影响了城市的政治结构和市民生活样式。"当商人认为有必要在他们的活动中心成立团体时就为未来城镇的兴起奠定了基础。"③商人是新兴市民的杰出代表，美国学者利维在其所著的《法律与资本主义的兴起》一书中认为，11世纪商人的兴起，并通过一连串的造反引发了社会全方位的根本变革。的确，11世纪晚期，广泛的商业活动是与庄园的生产方式和封建的社会政治关系并存的，商人在封建等级体系中获得了一种合法身份，成为独立的阶层。商人被罗素誉为"塑造当今世界的新生力量"，强大的商人阶级的兴起，最终动摇了中世纪社会的封建结构。④同时，手工工人和其他城市市民也成立组织，与城市贵族、商人团体并驾齐驱。在许多城镇，手工工会

注
释
① Henry Pirnne, *Economic and Social History of Medieval Europe*, p.52.
② 马克斯·韦伯：《韦伯作品集》（第2卷），广西师范大学出版社2004年版，第262页。
③ M. M. 波斯坦主编：《剑桥欧洲经济史》（第3卷），第32页。
④ 伯兰特·罗素：《西方的智慧》，马家驹、贺霖译，世界知识出版社1992年版，第220页。

甚至成为国家机构的基本组成部分。①就这样，在中世纪的城市里出现了许多商业协会、行业工会、兄弟会和公社以及大学。城市市民通过谈判赎买或武装起义的形式，从封建领主那里最终获得城市自由。正如美国学者汤普逊所说："作为一个自由的、自治的市民社会的城市，是中世纪欧洲的一个新的政治和社会有机体，而在早期封建时代未曾有过这样的先例。"②

城市市民社会的发展与资本主义文明的生长实际上是合二为一的，它是近代欧洲自由社会的前身。③一个资本主义文明必须具备的法制社会内容也开始显现出来。在中世纪已经出现的城市市民社会很早就意识到"只有法才能保证秩序与安全，以取得进步"。④"在中世纪的欧洲，城市的明显特征是具有自己的法律、法庭和自治的行政。"⑤商品经济和资本主义生产方式的发展，需要一种与其相适应的法律体系。于是，罗马法得以复兴。城市在商品经济和民主政治的基础上，融汇习惯法和罗马法，建立了一套全新的法律体系，并开始了法律主治社会的最早实践。另外必须注意各种城市法的诞生。如意大利就曾出现过《米兰城市法典》(13世纪)、《罗马城市法典》(15世纪)等，西班牙曾出现了《多托沙城市法典》(13世纪)，德国指定过《萨克森城市管辖法》(13世纪)。(关于城市法参见本书第2章的论述。)城市法是一种密切联合的、一体化的共同体的法律。这些法律的制定过程本身就反映出了市民们对法律的态度，"中世纪城市中的人们并不满足于继承前辈遗留下来的法律和习惯，也不甘于坐等君主的立法，他们经常地投身到创制更完备、更公平的法律的活动中去。许许多多的行业组织创制了自己的'行会法'。还有一种重要的进展，就是人们基于共同的意愿组织了一种城市自治团体，有组织地与封建势力相抗衡，在自己的围墙

注释

① 参见 M. M. 波斯坦主编：《剑桥欧洲经济史》(第3卷)，第28页。

② 汤普逊：《中世纪经济社会史》(下)，耿淡如译，第427页。

③ 参见费尔南·布罗代尔：《15至18世纪的物质文明、经济和资本主义》(第1卷)，顾良施、康强译，生活·读书·新知三联书店1992年版，第610页。

④ 勒内达维德：《当代主要法律体系》，漆竹生译，上海译文出版社1984年版，第38页。

⑤《文明的历史脚步：韦伯文集》，黄宪起、张晓琳译，上海三联书店1988年版，第170页。

内维持和平，保障基于法律的正常秩序。"① 随着城市、商业活动的发展，
商法受到了格外的关注。中世纪的商法又称商人法（Law of Merchant），是
指调整商人之间因商事活动所产生的各种关系的一系列习惯和法律的总称。
由于商事活动包括内陆商业活动和海上商业活动，故商法是由规范内陆商
业活动的商法和规范海上商业活动的海商法两部分组成。中世纪后期西欧
国家曾分别编纂过"商法典"和"海商法典"，而近代各国编纂法典时多把
海商法作为商法典的一编，所以习惯上有时把内陆商法和海商法统称为商
法。② 由于意大利最早产生自治城市，商业也最先得到发展，而且意大利
是罗马法复兴的发源地，故商法最早也产生于意大利。12 至 13 世纪，由
于商业和工业的勃兴，定期集市大大增加，意大利、法国、德国、西班牙、
英国等国都各涌现了不少著名的集市，其中当以法国的香槟集市规模最大、
声誉远播，最多时有 50 多个市场，吸引大批的外国商人和外地商人，具有
国际性集市的特点。在频繁的商业交往中，逐步形成了一系列的商事规则，
广泛涉及集市交易日期和周期、交易程序、集市管理组织、税收、货币流
通、度量衡标准、商人安全、契约、集市法院等方面。香槟地区的商业繁
荣和形成的商事规则随着商人的流动，进而影响并促进法国其他地区和欧
洲其他城市商法的发展。这一时期的商法大多以罗马法为基础，但往往存
在若干差别，故在实践中通过设立混合法庭、城市之间订立条约等手段形
成各城市、各地区都适用的共同商法。在欧洲内陆城市集市商业贸易发展
的同时，以地中海、北海、波罗的海沿岸城市为主的海上贸易也逐渐发展
起来。意大利也是海上贸易发展最早的国家，其中威尼斯、热那亚、比萨
等城市的海上贸易发展都较早，海商法也随之在这些城市和港口较早形成。
随着欧洲北海和波罗的海沿岸城市的兴起，该地区的海上贸易也迅速发展，
著名的"汉萨同盟"的成立，不仅促进了陆上商业交易，也发展了海上贸
易运输活动。13 世纪末期，波罗的海沿岸城市与地中海沿岸城市的海上贸
易运输路线也已开通，并且许多海上贸易路线直接与内陆商业集市较发达

注
释
① R. C. Van Caenegem, *Legal History*, The Hamledon Press, 1991, p.127.
② 参见林榕年主编：《外国法制史新编》，群众出版社 1994 年版，第 229 页。

的城市连接在一起。随着海上贸易活动的频繁开展，势必发生许多贸易纠纷，为了协调海上贸易关系，保证彼此的利益，商船主之间、城市港口之间等就必须遵守彼此共同认可的传统习惯和原则，进而这些习惯和原则被汇编成册，海商法就这样随着海上贸易的繁荣而得到发展，成为中世纪海事法庭审理有关船舶和航运方面纠纷的依据。中世纪西欧的海商法实际上都受到前述公元前3世纪《罗德法》的影响，并且它适用于欧洲的海上商业贸易运输，具有国际性法律的特点。中世纪末期，西欧大部分国家确立了君主专制体系，商法由共同商法转变为国家商法，出现了欧洲大陆国家相继制订商法典的局面，其中法国1673年《商法典》和1681年《海商法典》的影响最大。各国编纂法典后，商法开始处于主权国家的管辖之下，从国际性的商法规范转为国内法，为全欧洲所公认的大多是海商法典，主要有：1)《阿玛尔斐法典》(Amalphitan Code)。阿玛尔斐位于意大利那不勒斯附近，是贸易活动发展较早的港口城市，约于11世纪末制定了《阿玛尔斐法典》。据说它刻于铜版上，被置于公共场所，汇编的判例内容比较广，一切海上争议、诉讼都能按照它得到解决。它被地中海地区普遍承认，并一直使用到16世纪末。这部法典于1843年被发现，但真实的具体内容已很难辨认。2)《康梭拉多海商法典》(Consolate del Mare)。①关于它的起源有各种观点，但一般认为是由西班牙巴塞罗那海事法院编撰、从13世纪开始流行于地中海地区的海事习惯法和法院判决的汇编，适用达5个世纪之久，曾被译成法语、意大利语和拉丁语而广为流传。现在保存的是15世纪后半叶加泰罗尼亚语版本，其内容主要是关于船长及船员履行运送契约过程中权利义务的规定。3)《奥列隆法典》(Roles D'Oleron)。奥列隆是位于西班牙和法国之间的比斯开湾的小岛，它是中世纪重要的商业中心。据传，《奥列隆法典》是于1150年汇编该岛11—12世纪海事法庭的判例而成，深受《罗德法》的影响。它以船舶法为主要内容，使用于英国、法国、荷兰及北海、波罗的海沿岸各国家，尤其在英国它具有特别的权威，爱

注
释

① 康梭拉多（consolate）的原义为"审判官"。

德华三世统治英国时期把它定为英国海事法庭审理案件的重要依据。该法典不仅反映了欧洲各航海民族的思想和习惯，而且为13、14世纪汉萨同盟和波罗的海国家建立海商法体系奠定了基础。①4）《维斯比海商法典》(Laws of wisby)。维斯比位于波罗的海的哥特兰岛，是汉萨同盟早期的总部所在地。约于13世纪编撰了《维斯比海商法典》，其内容实际上是《奥列隆法典》、《阿姆斯特丹法典》和《吕贝克法典》的摘录和混合体，后为汉萨同盟所接受，流行于北海和波罗的海沿岸地区，17至19世纪曾多次被印行，广为流传。

抽象地讲，文艺复兴时期的时代特征就是为了确立人的中心地位。但具体而言，人文主义者心目中的人是新的政治结构中的市民。为了适应这样一种市民和市民社会的需求，于是人文主义者感觉到应当跳出原来经院哲学的框架，试图给予市民以实际有用的学问。例如人文主义者必须在教育方面传授给公民一种最基本的生存手段即雄辩术。像布鲁尼等15世纪早期的佛罗伦萨人文主义者都倾力于从实际出发将古典文化教给共和国的优秀公民。②这也是人文主义者为何如此倾慕古罗马哲人西塞罗的理由之所在。③正因为这一实用的目的，故"人文主义在哲学方面的主要贡献主要在于道德哲学及与此相关的政治思想等。道德哲学成了人文学科中唯一的哲学门类，也因此受到人文主义者的特别关注。"④通过像萨沃纳洛拉（Savonarola）、马基雅维里、卡斯蒂利奥内（Castiglione）、阿雷蒂诺（Aretino）、⑤霍布斯（Hobbes）等伦理政治思想家的阐述，市民及市民社会的内容在文艺复兴时代得到了深入的开掘，这极大地丰富了这一时期乃至欧洲思想文化史上的市民及市民社会理论。由此可见，文艺复兴以来的欧洲城市已经从城市社会的广泛层面发展出自己的政治、宗教和经济文化职能。

注
释

① 参见汤普逊：《中世纪经济社会史》（下），耿淡如译，第178页。

② See The Cambridge History of Renaissance Philosophy, edited by Charles B. Schmitt and Quentin Skinner, Cambridge University Press, 1988, p.131.

③ 关于雄辩术等问题可参见The Cambridge History of Renaissance Philosophy, IV "Humanism"。

④ Ibid., p.134.

⑤ 关于以上四人的政治思想比较可详见Roeder, The Man of the Renaissance, Four Lawgivers: Savonarola, Machiavelli, Castiglione, Aretino, The Viking Press, 1933一书。

第二节　近代国家的崛起与新的法学课题

　　国家并不是一开始就具备民族性外观的,民族国家只是近代以来的国家主要表现形式。在中世纪早期以前,"世界上的国家,无论是王国、帝国,还是城市国家、诸侯国家,其辖土大都不与统治集团所属的那个民族居住的地域相吻合,统治集团的语言和文化在很多情况下也与臣民的语言和文化迥然不同。"①封建时代的欧洲没有近代意义上的国家。西罗马帝国灭亡以后,在欧洲形成由封建邦国构成的基督教一统世界,"国家"被解构为一块块独立自主的领地,封臣只效忠于他的直接封主,国王的权威只限于自己的领地内。因此,在当时欧洲流行这样一句谚语:"我的封臣的封臣不是我的封臣"。领地不具备"民族性",分封和接受领地的人可以来自任何"民族"和"国家"。对中世纪欧洲几乎一切个人,不管是领主还是农奴来说,"国家"的概念都十分淡薄。在这种情况下,"英格兰"、"法兰西"、"德意志"等等不是作为政治意义的国家来使用的。②在中世纪欧洲的基督教世界里,一切"国界"都是开放的,自由人可以在基督教世界里自由的来往,并不因为他们的"国籍"而受阻。相反,封建领主的领地却未见得对一切人开放,每一块领地都是相对封闭的实体。③

　　中世纪的晚期,欧洲民族国家开始在封建君主制的母体内孕育成长。在中世纪的混乱状态中,"王权是进步的因素";"王权在混乱中代表着秩序,代表着正在形成的民族国家"。④以封建王权为中心,近代民族国家成长迅速。"他们由具有前所未有实力的各民族的国王进行统治,意图消弭各

注释
① 宁骚:《民族与国家》,北京大学出版社 1995 年版, 第 282 页。
② 参见钱乘旦:《欧洲民族问题的历史轨迹》,载《中国社会科学季刊》,1996 年秋季卷, 第 129 页。
③ 同上书, 第 129—130 页。
④ 恩格斯:《论封建制度的瓦解和民族国家的产生》,载《马克思恩格斯全集》(第 21 卷), 第 454 页。

城市和其他较小单位的独立性，以便形成更大的主权国家。"①在这些国家中间，最先兴起的是西班牙和葡萄牙，然后是荷兰、英国和法国等。在反对萨拉森人的再征服运动中，前者逐渐实现国家统一，"民族语言取代了部族言语、方言和外国言语而成为国语；民族教会摆脱了罗马教廷的控制而成为国教；国王不再听命于神圣罗马帝国，并在王国的范围内通过制服封建领主而最终确立至高无上的权力。"②而英法百年战争则唤醒了两国民族意识，到15世纪中期，两国都形成较为强大的君主政体。尼德兰北方七省反西班牙战争最终独立出新兴民族国家——荷兰。

另从词源学上看，在西方政治词汇中，"State"作为一个对特殊政治单位的指代词和分析的概念到16世纪才被确定下来。据考证，意大利思想家马基雅维里在其《君主论》中最早使用"Stato"一词表达"国家"的观念。而"Stato"又从"Status"改造而来，这里的"Stato"不过是对"Status rei Publica"的简化，是"公共事务之状况"的意思。③"国家"（State）一词在16世纪被创造出来并非偶然，在欧洲历史上，"16世纪正是现代社会真正的开始"，④在此之前中世纪欧洲共同体尚不具备现代国家的主要要素。我国学者徐国栋先生认为国家只是到16世纪才产生，而其本质则在于与其构成成员的人格相独立的人格和主权。他还指出，"国家"这一名词也是在这个世纪产生，16世纪之前的政治实体都已缺乏这些要素而不成其为国家。国家之所以后来被理解为一种更早的存在，是黑格尔为了统一德国而杜撰国家普遍说的结果，而他的观点又深刻地影响了社会主义国家的国家理论。⑤

民族（Nation）一词则起源于拉丁文"natio"。在罗马人的经典用语中，

注
释

① Fernand Braudel, *the Mediterranean and the Mediterranean World in the Age of Philip II*, London, 1985, p.338.

② 俞正梁等：《全球化时代的国际关系》，复旦大学出版社2000年版，第23页。

③ 参见徐国栋：《国家何时产生》，载《私法》第1辑，北京大学出版2001年版，第145—146页。

④ 基佐：《欧洲文明史：自罗马帝国败落到法国革命》，商务印书馆1998年版，第175页。

⑤ 参见徐国栋：《国家何时产生》，第148页。

"natio"原意为"出生"，与"gens"同意，而与"civitas"相对。后来，"nation"的生物、生理含义逐渐淡化，文化、政治色彩越来越浓厚。据历史学家霍布斯鲍姆对历代"西班牙皇家学院辞典"的考证，包括"民族"在内的一些词汇的现代意义到1884年后才出现。在此之前，"民族"(nación)带有血统含义，指的是"聚居在一省、一国或一帝国境内的人群"，有时也指"外国人"。但1884年后，民族则指"辖设中央政府且享有最高政权的国家或政体"或"该国所辖的领土及子民，两相结合成一整体"。[①]民族首先是一些有着相同起源的共同体，他们定居在一定的地域，并构成邻里关系；文化上拥有共同的语言、风俗和习惯，但他们在政治上还没有达到一体化的地步，也没有出现类似于国家的组织形式。正如霍布斯鲍姆所言的"民族"最重要的含义在于其政治上所彰显的意义，这一含义又与人民及国家密切相关。[②]毋庸置疑，霍布斯鲍姆所指的就是"民族国家"，因为，民族是一项相当晚近的人类发明。"民族"的建立与当代基于特定领土而创生的主权国家是息息相关的，若我们不将领土主权国家跟"民族"与"民族性"放在一起讨论，所谓的"民族国家"将会变得毫无意义。[③]这是不言而喻的。在近代法国大革命所颁布的《人权和公民权宣言》中就着重提到，"整个主权的本源主要是寄托于国民（the Nation）。任何团体、任何个人都不得行使主权所未明白授予的权力。"那么，"国民"的含义是什么？"用最初的通常说法，'Natio'意指一群人，这些人由于有相同的出生地而被归为一类，大于一个家庭，小于一个民族或者一个'人民'（people）。"但随着词义的扩张，该词逐渐指称"居住在被某些界限限制的某一国家的范围之内，并服从一个共同的政府"的一大群人，"他们要求自己代表或选举代表去代表在政务会、议会或等级会议中的某一地区。"当法国大革命派宣称"主权的本源主要是寄托于the Nation"，他们已经超出国王和贵族的范围，是指"生活在一部共同的法律下，被一个共同的立法机构所代表"的一大群人，

注 ① 埃里克·霍布斯鲍姆：《民族与民族主义》，李金梅译，上海人民出版社2000年版，第17页。
释 ② 同上书，第21页。
③ 同上书，第10页。

"政府通过他们的立法机构向他们负责，"他们自己决定自己政府的安排，这样的一群人就组成一个民族。①

由此可知，"国家"、"民族"都是近代以来才出现的政治概念。因而，从字面上看，所谓"民族国家"应该就是"民族"与"国家"的结合。吉登斯对民族国家所下的定义，"民族国家存在于由其他民族国家所组成的联合体之中，它是统治的一系列制度模式，它对业已划定边界（国界）的领土实施行政垄断，它的统治依靠法律及对内外部暴力工具的直接控制而得以维护。"②按照吉登斯的分析，"民族国家"就成为"传统国家"、"绝对主义国家"之后出现的现代国家形式。从定义上看，它恰恰解释了近代国家的核心要素，即马克思·韦伯所谓"暴力独占"的主权。"任何统治都企图唤起并维持对它的'合法性'信仰。"③现代政治中合法性的源泉主要来自法治化，同时还仰赖国家行为的有效性。自15世纪以来，近代民族国家逐渐构建完毕。在此期间，近代民族国家构建的核心内容就是：权力集中和法律化。

中世纪的欧洲政治格局是多元化的，并呈现为"封建无政府状态"。政治权力被分割成教会、王国、公国、城市、庄园等多种政治实体。它们之间为争夺领主权而经常相互争斗。在这种封建割据下无法形成近代国家意义上的政治共同体。但随着欧洲商品经济的复苏，欧洲的社会经济结构也开始发生显著改变。罗马天主教会逐渐退出世俗世界，封建国王则借助新兴市民阶级的力量以强化王权、打击地方割据势力。由此，政治权力开始集中到国王的手中，以国王为核心的权力集团逐渐成为新的社会政治秩序代表。15世纪以来，欧洲出现了"三贤王"，即英国兰开斯特的亨利七世、法国国王路易十一和西班牙天主教国王费迪南五世。④他们通过战争与征服，用铁与血给欧洲带来了新的秩序，绝对主义国家在欧洲建立起来。马

注释

① 参见埃里·凯杜里：《民族主义》，张明明译，中央编译出版社2002年版，第5—7页。
② 安东尼·吉登斯：《民族国家与暴力》，胡宗泽等译，生活·读书·新知三联书店1998年版，第147页。
③ 马克斯·韦伯：《经济与社会》（上），林荣远译，商务印书馆1998年版，第239页。
④ 参见费尔南·布罗代尔：《15至18世纪的物质文明、经济和资本主义》（第2卷），顾良等译，生活·读书·新知三联书店1993年版，第512页。

基雅维里、博丹（Bodin）等人的思想与理论体现了这一历史现实，并且为新的国家理念提供了系统论证。新兴君主们在强化统治之时，迫使教会退出政治领域，消除重重障碍，逐渐把政治权力集于一身并贯彻到国土的"边缘"地区，确立了相对固定明确的领土边界。同时借助不断增强的民族意识，巩固民族国家的统一。正如吉登斯所说："民族国家是拥有边界的权力集装器，是现代时期最为杰出的权力集装器。"①

　　总之，文艺复兴时期的欧洲出现了最初的近代民族国家。与民族国家形成的同时是这些国家的各种扩张活动。在政治学和法学领域，传统的自然法理论面临民族主义、国家强权政治的种种发难，其中实在国际法的形成和发展对传统自然法提出的问题最具实质性，即自然法在什么范围内、在何种意义上有其特定的功能和地位？梅因说："'自然法'所尽的最伟大的职能是产生了现代'国际法'和'战争法'（Law of War）"，②此说有一定的道理，即国际法与自然法之间有特殊的关联性，但说国际法产生于自然法则欠妥。国际法是对一系列国际条约的总结，也是对国际关系准则的一系列设定。所以，国际法直接导源于现实国际关系和实在国际法的制定过程。由于实在国际法完善自

文艺复兴是近代国际法的酝酿时期，这是1604年英国和西班牙进行国际谈判、签订条约的情景

注释
① 安东尼·吉登斯：《民族国家与暴力》，第148页。
② 梅因：《古代法》，沈景一译，第55页。

身的要求才引入了自然法理论。当然,引入了自然法以后又使国际法从内容到形式发生了重要的变化。我们感兴趣的是,自然法经国际法各学派的增删、释义和更新,其在法学上的功能、地位首次被明确地作了划界。在国际法理论的创立过程中也发生了实在国际法与自然国际法逐渐分离的情况。在西班牙伦理神学派的代表维多利亚的著作中,一方面承认国际法根植于自然法,并将整个国际社会包容于一个相互需要的和谐体之中,但同时又认为,国际法不可能完全从自然本性中推导出来,因为自然法只是规定人类行为的基本原则,而这些原则还必须由具体的国际间的习惯和条约作为其现实的文本承负者,使其有形化。从现实的地理环境的经验论立场出发,世界是一个整体,故那些习惯和条约实际上就具有世界性的法律效应,并可按照世界性的法律效应进一步制订国际性法规,形成一般的实在国际法。①另一位西班牙伦理神学派的代表苏亚雷兹(Suares)则进一步主张,即使是国际法中的自然法学说也是从考察社会实际出发、以社会实际中已经确立的一些价值为其基础的。②对自然国际法与实在国际法作了比较系统阐释的是格劳修斯(Grotius)。(本书第6章有关于格劳修斯法学思想的详细论述。)格劳修斯首先认为,自然国际法只与人的自然本性和自然理性有关,与神法没有瓜葛。格劳修斯说:"自然法是如此的不可变易,就连上帝也不能加以变更。因为上帝的权力虽然无限,但是有一些事情即使有无限的权力也是不能动摇的。例如,上帝本身不能使二乘二不等于四,他也不能颠倒是非,把本质是恶的说成是善的。……"③格劳修斯的这一提法不仅是对基督教神法的叛逆,与西班牙伦理神学派有关自然法的主张也明显不同。格劳修斯对自然法的界定是为了更惬意地为其基于利益原则的实在国际法加以辩护,并由此确立其以二元论为特征的国际法思想。格劳修斯论证道,"有人性然后有自然法,有自然法然后有民法。但是,自然法是依靠功利得以加强的,因为造物主的意志务使世人脆弱而多欲,非合

注释
① 参见菲德罗斯等:《国际法》(上),李浩培译,商务印书馆1981年版,第123—125页。
② 同上书,第123—125页。
③ 格劳修斯:《战争与和平法》,选自西方法律思想史编写组编:《西方法律思想史资料选编》,第143页。

群不足以图安乐，所以法律的制定无不是由于功利的缘故。"①那么引申到国与国的关系就会得出如下结论："一国的法律，目的在于谋取一国的利益，所以国与国之间，也必然有其法律，其所谋取的非任何国家的利益，而是各国共同的利益。这种法，我们称之为国际法，以示区别于自然法。"②为什么各国的共同利益与自然法有别呢？原来国际法的具体制定和操作过程是以多数国家的意志为准绳的，并通过强制性的手段令所有国家遵守。所以自然法的无差别原则与国际法的利益原则有实质上的区别。格劳修斯继续解释说："广义概念的法律，就是万民法、国际法。这种法律即是根据所有国家或多数国家的意志承认了的一种强制性的权力。我之所以附加上'或多数国家'是因为几乎没有什么法律是所有国家共同制定的，除了自然法……之外。"③由于格劳修斯分析实在国际法时较完整地把握住利益原则，故他对主权原则、正义战争与非正义战争原则等国际法范畴的论述较以前更符合实际国际政治的进程。有理由说，格劳修斯大致奠定了以后国际法理论发展的基本轨迹即二元论的倾向。一种倾向是认为实在国际法只有表层的意义；另一种倾向是认为人们不应在虚幻难测的自然法中去寻觅国际关系准则。

第三节　与法学相呼应的人文主义个体精神

从某种意义上说，文艺复兴时期的法学是人文主义思想文化的一个组

注释

① 格劳修斯:《战争与和平法》，选自西方法律思想史编写组编:《西方法律思想史资料选编》，第143页。
② 同上。
③ 同上。

成部分,其中特别渗透着与公民社会个体权利问题相关的人文主义的个体精神。

学术界在如何看待人文主义的问题上至今还是众说纷纭。人文主义一词的英文是 Humanism,它源于拉丁文 Humanitas,是西塞罗在希腊文 enkyklia paedeia 即英文 encyclopaedia 找到的拉丁文对译词,意为全面教育,或人文学科的教育。到了16世纪中叶,人们将讲授人文学科的学者称之为"人文主义者"(Humanists)。①到了19世纪,德国的学者用德语 Humanismus 一词来指称那些人文主义者对人文学科教育以及通过人文学科的教育塑造一个完美的人之重视。以后英语 Humanism 即由此派生而来。可见,人文主义的提法在文艺复兴时期是不存在的,它是启蒙、理性主义时代的学者对先前思想文化现象的概括。举个例子:15卷本《莫尔全集》的第15卷②有一个"保卫人文主义"(In Defense of Humanism)的题名,但这是编者加上去的,莫尔(More)的著作中并没有 Humanism 这个词。到了20世纪,人文主义(Humanism)的意义又发生了变化。在文艺复兴时期,那些大学中讲人文学科的教师和思想文化界都是些对古典文化十分爱好的文人,尤其钟情于古典希腊罗马时代的思想文化,亦看重人文学科和人的身心全面发展。就这一层面而言,文艺复兴时期人文主义者的思想文化倾向和拉丁文 Humanitas 的意义非常接近。由此看来,就突出人本身和人的身心全面发展而言,后人用人文主义(Humanism)一词来概括那个时代的思想文化倾向,这兼顾了历史和现实两个方面。例如,用人文主义一词来表示当时的文人崇尚自然本性之类问题时,就必须理解当时人文主义者在看待这一问题时的实际情景。其实,在文艺复兴时期,人文主义者都不是孤立地谈论人性、自然本性等问题,即使是哥白尼谈天体时也是放到《圣经》的宗教大视野中予以阐发的。文艺复兴时期有许多关于自然哲学、自然观的作品,《剑桥文艺复兴哲学史》(The Cambridge History of

注释

① 有些书籍甚至把"人文主义者"一词出现的确切年代提了出来,如富尔《文艺复兴》(商务印书馆1995年版)第132页上指出该词始见于1539年。

② The Yale Edition of *the Complete Works of St. Thomas More*, Vol.15, edited by Daniel Kinney, Yale University Press, 1986.

Renaissance Philosophy）第6章的标题就是"自然哲学"（Natural Philosophy）。但人文主义者谈自然、谈人的自然本性的方式不同于后来理性主义时代的方式。如果说文艺复兴时期的思想家、科学家也谈论理性和自然，其谈的方式更多的带有梦幻的色彩。不理解此种方式，我们就说不透哥白尼和伽利略。以上分析还说明，真要给人文主义下个定义还比较难。在揭示文艺复兴"人的发现"这一特征的布克哈特（Burckhardt）著作里，你甚至找不到比较完整的人（Human Being）和人性（the Nature of Human Being）之类的定义。这不是布克哈特的疏忽，而是其尊重历史的态度使然。布克哈特在更多场合所关注的是人文主义者如何观察人、表达人的方式。正如前文所言，人们通常对人文主义的理解，其实是对各个人文主义者和各种人文主义的作品进行综合分析后得出的结论。这种结论与当时具体个别的人和作品中所表现出的倾向不尽相同。因此我们一方面要懂得启蒙时期以来不同学者对人文主义的各自看法，还要有自己独特的见解；另一方面还要站在文艺复兴即14至17世纪上半叶这段特定的历史时期去理解人文主义的内涵。这样，我们才能全面地理解什么是文艺复兴时期人文主义的真正意义。我们知道，马基雅维里及众多思想家是如何以古为鉴并站在世俗的立场上漫幻地表现人的正当权益、分析历史的进程、把握现实社会的走向，如此等等。总之，我们的意思是不要急于给出一个人文主义的定义，知道其中的核心内涵即可。大英百科全书"人文主义"词条比较全面地梳理了人文主义的内涵，其中谈到人文主义的原始含义与人文学科有关，但人文主义还有它的特定精神、基本原则和主要倾向等，它们包括古典主义、现实主义、详备的批评态度、突出人和个体、积极的品行等。这些提醒我们要从历史的角度、从语义的完整性来理解和使用人文主义一词。诚如加林所言，"正是在对待过去的文化，对待历史的问题上所持的态度，明确地确定了人文主义的本质。"①

　　人文主义者对人的上述思考之直接结果是：理性和信仰都有其存在的

注释 ① 加林：《意大利人文主义》，李玉成译，生活·读书·新知三联书店1998年版，第14页。

理由,即哲学史上的"双重真理说"。这一理论对文艺复兴时期的法学思想影响很大。双重真理是人神关系思考中富有创意的思维现象,在西方源远流长。早在亚里士多德的"神"和"理智"概念中就有了最初的、隐晦的形式。到了中世纪时代,经院哲学家(如阿威罗伊等)明确地提出了双重真理学说。近代以培根启端,笛卡儿、莱布尼茨等继之,康德(Kant)集大成。这种思维方式既保障经验科学和理性逻辑的正常开展,也使神的地位牢不可破。近代伊始,培根的双重真理论影响最大。有意思的是,双重真理还会推导出这样的结果即信仰高于理性。打开培根这位近代欧洲实验科学始祖的著作,扑面而来的却是一个有神论者的浓浓宗教气息。他认为:"一点点儿哲学使人倾向于无神论,这是真的;但是深究哲理,使人心又转回到宗教去。"①培根作为一名深受人文主义影响的近代思想家,其学术使命就是想从各个角度提升人的力量。人可以凭其自然理性去完成自然实践的任务,当人试图去完成道德实践的任务时,就必须由信仰将一个完美无缺的神的形象从另一个世界放到人的内心里。唯其如此,道德实践才有坚实的基础,人类社会才能维持一个有序状态。概括地讲,理性征服现象世界;信仰提升内在世界;最终由神提供人的自由和道德世界的基础。这里有一种自然哲学的观点很值得研讨。按照这种观点,人们对上帝存在及终极原因等问题的思考是一种人性的和自然的倾向。而人性、自然是一个不能被分割的整体,或者说是不能被理性分解的整体。故从人性、自然的倾向出发对上帝的存在问题进行思考就只能默想而不能定义。继培根之后另一位英国思想家霍布斯这样说道:"承认一个永存、无限的全能的上帝这一点却比较更容易从人类想知道自然物体的原因及其各种不同的性质与作用的欲望中导引出来,……"②

　　与提出双重真理论的同时,还有关于自然神论的探讨。这一观点牵涉到神法与自然法的关系问题。(关于自然法问题本书的第5章有详论,此处略做提示。)在文艺复兴的开端,神法仍是最高的法。法律史家莫利斯在概

注
释
　①《培根论说文集》,水天同译,商务印书馆1983年版,第57页。
　②霍布斯:《利维坦》,黎思复、黎廷弼译,商务印书馆1985年版,第80页。

括当时流行的法学理论时指出，真正的自然法是创造人类的神法。莫利斯继续评论道，神法和自然法有内在的一致性，而最初自然法就是神法中的各种启示。因此对摩西法的高度关注是十分自然的。[①]不过在人文主义者的心目中，理性是神法和自然法的桥梁。在这一思想的指导下，人文主义者对自然法做出许多新的解释，认为就人的本性、人的自然状态而言无所谓善与恶。如果为己的本性没有任何制约，就可能导致恶；受到理性的引导，便显示善。[②]自然法由于人的理性因素而得到确认，而人的理性在任何人的身上又都是相同的。所以，自然法对于所有的人和所有的国家而言应当是有相等的认同感和权威的。[③]由此可知，理性不仅是桥梁，它还是法理的准则。任何人都应该凭借理性去遵从自然法，而不能将自己认定为具有超出自然法的权利，并以此去统治另一部分人。[④]卡斯蒂利奥内也认为，理性是最高的行为准则。对

文艺复兴时期画家眼中的探监情景

于具体的人来讲，应该是灵魂统治肉体，理性控制情感爱好。所以任何一个人包括君主在内，都必须依照法律办事，这是因为依法办事体现了理性对情感爱好的控制。当然，在 14 至 17 世纪的人文主义者如卡斯蒂利奥内的心目中，平等、正义、善和幸福的真正来源及保护者还是上帝。[⑤]以上

注
释

① 参见莫利斯:《法律发达史》，中国政法大学出版社 2003 年版，第 2 章"摩西法"。

② 霍布斯:《利维坦》，黎思复、黎廷弼译，第 95 页。

③ 同上书，第 211 页。

④ 参见 J．M．凯利:《西方法律思想史》，王笑红译，第 137 页。

⑤ See Baldesar Castiglione, *The Book of the Courtier*, Doubleday & Company, Inc., 1959, pp.305-307.

思想又被称做自然神论，即上帝创造了世界，给了人以理性，那么人就应当运用理性去指导生活实践。

这样，基督教宗教意识及其在社会生活中的影响发生了变化，它表现在人们通过人自身的存在、认识能力等重新去信仰神。对神的存在意识与对个体存在的意识产生了紧密的联系。基督教宗教意识变得多样化了、活泼了、自由了。宗教改革运动提出了一种更自由的信仰方法，简单地讲，就是马丁·路德所说的"因信称义"。马丁·路德的思想对于原来的教会权威提出了挑战，但没有改变基督教教义的基本内容，只是信仰的方式、礼仪等发生了变化。概括地讲，文艺复兴时期的宗教意识就是在肯定感性的、完美的、世俗的人的基础上进一步肯定人神的内在一致性。对此，布克哈特论道，"这些近代人，意大利文化的代表者，是生来就具有和其他中世纪欧洲人一样的宗教本能的。但是他们的强有力的个性使他们在宗教上完全流于主观，像在其他事情上一样，而内部世界和外部世界的发现在他们身上发生的那种巨大魔力使他们特别趋向于世俗化。"①

我们不难发现，文艺复兴时期的法学思想家都爱好古典的学问，试图从柏拉图、亚里士多德、西塞罗等古典作家那里寻找法学思想的源流。而且他们在阐发法学思想时也往往带有很强烈的文学情调，而且风格各异，反映出各位思想家的个性。另外，法学思想家在论证各种法律思想时都会考虑到人性、理性、神性等多重的因素。

随着市民社会的不断完善和市民财富、权利的不断上升，市民对教育的渴求也越来越紧迫。于是在中世纪各类学校的基础上又出现了大学教育的形式。到了公元1400年，全欧洲新建大学有22所。公元1500年时又增设35所。至公元1600年，大学总数为105所左右。②无论是最初的大学还是以后发展起来的大学，法学与医学、神学一起构成了大学教育的核心。建于12世纪的意大利波伦亚大学是以法学研究见长的高等学府。这里有著名的法学家如伊纳留斯，还为培养法学人才作出了巨大的贡献。（详见本书

注释
① 布克哈特：《意大利文艺复兴时期的文化》，何新译，商务印书馆1979年版，第481页。
② 参见滕大春：《外国教育通史》，山东教育出版社1989年版，第134页。

文艺复兴时期审判一位亵渎神灵犯的情景

第4章。）其中出现了许多人文主义法律家。他们和其他人文主义者一样，也对古代希腊罗马的文化（当然主要是法律文化）十分崇拜。他们不仅在法学这一专门的学问上造诣很深，而且对各个人文学科的内容如修辞等都颇有研究。特别是他们的演说才能受到公众的广泛关注。法律家在当时社会上的地位也很高，在帕多瓦，一个15世纪的法律家可以挣到1千金币的年薪，更有甚者，曾出现过为保释一名教授兼法律家而不得不缴纳1万8千金币保释金的情景。我们知道，当时一些意大利城邦国家的岁收也不过2万金币。①另外，社会上有大量的民事案件需要法律家进行处理，如法庭上的讲演、辩护等大都由专门的法律家担任。②与上述情况相呼应，人文主义者还用自然法理论为个体权利进行申辩。认为自然法对于所有的人和所有的国家而言应当有相等的认同感和权威。任何个人包括君主在内都不

注释　① 参见布克哈特：《意大利文艺复兴时期的文化》，何新译，第206—207页。
　　　② 同上书，第230页。

能将自己认定为具有超出自然法的权利，并以此去统治另一部分人。①

从某种意义上讲，正是文艺复兴时期与个体权利问题密切相关的人文主义个体精神，鼓励思想家在法学领域为人的权利进行辩护。布克哈特曾就人文主义个体精神问题做过专门的论述，指出："人类只是作为一个种族、民族、党派、家族或社团的一员——只是通过某些一般的范畴，而意识到自己。在意大利，这层纱幕最先烟消云散；对于国家和这个世界上的一切事物做客观的处理和考虑成为可能的了。同时，主观方面也相应地强调表现了它自己；人成了精神的个体，并且也这样来认识自己。"② 14 世纪伊始，亚平宁半岛上出现了一批人文主义者，他们崇尚古典希腊罗马的人文传统，极力倡导、实践一种以人为中心的精神文化内容；他们又极富想象力，敢于冲破一切精神桎梏，并用各自独特的精神境界面对人生和世界，"远在很久以前，我们就能在意大利随处发现一种自由人格的发展，……但在 13 世纪末，意大利开始充满具有个性的人物。"③上述现象就是个体精神的体现。正是在这种个体精神的鼓动下，人文主义者在文学、艺术、教育、科学等领域创造出无数具有划时代意义的成果。不仅在意大利，在英法等国也有大量受人文主义影响的有个性的人和富有个性的文化创造。有两本培根传记作品，其书名分别为波文的《弗兰西斯·培根：一个有禀性的人》④和马修斯《弗兰西斯·培根：一部个性遭扼杀的历史》⑤，书名和书中的内容一起活脱地勾勒出一位个体精神十分强烈的人文主义者形象。其他类似题名的著作还有很多，在此就不一一列举了。

布克哈特早就看到了人文主义个体精神与时代之间的关系，"在共和国城市里边，情况也是对于个人性格的发展有利的，只是方式上有所不

注
释
① 关于文艺复兴时期的自然法思想，参见周春生：《论 14—17 世纪的欧洲自然法思想》，载《2003 年环球回顾——社会转型等问题研究丛书》，知识产权出版社 2005 年版。
② 布克哈特：《意大利文艺复兴时期的文化》，何新译，第 125 页。
③ 同上书，第 124—125 页。
④ Bowen, *Francis Bacon: The Temper of Man*, Little, Brown and Company, 1963.
⑤ Mathews, Nieves, *Francis Bacon: The History of a Character Assassination*, Yale University Press, 1996.

同。"①前面已经论述了与个体精神有密切关系的政治社会变化。与中世纪庄园社会的封闭性和领主统治相比，上述城市政治生活中的公民个人权利主体身份体现得非常充分，其自由和利益在政治生活中始终离他们很近。1428年列奥纳多·布鲁尼就这样评论他的故乡城邦："所有人分享着自由——他们都一样在希冀着高位和腾起"。②总之，个体在资本力量的驱动下通过改变政治结构而提升自己的政治地位。这些就是与个体精神密切相关的社会因素。另外，世俗经济、政治社会也使一大批学有专长者脱颖而出。那时候的学问人（包括教师、律师、医生等）有不菲的收入和较高的地位。那些学问家在金钱力量的支撑下到处自由自在地出售自己的商品即知识。他们在社会上到处游学，在大学里则开设与神学不同的讲座，其中包括历史、文学等。他们还极力抬高"七艺"学科中修辞、语法等科目的地位，以表现自己的学问和个体存在的重要性。实际上，文艺复兴最初就是从这批学者的行为中产生的思想文化现象。③

就个体精神的主要特征而言，它体现为文艺复兴时期人文主义者对完美个体的追求。通常我们所看到的就是"多才多艺"的个体。布克哈特这样描述道，"当这种对于最高的个人发展的推动力量和一种坚强有力、丰富多彩并已掌握当时一切文化要素的特性结合起来时，于是就产生了意大利所独有的'多才多艺的人'——l'uomo universal（全才）。"④我们要对此进行理论开掘的话，就必须提到当时流行的思潮即新柏拉图主义。或者说，人文主义者崇尚个体精神的理论基础就是新柏拉图主义。⑤从文艺复兴时期的思想文化发展情况看，凡带着审美倾向研究人文学科的学者都不同程度地从柏拉图思想体系中寻找源流。有些科学家如布鲁诺等也深受柏拉图思想的影响。新柏拉图主义认为，世界万事万物中存在着一个最完满

注释

① 布克哈特：《意大利文艺复兴时期的文化》，何新译，第127页。

② From White, Michael, *Machiavelli: A Man Misunderstood*, Abacus, 2004, p.38.

③ 参见贡布里希：《文艺复兴：西方艺术的伟大时代》，李本正、范景中编选，中国美术学院出版社2000年版，第6—15页。

④ 布克哈特：《意大利文艺复兴时期的文化》，何新译，第131页。

⑤ 新柏拉图主义一直是学术界关注的重要课题。参见权威著作Nesca A. Robb, *Neoplatonism of the Italian Renaissance*, George Allen & Unwin Ltd., 1935.

的形式化世界即"理念"（idea）或"原型"（Archetype），教父哲学家普罗提诺称之为"一"。"一"就像光一样通过灵魂传递到人的身上。反过来说，人通过灵魂与"一"相交融。于是人就成了一个小宇宙。小宇宙论在文艺复兴时期同样很流行。①1617年英国学者弗卢德（Fludd）在他的著作中置入一幅插图，取名"完整的自然之镜和艺术想象"，将世界上万事万物都有机地包容在一个圆形的图案里，意味着世界是上帝的艺术品，而人是世界的中心。②根据上述理论，即使是神也有一个"原型"高高地站在上面。而神所创造的万事万物其实就是原型的体现。因此文化人不要脱离个体的人去讲什么超越性、神圣性等。真正有力量的人是既懂得人的个性，又懂得如何超越个性的限制并达到柏拉图所谓理念的境界。人应当调动自己所有的感情、智慧因素与最高的存在即原型相感悟。这种新柏拉图主义在当时真正起到了思想和个性解放的作用。它给了人文主义者相当自由自在的一个思想境界，即你可以是一个基督教徒，也可以同时是一个异教徒或具有各种各样思想情操的人，因为说到底基督教中的神也只是理念、原型的一个缩影而已，人可以在自我及自然界的一切事物中去感悟理念、原型，并享受由此带来的一切快乐。③布克哈特总结说："人能够由于承认上帝而把他吸引到自己灵魂的狭窄范围以内来，但也能由于热爱上帝而使自己的灵魂扩展到他的无限大之中——这就是在尘世上的幸福。中世纪的神秘主义的回响在这里和柏拉图学说合流了，和一种典型的现代精神合流了。一个关于世界和关于人的知识的最宝贵的果实在这里已经成熟，只是由于这一点，意大利的文艺复兴就必须被称为是近代史的前驱。"④这段评论也是布克哈特代表作《意大利文艺复兴时期的文化》的结束语，可见布克哈特对这个问题的重视程度。按照布克哈特的总结，我们必须看到新柏拉图主义

注释

① See Conger, *Theories of Macrocosms and Microcosms in the History of Philosophy*, Russell & Russell, 1967.

② See Tayler, Edward William, *Nature and Art in Renaissance Literature*, Columbia University Press, 1964.

③④ 关于柏拉图主义和人文主义精神之间的关系，可参见布克哈特：《意大利文艺复兴时期的文化》，第536—543页。

给个体精神注入了自由解放气息,使人文主义者看到了一个更广阔的精神世界,从而推动文艺复兴的文化繁荣。这些就是人文主义者个体精神的思维力度和生命力所在。就这层意义而言,文艺复兴时期的人文主义个体精神与通常道德层面所讲的"个人主义"不能同日而语。与个体精神相关照的都是些思想文化史上的大家。在人文主义者的心目中,奥古斯丁是极具丰富内在情感世界和细腻审美感受力的思想家。奥古斯丁就曾号召人们调动自己所有的感情、智慧因素与最高的存在交融在一起。所以,奥古斯丁一方面要做灵与肉的分离,使人看清楚自己灵魂的高贵;另一方面又回到整体性的个人,让一个有血有肉的活生生个体通过审美的、身心交融的体验方式在各种象征中领悟上帝的存在,并升华人的存在意义。①简言之,奥古斯丁的哲学思想就是不回避个体,又试图超越个体。在奥古斯丁的影响下,人文主义者强调发展个人的完整能力,并通过文学艺术等手段呈现完整的人的个性。文艺复兴时期新柏拉图主义的思想泰斗是费奇诺。费奇诺与柏拉图一样将精神、灵魂等超越性的因素视做人的真正本质。但稍有不同的是,柏拉图贬抑感官的东西,费奇诺则强调人要达到超越性的境界就必须从个体的感官感应入手。从自然中见精神,从精神中升华个体的感性自然。②所以,费奇诺不过分耽迷于柏拉图对理念(idea)所做的深邃辩证思考,而是十分热衷于柏拉图思想中对灵魂所做的神秘的和富有诗意的描述,意在使个体的人及其艺术创作更具美的外观和意境。

从上文的分析中我们自然而然地会得出这样一个结论,即个体精神充满自由批判精神。布克哈特曾高度评价存在于佛罗伦萨的自由精神、批判精神,认为但丁(Dante)相信自由意志;③佛罗伦萨有优越的批判主义精神④,等等。后来英国人弥尔顿(Milton)还做了进一步的发挥,认为法律不可能、也不能将人的自由本性都限制住,"上帝赋给他理智就是叫他有选

注释
① 参见蒙哥马利:《奥古斯丁》,于晓、王晓平译,中国社会科学出版社1992年版,第108—133页。
② See *The Letters of Marsilio Ficino*, Shepheard-Walwyn, 1975.
③ 参见布克哈特:《意大利文艺复兴时期的文化》,何新译,第489—490页。
④ 同上书,第73页。

择的自由,因为理智就是选择"。①文艺复兴时期意大利和西欧其他地区的自由精神、批判精神集中表现在怀疑精神方面。布克哈特曾指出西塞罗对当时怀疑精神的影响。②彼特拉克早就将怀疑与真理问题结合在一起考虑,"我一意追求的是真理。……我不相信那些院士之言,不确信任何事物,我怀疑每一个具体的事例,但只有一个例外,那就是'我相信'这件事本身是对怀疑的亵渎。"③蒙田是怀疑批判精神的典型。通过怀疑,蒙田试图了解一个完整的个体。蒙田认为只有一个完整的个体才真正配得上与上帝的交流。没有这个完整的个体,那么连祈祷也会丧失真实性,进而丧失正当性。④但完整的个体本性非常难以认识,甚至比认识神的本性还要困难。⑤所以蒙田号召带着怀疑和批判的目光去审视人、审视个体。著名的德国人文主义者伊拉斯谟更是用怀疑、批判的自由自在精神去挑战教会权威。⑥可以这么认为,人文主义的个体精神处处散发着自

汉译世界学术名著丛书

法 学 总 论

—— 法 学 阶 梯

〔罗马〕查士丁尼 著

中文版法学总论封面

注
释

① 弥尔顿:《论出版自由》,商务印书馆1958年版,第23页。

② 参见布克哈特:《意大利文艺复兴时期的文化》,何新译,第489—490页。

③ Petrarch, "a letter to Francesco Bruni, papal secretary in Avignon", 〔Milan〕, October 25, 1362, from *Renaissance Philosophy of Man*, The University of Chicago Press, 1984, pp.34-35.

④ 参见《蒙田随笔全集》(上),译林出版社1996年版,第56章"论祈祷"。

⑤ 同上书, 第242页。

⑥ See Allen, P.S., *The Age of Erasmus*, Russell & Russell, 1963.

由、批判的气息。如果没有这种精神，瓦拉就不可能在1440年撰文指出历史上的《康斯坦丁赠赐》是一部伪造文件，如此等等。

应该指出，人文主义者在倡导自由精神、批判精神和怀疑主义的过程中并没有建构起被社会普遍认同的道德价值体系。那时的社会道德力量非常不稳定，主流道德意识变幻无常。

我们在研究文艺复兴时期的法学时必须充分考虑上述个体精神的情况。人文主义个体精神是商品经济为主导的社会之必然产物，是由那个时期意大利国家状况、民族精神和新柏拉图主义等因素综合地培植而出；从文艺复兴的具体文化创造实践看，个体精神又是孕育并产生天才人物的重要因素，个体精神也是保持、推动自由批判意识的重要条件。那时法学家的社会地位、做学问的方式、个性特点等都与上述个体精神又有千丝万缕的联系。反过来说，法学家身上的各种表现以及他们文本中所透露出的各种信息都与人文主义个体精神的特征有内在的关系。

第四章
罗马法的复兴

前文已经述及,罗马法的特征除了有自然法等引人注目的内容外,另一特点就是民法十分发达。罗马法在中世纪一直延续着。随着城市市民社会结构逐渐发育形成,市民对自己主体权利的需求凸现了出来。与城市商业往来和各种资本主义经济萌芽的发展有关,各种物权的界定也变得更为紧迫。于是罗马法的复兴呼之欲出。

作为一种历史现象的罗马法复兴早在文艺复兴前的中世纪社会就已展开。11 世纪末 12 世纪初因罗马法集成的《民法大全》真本在意大利的被发现而在欧洲掀起了一场学习、讲授和传播罗马法的运动。该运动发端于意大利波伦亚大学,而后传播于西欧大陆各国。这场运动不仅在欧洲复兴了罗马法,而且复兴了自柏拉图至亚里士多德、自西塞罗至罗马法学家的法律思想。在这种研究罗马法的风气影响下,西欧各国逐渐继承罗马法,并且将罗马法的原理付诸司法实践。到了 14 至 16 世纪,人文主义者在新的社会形势面前进一步发展了前人的罗马法研究成果,将罗马法的复兴推向了一个新的高度。

第一节　罗马法复兴总述

　　与文艺复兴这个词的确切意义相当的是,在法学领域出现了罗马法复
兴运动。从广义上讲,罗马法是对古代罗马国家法律的统称,内容包括自
公元前6世纪末罗马国家产生直至东罗马帝国的全部法律。狭义上的罗马
法主要指东部罗马帝国皇帝查士丁尼主持编纂的《民法大全》。从11世纪
后期开始,在意大利北部地区一些较为发达的工商业城市国家中出现了研
究和学习罗马法的典籍的热潮,“在那里,先是从大学,后是到法庭,开始
了罗马法第二个令人惊奇的发展阶段,它给予几乎整个欧洲以法律概念的
共同库藏、法律思想的共同文法,并且,在不断变化但不可轻视的范围内,
提供了一批共同的法律规则。”①这一运动很快扩展到欧洲其他地区,并一
直持续到16世纪才逐渐消退,历史上通常称它为罗马法复兴运动(Revival
of Roman law),它与稍后涌起的文艺复兴(Renaissance)和宗教改革
(Reformation)并称为欧洲历史上的“三R运动”。

　　罗马法的复兴起于中世纪。罗马法的复兴可归于诸多原因,其中有
“成文法的优越性,商业和闲暇、城市发展以及教权与王权的理论论战等
等”。②这里涉及经济、政治等多种因素。10世纪末期以来,随着中世纪
商业贸易的发展,欧洲各地城市纷纷涌现。在这些新型工商业城市中产生
了一个新的社会阶层——市民。市民热衷于追逐商业利润、喜欢冒险、务
实进取。“在意大利城市的商业和政治社会里,需要实用的知识,需要管理
社会生活的科学,需要最严格意义的文明。而这一需要是以恢复研究长久
被忽略而尚未完全忘了的古罗马法律来适应的。”③罗马法恰恰是商品经济

注
释
　　① 巴里·尼古拉斯:《罗马法概论》,黄风译,第4页。
　　② O. F. Robinson, T. D. Fergus and W. M. Gordon, *An introduction to European Legal History*,
　　　Professional books limited, 1985, p.72.
　　③ 詹姆斯·W. 汤普逊:《中世纪经济社会史》(下),耿淡如译,第12页注2。

发展和巩固所需的现成的法律形式。因为，以查士丁尼《民法大全》为代表的罗马法是一种完整地体现了简单商品生产的法，正如恩格斯所指出的那样，"罗马法是简单商品生产即资本主义前的商品生产的完善的法，但是它也包含着资本主义时期的大多数法权关系。因此，这正是我们的市民在他们兴起时期所需要，而在当地的习惯法中找不到的。"①罗马法对中世纪简单商品生产的各种法律关系，例如所有权、债权和契约等等，都有极为详尽的规定。因此，这种法律正好迎合新兴市民阶级发展商品经济的历史要求，"罗马法比当时的市民阶级的关系要先进得多。但是，市民阶级所有制进一步的历史发展，只能是——而且事实上也正是变成纯粹的私有制。这种发展理应在罗马法中找到强大的助力；因为在罗马法中，凡是中世纪后期的市民阶级还在不自觉地追求的东西，都已经有了现成的了。"②在人的自由和人权遭到践踏的时代，罗马法为普通平民抗争暴政的奴役提供了巨大的精神动力，在封建领主为维护个人权利而与国王抗争，抵制国家统一的斗争中，国王们就采用了赋予某些人特权或是恢复某些人的"天赋权利"的方法，支持了城市的独立和城市公社运动，用以换取城市市民对王权的支持，保证他们在统一国家的大业中站在国王的立场上。这在中世纪法国表现得最为突出。孔多塞对此有过精辟的论断，他说："在国王和领主之间所发生的争端之中，国王们是用赋予特权或者是恢复某些人以人的天然权利来确保自己能得到大城市的支持；他们谋求以身份解放的办法来增多享受公共体权利的人数。正是这些恢复了自由的人们才感到，通过研究法律、通过研究历史而获得一种机智和权威意见来帮助他们抗衡封建暴政的军事力量是何等的重要"。③总之，罗马法复兴最直接的原因应是中世纪欧洲社会经济发展的结果。正如美国学者熊彼特所言，"当时经济过程正在塑造一种生活方式，这种生活方式要求建立法律制度，特别是在订立契约

注释

① 恩格斯：《致卡·考茨基（1884年6月26日）》，载《马克思恩格斯全集》（第36卷），人民出版社1995年版，第169页。

② 恩格斯：《论封建制度的瓦解和民族国家的产生》，载《马克思恩格斯全集》（第21卷），第454页。

③ 孔多塞：《人类精神进步史表纲要》，何兆武等译，生活·读书·新知三联书店1998年版，第93页。

方面,而古罗马法学家制定的法律正好适应了这一需要。毫无疑问,假如没有发现古罗马的法典,中世纪的法学家自己最终也会制订出类似的法律。罗马法之所以有用,并不是因为它带来了某种与当时的精神和需要格格不入的东西——要是这样的话,接受罗马法的的确确是有害的——而是因为它提供了一件现成的东西,假如没有这件东西,就得花费力气制作它。"①熊彼特最后所强调的"东西"是罗马法的理性精神,关于这一点我们稍后详述。

对于西欧各国的君主而言,结束政治分裂的局面、建立统一的国家,必须寻找一种完善的法律体系和政治统治的思想,罗马法给他们提供了可供依据的借鉴。正如赞恩所言:"学习罗马《法典》和《学说汇纂》的热潮再度兴起的真正原因也许是因为罗马法中的部分章节可以用来帮助皇帝征战意大利。也就是说,对于那些法律存在着一种需求。这些精通罗马法的人们必须制定出凌驾一切地方法律之上的帝国法。"②另外,日益膨胀的教皇权对于世俗权力的不断干扰和侵犯,也使得世俗君主觉得他们有必要依靠一种理性的武器,而公认为世俗统治之最高权威的罗马法,就提供了这样一种有效的理性武器。如美国学者威尔·杜兰所指出的,12、13世纪的大胆的理性主义与世俗主义,促进了雄厚的律师阶级之产生,起到了削弱教会势力扩大政府权力的作用。③孔多塞也强调,"国王们为了更加方便地支持那些以权威与先例为借口的战争,就借重于目的在于造就法学家的那些学校,国王们需要用法学家来反对教士"。④

最后,罗马法的复兴还涉及教会问题。在当时,随着教权与世俗王权、国王与封建主、人民与教会和封建领主斗争的加剧,欧洲社会正在发生着一系列的变化。特别是基督教会与世俗政权二元对立局面的形成,西欧社会法律的多元格局已经形成。一方面,教会宣布它不受世俗法的约束,并宣布它对某些事务具有专属的司法管辖权和在另一些事务上享有与世俗法

注释
① 约瑟夫·熊彼特:《经济分析史》(第1卷),朱泱等译,商务印书馆1991年版,第139页。
② 约翰·麦·赞恩:《法律的故事》,刘昕、胡凝等译,第189页。
③ 参见威尔·杜兰:《世界文明史》(4)下册,台湾幼狮文化公司译,东方出版社1999年版,第1276—1277页。
④ 孔多塞:《人类精神进步史表纲要》,何兆武等译,第92—93页。

律并行的司法管辖权。世俗社会的人们虽然受世俗法律的管辖，但在婚姻家庭、继承、以信仰为保证的契约关系以及宗教犯罪等事务上，也同时受到教会法和教会法院的管辖。另一方面，神职人员一般受教会法的管辖，但在一些特定的犯罪和特定类型的财产纠纷的情况下，也要受到世俗法和世俗法院的管辖。除此之外，教会还希望在罗马法中寻求对教权至高无上地位的法律支持。而世俗法本身又是一个由王室法、封建法、庄园法、商法和城市法所组成的司法管辖权互为交叉的体系。一个人可能在一种类型的案件中受到教会法以及教会法院的管辖，而在另一种类型的案件中却受到王室法及其法院的管辖，在第三种类型的案件中又要受到封建领主法和领主法院的管辖，在第四种类型的案件中要受到封建庄园法和庄园法庭的管辖，在第五种类型的案件中要受城市法及其法院的管辖，在第六种类型的案件中要受到商法及其法院的管辖等等。①于是，这种管辖权的繁复而又相互交叉就成为法学家不得不面对的问题。而这种问题在罗马法中是根本不存在的。

　　除上述情况外，罗马法的复兴还有一些客观的有利条件。也就是说，当时的西欧各国具备了接受罗马法复兴的条件。8世纪以后，阿拉伯人的入侵将东方各国丰富的先进文化带入了西欧，为中世纪后期的西欧建立法律学校、复兴罗马法乃至随后而起的文艺复兴运动提供了文化基础。另外，在意大利、德国和法国等地，人们对罗马法并不感到陌生。虽然西罗马帝国灭亡后，在各地建立的日耳曼国家中适用日耳曼法，但由于日耳曼法的属人主义原则，所以在其领土内仍然存留有罗马法。同时教会仍然保留着罗马法的一些法律文献。②此外，在西班牙和法国南部，罗马法学家保罗等人的作品都保持着相当的权威。③而意大利南部受拜占庭的影响颇深，对于罗马法自然更为熟悉。这些都使罗马法在西欧的复兴成为理所当然的事情。

　　正是在上述的种种原因与条件的孕育下，开始了西欧的罗马法复兴运

注释

①参见哈罗德·J. 伯尔曼:《法律与革命——西方法律传统的形成》，贺卫方等译，第12页。
②③ See Hans Julius Wolff, *Roman Law: An Historical Introduction*, p.184.

文艺复兴时期大学中的法学课

动。罗马法的复兴大体可分三个时期：第一，注释法学派时期（1100—1250）；第二，评论法学派时期（1250—1400）；第三，人文主义法学派时期（1400—1600）。

一

注释法学派

　　注释法学派揭开了罗马法复兴的序幕，注释学者主要把精力投放于包含皇帝查士丁尼《法学汇编》在内的古典法学家学说的摘录和解释。首先在意大利和南方的许多学校里，其次在巴黎和牛津的大学里，罗马法得到说明和注释，并被誉为人类智慧的完美结晶，是唯一、真正和永恒的法律。"从那时到此时，由于在罗马法的注释上所费的劳力和脑力是如此之大，不能不承认，在精微、准确以及一切无需历史知识考证方法帮助而能继续存在的文、法科学各个分支方面，后人少有能够和这些所谓的罗马法注释家相比的，绝对没有超过他们的。"①注释法学派的特征是，以经院哲学为其理论基础，并运用逻辑方法在罗马法的典籍页面上或字里行间进行注释。注释法学派诞生于11世纪末，在西方法学界公认的创始人是被誉为"法律之光"的伊纳留斯（Irnerius，约1055—1130）。他是波伦亚大学的著名法学教授，主要学术成就是对伦巴第法和《查士丁尼法典》及《法学阶梯》进行注释，留有《法典概要》（Summa Codicis）一书。伊纳留斯第一个系统地整理和比较《民法大全》原文，并第一个得出了《民法大全》之内各种法律因素完全一致的结论。其他的代表人物有阿佐（Azo Portius，约1150—1230）和阿库修斯（Accursius，约1182—1260）等。

在伊纳留斯之前，在波伦亚大学已经有人开始讲授罗马法。据史书记载，1076年，波伦亚大学有一个叫培波（Pepo）的教师开始了权威性的罗马法讲演，而且名声远扬，追随者众多。但培波并没有形成一套独立的研究、讲授罗马法的体系，也没有因他的讲学而在该校确立起罗马法的教授地位。培波的生平已无从考察，但据1076年意大利托斯卡纳（Tuscany，Toscna）公国某法院的一项判决记录表明，他是一位法学博士，对罗马法很熟悉，曾利用了《学说汇纂》残篇的规定。②创立注释法学派，并使波伦亚大学中的法律教育演化成为独立、系统和正规的法学院教育，这无疑是伊纳留斯的功劳。伊纳留斯最初是一位人文学科的文法学教师。曾在罗马做过学习和研究，之后回到波伦亚大学得到了教授的席位。11世纪末，原本在意大利比萨城（Pisa）发现《学说汇纂》的手稿之后，③伊纳留斯就埋头于对该古典文献的费力的勘察和注释工作，并将其成果传授给学生们。由于伊纳留斯注释、教授的是罗马法学的精华《学说汇纂》，活动的场所是波伦亚大学，采用的又是注释方法，所以，人们就将伊纳留斯以及其学生

注释

① 詹姆斯·布赖斯：《神圣罗马帝国》，孙秉莹、谢德风等译，商务印书馆2000年版，第149—150页。

② See Paul Vinogradoff, *Roman Law in Medieval Europe*, Oxford, 1929, p.55.

③ See Hans Julius Wolff, *Roman law: An Historical Introduction*, p.186.

组成的学派称为："注释法学派"或"波伦亚法学派"。该学派形成的时间，据学者考证，大概是 1088 年前后。①

伊纳留斯之后，对注释法学派的发展作出巨大贡献的是他的学生，其中最著名的是被称为四博士（quattuor doctores）的布尔加利斯（B. de Bulgarinis，约 11 世纪末—1166）、高塞（M. Gosia，约 1157 年去世）、雅各布斯（Jacobus，1178 年去世）和拉维纳特（H. de p. Ravennate，约 1170 年去世）。他们在波伦亚大学注释、教授罗马法的同时，还充任了当时神圣罗马帝国皇帝弗里德利希一世巴巴罗萨（Friedrich Barbarossa，1123—1190）的法律顾问，从而使注释法学派的影响扩大至当时的政治活动领域。四博士之后，注释法学派中比较活跃的人物是普拉坎梯努斯（Placentinus，约 1120—1190）和巴塞努斯（J. Bassianus，约 1190 年去世）。前者在波伦亚大学讲授法律之后，转至法国南部的蒙特利埃（Montpellier）创建了法律大学。他在该地完成的关于《查士丁尼法典》和《查士丁尼法学阶梯》的《注释集成》（Summa），对注释法学派的发展起了重要作用。巴塞努斯是四博士之一的布尔加利斯的学生，他继承了以伊纳留斯和布尔加利斯等人为代表的所谓"主流派"的观点，成为当时波伦亚大学的注释学权威。②

但对注释法学派作出巨大贡献、并使该学派最终定型的则是阿佐和阿库修斯。阿佐是巴塞努斯的学生，毕业后成为伦巴那大学的民法学教授。他一方面继承了其老师的主流派立场；另一方面也注意吸收以四博士之一的高塞为代表的非主流派的成果，这样就使注释法学派在他手上达到了发展的顶点。他关于《查士丁尼法典》和《查士丁尼法学阶梯》的注释汇编和指导书在意大利甚至在整个欧洲都赢得了广泛的声誉，成为出庭审案者必不可少的随身携带书籍。当时流行着这样一句俗语："不读阿佐的书，就不能登宝殿（法庭）"（Chi non ha Azo non vade a palazzo）。③事实上在阿佐的时代，注释法学已经有了 100 余年的发展，各种对罗马《民法大全》的注释作品"汗牛充栋"。其中相当多的著作已经离开了对罗马法原著的注

注
释

① See Paul Vinogradoff, *Roman Law in Medieval Europe*, p.56.
②③ 参见何勤华：《西方法学史》，第 62 页。

释，而只是对其前辈教师们的注释作品的再注释，因而把罗马法搞得异常繁复。阿佐为了弥补此缺陷，决心对《民法大全》进行第二次注释。为此，他创作了关于《查士丁尼法典》和《法学阶梯》等的注释集成。其作品一面世，便受到欧洲各国的广泛欢迎。甚至在大洋彼岸的英国，13世纪著名法学家布拉克顿的名著《论英国的法律与习惯》（De legibus et consuetudinibus Angliae libri quinque，1250）中引用的罗马法资料，大多亦选自阿佐的注释作品。[1]

后来，阿佐的学生阿库修斯继承其老师的事业，致力于汇集和总结《民法大全》的诸种注释。他编写的集伊纳留斯以来约150年历代注释法学家注释之大成的系列著作，是一部关于《民法大全》的标准注释书。该作品的影响在地域上遍及欧洲各地，在时间上直至中世纪后期，在德国等地的影响甚至一直延续至17世纪。当时有这样的说法："得不到注释承认的，法庭也不承认（quod non adgnoscit glossa, non adgnoscit curia）。"而这里所说的注释便是指的阿库修斯之作品。[2] 阿库修斯之后，人们以照抄照搬、重复阿库修斯注释为乐事，注释法学派的创作活力渐趋衰落。

注释法学派的活动主要是对《民法大全》进行说明、解释或阐述，其方法是对原典进行文献学的考证、文法学的说明及逻辑学的推论，以重现古代罗马法律经典形式和内容的原貌。注释法学派运用所谓"经院方法"（Scholastic method）来处理当时所能接触到的一切罗马法文献。从11世纪开始，希腊、罗马时代的各种知识开始复兴。而推动这种复兴的基本方法和主要工具就是"经院方法"。在法学的复兴上体现为逻辑分析和对各种文献、规定的考证阐述。这一工作"是波伦亚大学法学教师们全神贯注的主要任务之一"。[3]同时注释法学派继承了中世纪西欧早期文法学校采用的方法，专心致志地对罗马法文献的文字进行注释（glosses）。注释最初只是通过当时人们熟悉的词汇或意义相近的词汇对原典中有疑问的词汇进行简

注释

[1] 参见上海社会科学院法学研究所编译：《法学流派与法学家》，知识出版社1981年版，第239页。

[2] See Sir John MacDonnell and Edward Manson , *Great Jurists of the World*, Boston, 1914, p.48.

[3] Paul Vinogradoff, *Roman Law in Medieval Europe*, p.58.

短的解释，即将古代的语言翻译成当时的语言，并在每个词下或行与行之间做注释，称"行间注释"。随着注释活动的开展，学者们开始有了自己的创新意识，将个别字、词的注释发展成为话语的注释，再发展成对整段内容乃至法律原则的阐述。这种注释无法在字里行间进行，于是学者们就自然而然地将注释扩充至栏外，这种注释称为"边缘注释"。①随着注释活动的展开，即使是原著的行间、页边等也都无法满足撰写大段注释的需要。于是学者们开始大量编纂注释著作。内容包括：1．序言（prooemia）和题材（materiae）。前者主要是某种讲义和著作的开头部分。对此注释时遵循修辞学的原则，说明作者写作的动机、方法和目的等。后者是该讲义和著作所涉及的知识领域。注释主要是对原著的一般性说明，阐述该原著的名称含义以及在哲学体系中的位置等。两者在当时都是一种通行于学术界的做法。2．章的导论（introductiones titulorum）。这是各章所涉及法律问题的概说，其中既有对该章所涉及课题的说明，也有关于各章之间关系的阐述。此外还有对该章所处理资料的阐释。3．法律条文的说明（introductiones legum）。这类似于一种较短的导论，是对法律条文（lex）和敕令（诏令，constitutio）的引导性说明。此外在比较长的段落之前也有这种引导说明。还有一些对法律条文中所涉及事例的概括解释，意在说明哪些是编纂法典时就有的，哪些是后来新增的，哪些是根据新增内容所下的判断，等等。4．对原著内容的说明。它包括以下诸方面内容：先列举出与原著规定不同的文字，接着通过改写、下定义和举例说明等来解决难读难懂的语句，最后划定法律上判断的范围以及处理问题的基础（有时也常常通过引用其他章句来解决这个问题）。注释的方式很多，撮其要者如下：

其一，用提示法律内容前后联系的方式来准确把握法律条文。这里涉及提示相关的章句以及新敕令选编的引用文（Authenticae）等。此方式以某一章句与其他章句的整个关联为基础，从而将共同的内容抽出来。这也可以说是一种相关章句的引用荟集，其引用对于为解决问题而进行论证有

注
释

① Paul Vinogradoff, *Roman Law in Medieval Europe*, p.58.

着重要的意义。

其二，关于法律条文问题（quaetiones legitimae）的说明。这是当《民法大全》中出现两处彼此矛盾的章句时特别要处理的问题，例如指出原典中的矛盾之处、区别两者各自涉及的不同领域等，从而达到"解决矛盾"（solutiones contrariorum）的目的。

其三，区分（divisiones）和鉴别（distinctiones）。在中世纪法学还未形成统一的体系时，学者开始形成某种小范围的体系，这时使用的就是区别的方法。它通过对原典中的某一概念的层层区分，来达到理解和把握该概念以及相关课题的目的。这种层层区分的最简单的例子如下所示：①

$$
\text{审判官（iudex）} \begin{cases} \text{或者官选（alias electus）（审判官）} \\ \text{或者仲裁（alias compromissarius）（审判官）} \end{cases}
$$

$$
\text{或者（alias）} \begin{cases} \text{上级（major）} \\ \text{下级（minor）} \end{cases}
$$

$$
\text{或者（alias）} \begin{cases} \text{通常（ordinarius）} \\ \text{受任（delegatus）} \end{cases}
$$

由此使概念的含义和概念之间的关联更为清晰。

其四，论证（argumenta）。所谓论证就是以《民法大全》中的多数章句作为解决其他法律问题的依据而进行的法律阐述。中世纪的注释法学家在各章句的释义中都要言及其他论证，再将这种论证定式化，并在其后附上与此相当的其他各章句。注释法学派借用这种论证以导出各种普通的法律原则，它是法学家解决《民法大全》原典没有解决的法律问题和法律事件的非常重要途径。②

其五，挑出各章句中的各种法律问题（主要是事实性问题quaestiones de facto）进行讨论，它涉及与某些章句解释相关且在原典中未被决定的要件问题等。但这种讨论只停留在对法律要件和法律效果的简要说明，并以

注释
① See Paul Vinogradoff, *Roman Law in Medieval Europe*, p.59.
② 参见何勤华：《西方法学史》，第66页。

引出的章句为限度。学者在讨论某个法律问题时出现分歧，还会将见解和
提出见解的学者的名字附上。与此相对，由实际生活中发生的法律案件并
在《民法大全》中未有规定者，则以特别讲课的形式，在一定的场所进行
讨论。①

　　注释法学派通过上述方法在《民法大全》的注释研究方面及其他相关
注释方面获得了丰硕的成果，推出了各种法学文献。列举如下：

　　第一，释义文献（apparatus），形式上分为讲义录（lecturae reportatae）
和复习讲义（repetitiones）两类。其内容是对《民法大全》以及其他罗马
法渊源内容按法律条文顺序进行的释义文献。释义时采用典型的经院法学
之方法，并形成了一种固定的模式，如"各章的导论"（introductiones
titulorum）和"法律条文的说明"（introductiones legum）等标题、注释形
式等。在这些释义文献中，阿佐和阿库修斯的释义体系最为庞大、系统和
完备，代表了注释法学派的最高水平。

　　第二，概述文献（summae）。与释义文献一样，概述文献也是比较重
要的法学文献，是对罗马法律渊源或者文献的某一章（如《敕法汇纂》第
9卷第1章"不能告诉者"）等的概括性叙述。这种叙述亦遵循修辞学的理
论，如在概述"诉"时就得遵循"对谁起诉"（cui datur）——"对什么起
诉"（in quem）——"在什么范围内"（in quantum）——"什么时候"（qua
tempore）——"关于审判官的职务"（de officio iudicis）的模式。②就概
述文献是对《民法大全》的内容进行概述这一点来讲，它与释义文献以及
后来的注解是不同的，但它仍然使用前述经院法学的各种方法。根据各学
者编纂概述文献时引用的各种罗马法原典的不同，概述可以分为四种类型
的著作：1. 以个别的章为对象进行论文性概述，对照成篇，称summae或
summulae。它在一定程度上摆脱了罗马法律原典的约束，其目的在于对
《民法大全》中比较难解和难懂的法律问题进行概括性叙述，之后这种作品
变得越来越详细。2. 针对《民法大全》的某个组成部分并抽出所有相关章

注
释

① 参见何勤华：《西方法学史》，第66页。
② 同上书，第67页。

节，然后按照原典的顺序进行论述，其目的在于对该领域涉及的法律秩序的整体进行概括性叙述。它为从事实践活动的法律工作者提供了丰富的罗马法资料。这种概述文献往往以《学说汇纂》、《法学阶梯》、《查士丁尼法典》和《查士丁尼新律》等相关部分作为参照。由此形成了对《民法大全》四个组成部分的比较研究方法，出现了许多《法典概述》（*Summa Codicis*）和《法学阶梯概述》（*Summa Institutionum*）等作品，如普拉坎梯努斯和阿佐的《法典概述》等。3. 将法律渊源中各个章的概括性说明汇集成篇的文献。这实际上由释义文献和讲义录中各章的导论（introductiones titulorum）构成的，称为《导论概述》（*summae introductiones*）。目的是为法科学生提供参考资料。4. 按照与法律渊源不同的顺序汇集的概述，称summulae。这最初是关于裁判程序的汇编，以裁判过程发展各个阶段的规定为线索选编而成。

第三，简述（casus）和专题简述（commenta）。前者是对各法律条文或章节所进行的简洁论述；后者则是就某一专门问题的简要说明。简述的最重要要素是立法上的问题和判决，因而与释义文献有不同之处。

第四，作为独立著作的《法定格式问题集》（*quaestiones legitimae*）。它是各种法定格式的汇编，由罗马法渊源中的各章之顺序组成。在这一点上，它与前述论文性的概述相互关联。

第五，《鉴别》（*distinctiones*）。它不是法律文献的某个部分，而是一种独立的对某些法律问题和渊源形式进行辨别和分类的著作形式。分为三种：1. 各种"鉴别"的汇集，主要采自各种注释作品。2. 独立的"鉴别"，这是法学家作为独立的著作形式写成的作品。3. 论文，这是法学家从各种分散的章句中选出一些法律问题后并进行概括的论述性著作。

第六，《论证汇编》（*argumenta*）。它不仅采集释义文献中的论证，也汇集各种个别论证的事例。其中有按照《民法大全》的顺序编排的，也有按照独立的体系编排的。这些对实际的司法工作者有重要参考价值。

第七，《异见集》（*dissensiones dominorum*）、《辩论集》（*disputationes*）和《建议集》（*consilia*）。《异见集》是学者们围绕事实问题（quaestiones de facto）进行争论的记录。这种记录大约始于 12 世纪，许多内容包含在注释法学派的讲义和释义文献中。12世纪中叶以后也出现了独立的版本。《辩论集》中的内容是根据修辞学的各项原则并从法律渊源角度对某个案件的司法判断事实进行的论证。《建议集》则与《辩论集》大体相同，只是后者是在辩论开始时编纂的，故还未有结论，而前者则是在辩论结束时汇集，故有比较肯定的意见。

　　通过注释法学派的努力，法学从修辞学中分离出来，成为一门独立的、系统的学科。在伊纳留斯活动之初，法律教育仅仅是波伦亚大学教育中很小的部分，被归于"自由学艺"中的修辞学科下，并不是独立的学科。由于《民法大全》体系庞大，内容繁多，而且矛盾和冲突之处很多，所以要对此进行注释并非易事。随着《民法大全》的注释、讲授和研究，对老师和学生的学术水准都提出了更高的要求，这是法律课程逐步发展为独立学科的重要原因。从事法律教学的教师和学习法律的学生也成为专门的法律阶层。同时通过对罗马法律文献的注释和传授，为后世法学的发展奠定了基础。注释法学派最先预见到罗马法的广泛适用性，认为《民法大全》作为一种成文理性法，远优于粗俗的习惯法，理应成为维持现存生活秩序的一种指导规范。他们还十分重视原始资料的解读，并通过他们的讲解成功地使《民法大全》为更多的人所知晓。这样在经历了几个世纪的努力后，罗马法在注释法学派的努力下终于重新显露出璀璨的光芒，并成为近代西方法学的历史基础。正是在这个意义上，后世才称注释学派创始人伊纳留斯为"法的明灯"（lucerna iuris），该学派也被视为近现代西方法学的先驱，正是他们建造了一座由罗马法学通向近代法学的桥梁。①此外，注释法学的发展也推动了当时教会法令和日耳曼法律的汇编、整理、研究和教育活动。与伊纳留斯同时代的一位意大利教会学校的教会法教师——格兰西，就是在注释法学派的影响下并参照他们的方法对当时的教会法进行了汇集整理，编成了在教会法律史上最为重要的法典——《教会法汇要》。《教会法汇要》还被当做教会法教育的教科书，由此促进了教会法学的成熟。在

注
释

① 参见何勤华：《西方法学史》，第72页。

意大利各地，随着法律大学的相继设立（如1222年创立了巴特瓦大学、1224年创立了那波里大学等）和注释法学派的发展，学者们也开始运用其方法研究当时的日耳曼法、伦巴第法，并推出了一批日耳曼法汇编和注解文献，这直接促进了日耳曼法学的发展。

　　当然，注释法学派也有诸多缺陷。尽管他们的注释和汇编活动极大地促进了罗马法精神的挖掘和传播，但这种僵化和教条的研究方法表明，他们的"工作意向并不主要是实践的。实际上，其目标更注重理论——教理的目的，如展示查士丁尼法律文本的合理性（并非'精确'或'实际应用性'），而非一种实用的目的，不是为了那个时代的法律变成日常生活可以应用的东西。……最为突出而原发性的特点就是忠实于查士丁尼法的文本和分析性的而非综合性的特色，……注释学派的共同思想就是基于这样一种看法，查士丁尼法的起源具有几近神圣的特质，因此，任何超出对这些法律文本纯粹的解释活动均为不可接受的狂妄。法学家的工作应该是一种小心翼翼而又谦卑恭敬的注释，目的在于澄清词句的含义并且得出这些词句所蕴涵的真义"。① 正如美国学者赞恩所说的那样，"不管是谁，哪怕只读过一部分这类注释读物，也会发现它们实在是空洞无物。它们不具备足够的知识性，因为他们对历史一无所知，无法在法律中为自己定位。他们只知道一味埋头翻阅材料，反而不会使用它们了，他们手中握有记录罗马世界精英思想的最优秀著作，却不会有价值地去利用它们。"② 这一切导致注释法学派的学者最后只重视注释其老师们的作品，却离开了罗马法原著。他们并不关注13世纪以后西欧各国商品经济的新发展，只满足于故步自封地恢复查士丁尼的法律。又由于以注释性的作品代替罗马法原著，注释法学派反而阻碍了罗马法复兴运动的进一步深入发展。这种罗马法研究的僵化局面一直持续到13世纪。只是在克服了注释法学派的这些缺陷之后，出现了后期注释法学派，从而掀起了西欧历史上罗马法复兴的第二个高潮。

注释

① 叶世朋：《欧洲法学史导论》，吕平义、苏健译，中国政法大学出版社1998年版，第90－91页。

② 约翰麦·赞恩：《法律的故事》，刘昕、胡凝译，第188页。

二

评论法学派

历史在变。在意大利，出现了许多共和国城邦政治体制，其中有些模仿古代希腊的共和国形式，另一些则在各种政治势力的旋涡中求生存。在北方，德国的某些城市获得了独立，并有一套相应的法律制度来维持统治。瑞士的某些城市在打碎了封建制和皇权的枷锁后也开始了法律制度的建设。这表明各种政治权力在进行新的权力分配，例如税收权和制定新法律的权利就由国王、贵族、教士和普通公民之间重新加以确认。在这些变化面前，法学家需要对古典罗马法的精神进行重新的阐释。于是在14世纪，一些法学家将注释和研究的对象与人们极为关注的问题和社会实践相结合，为罗马法的复兴注入了新的时代内容，由此把罗马法的复兴运动推向了一个新的高潮。在法学史上，将那些不局限于古代罗马法的内容和精神的原貌而是根据时代要求对罗马法进行实用性解释的群体称为评论法学派或评注法学派。

评论法学派兴起于13世纪后半叶的意大利波伦亚大学。其早期人物有姆凯劳、阿尔伯特鲁斯、萨拉梯埃、帕塞盖里、乌恩佐拉和奇诺。姆凯劳除了发表大量的关于法律事务的论文外，还创作了《论（罗马法）"第六级"中的各项法律原则》等作品，对罗马法和教会法的日益紧密的关系作了清楚的说明；阿尔伯特鲁斯对特定法律领域之中的一些基础性问题进行了深入的研究；而萨拉梯埃、帕塞盖里、乌恩佐拉等人则对古代罗马部门法中的公证人制度进行了解释和说明。

推动评论法学派进一步发展、并使该学派的活动达到兴盛顶点的是巴尔多鲁和他的学生巴尔杜斯。巴尔多鲁出生于意大利，14岁开始学习法律，后来去波伦亚大学深造，同时担任比萨等地的法律顾问。其著作主要有《罗马前期法典九卷评论》、《罗马后期法典三卷标准评注》以及各种讲义精选等。他的学生巴尔杜斯被认为是中世纪欧洲最博学和多产的学者之一。他不仅是一个杰出的罗马法学家，而且也是一名教会法学家、封建法学家。

他的著作和讲义涉及上述三个法的领域，给人们描绘了中世纪法律的整体图像。因此直至17世纪，他的著作仍不断再版面世。

评论法学派跳出了注释法学派相对学究式的研究传统，不再沿用注释性的文体，而是将重点放在实际的评论和专题研讨上。评论法学派的作者比注释学者具有更渊博的社会知识和经验，而且善于吸收从东方传来的丰富知识和许多新思想。同时，他们不但注重对《民法大全》的研究，也同时重视对教会法、封建法、日耳曼习惯法和中世纪皇帝法、封建地方法规以及中世纪城市法的注释和研究。例如评论法学派的大师巴尔多鲁就从教会法、罗马法、封建法和习惯法中汲取营养，从而向当时的社会奉献出一套能够适用于整个西欧的普通法。①事实上，在注释法学派中，已经有一些学者开始承认地方习惯法是重要的法律渊源。②但由于该学派的创始人伊纳留斯及其学生高塞等都否定习惯法的第一法源性，加上该学派的主要精力在于注释研究罗马法原典，因此对罗马法外的其他法律渊源未能做出进一步的阐述和研究。评论法学派在参与司法实践的过程中，深感封建法、习惯法和教会法对当时社会生活的巨大影响力，因而在对《民法大全》进行评注的同时，也开始编集、注释和研究上述法律渊源。正是评论法学派的这一活动，使得罗马法与封建法、习惯法乃至教会法相互结合在一起，形成了欧洲大陆"普通法"的基础。

评论法学派的学者们在进行评注时大量引用各著名法学家的观点。评注以大学中讲授的关于罗马法原典的讲稿为基础，还吸纳一些专著、讨论集等文本内容。他们的作品大致分为：对作为法律渊源的罗马法原典的区分；对罗马法内容做出概括性的叙述；为阐明原典而编写的教学用书（多为案例集）；为帮助学生理解原典的文字说明；汇集重要法律观点的论文集；为消除法律中之矛盾所写的辨析集；与法律渊源解释相关的各种设问集，等等。在这些作品中，有些是在注释法学派已经做过努力并取得巨大成就基础上的再创造；有些则是反映评论法学派自身特点的案例汇编等。

注释
① See Sir John Macdoness and Edward Manson, *Great Jurists of the World*, p.53.
② See Ernst Andersen, *The Renaissance of Legal Science after the Middle Ages*, Copenhagen, 1974, p.20.

上文提到,评论法学派更重视面向社会实际。在注释法学派的观念中,查士丁尼的《民法大全》是与《圣经》并列的古代文化经典,也是写在书本上的理性。它成了人类信仰的基点,必须无条件服从。受这种观念的约束,法学家不敢越罗马法原典的雷池半步,充其量做一些《民法大全》的单纯注释工作。评论法学派则不然,特别是那些法学教师还经常对司法实践中遇到的问题提出一些学术性的建议。这种建议在注释法学派中很少见。所以,评论法学派有时被称为"建议法学派"。这足以证明当时评论法学派对司法实践的关注程度。在评论法学派的代表人物中,奇诺、巴尔多鲁和他的学生巴尔杜斯等人都在执掌教鞭的同时还担任政府和法院的法律顾问,有些还直接担任法官和律师。他们通过提出各种建议,干预政府的立法和法院的司法活动。12世纪后期,法院在审理案件时,已经开始接受这种建议。13世纪后,这种做法逐渐形成了一种制度,并受到相关条例的规范。不仅如此,评注法学派还积极参与到王权与教权的争执中,或出谋划策,或充当使节,从而使该学派在西欧教俗两界名声大振。

总之,注释法学派重视的是如何让查士丁尼《民法大全》为当时的人们所能理解,他们的着眼点是《民法大全》本身;而评论法学派则考虑到了时代的要求,他们开始将罗马法原则适用于当时意大利的经济生活、政治生活以及婚姻和家庭生活等领域,从而将罗马法转化为活生生的意大利法。

当然由于历史的局限,评论法学派的理论创作和实践活动也存在着许多缺陷,如他们过多地运用人为的逻辑推理方法,因而使他们离原始资料越来越远。尤其是到了该学派的后期,注释之上的注释,评注之上的评注使他们的某些作品与罗马法原典大相径庭。人们已经无法辨识哪些是经过他们加工的罗马法典籍,哪些是罗马法学家的,哪些又是他们自己的。这些缺陷,受到了16世纪兴起的人文主义法学派的激烈批判。

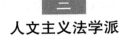

三

人文主义法学派

人文主义法学派是对文艺复兴时期采用人文主义态度和方法研究法律

特别是罗马法的学者的称谓。①该学派的兴起是西欧中世纪后期文艺复兴的重要内容，也是罗马法复兴的必然产物。如前所述，注释法学派只注重对《民法大全》的注释，不适应时代发展的要求。虽然代替它的评论法学派在引入逻辑推理方法的同时将《民法大全》适用于社会，这值得人们予以肯定。但评论法学派不时曲解《民法大全》的做法则极需得到纠正。于是人文主义法学派应运而生。一般认为，人文主义法学派的创始者是意大利人阿尔恰托（Andreas Alciatus，1492—1550），主要代表还有法国的居雅斯（Jasques Cujas，1522—1590）、德国的察修斯（Ulrich Zasius，1461—1535）和法国的比代（Guillaume Budé，1467—1540）等。

阿尔恰托出生于意大利米兰，曾在意大利帕维亚大学和波伦亚大学学习法律。毕业后，于1514年在米兰任律师。1518年，他离开意大利赴法国阿维农大学执教。1529—1535年又在法国人文主义法学的中心布尔日大学执教，培养了一大批学生。晚年回到意大利。阿尔恰托早在年轻时代就打下了丰富的历史知识和坚实的文学修养的基础。在学生时代的阿尔恰托发表了《评查士丁尼法典后三卷》一书，由此崭露头角。他不满意评论法学派的观点和方法，其推崇的是注释古代文献时的简朴纯正的学风，力主对法律原则问题的自由推论，强调系统地阐述法律观点。他著述虽少，但由于观点方法和立场的说服力，理所当然地被认为是意大利人文主义法学派的代表人物。同时由于他在法国大学任教多年，所以也被奉为法国人文主义法学派的创始人。

居雅斯是法国人文主义法学派最为杰出的代表，是"最伟大的法国人文主义者"。②居雅斯师从阿尔恰托，③他几乎走遍法国所有的大学，不辞

注释

① 有人认为，15、16世纪出现的人文主义法学思潮不过是从人文主义的整体观念之中剥离出来一些与法律有关的部分而已。它仅仅是一种思潮，而不是一个学派。它没有形成比较明确、完整的法学理论体系，它的那些比较新颖的观点尚没有经过学术的加工。但美国学者罗科斯·庞德认为，这些人文主义者（the humanists）乃是一个法学家的学派，并因其主要代表多是法国人而称之为"法国学派"或法国人文主义学派。参见罗科斯·庞德：《法理学》（第一卷），邓正来译，中国政法大学出版社2004年版，第43页。

② J. M. 凯利：《西方法律思想简史》，第176页。

③ 也有人认为，他的老师是阿尔恰托的学生、当时巴黎高等法院院长弗利埃（A. Ferrier）。参见侯健、林艳梅：《人文主义法律思潮》，法律出版社2007年版，第180页。

辛苦地为学生们讲授法学课程。1555 年，他在布尔日大学讲授罗马法时，经常出现几千学生共听一课的情景，许多教授提到居雅斯时都恭敬地脱帽致礼，如此等等。① 为了纪念他的功绩，图卢兹大学设有以他的名字命名的阶梯讲堂。他的理论在德国、西班牙等其他欧洲国家也曾产生过深远的影响。居雅斯的专长是校点经典文本的讹误，他对罗马时期著名的法学家如帕比尼安、保罗、乌尔比安等人的著作进行解释和复原，② 内容涉及《学说汇纂》、《法学阶梯》等，著有《校对修正评注全书》（Observati onum et Emendationum）等。此外，居雅斯还重视对法国习惯法的研究，他说："基于更好理性的习惯和共同利益，以及共同体之间在漫长岁月中形成的默示的，不成文的同意与司法判决的权威具有废止制定法的效力：或是这一法律存在的理由已然消失，或是它已不那么具有实质意义，或是它对国家的助益已经降低……对制定法的弃置导致只有习惯具有效力，因此习惯获得了与制定法相同的效力……而且，除非制定法得到了习惯的认可，否则它对我们不具约束力。"③

另一位杰出的法国人文主义学者比代曾到意大利学习法律，在其最富盛名的著作《古希腊文化向着基督教的变迁》（De transitu hellenismi ad Christianismum）中，他十分关注希腊影响罗马法的程度以及引致法律变革的因素。后来，他又攻读拉丁语和希腊语，著有《论语言美》，运用语言学方法纠正《学说汇纂注释》中出现的许多讹误。16 世纪，法国的法学研究正处于返本归源的进程中。面对法国的法律改革浪潮，人文主义法学家比代提出，为了顺应法国新的法学需求，只有走直接回归罗马法的道路。他积极向正在寻求法律改革的法王法兰西斯一世推荐古希腊罗马的经典著作、宣传人文主义思想，为塑造法国法开辟道路。在德国，连续三十年在弗莱堡大学主持罗马法讲座的人文主义学者察修斯则采用语言学和历史学的方法解释和恢复被注释法学派搞乱的罗马法，他说："当我们见到了法律文本

注
释

① 参见陈灵海：《威格摩尔及其〈世界法系概览〉》，载《比较法研究》2003 年第 5 期。
② 参见艾伦·沃森：《民法法系的演变及形成》，李静冰，姚新华译，中国政法大学出版社1992年版，第 105—106 页。
③ 转引自 J. M. 凯利：《西方法律思想简史》，第 176 页。

本身的时候，我们根本就不需要注释。"①此外像德埃伦、德纽、霍特曼、鲍道恩以及迪穆林等人也都将人文主义思想以及新的法律观运用于自己的学术研究中。

人文主义法学派作为取代评论法学派而登上历史舞台的一个新的法学派，在思想观念、政治立场、研究方法和学术风格上都具有一些自己的特点。例如，人文主义法学派创始人阿尔恰托和居雅斯都试图用自己所理解的人文主义思想来改造当时的法学研究，他们努力使法律研究从神学中解放出来，成为一门世俗化的学问。在人文主义法学派的努力下，当时的法学界开始重视法律中的公平、正义和理性等问题，强调个人的平等、自由和权利以及法律中的人性。而这正是区别于前两个派别的重要方面。由于人文主义法学派信奉新的思想和宗教，因此他们在政治立场上反对传统的天主教会和教义，并带有强烈的反对封建专制和愚昧的色彩。在研究内容上，人文主义法学派既强调纯正，又重视创新。其成员摒弃了评论法学派脱离罗马法原始文献的做法，提出回到罗马法原典的口号。他们比评论法学派更具有历史主义的观点，更加重视对罗马法原典和罗马法历史特点的阐述。正如弗朗茨·维亚克尔所指出的那样，人文主义法学派"企图恢复罗马法的本来面目以及它在古代社会所处的地位。这就要求破除中世纪以来所堆积的诸多对罗马法的束缚和误解，开拓一条真正从历史角度进行研究的途径"。②同时，在研究方法上，人文主义法学派跳出了评论法学派的那种就法典注释法典、就法律研究法律的框限，极力宏扬古典法律文化的传统。他们还借助各种学科方法，试图对真正的罗马法进行综合和归纳，为建立一个具有科学性、系统性、完整性的法律体系奠定了基础。

但是，由于人文主义法学派将其研究视野局限在回归原典上，而对一再出现的"能否认识到绝对的社会生活伦理定则的问题"并未提供答复。到17世纪初，人文主义法学逐渐落后于新欧洲的主流思想。再加上传统评

注释
① 转引自侯健、林艳梅：《人文主义法律思潮》，第182页。
② 弗朗茨·维亚克尔：《近代私法史——以德意志的发展为观察重点》（上），陈爱娥、黄建辉译，上海三联书店2006年版，第57页。

注法学派的反击，人文主义法学派进一步走向衰落，但其活动一直持续至18 世纪。①

四
罗马法复兴的意义

这一场席卷欧洲的罗马法复兴运动，对整个西方世界产生了深远的影响。这种影响主要不在于制度，而在于观念。特别对于那些"刚脱离野蛮风气的人们，具有不惯于创造和盲目服从权威的心灵，以一种十分敬畏的心情看待成文的法律条文，这种心情是我们所不能理解的"。②正是这场运动，在再一次恢复和提升罗马法崇高威望的时候，也开启了文艺复兴法律思想的大门。③

首先，罗马法的复兴再现了罗马人关于理性、正义和平等的法治思想。比如罗马法的注释学派代表之一——普拉坎梯努斯曾说："所有的法，如同河川来自泉水一样，也来自于正义。……另一方面，正义所以称为正义，正是因为所有的法是依存于正义的缘故"，④另一个代表阿佐也说："所有的法……均来自于正义。即正义所要求的也是法所追求的。……因为，正义所以称为正义，正是因为所有的法依存于正义的缘故。基于此，法是从正义而来。"⑤当然，罗马法复兴时期的学者不仅仅是把罗马人的法律正义观

---

① 参见吕世伦、程波：《近代法理念的萌动蜒西方人文主义法律思潮探析》，载《求是学刊》2007 年第 6 期。

② 詹姆斯·布赖斯：《神圣罗马帝国》，孙秉莹、谢德风等译，第 149—150 页。

③ 法国比较法学家罗迪埃指出，"罗马法的威望是在两个时期建立起来的。第一个时期是在罗马军事征服之后，罗马法随着罗马帝国领土的扩张而发展。第二个时期更为惊人，那是西罗马帝国崩溃了好几个世纪以后，被人称为 11 世纪罗马法的复兴现象的时期。那时人们看到一个奇特的复兴现象，因为罗马法已经没有力量去支持这次全西欧发生的迁移现象。""罗马法在第一个军事扩张时期是直接被推行下去的。在第二个推行时期罗马法在学理上得到扩张的，不是作为法规的整体直接推行下去。它是作为一部法律巨著被人们接受的。人们说古代的法国有这样的区别：在南方靠权势（rationeauctoritatis）适用罗马法，而在北方靠理性的威望（auctoritaterationis）适用罗马法。"参见勒内·罗迪埃：《比较法导论》，徐百康译，上海译文出版社 1989 年版，第 15 页。

④⑤ 引自何勤华：《西方法学史》，第 81 页。

念简单复制出来，还根据自己的理解赋予了新的含义。如评论派代表巴尔杜斯并不完全满足于罗马人对正义的解释，他认为正义应该从两个方面来揭示其含义，其一，是从抽象的角度来考察正义，即正义在其自身中，限制了一切立法者自身制订法律的行为，在这方面，体现了正义的本质。此时，正义是法的母亲，是创造法的原因。其二，是对正义进行具体的考察，即正义是通过立法者，成为可能适用于特定的各个案件的规范。此时法与正义是同一种事物，具有相同的性质。[①] 由于罗马法的复兴是以讲授、研究罗马法作为主要表现形式，而且各大学成了罗马法的讲授、研究中心和向社会传播的中介，所以罗马法复兴的理论意义要大于其社会实践意义。达维德说，罗马法复兴时期的学者关注的是"可以制定出最公正、亦即最符合道德、最有利于社会良好运行的实质性规定的方法"，他们的作用"不是描述现有法律的实施，也不是讲解他认为符合正义的规定在实践中将如何使之生效"。[②] 这就使得他们可以在更自由的空间来阐述法律正义的思想。此外，罗马法复兴运动中的法学家还在古希腊和古罗马的自然法思想的基础上提出了自己的见解，如巴尔杜斯认为要阐释自然法必须首先界定什么是自然。于是指出，"所谓自然，是通过神的知识被引入各个事物的、有生命的各个事物的所有态（proprietas），所谓自然，是神的态势和秩序，因此，也是各个事物的状态。"[③] 据此，自然可以分为"自然意图之物"、"感觉性生命中自然本性运动的自然"、"知识生命中自然本性运动的自然"三大类。其中第一类应是自然哲学涉及的对象，第二、三类才是法学涉猎的对象，其具体事例如人类的结合（男女结合、家族）等。[④] 因此自然法是基于自然愿意使所有动物一致的规则，是从神那里派生的，它在自然事物中产生的动物那里彼此相通。其调整对象最典型的有三大类：雌雄的结合、婚姻、后代的抚养。[⑤] 学者们的这些观念不仅叫人去关注古典法治思想，而且使后人认识到法治思想的正义、理性等逻辑起点。

注释

[①] 引自何勤华：《西方法学史》，第81页。
[②] 勒内·罗迪埃：《比较法导论》，徐百康译，上海译文出版社1989年版，第39—40页。
[③] 引自何勤华：《西方法学史》，第81—82页。
[④][⑤] 同上书，第82页。

其次，罗马法复兴运动再次重申了在古希腊和古罗马时期就十分流行的"一切服从法律"的观点。例如，复兴运动中注释派和评论派在阐释罗马法的"适用原则"时就大力渲染罗马法效力的属地原则，即在一个国家范围内，一切人和事都应当受法律的约束。特别是评论派以罗马法的适用原则为基础，提出了法律适用的三种情况，即第一，一项仅仅规定本国人的法律不施行于外国人；第二，一项涉及物的法律，既施行于本国人，也施行于外国人（如同本国人一样），因为物应该被置于该国的立法权之下；第三，对人有约束力的一项法律，可以对走到任何地方的该国公民有追及效力。③从表面看，他们推导出了法律适用的三大原则即属地原则、属人原则和折中原则；但这些原则的背后却深藏着对法律效力和权威的主张。这些观念的不断传播、培养，这对于法律思想贫瘠的西欧中世纪人而言是一次意义

一封文艺复兴时期的判决书

注释

① 参见何勤华：《西方法学史》，第84—85页。

深远的法律思想的启蒙。

再次，在罗马法的复兴运动中，罗马法关于人身和财产的规定及其精神的阐述与传播，在很大程度上唤醒和增强了民众的权利和平等意识，使民众从罗马法中意识到他们所渴望的平等、权利与法律存在的密切联系。在蛮族统治西欧的前几个世纪，经济持续衰退，城市大幅度的萎缩，城市经济加速向农村经济转化。欧洲文明的重心由地中海转向了北方，原来的简单商品经济几乎不复存在，"因为野蛮制度及其暴行毁去了贸易所必有的信任，使人们只关心自然生活中的绝对必需品"，[①]经济生活退化到自给自足的封闭状态，再加上征服者对他们人身的高度限制和基督教对他们精神的钳制。使得过去在商品交换中所逐渐形成的权利和平等意识也几乎消失殆尽。同时随着罗马法的废除，社会长期使用习惯和暴力来解决各种问题，"立法这时是不一贯的而且是野蛮的。假如我们在其中往往也发现有一些温和的法律的话，那种表面上的人道性也无非是一种很危险的不受惩罚的特权而已。然而我们在那里也发现有一种可贵的制度；确实，它们只不过是献给统治阶级的权利，因此它们就更加侵犯了人权"。[②]因此，人们在法律中建立起权利的观念也就消失了。对于日耳曼人来说，他们过去本身就不存在什么法律和权利观念。他们没有、也不知道法的权威，只知道习惯，而习惯又是千差万别，他们以往的生活方式和社会联系建立在血缘和种族的基础之上，所以没有感到应当有一个立法和执法权威存在的必要。游牧式的生活方式决定了他们经济水平的低下，他们没有商业和贸易，没有所有权观念，对财产的判断是根据财产的实际使用和享用，而不是他的所有权。[③]但是，随着商业在沿海的兴起和罗马法的复兴，不仅过去的罗马人，而且还有蛮族人都从中感受到平等、利益的存在和意义，感受到法律对于他们实现平等和利益的价值。因此维柯说："意大利各大学开设了一些学院，对查

注释

① 维柯：《新科学》（下），朱光潜译，第583页。

② 孔塞多：《人类精神进步史表纲要》，何兆武等译，第83页。

③ 参见阿·库·穆霍帕德希亚：《西方政治概述》，姚鹏、张峰等译，求实出版社1984年版，第58—59页。

士丁尼大帝的法典之类的著作中所包含的罗马法的教义进行教学,其中各种法律都以人类部落自然法为依据,于是人类的心智更加发展,变成了更富于理解的更倾心于培养基于自然平等的法律,这些法律使普通的人民和贵族们在民权方面都是平等的,正如他们在人的本性上是平等的一样。"①而法国比较法学家罗迪埃更直截了当地指出,"罗马法复兴所产生的后果,麦克·布洛赫正确地观察到在制度方面的成果并不多,但是它的影响比带进几条罗马法律要微妙得多、重要得多。它改变了人们的思想,特别是使他们认识到法律的严肃性,尝到了法律的保障的甜头。"②关于罗马法复兴对于法律权利思想的唤起,孔塞多也有类似的表述,他说:"查士丁尼法典手稿的发现,复活了法学研究和立法研究,并使得法学不那么野蛮,甚至于还使得不情愿屈从于它的人民懂得从中得到好处。"③正是基于此,罗马法的复兴运动在很大程度上把中世纪的人们从盲目的宗教信仰中解脱出来,建立一种对世俗法的信赖。使"人们不再把宗教与道德同世俗秩序与法混淆在一起,承认法有其固有的作用与独立性,这种作用和独立性将是此后西方文明与观点的特征。"④同时,人们在这场运动中"保留了我们某些微弱的权利观念,并且有朝一日会成为使人重新认识人权并重新建立人权的向导"。⑤

最后,罗马法复兴运动不仅仅使正义、理性、平等、权利等法律理念和尊重法律的观念再一次在欧洲复苏,而且这些观念在一定程度上提高了法律在国家事务中的地位和作用。由于注释法学派和评论法学派的活动,使波伦亚成为复兴罗马法的中心。在这里,不仅聚集着意大利各地的法律学子,而且也吸引着西欧各地的罗马法的追随者。这些学子学成归国后,一部分在学校教授罗马法,大力宣传着罗马法的思想;而一部分进入了司法或行政机关,从事着法律或行政事务工作。他们把对法律的崇尚和遵从

注
释

① 维柯:《新科学》(下),朱光潜译,第592页。
② 勒内·罗迪埃:《比较法导论》,徐百康译,第16—17页。
③ 孔塞多:《人类精神进步史表纲要》,何兆武等译,第95—96页。
④ 勒内·达维德:《当代主要法律体系》,漆竹生译,第38页。
⑤ 孔塞多:《人类精神进步史表纲要》,何兆武等译,第83页。

之情注入了国家的行政管理和法律活动中，极大地弘扬了法律的权威和尊严。例如在德国，罗马法经过罗马法学家的努力而逐渐渗透到国家的司法和行政管理，奠定了法律在政治生活中的地位。英国近代史学者R. G. D. 拉芬说："德意志的法律是地方法，而且名目繁多。德意志法的根源莫衷一是。罗马法披荆斩棘在丛林中开辟了一条明确的、始终一贯的道路，这条道路对于权威和财富是有利的。在罗马的古迹受到人文主义者几乎是顶礼膜拜的时代里，罗马法的威信是崇高的。在意大利和德意志各大学培养出来的平民法学家越来越多地被诸侯用来充当行政官吏、法官和公断人。在1495年成立的帝国最高法院中，有半数的法官是由平民法学家担任的。从此以后，这种外来的、权力主义的并且把君主视为一切权利源泉的法律，就更加迅速地引进了各地的司法和行政管理中去，以便进行正规的和系统的治理。但是中央政权并没有从中得到任何好处。"① 而法律的权威却大大提高了。

综上所述，我们可以更清楚地看到：在外在形式上，罗马法的复兴是把罗马人创造的规范成就详细地展示给人们，让人们保留对它的记忆和引起对它的赞叹；但在实际效果上，罗马法的复兴是把希腊人和罗马人对法的共同理解和信念即关于法律与正义、法律与理性、法律与权利等之间关系的思想，以及社会应当建立在法律统治上的思想等等告诉人们，让人们恢复或重建对法的尊重和信任。所以说，罗马法复兴运动的成就并不在于它重现了罗马法的辉煌，而在于它恢复和重建了罗马法的观念；并且这种"观念"并不是"复兴"在文献上，而是"复兴"在中世纪人们的大脑里。这便是罗马法复兴运动的魅力所在。

注释

① G.R.波特编:《新编剑桥世界近代史》(第1卷)，中国社会科学院历史研究所译，第271页。

第二节　罗马法在意大利以外欧洲国家的复兴

　　自西欧的历史进入中世纪以来，罗马法因素就一直以各种方式存留在西欧各国的法律中。查士丁尼的《民法大全》重现欧洲大陆、罗马法研究的蓬勃发展，这些更是加深了罗马法对欧洲各国法律影响的程度。诚如沃尔夫所言："事实上，罗马法在中世纪欧洲的胜利不仅在理论领域中。罗马法研究的复兴被证明是欧洲历史上一种最为显著的现象。这个现象就是所谓的'罗马法的继受'，也就是罗马法原则和制度对欧洲现实法律生活的渗透"。① 这种渗透并非一蹴而就，而是一个渐进的复杂的过程。

　　罗马法以不同的方式，对欧洲不同的国家产生了不同程度的影响。"很少有国家能够完全地的保持与它毫无接触。它的影响遍及从英国对一些罗马模式的法律思想的吸收到德国对许多特定规则和一整套罗马法概念的采用。"② 值得注意的是，罗马法复兴后各国所继受的罗马法并不是真正的意义上的罗马法，即并不是查士丁尼的罗马法。由于各地的继受主要是以那些在大学中接受过教育的知识分子为媒介发生的，而这些人所学的罗马法严格来讲是那些教授法律的教师所理解的罗马法。那些在实践中被承认的罗马法理论大多来自注释法学派和评论法学派对罗马法所作的具有中世纪色彩的评注。

　　罗马法的复兴是从意大利开始的。根据13世纪波伦亚学者奥多弗雷德(Odofredus)的观点，罗马法学的中心最初在罗马，后因战争的缘故转至拉韦纳，最后才从拉韦纳转至波伦亚。③据说在1135年左右，意大利比萨人在攻陷阿马尔菲城时获得了查士丁尼《民法大全》的原稿。这引起意大利

注
释

①② Hans Julius Wolff, *Roman Law: An Historical Introduction*, p.193.
③ See Paul Vinogradoff, *Roman Law in Medieval Europe*, p.32.

法学家的普遍关注和浓厚兴趣。①在波伦亚大学(Bologna)，法学家们开始以整部《民法大全》作为对象重新开展法学研究。不久，这一研究吸引欧洲各国学生络绎而至。据统计，13世纪，在波伦亚有500名德国学生就读，到了14世纪，人数已猛增到了1500名。②随着大学的普遍兴起，所有欧洲大学都开设了法律课，而且它们都以《民法大全》作为基础。这样，罗马法复兴运动也由意大利很快扩展到欧洲各地。除意大利外，法国、德意志南部和西班牙等地也成为罗马法复兴的中心。

一
罗马法在法国

在11世纪出现的罗马法复兴运动中，意大利并不是该运动发生的唯一地区，同一时期的法国也在通往新文化和新学术观念的路上。如果说意大利正在为波伦亚的兴起做准备，那么法国则正在为巴黎大学的繁荣而积聚力量。③罗马法在法国的影响大体上可分为南北两部分，南部以成文法为主，北部则以习惯法为主，当然对于这种划分不宜绝对化。罗马法在法国的影响也并非是南北两部泾渭分明，"在北部习惯法与南部成文法之间，不应过于苛刻地加以区别。例如，在强烈地受到罗马法影响的南部城市区，存在着保有较多的日耳曼法因素的成文法。在北部的习惯法地区，罗马法也不是完全受到排斥。例如，关于契约，习惯法相当不完备，因此，司法人员在实践中就借助于罗马法，并不限制罗马法。而且在北部，罗马法被视为具有理性，能够起到对习惯法进行补充和说明的作用，尤其是当习惯

注释

① 参见C．谢尔曼:《当代世界中的罗马法》，贝克尔·沃里斯版，第200页。转引自沈宗灵:《略论罗马法的发展及其历史影响》，载《历史研究》1978年第12期。但有人认为这种说法并不确切。理由是德国法学家萨维尼在其《中世纪罗马史》中证明:中世纪早期欧洲各国教会藏书库中均保存有查士丁尼法律汇编的抄本，并被教会法学者经常引用。在7－11世纪，意大利城市的世俗和教会文法学校里也都未间断对罗马法的研究。
② 参见罗尔夫·克努特尔:《古代罗马法与现代法律文明》，涂长风译，载《比较法研究》2002年第4期。
③ See Poul Vinogradoff, *Roman Law in Medieval Europe*, p.71.

法对一些问题未作规定时"。①

　　法国南部的普罗旺斯地区是罗马化较早的地区,在罗马帝国时代,罗马法就已渗入影响该地。公元11世纪后半期,普罗旺斯地区的一位罗马法学者曾编纂了一部法典,表明该地区罗马法研究已非常发达。②后来,随着波伦亚注释法学派声望的日益扩大,许多法国学生慕名前往意大利学习法学。同时,一些有学问的法学教师也来到法国任教,例如,著名的后期注释法学派的代表人物普拉坎梯努斯(Placentinus,1120—1190)于12世纪后半叶率先来到法国南部的蒙彼利埃大学教授罗马法。12世纪,法国南部地区出现了更多的罗马法著作,包括罗马法教学手册《布拉格比罗格斯市民法》、《法典集》等。到13世纪中期,法国的罗马法研究开始形成了自己的独特的风格。当时著名的代表人物有拉蒙·拉尔(Ramon Lull,1235—1316)、拉瓦尼斯(Jacobus de Ravanis,死于1296年)和他的弟子拜拉佩提卡(Petrus de Bellapertica,死于公元1308年)。13世纪末,经院法学派的学说经由西努斯的努力传播到了意大利,进而推动了意大利法学的革新,并最终在意大利评注法学的理论中达到了顶峰。

　　罗马法在法国的继受呈现出由南至北的发展趋势。由于受到意大利注释法学派的影响,原本就以成文法为主的法国南部很快就开始了对罗马法的研究。波伦亚大学不仅吸引了法国的学生到那里学习法律,同时也将它的信徒送到法国。作为最杰出的注释法学派代表之一的普拉坎梯努斯在离开波伦亚之后,任职于蒙比利埃的法律学校,使那里形成了全法国最早的罗马法研究和传播中心。在所有的法律汇编中,对罗马法在法国的继受最为重要的当数《法典集》(Lo Codi)。这部法律汇编于1149年前后出现于法国东南部的阿勒斯地区,是查士丁尼《法典集》的摘要集。主要是为了满足普洛斯旺地区的法官在司法实践中的需求而编写的。它全部使用普洛斯旺语,"它是第一部用地方语言写作的罗马法作

注释
① Konrad Zneigret and Hein Kotz, *Introduction Comparative Law*, Clarendon Press, 1987, p.77.
② See Paul Vinogradoff, *Roman Law in Medieval Europe*, p.71

品."① 在内容上，这部汇编受到了注释法学派的影响。这一点可以从它和特瓦尔手稿中的一部法典摘要（*Summa Trecensis*）②的相似之处得到证明。由于这部法律汇编不是一部学术著作，因而它不拘泥于形式，也没有晦涩难懂的论述。它主要的目的是简化那些繁缛的条文，使那些作为主管法官和仲裁人的外行人可以更容易的掌握。简言之，《法典集》是一部为了直接使用而编纂的司法参考书籍，它将罗马法中的一些抽象的理论原则简化，以用于法国的地方司法实践中。

随着罗马法知识的传播，在法国北部也出现了对罗马法的研究与运用。1313年，菲利普四世创建了奥尔良大学，这成为法律教育中的权威性代表。同时刊印了《罗马法简明教程》，还相继出现了其他一些与罗马法相关的作品，如沃曼多斯行政长官（bailli of Vermandois）皮埃尔·方特内斯的《致友人之箴言》（Conseil à un ami）。在这部书中，皮埃尔·方特内斯只从《学说汇纂》和《法学阶梯》中节选了片段，而没有对他们进行说明和解释。另一部更为精密的法律汇编是《正义与辩护的手册》。其中有197条规则来自罗马法，而其余的规则来源于习惯法。除此之外，还有以《圣路易斯法规汇编》的名义而出现的法律汇编。其中前9章来自圣路易斯的法令，其他部分则是由奥尔良和昂如地区的习惯法组成，并从查士丁尼的《国法大全》中摘录部分内容来补充其中的不足。此外，还有《索姆农业区法》、《巴黎高等法院民事诉讼程序》、《法兰西主要习惯法或查理六世的习惯法》等。不过，对考察罗马法对法国北部习惯法影响最好的法律汇编当数著名的《博韦地区习俗法》。这是由博韦地区克莱蒙的行政长官（或称为邑长）博马努尔于1283年所著。他经历丰富，年轻时曾服务于英格兰。这段经历或许为他后来在法律上的成就奠定了基础。在这部法律汇编中，尽管博马努尔从不援引罗马法，但他的描述常常遵循着罗马法的原则，使用部分源于罗马法的习惯法。他虽然没有遵从罗马法的规定，但是他用罗马法的理论

注
释
① Paul Vinogradoff, *Roman Law in Medieval Europe*, p.73.
② 这部法典摘要是早期注释法学派的作品之一。它的编纂，参照了第三代注释法学派学者罗格里乌斯的《法典摘要》（*Summa Codicis*）。

补充了习惯法的不足，完善了习惯法的规定，其成就表现在：对故意欺诈、重大过失与过失的论述；对占有与所有的分析；对诉讼程序的简化，等等。这不能不说是罗马法对法国法律发展的影响。后来的巴黎大学在罗马法的传播上也起到了积极的作用，在那里形成了罗马法学派（历史法学派的前身），并在欧洲一度占据领先地位。

这样，罗马法在法国南、北两大法律区域中的影响逐渐扩大。在南部成文法地区，罗马法的复兴使罗马法的适用蔚然成风。法学家出身的法官替代了封建的承审人。罗马法甚至被作为有效的法律渊源，在法院起到补充作用。北部习惯法区虽然没有正式接受罗马法，但在司法实践中以辩论等形式使罗马法渗透到司法判决中，并在实际上作为通行全国的习惯法而被接受。所以在北部法区，罗马法中的许多原则和法规被移植进法国的习惯法。由于这种由王室法院的判决和解释而形成的通行全国的习惯法是法国王室法的构成部分之一，因此罗马法对于法国王室法的形成也起到了促进作用。这里还要强调的是罗马法在北部的移植并不是因其在政治上的权威，而是因其理论权威所至。在北部地区的法律程序中，债权法、合同法等的罗马法化程度很明显。但财产法、家庭法等仍延续习惯法。

二

罗马法在德意志

13 世纪左右在德国出现大规模的罗马法继受运动，"随着中世纪走向结束，繁杂的地方习惯所带来的弊端和问题以及地方法庭的无能为力使得人们难以抗拒罗马法的需求和对受过罗马法教育的法律工作者的需求。由此而产生的对罗马法的接受在德国和荷兰表现得最为彻底。"[①]到 15 世纪末，以《学说汇纂》为主要内容的"普通法"逐渐通行帝国全境，而复兴的罗马法也被列为各地大学的必修课程，在商品经济比较发达的南部和西

注释

① 巴里·尼古拉斯：《罗马法概论》，黄风译，第50页。

南部的城市中，罗马法短期内取代了地方法院的职能，因为那里的公诉人迫切需要援引更为明确、更加专业化的法律条文。[①] 至16世纪，对罗马法的接受完全实现。虽然仍存在大量习惯法，但法的基本结构和法律工作者的思想方法以及所使用的术语均来自于罗马法。

公元10世纪至14世纪初，德意志地区尚不存在类似于波伦亚大学那种把法学作为单独科目进行教授的大学，因而德意志知识分子必须亲赴罗马法复兴的策源地才能接触到科学化的法律。因此在这一阶段，德意志地区对于罗马法的了解和受其影响，主要借助于那些前往意大利北部城市学习罗马法的德意志留学生。由于这些德意志学生在意大利各大学所接触的法律是由注释法学派或者后注释法学派垄断讲台的罗马法，所以他们回乡之后在德意志若供职于法律教育机构，也都倾向于教授以罗马法为主的课程。可以说，罗马法的知识附着于中世纪新兴的知识分子和专门人才，并通过学术化的方式波及中、东欧地区。公元14世纪中叶，德意志地区的本地大学开始出现。公元1348年，"德意志第一帝国"在布拉格兴办了第一所德意志大学，其后又于1365年创设维也纳大学。处于德意志皇权之外的诸多诸侯也在各自的领地上兴办大学。再有，经过特许状设立的自由市亦创办具有学术自主性的大学。到了15世纪中后期，罗马法复兴运动开始在德意志境内掀起热潮，罗马法遂成为各所大学法科的必修课程。

公元12世纪起，法律在知识分子阶层呈现出独立化和专业化发展的倾向，具体而言则表现为中世纪大学法学院的建立和各种法学流派的林立。由于罗马法复兴运动的广泛影响，法律开始趋向于学科化的发展。随着法律学科化在德意志地区的发展，越来越多的法律专家开始跳出学术圈，试图寻找法律科学的现实意义。与此同时，德意志的当权者们也发现这些渴求将正义观念和社会秩序绑缚在一起的法律家具有"可资治国"的价值，因此大批量授予他们贵族的身份，同时委派他们担任一些行政和司法要职。这种选任官吏的标准开创了新的社会风气，因为普通人完全可以依靠学习

注释

[①] See Wolfgang Kunkell, "Other Reception of Roman Law in Germany: An Interpretation", from *Per-Reformation Germany*, London, 1972, p.271.

法律的专门知识出人头地。公元 14 — 15 世纪之间，通过此种途径成为士绅官僚并影响民族法制发展者之多，以至于形成了一个庞大的法律职业者的阶层。

公元 13 世纪之后，德意志地区的教会法院着手对诉讼程序进行改革，并采用以罗马法为基础的诉讼程序，通过制定新的法庭组织法把司法审判机构从行政系统中抽离出来，而且将口头审理改为书面审理。在世俗法庭方面，传统的审判程序是由日耳曼习惯法继承来的，然而教会法院系统的改革使世俗法院感受到了管辖权竞争的强大压力，因此世俗法院也越来越多地注意到娴熟罗马法的法律职业者在诉讼过程中所起到的积极作用。同时允许法律职业者参与司法审判以取代过去那些没受过专业法学训练的贵族陪审团。意义更为重大的是，一般民众也注意到法律职业者的社会功能，并在诉讼发起之前向他们询问有关罗马法的知识，甚至直接委托他们为律师，以帮助自己在教会及世俗的法庭中赢得诉讼。

罗马法虽然在学术和实践的领域全方位渗入德意志法律文化，但其兴起也并非一帆风顺，因为无论是有机会学习罗马法的学生，还是使用罗马法的地方法官吏，他们都属于上层社会中的开明人士。而出身乡土的贵族、骑士和农民则墨守习惯法，他们强烈抵制罗马法在其管辖地的推广和适用。正如戴东雄所言，"仅凭大学的罗马法教育及罗马法专家在政府机关的行政工作与法院的审判任务，尚无从使一般民众，尤其保守的农民认识罗马法的精神，了解逻辑的审判制度。"① 至于地方贵族和骑士阶层，他们认为传习罗马法的学者和法官过于受器重，升迁也过快，这表明"新贵"阶层严重损害了他们的既得利益，因此他们抵制罗马法及其所造就的一切声明显赫的法律官僚。

此外，罗马法精神和日耳曼法精神之间存在着巨大反差。林国荣曾经指出，"对于德国人而言，在 15 世纪承受罗马法以来，已深深影响德国法律制度的罗马法在启蒙时代以后表现出冷冰冰的个人主义，而德国法（对

① 戴东雄：《中世纪意大利法学与德国的继受罗马法》，台北正中书局 1981 年版，第 201 页。

它来说，英国普通法是另一类型的法律分之）则被赞赏为具有民间共同体的热情精神。"①司法实践反映出罗马法的传入对于下层劳动者而言，是凭空增加的陌生苛条，它不但破坏了既有的生活秩序，还淡化了日耳曼法赋予人们劳动协作的热情，因而罗马法遭到下层劳动者，主要是农民阶层的强烈抵制。公元16世纪初，德意志农民战争爆发，日耳曼乡土意识瞬间勃起，使得罗马法的发展陷入低谷，这一历史事实充分说明罗马法和德意志下层人民之间有着天然的隔阂。

罗马法在德意志地区的全面兴起要晚于意大利北部和法兰西南部地区，大约出现在公元14世纪，结束于公元16世纪。从这一时期德意志地区的法制构成状况概括看来，罗马法所占的比重大大上升，虽然不少德意志诸侯国仍然把日耳曼法作为其实在法的主要部分，但是罗马法的影响也越来越多地渗入其中。此外，不少地区出台的实在法中既包含日耳曼法的内容，又体现了罗马法的影响。

就地域影响而言，由于15世纪左右德意志皇权持续衰落，各地诸侯分别建立邦国，因此罗马法对于德意志各地区的影响存有差异。例如在黑森，罗马法具有绝对的效力；而在《萨克森明镜》的故乡萨克森，罗马法则遭到日耳曼法的强烈抵抗。再如，罗马法在施勒苏益格、荷尔斯泰因以及瑞士地区对当地影响不大，但是在巴伐利亚以及符腾堡地区则与当地的法律相互融合，并行不悖。不过对于德意志大部分自由城市来说，罗马法复兴无疑具有重大意义。公元15世纪末，一大批城市纷纷以罗马法为效法的对象进行法制改革，这使得罗马法对于城市法的影响极为切实。例如纽伦堡市和弗赖堡市于这一时期颁布的城市改革法，就大量借鉴了罗马法的内容。

就学术影响而言，这一时期罗马法的发展可以被描述为平稳而顺畅。罗马法的复兴直接导致了一些德意志法学著作的问世，这些著作是对罗马法在德意志发展的阶段性总结，同时又是法学家将外来的罗马法和本地的日耳曼传统结合起来的一种尝试。大约在1309年，乌尔里希·腾格勒撰写

注释

① 林国荣、基尔克：《封建社会》(英文版)，trans. by L.A. Manyon，London，1961，p.107.

了《俗人明镜》(*Laienspiegel*)，对于刑法、司法和程序法做了罗马法式的介绍；1345年左右，雷蒙得·冯·瑙斯塔德撰写了《法律概要》(*Summa Legum*)；1516年德意志又出现了一本以《申诉明镜》(*Klagspiegel*)为题的有关诉讼的法律读物。这一时期采纳罗马法的法学家包括约翰内斯·阿倍尔（1486—1576)，格里格·哈罗昂德（1500—1531)，伯纳德·沃尔瑟（1516—1584)，乔西姆·米恩辛格以及安德里斯·加尔。而同一时期的日耳曼法学者寥寥无几。

就社会影响而言，罗马法促使民众生活发生变革，法律作为一种独特的文化被从中抽离出来，其程度远甚于《萨克森明镜》对德意志的相应影响：法律在人们心目中不再是习惯，也不再是宗教的一部分，更不会同文学混为一谈，而是辅助人们在实际生活中回避灾祸和取得利益的专门知识。严格说来，当罗马法复兴运动在德意志将法律和其他社会活动、社会意识分离开来的时候，德意志的法制史就已经不再停留在中世纪，而是进入近代了。

三

罗马法在英格兰

在英格兰，由于民法并没有成为普通法中的一个构成要素，因而导致一种错觉，认为罗马法并没有对英格兰法律产生影响。事实上，在欧洲大陆罗马法复兴与继受的浪潮的冲击下，英格兰法律不可避免地要受到很大的震荡。在普通法基础的形成过程中，罗马法确实对英格兰法律理论的形成起到了重要的影响。12世纪，英格兰与欧洲大陆其他国家之间并没有什么根本的区别。法律以习惯法为基础，并且各地区的法律都有所不同。对罗马法的学术兴趣也存在。而征服者威廉的大法官——兰弗朗克（Lanfranc）本人就来自帕维亚的前注释法学派的学校。1145年，来自波伦亚大学的罗马法教师瓦卡里乌斯（Vacarius）在牛津开设了罗马法课程，一时间罗马法研究几乎吸引了所有人的注意。12世纪末，在牛津，法律学校比其他学校更受学生的喜爱。剑桥大学的罗马法课也可以追溯至13世纪。

尽管罗马法的讲授在英格兰受到过教会和国王的阻碍,但是从来都没有停止过。此后,对罗马法学的研究在英格兰渐成风气。它作为一种普遍性的法学理论存在于大学和其他类型的学习中心。这样,罗马法对普通法的实践产生了间接但却相当重要的影响。英格兰著名的法学家格兰威尔、布拉克顿都受到过罗马法的熏陶,在他们的著作(《中世纪英格兰王国的法律与习惯》、《论英国的法律与习惯》)中都相当程度地吸收了意大利注释法学派的思想。①其中布拉克顿的《论英国的法律与习惯》的大部分内容都取材于罗马法的文献资料,包括《民法大全》和阿佐对《民法大全》的注释的《法律概述》。据考证,布拉克顿曾向瓦卡里乌斯学习过罗马法,他在上述著作的序言里也说明了这一点。这两部著作对英格兰法律的发展都具有深刻持久的影响。因此对这两部著作中所受罗马法影响程度的了解,对于正确认识罗马法对英格兰的影响具有十分重要的作用。

　　格兰威尔的《中世纪英格兰王国的法律与习惯》一书吸收了教会法的法律观念和法律形式,并以此为媒介受到罗马法的影响。在这本书中,罗马法对于所有权及其保护措施方面的内容的影响清晰可见。如新近侵占令状就是在借鉴了教会法学家对强夺行为的处理方式的基础上出现的,而教会的这种处理方式则很明显是源自罗马的相关禁令。不过,更能体现出罗马法对英国法律影响的是布拉克顿的《论英国的法律与习惯》。布拉克顿受意大利注释法学派代表人物阿佐等人改造过的罗马法的深刻影响。②布拉克顿的《论英国的法律与习惯》分为两部分,第一部分主要是对阿佐《法律概述》的较全面的介绍,第二部分则主要是对亨利三世时期的法律案件进行的分析阐述,包括对令状的注释、对诉讼的分析等。该书还借鉴了查士丁尼的法学阶梯,将法律分为人法、物法、诉讼法三大体系。这部作品主要是对法律职业人员的法律实践进行指导,而并非学术性的书籍。布拉克顿对阿佐的作品进行全面广泛的介绍,其目的并不是要对罗马法进行研究。事实上,他这么做的目的只有一个,即通过对罗马法理论、术语乃至

注释
① See Poul Vinogradoff, *Roman Law in Medieval Europe*, pp.99—101.
② 参见何勤华:《西方法学史》,第281页。

程序的借鉴，弥补英格兰本土法律在这方面的不足之处，以使其成为科学化的体系。例如，布拉克顿借用了罗马法律中关于人的不同身份的术语，来满足英格兰语言中词汇的匮乏。他借用了statu liberi 和 adscripticii 来说明英格兰的现实情况。其中 statu liberi 被用来指称享有自由状态的农奴（serf），例如以自由人身份居住在自由土地上的农奴。在这种情况中，他们是受法律保护的 prima facie，任何将他们宣布为维兰（villain）的人，必须要提起诉讼，并负责在法庭上出示证据。Adscripticii 一词被用来指代一种身份处于自由人与农奴之间的身份，大体相当于古代庄园中的 villain socmen（维兰），在一定程度上还包括保有农奴（villainage）身份的自由人。这种用法显然不是罗马的理论，这是根据英格兰的情况而修改的罗马法术语。

罗马法对英国法的影响还可以通过地役权取得时效达到规定来验证。通过时效取得地役权是罗马法的古老制度，最先出现于《十二铜表法》。其基本原则是：地役权（例如通行权）的基础是在一段必要时间内，连续地、直接地使用而获得权利。发展到查士丁尼时期，法律规定：当一个地役权被非暴力地、公开地、稳定地享受 10 年或 20 年（视供役地所有人是否在当地而有所区别），一项有效的、合法的地役权就被确认了。这种罗马法的"非暴力地、公开地、稳定地"术语，在英国法院确定"实际使用获得权利"这个词语的含义时被采用，并一直延续到现代。

另外，英格兰的衡平法也受到罗马法的影响。由于主持衡平法程序的掌玺大臣本身往往具有教士身份，而由掌玺大臣管辖的案件是根据良心和正义观念进行审判的。因此库恩得出这样一个结论，即英国法的衡平法院注重现实方面的公平原则，和罗马法中裁判官借重万民法的正义观念如出一辙，殊途同归。表现在具体的法律制度上，比如英国法借重信托制度保护弱者，在同样的情形下，法国法则通过法定抵押权制度也可达到类似的效果。英国法中信托关系的成立并非基于当事人的约定，而是为了衡平的目的由法律规定创设，只要某人依法在一个寄托契约中处于受寄人的地位，那么该契约的对方当事人就得基于双方的信托关系而承担受托人的一切责任。这样看来，认为教会法在罗马法向普通法和衡平法渗透过程中起到的媒介作用，这种观点应该是令人信服的。

　　总之，英格兰并没有走上全面继受罗马法的道路。英格兰的法学家们往往只是应用罗马法的分类法、法律概念和术语来讨论本国的实际法律问题。他们只是吸收了罗马法的精神，采撷了部分罗马法的原则，从实质上、而不是从形式上接受罗马法。正如维诺格拉多夫所言："总体看来，通过对《学说汇纂》或《法典集》的篇章的引用来估计罗马法对英格兰的影响是不可能的事情。如果我们想要找到这种影响的明确的痕迹，我们不得不考察原理而不是参考的文献。……它（影响）的特点和程度由司法观念的发展所提供，在这方面罗马法对英格兰理论的最初的影响将被发现是值得思考的事情。在许多内容上，英格兰的法官和法律著作家被他们的罗马前辈所鼓舞，当英格兰的法学家们不是简单地复制他们的罗马典范，而是从它们中借鉴内容以致用他们自己的方法发展它们（罗马法）时，这种观念上的交往并不像经常的时间那样明显。"① 也正如日本学者宫本正雄所说："无形而继受其思想，非有形而输入其制度"。②

　　为了更好地认识英国的法律制度和法律思想，下面就英国的普通法情况做一总体性的阐述。"普通法至上"即"在其他一切权力之上，法律本身享有最高权威"，这是英国法律的特征和原则。尽管这一原则已成为英国的法律传统，不过这一原则的确立也并非一蹴而就的事情。在英国，这一传统是伴随着普通法的形成而发展的。普通法的形成是王室法院司法管辖权扩张，国家司法中央集权化、体系化发展的结果。从亨利二世改革以来，国王法院以相对强大的王权为保障，大力推行司法与法律体系的中央集权化，于司法活动之中逐渐形成了一套全国统一适用的法律体系——普通法。依靠王权的支持，普通法由一种管辖国王领地事务以及协调国王直属封臣间纠纷的具有地方性色彩的法律，一跃成为通行于全国的普遍性的法律。伴随着国王权威的提升以及王室法院司法管辖权的扩张，普通法也逐渐地排挤其他法律，取得了高于教会法与地方法的优势。"王室法院的习惯是全

注释

① Poul Vinogradoff, *Roman Law in Medieval Europe*, p.118.

② 宫本正雄：《英吉利法研究》，商务印书馆1998年版，第111页。

英格兰的习惯，并且成为普通法。至于地方习惯，一般情况下，国王的法官将表达对它们的尊重，没有任何迹象表明国王法官们有意识地去推翻它们。虽然如此，尽管它们没有被废弃，它们的进一步发展也将受到检查。特别是在所有涉及程序的事务上，正在对所有其他法庭获得完全控制的王室法院把自己的习惯（即普通法）作为唯一适用的规则是十分容易的。"[1]可以说，普通法的形成与发展是国王权力的加强在法律领域特别是司法领域中的体现。那么作为"诺曼征服后数个世纪里，英国政府逐渐趋向中央集权化与专业化过程中在行政管理上获取胜利的一项副产品"，[2] 普通法理应成为加强王权的一种手段，以维护王权为己任。

然而，普通法的这一发展趋势却为《自由大宪章》（1215 年）与《牛津条例》（1258 年）的签订所打破。如前所述，普通法的形成过程实际上是国王司法管辖权不断扩张的过程。伴随着这种扩张而来的，则是国王对教会与领主司法权的侵害。所以普通法的形成也是国王不断规避、排挤、褫夺教会及其他领主司法管辖权的过程。这必然引发国王同教会及领主之间围绕着司法权的矛盾与冲突。亨利二世时期对于包括司法权在内的教会权力的削夺激化了国王与教会间的冲突。而坎特伯雷大主教贝克特的殉教则引起了国王的统治危机，国王因此而被迫作出让步，与教会达成协议。与此同时，国王随意签发令状、扩张王室法院司法管辖权的行为损害了领主的司法权以及与之相关的司法收益，引起他们的强烈不满。贵族领主们从自己的封建利益出发，同时为了继续享有司法权，进行了一系列反对国王的行动来限制王权，国王约翰被迫签订了《自由大宪章》，明文禁止国王随意发布指令状、将案件从领主法院转移至国王法院。此后，贵族领主们继续利用各种机会迫使国王对其令状签发之权予以控制，最终在《牛津条例》中，全面限制与禁止国王或其大法官签发新令状的行为。通过这些斗争，在国王、教会以及封建领主之间形成了一种均势的权力结构，并确定了维持这种结构稳定的机制，即以《自由大宪章》为主的一系列具有"高

注
释
　① F. Pollock and F. W. Maitland, *The History of English Law before the Time of Edward I*, V.I,
　　　Cambridge, 1968, p.184.
　② S. F. C. Milsom, *Historical Foundations of the Common Law*, London, 1981, p.1.

级法"性质的文件。这样，权力各方必须在"高级法"框架内行动的观念就成为了一种传统。此后普通法不断将大宪章吸纳到它的主体内容中，以这种方式获得了英国的"高级法"地位，确立了"普通法至上"的法律传统。

在这样的传统下，国王权力有限性的观念深入人心。早在普通法形成之初，在其内部特质中即已埋下了限制王权的因素。在普通法形成的早期阶段，王室令状的地位及作用极为重要，与其相伴的另一个重要内容是诉讼形式（程序）。令状（writ），从其字面意思理解就是简

英国伊丽莎白一世时期的议会开会图

短的书面命令和通知。通常用来指称一种加盖了印章的正式的书面文件。在中世纪，令状通常是教皇、国王和其他统治者经常用来下达命令和授予权利的一种手段。威廉征服之后，颁发王室令状成为英格兰国王进行国家行政管理和司法管理的一种主要手段。[1] 令状以及由它所引发的诉讼程序不仅是国王实现司法中央集权化的强有力的手段与工具，同时也是早期普通法的核心内容以及整个法律赖以存在的基础。不仅如此，令状制度的发

注释
[1] 参见哈罗德·J. 伯尔曼：《法律与革命——西方法律传统的形成》，贺卫方等译，第538页。

展与完备形成了普通法的独特特质。王室令状也从以往的授权性令状经执行性令状的形式发展为开始一项法律诉讼的原始令状。而创制于亨利二世时期的回呈令状，则将国王司法权限扩展到国王希望拥有管辖权的所有案件当中，从而在此基础上形成了一套整个英格兰普遍适用的法律与习惯。诉讼形式，则"包括提起一项诉讼程序的令状，直至法院判决为止的整个诉讼过程，在一些案件中，还包括判决的执行。令状制度是诉讼形式的基础。"①然而，尽管王室令状自亨利二世时就成为国王扩张王室法院的司法管辖权、加强司法中央集权化的重要措施，但同时也不可避免地暗藏了对国王权力的不利因素。亨利二世的法律改革，以法令的形式规定了一个概括性的原则：没有国王的令状，任何人都不必为他自由持有的土地应诉。此后，即使领主在自己的法院开庭审理发生在自由佃户之间的土地诉讼，也需要事先获得一份大法官以国王名义签发的权利令状，否则他无权要求自己的佃户出庭应诉。这一原则逐渐扩展到对其他标的的诉讼中。这样，获取一张由国王或其大法官签发的令状便逐渐成为开始一项诉讼所必需的事物。但另一方面，虽然国王"大大扩展了他的司法管辖权，以对抗封建和教会法院的司法管辖权；但主张王室司法管辖权的条件是被明确界定的，因而这些条件便构成一种限制。救济类型的分类以及对请求这些救济程序的论述，界定了王室司法管辖权。……作为限制权力手段的'界税的增加'，适用于教会权力和封建权力，也适用于王室权力。"②

这种限制在令状方兴未艾之时尚不明显，然而到了《自由大宪章》和《牛津条例》确定之后，这种限制便越来越凸显出来。这种限制可以追溯至令状中对王权的不利因素。最初"没有国王的令状，任何人都不必为他自由持有的土地应诉"的原则，随着诉讼标的的扩展而演化为"没有王室令状，就不得在王室法院提起诉讼"，牛津条例之后甚至形成"无令状则无救济"原则。③原本是只要拥有令状就能进行诉讼，被演绎为只能在令状范围内进行诉讼。前者对令状没有限定，既然开始诉讼的前提是令状，那么

注
释

① L. B. Curzon, *English Legal History*, Estover, 1979, p.73.

② 哈罗德·J. 伯尔曼：《法律与革命——西方法律传统的形成》，贺卫方等译，第553—554页。

③ See F. W. Maitland, *The Constitutional History of England*, Cambridge, 1909, p.300.

就可以依据诉讼（无论新旧类型）而拟制令状。后者则对令状进行了限定，只能用已经存在的令状开始诉讼，如没有与新诉讼类型相应的令状，则该类型诉讼就可另觅其他司法救济方式，而不必一定是来自王室法院和普通法的救济。通过两个实际语义不同的语句间的转换，令状的功能就从协助国王权力的扩张转变为对它的限制。这样国王司法权的无限扩张得到了遏止，同时也预示了有限王权观念的生成。"在亨利二世的立法和格兰维尔的著作中都找不到像在西西里国王罗杰二世的立法中可以发现的那种绝对王室权力或王权无所不能的主张。相反，格兰维尔[1]在以令状界定王室司法管辖权的同时也限制了这种司法管辖权。"[2]《自由大宪章》之后，这种限制王权的观念更是迎风而长。布拉克顿[3]就曾指出"国王本人不应受制于任何人，但他却应受制于上帝和法，因为法造就了国王。"[4]"国王的政权恰来源于法律——是法律（lex）使他成为国王（rex），一旦他只用武力统治，他就不再成其为国王了"。[5]"因此，让国王依法来驯化他的权力，法是对权力的约束。"[6]而在福特斯库[7]的《英格兰统治论》中，这种有限王权的观念更发展为对立宪君主制的主张。然而这种普通法至上传统下的王权有限观念，在17世纪初却面临着来自王权的挑战。这个挑战源于国王詹姆士一世对普通法院司法管辖权的主张。

詹姆士一世本为苏格兰国王，于1603年英国女王伊丽莎白去世后加封英王。这个苏格兰人不顾英格兰固有的传统，将他的专制理论推行于全国。早在继任英格兰国王前，詹姆士一世就曾撰写过两部阐述其专制君主论的

注释

[1] 格兰维尔（R.Granville，1130—1190）是亨利二世时期著名的法学家。曾先后担任巡回法官、司法长官等职。著有《中世纪英格兰王国的法和习惯》一书。

[2] 哈罗德·J. 伯尔曼：《法律与革命——西方法律传统的形成》，贺卫方等译，第554页。

[3] 布拉克顿(H.D.Bracton，1216—1268)是英国中世纪法学家，曾担任巡回法官与王座法院首席法官，著有《论英国的法律和习惯》。

[4] 引自爱德华·S. 考文：《美国宪法的"高级法"背景》，强世功译，三联书店1996年版，第21页。

[5] 哈罗德·J. 伯尔曼：《法律与革命——西方法律传统的形成》，贺卫方等译，第554页。

[6] 引自爱德华·S. 考文：《美国宪法的"高级法"背景》，强世功译，第22页。

[7] 福特斯库（Sir John Fortescue）是15世纪英国法学家，亨利六世的大法官，曾陪同国王流放。著有《英格兰法礼赞》、《英格兰统治论》。是英国早期立宪君主政治思想的倡导者之一。

著作——《关于自由君主制的正确法律》（1598年）和《国王的馈赠》（1599年）。入主英格兰后，他要求臣民向他宣誓效忠，强迫人民接受君主统治的绝对服从义务。他认为，国王不必在臣民面前，而是在上帝面前对自己的行为负责。由于"君主代表着上帝"，因此君主制是具有神性的完美的统治形式。它优于其他任何政府形式。在这种政体中的君主具有绝对权威，拥有神圣的权力，人民对他的服从是毋庸置疑的。君主的权力具有无限性，不仅不受议会及教会的监督，更可以将一切私人领域的权力都纳入到君权之内。在与法律的关系上，由于君主的权威来自上帝，因此他可以超越法律凌驾于其上，可以拒绝议会的法律而不必申述理由。在1610年向议会所做的演说中，詹姆士一世宣称，"如臣民争论国王的权力应行使到何种限度，那就是叛乱，但正义的国王会愿意宣布他们将为的行为，如果他们不愿招致上帝的降祸。我的权力为人争论的话，我将不满，但是我愿意就我所做的一切给出理由，并依据我的法律来规制自己的行为。"① 詹姆士依凭其上述理念，随心所欲地超越法律行使其特权，表现在法律领域中，即插手于传统上属于普通法院司法管辖权内的事务。而这种行为恰恰与英国"普通法至上"的法律传统相悖，从而招致时任普通法院首席法官科克的强力抵制。

四

罗马法在欧洲其他国家

先来看一下西班牙的情况。西班牙的巴塞罗那与意大利、法国接壤，在传统上属于罗马法影响的范围。历来法学家公认查士丁尼法典具有补充法的效力。法学家称地方法为"国法"，而称罗马法为"普通法"。11世纪出现的《巴塞罗那习惯法》中一部分系查士丁尼学说汇纂的原文，不少章节取材于罗马法文献资料。罗马法复兴时期，许多西班牙学者在意大利和

---

① J．M．凯利：《西方法律思想简史》，王笑红译，法律出版社2002年版，第223页。

法国的大学学习法律，同时意大利的法学家也来到西班牙授课和任职。在斐迪南三世及其子阿尔方索十世统治时期，罗马法研究受到了与教会法同等的优惠和赞助，在萨拉曼卡大学中，开设了罗马法课程。1401 年，在这所大学有罗马法教师 4 人，却没有教授西班牙法的教师。① 国王的法律顾问和王室法院的法官也有罗马法学家担任。此外，罗马法还影响着王室和地方政府的立法。斐迪南三世及其子阿尔方索十世，以查士丁尼法典为借鉴，创制了王室法令和议会法规。阿尔方索十世则于 1260 年颁布了《七章法典》，除去一些修改，这部法典事实上是对查士丁尼《国法大全》的翻版。这部法典对中世纪西班牙的法律理论与实践产生了巨大的影响。② 1348 年，《七章法典》成为大学的指定教材，不仅对城市法，而且对一切法律冲突都具有强制性。在詹姆士二世时期，瓦伦西亚明确承认罗马法的辅助权威性。1576 年，那瓦拉地区的帕姆普洛那议会也宣布承认罗马法的效力。③随着西班牙对海外殖民地的统治，罗马法也开始走出欧洲，对中美和南美国家的法律也产生了影响。

罗马法在荷兰的继受，大体情况与德国相似。13 世纪到 14 世纪中期，罗马法在理论上可以用做对习惯法的补充。15 世纪开始，荷兰大学中开始了罗马法的研究。1425 年创立的卢温大学开设了罗马法课程。1462 年查理颁布法令，责令莱登城按照罗马—教会法的内容与程序进行案件审理。此后，罗马法在荷兰逐渐取代了地方的习惯法。

总之，罗马法在欧洲的继受是一个多方面的现象。活跃于其中的政治的、社会的和精神的等各种因素有时联合在一起，而有时则相互对立。罗马法的继受在各国所受阻力也不尽相同。它不是一个统一的、计划好的进程。它在不同的国家中、不同的地区中，由不同的动力激发，采用不同的形式，导致不同的结果。④

注
释
① See Munroe Smith, *The Development of European Law*, Columbia University Press, 1928, p.276.
② See Hans Julius Wolff, *Roman Law: An Historical Introduction*, p.198.
③ See Munroe Smith, *The Development of European Law*, p.274.
④ See Hans Julius Wolff, *Roman Law: An Historical Introduction*, p.204.

在继受罗马法的过程中,没有一个地区或国家是有意识的去接受全部罗马法。这种继受只是一种趋势。只是每个国家或地区在时代背景下,依据自身发展的实际情况,对罗马法进行按需所取,并将这些提取的罗马法与本国或地区的原有法律相融合的过程。因此,需求的不同导致继受的内容和程度的不同,也导致了在各国所受阻力的不同。最终导致了世界两大法系的出现与分野,甚至影响到今天欧洲国家的政治理论和制度,工业和商业组织,公法和私法的规则。这就是历史的实际情况,尽管人们可以对这种罗马法的继受情况不屑一顾。

罗马法复兴对欧洲政治和法律制度产生深远影响,究其主要原因,我国学者付建平认为在于罗马法中蕴涵的罗马法精神即自然法精神、私法精神和理性精神。不可否认,罗马私法精神对欧洲商品经济的发展和市民阶级的成长是至关重要的。罗马法的复兴是伴随着西欧城市工商业的发展,市民阶级的崛起,世俗文化的勃兴而出现的。10 世纪以来,欧洲商业交换已经相当频繁,在法律方面,比如合伙法、海商法等等,均较罗马时代更为先进,但中世纪城市缺少商业活动所需的统一的法理基础,也不具备完善的司法程序,它们的习惯法一般不具有罗马法的如下优越性:关于绝对产权的明确概念、平衡法的传统、关于证据的理性原则以及注重专业法官等等。① 而作为"早期市场经济的经典法律"②的罗马法非常适合新兴市民阶级的需要,主要体现在:第一,私有权利平等原则,它在调整自由民内部的私有财产关系时可以作为一项司法平等的原则,后世则演化为公民在法律面前人人平等的观念;第二,罗马私法中的物权法提出了私有财产无限制的概念,即人对物最完全的支配权和控制权,这有利于保护新兴市民的权益,提高他们的经商热情,这项原则后来发展为私有财产神圣不可侵犯的原则;第三,罗马法中对物诉讼,对人诉讼的制度,实际上是指对物权、人权的保护,后成为商法有关物权和债权的理论依据。③ 所以,罗

注
释

① See Paul Vinogradoff, *Roman Law in Medieval Europe*, p.79.

② 吴文翰:《罗马法:早期市场经济的经典法律》,载《罗马法、中国法与民法法典化》,中国政法大学出版社 1997 年版。

③ 参见王菲:《外国法制史纲要》,工商出版社 2000 年版,第 71 页。

马法的复兴大大加速了欧洲商品经济和市民社会的发展,这是毋庸置疑的。但本文更关注它的自然法和理性精神。

另外,罗马法富有特定的理性精神。16世纪法国学者盖伊·柯克维尔认为,罗马法并非普通法,因而不具有强制力,但它应被看成是"写下来的理性"。①在12世纪的西欧法学家眼里,"罗马法的敕令和解答,无论是单个的或整体的,都构成了在罗马法学家自己心目中绝没有构成的一种书面自然法,一种书面理性,他们将罗马法连同《圣经》、教父著述以及教会的法律一起视为神圣的典籍。"②罗马法中的理性——法律推理与研究的方法、模范的法律规范和制度、法律的分类模式以及法典化倾向——让复兴时期的法学家惊叹不已。在他们的努力下,这些被视为神圣的罗马法的真理被理解、接受、传播开来,成为当代西欧社会的普通语汇。正是罗马法本身蕴含的理性精神,罗马法才通过中世纪的法学家,运用经院主义的思维模式、方法(如逻辑、修辞、语法等)提高与锤炼了罗马法的"形式理性化"的程序,从而影响了西欧法律体系的系统化、完善化。

文艺复兴时期的罗马法学家在自然法理论的教导下,一方面提出与他们时代的现实相符合的政府和法律理论;另一方面又提出了对统治者专横地行使权力予以限制的法律理论——这些理论有利于西欧的法制现代化进程。③

注释

① 艾伦·沃森:《民法法系的演变及形成》,李静冰、姚新华译,中国政法大学出版社1992年版,第10—11页。

② 哈罗德·J. 伯尔曼:《法律与革命》,贺卫方等译,第169页。

③ 参见夏锦文、付建平:《罗马法复兴与西欧法制现代化》,载《比较法研究》2003年第2期。

第五章
自然法思想

从表面上看，文艺复兴时期的自然法思想与罗马时代的西塞罗、与中世纪的阿奎那等人的思想十分相象，例如都对理性与自然法的关系、对神法与自然法的关系等作了全方位的阐述。然而细究起来，区别还是很明显的。文艺复兴时期自然法所面对的对象即人与以往相比发生了诸多政治、经济、文化等方面内涵的变化。这时的人以新兴的城市市民社会和资本主义文明发生之初的社会为背景，其在政治和经济等方面的主体权利等出现了新的需求性质、程度和范围。这时期还形成了新的民族国家政治权利主体和新的国际关系。另外，随着对世俗的人、完整的人之认识深化也使思想家相应地深化了对理性结构、内容的认识。所有这一切都提示出文艺复兴时期自然法思想的独特内涵。

第一节　文艺复兴时期自然法思想研究概述

就自然法思想而言，在文艺复兴及稍后的年代里曾诞生了诸多影响深远的学者，其中有格劳修斯、霍布斯、洛克、普芬道夫（Pufendorf）等大家。他们的著作以各自独特的视野阐述了自然法思想。对此,一代代的学者都给予了高度的关注。当代学者安瑟尼·J·里斯卡、努德·哈康森以及查里斯·考维尔等人就以批评的眼光全面梳理了上述思想家的自然法思想,并从整体上描绘了文艺复兴自然法思想的特质及其演变轨迹。①C. H. 约翰、伊安·杭特、戴维·F·福特等人还将自然法思想与社会秩序、国家主权和公共政策等结合起来研究,从而拓宽了人们的视野,并对现实的国际政治实践发生了影响。②在中国的学术界,学者们也以极大的兴趣关注自然法问题。除有大量译著问世外,专题论著也陆续出版,如:耿云卿《先秦法律思想与自然法》③从中西方比较入手较为详细地梳理了自然法思想的发展轨迹;申建林《自然法理论的演进》④论述了西方人权思想随自然法理论演进而深化的情况,等等。除此以外,还有一些散见于法学编著中的论述,这些著作有:徐大同主编《西方政治思想史》、严存生主编《西方法律思想史》⑤等。近来,一些博士生也将自然法思想作为论文的选题,如黄颂《自然法观念考》、占茂华《自然法观念的变迁》、魏敦友的博士后报告《自然法的观念:渊源、历史与逻辑》等,上面提到的三篇博士论文都对自古代以来的自然法观念做了比较全面的梳理,为进一步研究自然法打下良好的基础。刘素民《烙在人性上的神之睿智:托马斯·阿奎那的自然法思想研究》、林庆华《托马斯·阿奎那基督教自然法理论研究》等论文则对具体个案进行精致研究。其他值得一提的还有周丽《论近代自然法的产生》、李中原《欧陆民法传统的历史透视:以罗马法与自然法为线索》等

注
释

① See Anthony J. Lisska, *Aquinas's Theory of Natural Law*, Clarendon Press, 1996; Knud Haakonssen, *Grotius, Pufendorf, and modern natural law*, Hants Aldershot, Dartmouth & Brookfield & Ashgate 1999; Charles Covell, *Hobbes, realism, and the tradition of international law*, New York & Palgrave Macmillan 2004.

② See Ian Hunter and David Saunders, *Natural Law and Civil Sovereignty*, Palgrare, 2002; David F. Forte, *Natural law and contemporary public policy*, Washington, D.C.; Georgetown University Press, 1998; C. H. Wu John, Fountain of Justise; *A Study in the Natural Law*, Sheed and Ward, 1955.

③ 耿云卿:《先秦法律思想与自然法》,(中国)台湾:商务印书馆1973年版。

④ 申建林:《自然法理论的演进:西方主流人权观探源》。

⑤ 徐大同主编:《西方政治思想史》;严存生主编:《西方法律思想史》,法律出版社2004年版。

博士论文。当然，如何对文艺复兴时期的自然法思想进行专题研究，这有待学者做进一步的努力。特别是如何找出文艺复兴时期自然法思想所隐含着的深邃精神，这更需要进行深度的学术思考和研究。诚如意大利学者登特列夫所言，"以我之见，关于自然法的研究，现代学者所需注意的，与其说是这一学说本身，倒不如说是它的功能，与其说是有关其本质的争论，倒不如说是它背后所隐藏的问题。"①

　　法学界曾有这样一种说法，"无论在文艺复兴时代，在宗教改革时代，自然法均占首要之位置。"②自然法思想之所以成为文艺复兴时期欧洲法学思想界的中心议题，社会变化是最直接的促进因素。文艺复兴时期另一个重要的历史现象是民族国家相继出现。民族国家从诞生的一开始就涉及国际法上的国家主权问题。同时，在欧洲民族国家的形成过程中又伴随着国家间的相互争斗，乃至战争。战争的各个环节对国家主权问题提出了法理上的解释需求。自然法就是确立国家主权和保持国家间正常关系的法理保证。这在古代罗马法中早已得到了证明。文艺复兴时期再一次提出这一问题，自然有其全新的历史含义。

　　当然，文艺复兴时期欧洲自然法意识的生成还与欧洲文化传统有特定的关系。甚至可以认为是欧洲传统自然法理论的逻辑延伸。这里不妨对罗马法中的自然法问题做些回顾。罗马法中的自然法思想无疑来自于古希腊哲学、尤其是斯多葛哲学。"罗马法的发达(最高裁判官法和万民法的出现)和罗马法学的产生，则无疑是与接受斯多噶派的自然法思想相联系的。"③研究罗马法的"学者们几乎一致的观点认为，是自然法这一哲学观念影响了罗马法的形成，而罗马法主要依靠自然法的思想力量且持久地征服了世界。"④英国法律史家梅因曾说："我找不出任何理由，为什么罗马法律会

注释

① A. P. 登特列夫：《自然法——法律哲学导论》，李日章译，（中国）台湾联经事业出版公司1962年版，第7页。英文参见 A. P. d' Entreves, *Natural Law, An Historical Survey*, Harper Torchbooks, 1951, p.12.

② 寺田四郎：《国际法学界七大家》，中国政法大学出版社2003年版，第184页。

③ 乔治·霍兰·萨拜因：《政治学说史》（上），盛葵阳、崔妙因译，第196页。

④ 李静冰：《罗马法的哲学透视》，载《比较法研究》1992年第2期。

优于印度法律，假使不是'自然法'的理论给了它一种与众不同的优秀典型。……真的，如果自然法没有成为古代世界中的一种普遍的信念，这就很难说思想的历史，因此也就是人类的历史，究竟会朝哪一个方向发展了。"①希腊哲学对罗马法的影响，主要在于自然法思想的渗透。正如梅因所说："从整体上讲，罗马人在法律改进方面，当受到'自然法'理论的刺激时，就发生了惊人迅速的进步。单纯化和概括化的观念，是常常和'自然'这个概念联系着的；因此单纯匀称和通俗易懂就被认为是一个好的法律制度的特点，过去对于复杂语言、繁缛仪式和不必要困难的好尚，便完全消除。"②

斯多噶派学者正是吸收了早期希腊自然哲学单纯化、概括化和匀称等基本观念，并将他们引入罗马法。从而，改造了这一为大量繁琐仪式和程序所包裹的法律制度，并使之合理化、普遍化。此外，自然法观念的引进还将一种新的道德精神，注入到罗马法学之中，从而为全部的罗马法律制度，重新奠定了道德基础。"罗马法学家把希腊哲学的理性方法接受过来，同时又表现出对现实社会的极大关注，理性与经验的结合，使罗马法学得到了极大的发展。"③在《法学阶梯》中，我们可以清楚地看到，罗马法被明确地区分为三部分：自然法、万民法和市民法。古罗马法学家乌尔比安将自然法界定为："自然法是自然界教给——一切动物的法律。因为这种法律不是人类所特有，而是一切动物都具有的，不论是天空、地上或海里的动物。由自然法产生了男女的结合，我们把它叫做婚姻；从而有子女的繁殖及其教养。的确我们看到，除人而外，其他一切动物都视为同样知道这种法则。"④

古罗马著名法学家盖尤斯在《法学阶梯》中宣称，"凡是依靠法律和习惯统治的国家……部分地运用了为整个人类共有的法律……而自然理性在整个人类中确立的东西则是为全人类平等遵守的，它被称之为万民法，因

注
释
　　① 梅因：《古代法》，沈景一译，第 45 页。
　　② 同上书，第 33 页。
　　③ 郭成伟：《外国法系精神》，中国政法大学出版社 2001 年版，第 242 页。
　　④ 查士丁尼：《法学总论——法学阶梯》，张企泰译，第 6 页。

为它是万国适用的法律。"①在盖尤斯看来，由于万民法是一个普遍的甚至是极为普遍的规则体系，所以万民法就是自然法无可置疑，罗马法在历史上的权威性乃是包括自然法观念在内的许多原则得以对整个欧洲发生广泛影响的根据。其结果就是罗马法成为欧洲文化史上最伟大的精神力量之一。没有斯多噶派主义的传入罗马，罗马法的面貌就会是另一种样子，同样确定的是，没有经过罗马法律学过滤、且凭借了罗马法流传于后世的自然法观念，现代人的生活也一定不是今天这种样子。②

但也有学者认为，"在自然法理论本身方面，罗马法学家们几乎没有什么新的贡献，相对西塞罗的自然法哲学，他们是倒退了。如果说西塞罗还有政治理想，那么他们则完全潜心于法学本身的问题。除了承认实在法在指导思想上来源于正义的观念，他们实际上已抛弃了自然法的评判性。"③其理由来自对《法学概论》中罗马法学家乌尔比安自然法概念的分析。他认为乌尔比安自然法概念代表了罗马法学家典型的自然法观。与柏拉图和亚里士多德法哲学中包含的自然法思想以及西塞罗全面阐述的自然法理论相比，这种自然法观念已失去了西方法文化最深层的"理念"、"理性"所具有的魅力。但不管怎么说，在自然法思想指导下，罗马法学家对法的概念和分类等法学理论进行了深入的探讨，并将自然法理念运用到法律实践，从而推动了罗马法的发展确实是事实。正义是自然法思想的基础与核心，正义是谋求所有人利益的美德。因此，法律必须符合正义，符合正义就是符合自然法。④法哲学思想强调公平、正义，更关注如何通过法律来达到和实现社会的公平和正义。

文艺复兴时期自然法思想受到高度的关注又与法律体系和法律实践的演变有联系。在中世纪和近代之交，大陆法系和英国法系的区别开始显

注释

① 盖尤斯：《法学阶梯》，黄风译，第 2 页。另参见 *The Institutes of Justinian with English Introduction*, translated by the late Thomas Collett Sandars, M.A., Longmans, Green, and CO., 1903, p.8.

② 参见梁治平：《罗马法律中的希腊哲学》，载《读书》1992 年第 6 期。

③ 张乃根：《试析罗马法学家的法哲学》，载《复旦大学学报》1996 年第 4 期。

④ 参见《正义与法》，黄风译，中国政法大学出版社 1992 年版，第 35 页。

现。①大陆法系指意大利、德国等欧洲大陆地区所继受、推广以罗马法为核心内容的法律体系和法律实践。②英国普通法的形成并成为英国法律制度的重要特征，其历史比较复杂，大致上与英国中世纪王权和国家权利的演变过程密切相关。特别是英国王室法庭在整个司法实践中逐渐取得主导的地位，这是普通法成为主导法律的重要原因。到了12世纪左右，大陆国家在开始运用罗马法的内容为其王权和国家统一进行艰苦工作时，这时英国的普通法和强大的王权已经相互携手，取得了统治的地位。以上内容在卡内冈的著作中已经做了出色的表述。③但无论是哪一个法系都对罗马法及其自然法的内容给予了充分的关注。从根本上讲，罗马法所对应的是市民社会，罗马法是一种以自然法为基础、以个人权利主体为核心的法律思想。有学者指出，"罗马法不在反映民族的共同意识或部族的生活习惯，而是以个人的自由、个人的利益为基础。……权利主体是一自由形态，除受正义和公平的原则拘束外，不受其他因素的支配。"④很显然，在市民社会发生着许多相同变化的社会里，大陆国家和英国岛国对罗马法都表现出应有的热情。例如不同法系地区的学者都对罗马法中的自然法内容做了大致相仿的法理解释，认为罗马法之所以成为永恒的法学经典，其核心的精神就是渗透于其中的自然法，并认为自然法的精神应当成为任何法律基础和政治统治合法性的依据。⑤如此等等。事实上，普通法在英国占主导地位并不等于历史上和法律体系中没有涉及自然法的内容。其中衡平法的法律思想基础就突出显示了自然法的内容。16世纪初，圣·德梅恩撰写了《博士与学生的对话》一书，其中所阐发的思想成为以后衡平法的法律地位和法律思想的基础。书中谈到，世界都是由神法和自然法统治的，其次才是人法。人法不能违反神法和自然法。人法与神法和自然法的接近程度就是人法完善性的标志。只有这样，与人法相关的衡平法才会有最高的法律依

注
释

① 参见 J. M. 凯利：《西方法律思想简史》，王笑红译，第171页。
② 参见戴东雄：《中世纪意大利法学与德国继受罗马法》，中国政法大学出版社2003年版。
③ 参见卡内冈：《英国普通法的诞生》，中国政法大学出版社2003年版。
④ 戴东雄：《中世纪意大利法学与德国继受罗马法》，第66—67页。
⑤ 参见汪太贤：《西方法治主义的源与流》，第215页。

据。①由此可见一斑。

第二节 自然法与神法、理性之间的相互关系

文艺复兴时期的人文主义者通常认为,人最初的状态就是人对自己的考虑,以获得生存的有利状态,这就是自然权利。②当自然权利以自然法的形式出现,则是理性介入的产物。诚如霍布斯所言:"自然律是理性所发现的诫条或一般法则。"③又由于理性是以一定的价值评判为标准的,因而自然法的道德特征十分明显,"研究这些自然法的科学是唯一真正的道德哲学,因为道德哲学就是研究人类相互谈论与交往中的善与恶的科学。"④ 我们不妨将自然状态、自然权利、自然法三者间的逻辑关系概括为:以自然状态为基础的自然权利是自然法的出发点和具体内容。自然法是以理性为基础的、法学意义上的自然权利。所以从形式上看,自然法极其抽象。为了使自然法在市民社会、国际社会中发生实际的效应,于是又有学者认为,自然法和自然权利的关系只有在实际的立法过程中才能宣明。就司法实践而言,正是法官将自然法通过具体的审判显现出来。不过有一点是十分清楚的,即自然法的根本内容是对人的自然本性的强调。人文主义者一般认为,只有人的自然本性能决定一切和说明一切。例如是人的本性之驱动而使国与国之间订立契约,也是人的本性之驱动又使国与国走向对立。因此人类应将注意力放在自然本性的如何变化上,注意自然本性如何制约国际关系这些事实。在国际法学史上,持上述倾向者后演化为"纯粹自然国际

注释

① See W. S.Holdsworth, *A History of England*, Vol.4, Methuen & Co. Ltd., 1945, pp.279–282.
② See Hobbes, *On the Citizen*, Cambridge University Press, 1998, p.22.
③ 霍布斯:《利维坦》,黎思复、黎廷弼译,第97页。
④ 同上书,第120页。

法学派"。有的法学家则认为,国际社会中实际起作用的还是实在国际法,而实在国际法是一系列由利益和强权支配并在国际关系中实际得到遵守的条约总和。自然法在国际法中只有"劝说"的意义,而不发生实际效应。持这种倾向者后演化为"实在国际法学派"。霍布斯是纯粹自然国际法的竭力维护者;莫泽尔则是实在国际法学派中坚持让"各主权者及其文书本身说话"的重要思想先驱。①

文艺复兴时期的法律思想家在探讨自然法过程中,还重点研究了自然法与神法、理性之间的相互关系。从大量著述的内容看,大致上发挥了亚里士多德和中世纪以阿奎那为代表的经院哲学理论。但在学术探讨中贯穿始终的,则是人文主义的主线。突出地表现为对人的存在、人的各种主体权利的关注,以及从历史的、文学的多维角度对自然法等法学内容进行阐述,如阿尔恰托对民法大全所做的系统阐释,就是当时的范例。②神法仍是最高的法。法律史家莫利斯在概括当时流行的法学理论时指出,"真正的自然法是创造人类的神法"。莫利斯继续评论道,神法和自然法有内在的一致性。而最初自然法就是神法中的各种启示。因此对摩西法的高度关注是十分自然的。③

不过在人文主义者的心目中,理性是神法和自然法的桥梁。在这一思想的指导下,人文主义者对自然法做出许多新的解释。上文已经提及,就人的本性、人的自然状态而言无所谓善与恶。如果为己的本性没有任何制约,就可能导致恶。受到理性的引导,便显示善。④自然法由于人的理性因素而得到确认,而人的理性在任何人的身上又都是相同的。所以,自然法对于所有的人和所有的国家而言应当是有相等的认同感和权威的。"因为任何法律要是没有由制定者以文字或某种其他方式予以公布时,便只有通过遵从者的理智才能认知;于是这种法律便不仅是国法,而且也是自然

注
释

① 参见菲德罗斯等:《国际法》(上),李浩培译,第1卷第6章各节。
② 参见斯金那:《近代政治思想的基础》(上),奚瑞森、亚方译,商务印书馆2002年版,第313页。
③ 参见莫利斯:《法律发达史》,第2章"摩西法"。
④ 参见霍布斯:《利维坦》,黎思复、黎廷弼译,第95页。

法。"①由此可知，理性不仅是桥梁，它还是法理的准则。任何人都应该凭借理性去遵从自然法，②而不能将自己认定为具有超出自然法的权利，并以此去统治另一部分人。奥卡姆指出，"就另一层意义而言，自然的平等通常可以通过人的理性来观察，除非有什么特殊的理由说无法被观察。不应该用其他的事由来反对他出自自然平等的意志，……但人们会问，是否教皇具有不顾自然平等来照看、统治其子民的权限？回答是否定的。教皇不具有受任照看、统治其子民的权限，人民将自己关照自己。如果教皇真的要做这种照看和统治其子民的责任，那么就法律来说，其行为也是无效的。"③卡斯蒂利奥内也认为，理性是最高的行为准则。对于具体的人来讲，应该是灵魂统治肉体，理性控制情感爱好。所以任何一个人包括君主在内，都必须依照法律办事，这是因为依法办事体现了理性对情感爱好的控制。④当然，在文艺复兴时期的人文主义者如卡斯蒂利奥内的心目中，平等、正义、善和幸福的真正来源及保护者还是上帝。⑤这是当时普遍认同的观点。

托马斯主义在西班牙得到复兴，形成所谓的西班牙自然法学派。该学派将法根植于个人理性之中，他们重新采纳斯多噶派自然法的形式，认为自然的法则相当清晰，足以被人类的理性所把握，个人理性由此被尊崇为法的渊源，法的逻辑化。该派相信理性和唯名论的逻辑方法，认为用演绎的方法便可获得法。西班牙法学派对全部自然法的原理作了系统地阐述，并使之成为17世纪时研究政治理论问题的唯一科学方法，"苏亚雷兹和有时称之为西班牙法理学学派的其他成员把中世纪的法律哲学家消化并系统化了，并将它传给了17世纪。……的确，苏亚雷兹的自然法含有格劳修斯做出的许多结论。如若自然和人性中有某些素质不可避免地形成某些做出

注释

① 霍布斯：《利维坦》，第211页。
② 参见 J．M．凯利：《西方法律思想简史》，王笑红译，第137页。
③ William of Ockham, *A Short Discourse on Tyrannical Government*, Cambridge University Press, 1992, pp. 68-69.
④ See Baldesar Castiglione, *The Book of the Courtier*, pp.305-306.
⑤ Ibid., p.307.

正当行为的途径和另一些则做出错误行为的途径，那么，善恶的区别就不是出于上帝和人的武断意志，而是一种理性的区分。人的关系的性质和由人的行为自然产生的后果构成了一种试验，成文法的规定和实践是可以遵从的。人间的立法者没有谁能使错误变成正确，正如格劳修斯后来所说，上帝本身甚至也不能；如同苏亚雷兹所主张的，甚至教皇也不能改变自然法。在法律的特别条款后面存在着有普遍效力的理性条款。"①

由于自然法与人的理性相关联，它就与实在法紧紧结合在一起。英国法学家胡克（Hooker）在《论教会政体的法律》中论述道，"因此合理的法则，世人通常也称之为自然法则，意即是指人性由理性而认知其普遍规定的法则，由于此故，它是最合适地可称为理性法则。人们通常用以称呼自然法的理性法律，意味着人类本性经由普遍理性认识的法律，出于同样原因，自然法最为合宜的名称是理性法"②；"理性法则具有这些标记可藉以知道的。首先，遵守它们的人，在其自动行为上，则与自然本身在全世界进程中所必然遵守的工作法度，都保持一种互相类似。自然的工作全是必须的，美丽的，无赘余也无缺欠；那些人的工作，只要是按照理性法则所训令的，也是这样。其次，那些法则可藉理性而得查明，无需超自然的和神圣的启示。最后，那些法则可得查明到这个样子，就是关于它们的知识是一般性的，世界永是已与它们熟悉了。"③自然法的原则是"理性发现的，而丝毫不仰赖于超自然的力量或神的启示"。④理性自然法学所主张的自明性、普遍性、理性、主体性、实证性趋向等等，构成近代自然法的鲜明标志。⑤

总之，与文艺复兴时期突出世俗的人及其精神相适应，自然法也烙上了世俗的理性印记。正如学者所云，"近代自然法完全沉浸于唯理论的科学理解之中。在此，理性不仅是正确的法之认识工具，也是其源泉。理性，人的理性赋予人以自然律法。不存在所谓逻各斯，自在存在的观念，永恒法，

注释
① 乔治·霍兰·萨拜因：《政治学说史》（下），刘山等译，第446—447页。
②③④ The Rev. M. A. John Keble, the Works of Mr. Richard Hooker, Burt Franklin, 1970, p.233.
⑤ 参见叶士朋：《欧洲法学史导论》，吕评义、苏健译，第151—153页。

也没有经院哲学中的所谓预设真理(但人们不仅仅针对经院哲学),人完全是受自身的认识能力引导。不再是权威和传统决定什么当是'正确的法'。相反,仅应涉及什么在理性上是理智的,'合乎理性的'。法哲学挣脱了神学,自然法世俗化了。"[1]到 17 世纪,世俗化的自然法成为了西方政治哲学和法学理论赖以取得可观进展的基础。[2]

第三节 自然法、人性和人的权利

文艺复兴时期,人文主义的自然法理论以人性论为基础和起点。在荷兰著名国际法学家格劳修斯那里,人们可以听到这样一些名言:人性是自然法之母; 而自然法是真正理性的命令,是一切行为的善恶的标准。[3]霍布斯的自然法也是对其人性概念进行推演的结果。荷兰学者斯宾诺莎则认为,人是自然的一部分,人的本性是由自然决定的。由上述观点引出了自然权利问题,即现在所谓的"人权"问题。[4]自然权利是指一种不可转让的、人人平等享有的权利。自然权利学说历史悠久。"权利"一词的渊源最早可以追溯到古希腊时期的"ius"或者"jus"。在古希腊语中,"ius"或者"jus"意指本身正当的东西,即正义。在罗马时期,"ius"成为罗马法学家们讨论的焦点。但是中世纪之前,这一词汇始终未表现出今天"权利"的内涵。关于权利的现代词汇的创造可以溯源到一些中世纪的基督教作家。

注释

① 阿图尔·考夫曼、温弗里德·哈斯默尔:《当代法哲学和法律理论导论》,郑永流译,第79页。
② 参见 J. M. 凯利:《西方法律思想简史》,王笑红译,第 212 页;乔治·霍兰·萨拜因:《政治学说史》(下),刘山等译,第 472 页。
③ 参见雨果·格劳修斯:《战争与和平法》,何勤华等译,上海人民出版社 2005 年版,第 32 页。
④ 参见约翰·菲尼斯:《自然法与自然权利》,董娇娇等译,中国政法大学出版社 2005 年版,第 160 页。英文参见 John Finnis, *Natural law and Natural Right*, Oxford University Press, 1980, p.198。

文艺复兴时期一根刻有正义象征者浮雕的立柱

中世纪经院哲学大师托马斯·阿奎那开始采纳"权利"的含义来勾绘历史，阿奎那认为，"ius"最基本的意思是"正义事情的本身"，而由"ius"派生的意思是"某人用于了解或者确定什么是正义的技术"、"用以裁定正义的场所"以及"法官的审判"等。①奥卡姆和另一个经院学者热尔松则进一步将拉丁词语"ius"的用法加以修改。②

在14和15世纪，"ius"一词再次被引进到欧洲的语言中，③这时它在用法上发生了很大的变化，初步获得它在古典时期所没有的更多的含义，即人类有一种固有的特性，按照这种特性，一个人应当拥有某些东西，能够做某些事情，或应当不受某些干预，这乃是正确的和公正的。④但是，现代语言中关于"权利"的表述显然是在17世纪早期苏亚雷兹和格劳修斯的著作中最终确定的。⑤苏亚雷兹在他的著作《论法律》中区分了法律（lex）和权利（ius）的问题。苏亚雷兹认为，"ius"一词真正恰切的含义是"正义和正确意志的行动，它使下级按照上级意愿去履行义务。"⑥这一概念

注
释

① 参见约翰·菲尼斯：《自然法与自然权利》，董娇娇等译，第 166 页。

② See Richard Tuck, *Natural Rights Theories: Their Origin and Development*, Cambridge University Press, 1979, pp.22-26.

③ See John Finnis, *Natural Law and Natural Right*, pp.206-210.

④ See R. Pound, *Interpretations of Legal History*, Harvard University Press, 1930, p.158; John Finnis, *Natural Law and Natural Right*, pp. 206-207.

⑤ See Richard Tuck, *Natural Rights Theories: Their Origin and Development*, pp. 54-55, 60.

⑥ 引自赵敦华：《西方哲学通史》（第 1 卷），第 622—624 页。

带有意志论色彩，但他用"正义"和"正确"对合法意志做出某种程度的限定。在苏亚雷兹看来，上帝意志是"正义"的，具体表现为：他所意愿的"善"就是公众利益，而体现公众利益的法律应是共享这一利益的所有人共同认可的，这些人在法律之下平等分享这些利益。但上帝意志表现为不成文的自然法，铭刻在人的心灵之中，而人类制定的成文法必须依据自然法，符合上帝的正确性、正义性才有效，才具有真正的合法性。

那么何谓"权利"呢？苏亚雷兹将其定义为，"每个人或对自身财产所具有的或涉及自身应有事物的一种道德权利"。①在此基础上，他区别了法律和权利。他认为，法律规定的利益对于每个人都是平等的。但是，每个人实际享有利益的权利却是不平等的。为什么会出现这种情况呢？苏亚雷兹解释说，法律依据区分善恶的内在标准服从上帝意志，而权利则按照人类社会的外在状况服从上帝意志。例如按照自然法的原则人人生而平等，但自然法并未禁止财产私有。在具体社会环境下，它可能带来财产不平等，但他同时指出，侵犯个人财产权就是违反权利的行为。苏亚雷兹还认为，在一般情况下，权利也可被视为法律，比如，国际法就是一种权利。而统治者不管是教皇还是君主，他们所具有的统治权属于权利范畴，不受法律约束。②

由此可见，苏亚雷兹的权利概念已与现代十分接近，而此前托马斯·阿奎那著作中则没有提到这种内涵。正如麦金太尔所言："英语中'权利'之类的词语和英语及其他语言中性质相同的术语，只是在语言史上较晚的时期，即中世纪将近结束时方才出现……直到中世纪即将结束时为止，在任何古代的或中世纪的语言中没有任何词语可以用我们的'权利'词语加以翻译；在大约公元1400年以前，无论是古典的或中世纪的希伯来语、希腊语、拉丁语或阿拉伯语中都没有任何表达权利概念的方式，更不用说在英语或日语中，直到19世纪中叶还没有这种方式。"③英国学者米尔恩也指出，"直至中世纪临近结束之时，在任何古代或中世纪的语言里，都没有可

注释
① 引自约翰·菲尼斯：《自然法与自然权利》，董娇娇等译，第166页。
② 参见赵敦华：《西方哲学通史》（第1卷），第622—624页。
③ Alasdair Macintyre, *After Virtue*, University of Notre Dame Press, 1984, pp.65–67.

以用我们的词语'权利'来准确翻译的词语。"①

从 17 世纪以来，关于"权利"的论述在西方的道德和政治思想上占据着主导地位。格劳修斯是较早论述自然权利有关理论的学者之一，当时，他的主要目的是为荷兰商人在西班牙殖民地经营商业贸易提供合法性论证。②此后，在其著作《战争与和平法》中，格劳修斯进一步指出，"ius"除"正当的事情"这一含义之外，它的另一个内涵是指一种使得人们能够拥有或做正当的事情的道德上的"资格"，"它是直接与个人有关的。在此意义上，它指个人所具有的一种道德品性，由于具有这种道德品性，正好可以使他拥有某些特殊的权利，或者有权做出某种特定的行为。这种权利一般是附于人身的，尽管有时也随物而生，如被称做'物权'的土地方面的权利正好与完全是属人性的权利相对应。之所以做出这样的区分，不是因为这些权利不附于人身，而是它们仅仅为拥有某种特定物的人所有。这种道德品性，如果没有缺陷的话，就被称为'特权'；而如果有缺陷的话，就被称做'能力'。"③

自此，"ius"的现代内涵基本确定，它在本质上就是指某人所拥有的某些事物，而其中最主要的是权力和自由。同时，我们还可以发现，格劳修斯已不再使用"lex"（法），而是使用了"ius"（权利）来表达"自然法"这一概念。④显而易见，他的自然法观念是以自然权利为中心的，他所使用的概念本身就标志着向自然权利的过渡。这便是现代权利概念的起源。至此，菲尼斯总结到，"简而言之，权利的现代词汇和文法是从正义关系的受益人的角度描述和主张某种正义关系的要求和寓意的多面工具。"⑤从那时起"ius"一词真正具有了权利的含义。

注
释
① 米尔恩：《人权哲学》，王先恒等译，东方出版社 1991 年版，第 7—8 页。
② See Knud Haakonssen, *Natural Law and Moral Philosophy, from Grotius to the Scottish Enlightenment*, Cambridge University Press, 1996, p.29.
③ 雨果·格劳修斯：《战争与和平法》，何勤华等译，上海人民出版社 2005 年版，第 30 页。英文参见 Hugo Grotius, *the Rights of War and Peace*, M. Walter Dunne Publisher, 1901, p.19.
④ See William Archibald Dunning, *A History of Political Theories, from Luther to Montesquieu*, The Macmillan Company, 1927, p.164.
⑤ 约翰·菲尼斯：《自然法与自然权利》，董娇娇等译，第 165 页。

在胡克的自然法中，自然权利已经占有了一席之地。他写道："所有的人都希望在这个世界上幸福生活，而这种幸福生活只有在一切美德都能无碍的施展的情况下才能实现。尽管人们在这个世界上仅有极少的衣食，但是，使徒在鼓励他们自我满足时，使我们懂得那些不过是最低的生活必需品；即使那些东西在完全被剥夺的情况下我们还是能生活，那些东西也必须留下来；在这些方面的贫乏是一大障碍，以至于在这种贫乏消失之前，人类的心智就不会去考虑其他的事情。……因为正义的生活以生存为前提，因为除非我们能生存，否则我们就不能过有德的生活；所以我们努力消除的第一大障碍就是赤贫，就是物资的匮乏，没有物资我们就不能生存；如果我们追求一种快乐舒适的生活的话，许多东西对于生活而言都是必要的。"[1]

然而，自然权利理论的真正确立与传播却是从霍布斯和洛克所发展的关于国家的社会契约理论开始的，这种理论的基础就是个人有自我保护的权利或有生存、自由和获取财产的权利，而且从那时以后，关于权利的论述在西方的道德和政治思想中占据主导的地位，并一直延续至今。[2]

自然权利理论是自然法理论发展的重要成果之一。自然法学家们将自然权利视为一种自然的、永恒的、不可改变的现象，并把它作为十分重要的理论加以强调，突出它的绝对性和至高性，这是对权利观念的重要发展。尽管近代自然法学家对自然权利的论述差别很大，但有一点是共同的，即把人的自由和平等宣布为自然权利的最基本的内容。他们认定，上帝赋予人类某些不可转让的权利，其中包括生命、自由、财产和追求幸福的权利。这些自然权利是人的本质和人类理性的最基本的特征。

市民社会中的突出现象是人格自由问题。有了人格自由，权利与义务的实现才有保障。所以自然法之受重视的原因之一就是自然法体现了公民的人格自由。从古代罗马法开始，自然法就是人格自由的法律规定。这一规定在文艺复兴时期的自然法思想中得到了进一步的强调。按照弥尔顿的

注释

[1] Ralph Barton Perry, *Puritanism and Democracy*, the Vanguard Press, 1944, p.164.
[2] See R. Pound, *Social Control through Law*, Hamden, Archon Books, 1968, pp.87–91.

激进自由理论,法律的限制不能将人的自由本性限制住。"上帝赋给他理智就是叫他有选择的自由,因为理智就是选择。"① 所以,人性、自由、法律等都是出自自然的统一体,不能随意地去掉某一个部分。由于弥尔顿十分强调意志的选择自由,因此在相当多的场合,弥尔顿认为人可以按照自然法的要求做自己认为应该做的事情。但值得注意的是,在文艺复兴时期诸多法学家的心目中,一方面强调人格自由;另一方面又主张法律的至高无上性。甚至认为尊重法律远在尊重自由之上。卡斯蒂利奥内就自由与法律的关系指出,"自由不是随心所欲,而是依照良好的法律生活。自由也不是无制约地任凭自然、有用和需要行事。有些事情原本就有一定秩序存在着,就好像大家都要按一定规则行事。"②

霍布斯的政治理论认为,"自由"是一种"外界障碍不存在的状态",其实就是无政府的竞争状态。这种状态的最根本特征是每个人都享有完全的自然权利,所谓自然权利就是"每一个人按照自己所愿意的方式运用自己的力量保全自己的天性——也就是保全自己生命的自由。因此,这种自由就是用他自己的判断和理性认为最适合的手段去做任何事情的自由。"③也就是,每个人都享有绝对的自由。这种自由是对自私人性的放纵,"在这种情况下,每一个人对每一种事物都具有权利,甚至对彼此的身体也是这样。"④每个人都为求利而竞争,为求安全而猜疑,为求名誉而侵犯他人。人人都在稀少的价值中争夺更大的份额,"在达到这一目的的过程中,彼此都力图摧毁或征服对方"。⑤正因为人们彼此之间都是平等的,"只要每个人都保有其自己想好做任何事情的权利,所有的人就永远处在战争状态之中",人们生活在一个充满敌意的世界里。霍布斯这种对于人性的判断,引出了新的关于"自然"人性的学说,其中包括对于自然状态的分析以及自然法学说。人性、自然状态、自然法,这些关键性的理念构成了霍布斯政

注释
① 弥尔顿:《论出版自由》,吴之椿译,商务印书馆 1959 年版,第 23 页。
② Baldesar Castiglione, *The Book of the Courtier*, p.305.
③ 霍布斯:《利维坦》,黎思复、黎廷弼译,第 97 页。
④ 同上书,第 98 页。
⑤ 同上书,第 93 页。

治哲学的基础。①但霍布斯的自由学说并未停留在抽象的人性分析层面。在历史的进程中，人类通过理性、契约等手段而使自己进入国家和法的状态。于是，自由也与国家和法相关联。

　　人文主义者以人格自由为基础，进一步得出市民社会和国家都是人与人之间契约的产物的思想。契约思想发端于古代的希腊，在中世纪的经院哲学中得到系统的阐述。不过，经院哲学探讨的重点是神人契约问题。文艺复兴时期的契约思想一方面仍延续着传统的观点，例如政府是契约的产物等；另一方面更强调契约是人们经过理性的考虑而做出的决定，任何一方如国王和人民都必须遵守其承诺，谁违反承诺都要受到相应的惩处。可以认为，这一时期关于人类统治的基础是契约的思想已成为普遍认同的观点。②而任何契约法都与自然法有关。寺田四郎有言，"政府契约说即为根据自然法所产生者。"③另外，文艺复兴时期的契约理论又非常注重从实在法出发考虑法律问题，进而考虑与自然法的关系等等。

　　与契约、自然法相关的是君主和统治者行为的法律效力问题。如果一个人将某种权利赋予统治者，而统治者又利用这种权利做出了违背订约人意志的事宜，这时契约理论应做出何种解释呢？按理讲，有两种情况应当区别：一种是统治者越权做出侵犯人民的行为；另一种是统治者利用约定的权利和内容做出不利于人民的事宜。按照后来卢梭（Rousseau）的理论，只要当权者做出违背人民意志的事情，人民都有权利采取行动推翻当政者。但文艺复兴时期的法律思想在解答这一问题时还没有如此明确。仍以霍布斯的理论为例，从法律约定的角度讲，当一个人授权另一个人行使本当属于自己作为一个人格主体的权利，那么这种权利付托就包含着对自身权利遭侵害的某种认可。一旦真的某项权利遭侵害或丧失，委托者本人要自我承担这种法律责任。④但霍布斯又担心真的发生权利受侵害状况的发生。于是，霍布斯又回到带有伦理道德性质的意志问题来处理权利受侵害的状况。说到底，像自由、意志、主权等属于伦理道德性质的自然法要求又充作了最后的决断者。法律上正当的事情，并不意味着伦理道德上也是正当的。人们可以根据伦理道德上的要求如自然法的各种理由而对法律做出必要的反应。[1]从中可以发现人文主义者在对待侵权、维权等自然法问题时还有许多不十分清晰的认识，也从一个侧面反映出转型期社会人们对权利问题的矛盾态度。应该看到，国王拥有绝对权利的理论在文艺复兴时期相当普遍。比德、马丁·路德、博丹、詹姆士六世等，都持有这种看法。他们的理论支撑点，除了主张君主授命于神来制订法律外，还认为历史上罗马皇帝的权利高出法律之上。当然，君权之上与法律制约之间的关系在上述人物的具体著作中又比较复杂。例如国王詹姆士根据自然法理论对国王的权利做了约定，认为国王作为老百姓的父亲这一权利是按照自然法赋予的。由此推演其君权神授的复杂体系。[2]不仅国王有这种看法，法学家如博丹也认为君主的权利来自上帝，君主对于其臣民而言有绝对的权力，正是君权规定其他实在法的制定和实施。如果国王受神的委托制订实在法，那么就这一过程中国王的桥梁作用而言，君主也应该具有超出实在法的权利。但君主还是受到神、神法和自然法的制约。甚至在这一点上，君主所受的制约要胜于大臣。[3]显然，君权神授、君权至上并非君主可以为所欲为。虽然君主也要受自然法等的制约这些想法带有某种理想化的成分，但人们应当充分估量：在历经千余年自然法熏陶的欧洲文化环境中，这种理想化成分所具有的现实效力，即君主对神法、自然法的各种承诺之现实效力。还应当充分估量：颂扬君主统治的权威，这对于当时秩序高于一切的转型期社会所具有的实际作用。随着历史的发展，当各种现实的政治力量发生变化，原先的政治制衡被打破，那么君权神授理论及实际的君权地位也必须做相应的调整。如不调整，社会将以各种方式强使其调整。以后欧洲的政治法律思想和历史的发展无不证明了这一点。

注
释

[1] 参见霍布斯：《利维坦》，黎思复、黎廷弼译，第169页。

[2] See *King James VI and I Political Writings*, Cambridge University Press, 1994. p.65.

[3] See Bodin, *On Sovereignty*, Cambridge University Press, 1992, p.31, p.76.

第四节 自然法、国家主权与国际社会的契约

　　主权观念的萌芽最早出现在古希腊和古罗马时代。"最高权力高于法律"也是古代主权观念的基本要素之一。在罗马统治时期这一主张首次得到明确表述。① 在共和国晚期，罗马政局动荡，要求集中权力加强国家统治的呼声逐渐升高。据《布莱克维尔政治学百科全书》所述，西塞罗"对单一领导者和导师的宣扬，在无意间为罗马帝国执政者提供了君主制的整体设计。"②公元前 27 年，渥大维取得"罗马第一公民"的称号，完全掌控了整个罗马国家的权力，享有豁免特权，取得高居于罗马法律之上的统治地位。他死后，这套权力体系被继续仿效，直至帝国灭亡。③ 公元 5 世纪末，罗马教皇格拉修斯(Gelasius)曾先后两次致信东罗马皇帝主张教权与王权分立，其中在公元496年的一封信里，他写道，"在基督降临世间之前，有些人虽然从事世俗事务，却正当与合法地同时是王和祭司。……但是，当基督这位真正的王和牧师莅临后，国王不再享有牧师的头衔，牧师也无权得到皇权的荣耀。……因为基督了解人性的弱点，为了其臣民利益，以精妙绝伦的安排厘定了两者的关系。他根据它们自身适当的行为和不同的尊荣，将两种权位区分开来，以使他的臣民因健康的谦恭而得到拯救，而不至因为人类的骄狂而再次迷失。这样，基督教皇帝为了得到永生需要教士，牧师在世俗事务上依赖皇帝政府的管理。按这种安排，精神行为远离尘世的侵害，'上帝的战士'也不会卷入世俗事务，而那些从事世俗事务的人也不再掌管神圣事务。这样，两种秩序都保持着其谦卑，它们都不会通过使另一方屈从于自己而得到提升，每一方都履行特别适合于自己的职责。"①

注
释
　① See F. H. Hinsley, *Sovereignty*, the 2nd edition, Cambridge University Press, 1986, p.41.
　② 戴维·米勒、韦农·波格丹诺主编:《布莱克维尔政治学百科全书》，邓正来译，第114页。
　③ 参见阿庇安:《罗马史》(下)，谢德风译，商务印书馆1976年版，第5页。
　④ From Brian Tierney, *The Crisis of Church & State*: *1050−1300*, with selected documents, Prentice-hall, Inc., 1964, pp.13-15.

在中世纪的政教之争中，这段引文有时被世俗学者用来支持国王反对教皇权力的论点，捍卫王权的自主性，有时被用来确认教皇的优越地位。正如S.M.弗尔德曼教授所说："格拉修斯的从奥古斯丁那里引申出来的'教会－帝国'理论可做不同的解释，至少在6个世纪里被教皇和皇帝所使用。"[1]至今，支持格拉修斯教权至上说的学者仍在寻根究底、喋喋不休地进行论证。[2]从格拉修斯书信的措辞来看，他已经向罗马皇帝明确阐述了政教分离的原则，这是无可争议的。从某种程度上说，格拉修斯的努力是对教会要求独立自主的一个完整的公开的表达。最先提出教皇至上论的是教皇尼古拉一世（公元858—867年在位）。他主要利用伪造的《伊西多尔教令集》和《君士坦丁的赠礼》为教皇拥有最高世俗权力提供根据。12世纪，王权的力量进一步强大起来。政治思想家也开始对神权至上的政治理论进行反思。欧洲文艺复兴运动的先驱但丁·阿利格里在他的政治名著《论世界帝国》中最先批判了王权源于教皇的观点，他指出，"帝王或者世界政体是直接从宇宙的统治者即上帝那里获得它的权力的。"[3]与但丁相比，帕

注释

[1] Stephen M.Feldman，*A Critical History of the Separation of Church and State*，New York University Press，1997，p.28.

[2] W.乌尔曼主张，从皇帝的立场看，格拉修斯的思想即使不能解释为"恺撒-教皇主义"，至少也表明了对平衡的二元主义—平分权力—的支持；可对格拉修斯来说，皇帝权力起源于上帝的意义在于，皇帝在罗马大公教会的普世身体之内，并不意味着皇帝与教皇平分秋色。在普世教会僵硬的教阶制内，只有教士有资格在神圣的和宗教的事务上进行教导和发布指示，只有教皇至高无上。S.弗尔德曼也认为，在格拉修斯看来，教会权力比皇帝的更重要，他建立的是非平衡的二元主义。皇帝分享了权力，但教皇行使比皇帝更多或更重要的权力。"还有些学者注意到格拉修斯在论述教权与王权时使用了不同的术语，他赋予牧师的是"权威"（auctoritas），而用于皇帝的术语是"权力"（potestas）。E·卡斯斯帕尔争辩说，"权力"意味着由实际力量支持的真正的最高权力，而"权威"仅仅是道德影响力。但其他一些学者则对这两个术语作出了另外的诠释。如W.乌尔曼指出，根据格拉修斯所熟悉的罗马法语言，"权威"可以指内在的统治权利，"权力"仅是执行命令的代表性的行政权力。根据这种解释，这段话是教皇神权理论最初的表达。还有学者认为，这两个词是在相同意义上使用的，格拉修斯使用不同术语仅仅是出于修辞考虑，避免用语重复，没有多大意义。参见 W. Ullmann，*The Growth of Papal Government in the Middle Ages*，Methuen，1970，pp. 19，20-23；Stephen M. Feldman，*A Critical History of the Separation of Church and State*，p. 29. Brian Tierney，*the Crisis of Church & State*，*1050–1300*，pp.10-11。

[3] 但丁·阿利格里：《论世界帝国》，朱虹译，商务印书馆1985年版，第85页。

多瓦的马西利乌斯则是开始摆脱宗教神学思想的束缚的重要代表。马西利乌斯承继亚里士多德的国家学说并在此基础上讨论国家与教会的关系。他认为，国家并非上帝所创，而是源于古代家庭、村落的自然发展。宗教是人们生活的组成部分，但他否认僧侣集团的神圣性，并将教士的作用限定为"使人们超脱痛苦，得到永久拯救"的精神领域。他反对教会干预国家事务，教会不应在世俗事务中享有特权。他将法律解释为"主权者的命令"，何谓主权者？"拥有实在法律的权威及使法律生效的有权力的人"，即"人民"。① 马西利乌斯开创性地提出"主权在民"的主张，这在人类历史上是较早的一次。但也有人认为，在中世纪，社会契约不只是一种抽象模式，而是政治与法秩序的现实，在斗争的具体形式里，可以由它推断出对领主的抵抗权。因此，帕多瓦的马西利乌斯在14世纪从社会契约推衍出国民主权论也不算什么革命性创新。社会契约思想对主权的一般理论有病源学的意义，对法律行为则有建设性意义。② 1313年，罗马教皇克勒芒五世最终在教令中承认国王是彼此独立的统治者的原则，并第一次使用主权国家这一法律概念，"这标志着主权国家观念的萌芽"③

随着近代民族国家的酝酿、诞生，自然法与国家主权之间的关系成为14至17世纪国际法学的热点问题。这里着重分析占主导地位的实在国际法学派的主张。当时的一些国际法学家认为，基督教神法、自然法固然是国际法的重要思想前提，但这种前提只能被视为理论假设。按照这种观点，世俗权力，尤其是世界范围内的世俗权力所直接对应的是与世俗权力实际运作相关的实在法。1324年，帕多瓦的马西利乌斯出版了《和平的捍卫者》一书，谈道"国家是基于自然的自治体，而且他主张世俗政府和宗教权威是两个完全不同的领域。"④ 有学者指出，两个世纪以后正是帕多瓦的马西利乌斯的著作引发了宗教改革。⑤ 宗教改革运动以后，有更多的法学家将

注
释
① 约翰·麦克里兰：《西方政治思想史》，彭淮栋译，海南出版社2003年版，第168—169页。
② 参见弗朗茨·维亚克尔：《近代私法史》（上），贺卫方译，上海三联书店2006年第1版，第260—261页。
③ Walter Ullmann, *Medieval political thought*, Penguin, 1975, p.189.
④ J．M．凯利：《西方法律思想简史》，王笑红译，第119页。
⑤ 同上书，第119页。

实在法当做现实社会最有效的法律准则。在西班牙实在国际法学派维多利亚的著作中，一方面承认国际法根植于自然法，并将整个国际社会包容于一个相互需要的和谐体之中。但同时又认为，国际法不可能完全从自然本性中推导出来，因为自然法只是规定人类行为的基本原则，而这些原则还必须由具体的国际间的习惯和条约作为其现实的文本承负者，使其有形化。从现实的地理环境的经验论立场出发，世界是一个整体，故那些习惯和条约实际上就具有世界性的法律效应，并可按照世界性的法律效应进一步制订国际性法规，形成一般的实在国际法。① 另一位西班牙实在国际法学派的代表苏亚雷兹则进一步主张，即使是国际法中的自然法学说也是从考察社会实际出发、以社会实际中已经确立的一些价值为其基础的。② 对自然国际法与实在国际法做出比较系统阐释的是格劳修斯。格劳修斯不仅十分强调实在法的地位，还对国际关系中的利益原则做了明确的阐释。格劳修斯首先认为，自然国际法只与人的自然本性和自然理性有关，与神、神法没有瓜葛。格劳修斯对自然法的这种界定是为了更惬意地为其基于利益原则的实在国际法进行辩护，并由此确立其以二元论为特征的国际法思想。

博丹是较早运用社会契约构建国家理论体系的学者。博丹认为，家庭是国家的社会基础，是一切国家的真正由来。③ 为了共同防卫和追求相互的利益，许多家庭逐渐联合起来，组成各种团体（如村社、城市等）。不过，在他的国家理论中，他同时也强调了"暴力"的作用，强调各种团体的最终联合，即组建国家的动力源是"强力统治"。

维多利亚认为，国家的建立完全出自人的联合本性。⑤ 在他看来，人类最初生活在自由、平等、独立的自然状态中，"人生来就是自由的"，这种与生俱来的自由使世间"万民"在各国"聚集起来之前没有一个人凌驾

注
释

① ② 参见菲德罗斯等：《国际法》（上），李浩培译，第 123 — 125 页。
③ 参见乔治·霍兰·萨拜因：《西方政治学说史》（下），刘山等译，第 460 页。
④ 但也有人认为他更深层的目标是为了驳斥所谓"离经叛道者"的主张：政治共同体的创建直接由神命定。参见 Quentin Skinner, *the Foundations of Modern Political Thought*, Cambridge University Press, 1978, p.154。

于所有其他人之上"。①但除了理性和德行之外，大自然留给他们的只有脆弱无助、不堪一击。为了弥补这些缺陷，以便生存繁衍，他们本能地组织在一起，相互扶持，过群居生活。简言之，人的独处状态是不可接受的。人要存活，只有生活在社会中，因此，社会就成为本能的合作形式。②维多利亚引述亚里士多德的话说，"本性驱使他们寻求建立社会。"③这就是最初的社会组织——民众社团（ciuilis societas），也有人称其为原始社会核心家庭（the Primitive Social Nucleus of the Family）。④总起来看，这种早期共同体是一种前政治社会，亚里士多德认为它是城邦出现前的社会团体，主要包括家庭和村坊。⑤而维多利亚则更加强调它是社会组织而不是政治组织，因为它不能自给自足，尤其是它不能抵抗暴力侵袭。"国家必须是完美的政治共同体，"在这里，维多利亚将亚里士多德的"自给自足"（self-sufficient）一词替换为"完美"（Perfecta）。维多利亚说，"不完美的事物就是存在某种缺陷的事物。"⑥二者是有区别的，维多利亚似乎更强调"国家或者他的君主拥有对外宣战的权威"。⑦可能正是由于这种原因，维多利亚并未将它视为城邦国家。

然而，在这种自然状态下，社会也决不是无法无天的，它要受到自然法的支配。正如该学派的另一位著名代表莫利纳所称：自然法是全人类"在任何时候和所有人性的各种状态下（都知晓的）一个单一的法"。⑧也就是说，在自然状态下，人们的行为只受道德规范的约束。但由于人的本性又

注释
① Francisco de Vitoria, *Political Writings*, edited by Anthony Pagden and Jeremy Lawrance, Cambridge University Press, 1991, pp.11-13.
② See J. A. Fernández-Santamaría, *Natural Law, Constitutionalism, Reason of State and War: Counter-Reformation Spanish Political Thought*, Vol. 1, Peter Lang, 2005, p.42.
③ Francisco de Vitoria, *Political Writings*, edited by Anthony Pagden and Jeremy Lawrance, p.8.
④ J. A. Fernández-Santamaría, *Natural Law, Constitutionalism, Reason of State and War: Counter-Reformation Spanish Political Thought*, p.41.
⑤ 参见亚里士多德：《政治学》，吴寿彭译，第5—7页。
⑥ Francisco de Vitoria, *Political Writings*, p.301.
⑦ J. B. Scott, *the Spanish Origin of International Law*, Oxford, 1934, pp.205-206.
⑧ Quentin Skinner, *the Foundations of Modern Political Thought*, Cambridge University Press, 1978, p.157.

是存在弱点的，所有的人都最终不可避免地趋向堕落。即使将道德规范铭刻于人们心头，一旦生活变得丰富多彩，任何人都很难兼顾道德的方方面面。然而维多利亚反对人类"性本恶"的说法，他认为人类逐渐堕落是由于"人类在始终平等状态下，并不从属于任何权力，因而恣意任性，为社会带来灾难"。[1]因此，在维多利亚看来，过社会生活是人追求安全和生存的内在本性，但只有建立某种政治社会，自给自足地生活，才能构建和谐，获得共同的善。这样，建立政治社会就显得十分必要。正如一位学者所言，国家是医治个人缺陷的良药，在思考国家的起源时，"必要性"成为至关重要的概念。[2]

那么，人类将如何组建政治共同体呢？维多利亚把它归诸"公众合意"。他指出，为了相互协助、增进公共福利，人们有必要依据大多数人的一致同意创建一个国家。[3]根据维多利亚的说法，创建共同体的具体方式是，公众将他们的权力在多数人赞同的情况下，授予某一个人，比如君主。为造福共同体内的所有人而将权力授予某一个人是必要的。这样，共同体就创造出国王或君主。维多利亚就此指出，在各种统治形式中，君主制是

注
释

[1] Francisco de Vitoria, *Political Writing*, p.9.

[2] See Annabel S. Brett, *Liberty, Right and Nature: Individual Rights in Later Scholastic Thought*, Cambridge University Press, 1997, p.135.

[3] 在《维多利亚政治著作选》英译本中，与 Societas Perfecta 一词相对应的英文词是 "commonwealth"。但在维多利亚的叙述中，commonwealth 的词义变化很大，因而有些中文译者将其直接译为"国家"的做法是不可取的。我们认为，维多利亚的"commonwealth"最好译为"共同体"。共同体是一个宽泛的概念，它可以适应不同的语境。其实更确切地说，在早期它指共同体，在后期它则是共同体向近代国家的过渡形态。德国社会学家滕尼斯（Fernand Tonnes, 1855—1936）曾经指出过这一概念在近代世界发生的重大转型。他认为，共同体与社会有着一个重要的差异：实在的共同体建立在"自然的基础"之上，它的规模虽小（如家族、村落、友谊团体、关系），却充分表现着思想意志的高度有机结合，是一种"持久和真正的共同生活"；而社会则不然，尽管它在规模上远远超过自然形成的血缘和地缘共同体（甚至可以构成超民族的世界性社会），但它实质上无非是一种由带有各自目的的个体聚合而成的、不具备实质意志的"人造机械体"。共同体与社会其实是两种不同的文化形态。滕尼斯认为，"从原始的、共同体的生活形式和意志形态发展为社会和社会的选择意志形态的过程"，就是"从人民的文化到国家的文明"的过程。参见 Francisco de Vitoria, *Political Writings*, edited by Anthony Pagden and Jeremy Lawrance, p.301，滕尼斯：《共同体与社会：纯粹社会学的基本概念》，林荣远译，商务印书馆 1999 年版，第 331 页。

最好的政体。于是，由于社会本性以及相互扶持需要，个人结成社会，进而组建国家，让国家限制个人原有的自由。从而，国家就担负起管理、执行其所有权力的任务，引导人们最终趋向共同善。① 也正是在这种意义上，在国家对保护人自身的本性和趋向善呈现出的必要性上，它被认为是最符合人的本性的，因而是"本性的成果"②。值得注意的是，维多利亚所谈及的"公众合意"只是构建政治共同体的一种方式、一个手段。借用昆廷·斯金纳的话说就是，"公众赞同并非为了说明政治社会中所发生事件的合法性，而是仅仅解释一个合法的政治社会是如何产生的。"③

依据自然法，所有的人都是人，而人都具有社会本性，因而，维多利亚就此推论，不论是否是基督徒，他们都有同等资格去建立自己的政治社会。那些不具有天主教信仰的人也同样被赋予构建自己政治共同体中的能力，美洲印第安人当然也包括在内。总之，维多利亚创建这样一个原则："各国基于自然理性和社会交往组成一个共同体"。④

意大利政治思想家马基雅维里的政治学说和法国政治思想家博丹的主权学说对主权国家的建立和国际法的产生，具有很大的影响。西班牙法学派代表人物维多利亚第一个承认国际法是法律的特殊部门，他强调国际法对所有国家都有拘束力，认为国际社会由包括野蛮人（即不信基督的人）在内的所有人类构成，这一思想在当时是非常先进的，被后来的自然法学派所坚持，但直到二战后才被接受。德国法学家普芬道夫则在自然法的基础上阐述了自己的国际法理论，他认为无论个人、主权者还是国际社会中的国家都处于自然法的约束范围内，自然法应当是人类共同遵守的普遍规则。普芬道夫认为万民法对人类的约束力并不是来自于国家的习惯，而是因为万民法是国际社会这个"自然状态"中的自然法，国家作为个体应当受它的约束。苏亚雷兹更是旗帜鲜明的认为国际法就是界于自然法与世俗

注
释

① See Francisco de Vitoria, *Political Writings*, p.11.

② Annabel S. Brett, *Liberty, Right and Nature: Individual Rights in Later Scholastic Thought*, p.135.

③ Quentin Skinner, *the Foundations of Modern Political Thought*, p.160.

④ Charles G. Fenwick, *International Law*, Century, 1924, p.50.

法之间的法。

在国际法的初始发展阶段，对国际法的发展与完善作出最大贡献的无疑就是荷兰法学家格劳修斯，其与国际法有关的著作主要有《捕获法论》、《论海上自由》、《战争与和平法》三部。《捕获法论》立论的基础是根据罗马万民法的原则，即各国有相互通商的自由，拒绝此权利就可以成为发动战争的原因。他认为海洋和空气同样，人类可以自由利用，航海对于一切人类是自由的，并驳斥了那种认为海洋属于最初航海国家所占有的主张。《海洋自由论》则打破了西班牙、葡萄牙等的海洋独占说的理论根据，为全人类建立了自然法则。格劳修斯认为万民法也是以自然法为基础的，是根据所有国家或多数国家的意志承认的一种强制性的权力，国与国之间的关系不外乎战争与和平两种，而战争又有正义战争与非正义战争之分，应当受到国际法的约束。另外，格劳修斯还提出了中立国原则和人道主义原则等国际法重要原则，这些都对国际法的发展与完善做出了开创性的贡献。

普芬道夫是第一个有意识地将自己与格劳修斯、塞尔顿、霍布斯等人划归同一个自然法学派的近代学者。但是由于人的本性的双重性，自然状态就必然面对着因人们追逐私利而陷入像霍布斯所说的战争状态的危险。这样就需要从自然状态过渡到国家状态，"惟因此种和平，常陷于不安不定之地步，故非以人定法保障之不可"。[1]而要求得到法律的保护，则必须先由自然状态过渡到国家。而这一途径就是通过订立契约。于是"个人出于恐惧和和平的需要通过社会契约把自己同社会利益结合起来"。[2]他的思想和著述对后世的一些著名思想家如卢梭、狄德罗、洛克、萨缪尔·亚当斯、约翰·亚当斯以及汉密尔顿等人产生了深刻的影响。在自然法理论发展史上，作为"自格劳修斯所开始的近代自然法传统的构建者与系统化者"，[3]普芬道夫被视为"17世纪最伟大的一位自然法著述家"。[4] 17世纪后，由

注
释

① 寺田四郎：《国际法学界之七大家》，韩逸仙译，第192页。

② 文德尔班：《哲学史教程》（下），罗达仁译，第592页。

③ Michael Seidler, *Samuel Pufendorf's on the natural state of men*, the Edwin Mellen press, 1990, p. 44.

④ A．P．登特列夫：《自然法：法律哲学导论》，李日章译，台北：联经事业出版公司1984年版，第47页。

人文主义者所阐释的自然法理论继续得到思想家的发挥。例如德国思想家费希特、黑格尔等都将自然法问题作为各自政治法律著作的核心。至20世纪，自然法更受到奥斯丁等法理学家的关注，并围绕自然法等问题展开过激烈的思想学术辩论。不仅如此，自然法思想还在17世纪及以后各种西方的法律文本中得到确认，从而成为近代以来西方政治法律思想和实践的基础。到了21世纪，随着人权问题和经济全球化时代国际关系的变化，自然法正在、还必将继续受到思想学术界的关注。

第六章
意大利、德国、低地国家的
法学思想

　　意大利是文艺复兴的摇篮。长期以来，作为教廷所在地的意大利是中世纪的文化中心。在这里诞生了诸多经院哲学的大家。他们对自然法等法学思想的阐述影响巨大。意大利又是近代城市国家的发源地。佛罗伦萨和威尼斯等城市国家经过几百年的历史实践，形成了比较完备的近代公民社会政治模式。意大利城市国家之间既相互联系又相互冲突的局面磨砺出早期近代的国际关系。所有这一切都值得我们在研究文艺复兴时期的法学思想时将意大利作为首选的对象。

　　德国虽然在文艺复兴时期仍处于小邦林立的分裂局面，但就各个邦国而言，德国在中世纪和文艺复兴时期的发展水平毫不逊色于其他地区。德国又是宗教改革的中心。更重要的是，德国是深受罗马法影响的地区之一。所以德国在这一时期的各种法律思想同样值得关注。

　　文艺复兴正处于欧洲的资本主义经济中心向大西洋沿岸转移的关键时期。地处大西洋沿岸和北海低地的国家得天独厚地享受到资本主义文明的恩惠。尤其是荷兰等国家受宗教裁判所的干扰较轻，资本主义发展较快。在这样的政治背景下，一些法学思想家对主权国家的地位等给予了高度的关注，提出了许多国际法的准则。这些无疑是文艺复兴时期法学思想研究不可或缺的内容。

第一节　意大利的法学思想

前文已经论及,意大利在罗马法的复兴过程中出现了许多著名的法学家如罗马法的注释家等。(对于这些法学家的评论参见本书第4章等。)意大利文艺复兴时期的人文主义思想文化现象起源于但丁,而人文主义政治法律思想家的集大成者当推马基雅维里。当然,意大利有许多法学家值得后人关注,其中有国际法"始祖"① 阿伯利克·金泰利(Alberrico Gentili,1552—1608)等。

一

但丁的统一体法学观

我们首先要提及的还是但丁(Dante Alighieri,1265—1321)。但丁生于佛罗伦萨一个小贵族家庭,通常被认做新世纪的第一位诗人。按照梅列日科夫斯基的分析,但丁的作品就是想在天国与尘世、神与人之间构建一座能让人感悟"三"这个词的高度和谐意境的文化殿堂。梅列日科夫斯基这样评论但丁思想和作品中的"三":"但丁所赖以生存的一切,他所做的一切,全都包含在'三'这个词里。"②在《神曲》中,但丁用圣父、圣子、圣灵3个圈环来构筑神圣的世界。③对天国神的虔敬与对诗神的美感领略构成了但丁《神曲》的基调。《神曲》要写出这样一个主题,即什么是和谐的人神世界。这样的主题也在但丁的自然法思想中显现出来。他的自然法思想以及法学思想为以后意大利法学思想的发展确定了基本的框架。

注释

① 此提法参见寺田四郎:《国际法学界之七大家》,第1页。另可参见 J. M. 凯利:《西方法律思想简史》第192—193页上的评论。
② 梅列日科夫斯基:《但丁传》(一),习绍华译,辽宁教育出版社2000年版,第1页。
③ 参见但丁:《神曲》(朱维基译本),上海译文出版社1990年版,"天堂篇",第747页。

但丁关于自然法、神法的理论围绕着国家"统一体"的问题展开。在基督教渗透各个层面的欧洲思想文化史上，统一体理论早已成为各政法思想家的共识。但丁说："人类本来是按照上帝的形象造出来的，也应像上帝那样是个统一体。"①"世界政体是在人类共性的基础上统治人类并依据一种共同的法律引导全人类走向和平的……"②这里已经反映出但丁对法律地位、作用的看重。也就是说，世界政体及其有效的运作均不能脱离法律。③但丁的思维逻辑是：神法——自然法——世界统一体。因此建立一个世界性政体使世界得以大治，这是顺理成章的政法要求。④从但丁的阐述中又不难看出，在文艺复兴时期神法的最高地位仍不可动摇。不过在但丁的眼里，制定法律、维持秩序，这些都是公民社会中为了公民自身利益所必须实现的一些措施。他说："公民不为他们的代表而存在，百姓也不为他们的国王而存在；相反，代表倒是为公民而存在，国王也是为百姓而存在。正如建立社会秩序不是为了制定法律，而制定法律则是为了建立社会秩序。同样，人们遵守法令，不是为了立法者，而是立法者为了他们。"⑤这些涉及法律的话语充分体现了人文主义法学思想的核心内容。

但丁虽然没有系统地论述过自然法理论。但他刻意追求的神意原则、理性原则和顺自然而为原则大体上将自然法的核心理念表达了出来。但丁在《论世界帝国》中始终围绕上述三个原则展开政治、法律思想的评论，同时不忘记"统一体"问题。其中谈到，"但凡不是顺应自然的，都不符合神的意旨。"⑥具体而论，"凡是大自然要达到的目的，都符合上帝的意旨；如果不是这样，那就等于说，天体是徒劳地运行，然而谁也不会这样说。"⑦关于理性，但丁认为这是牵涉到人最终是否能获得自由的问题，"只有服从理性，只有全心全意为实现人类的目标而奋斗，人类才有自由。这样的自

注释

① 但丁：《论世界帝国》，朱虹译，商务印书馆 1985 年版，第 10 页。
② 同上书，第 22 页。
③ 同上书，第 20 页。
④ 同上书，第 55、20 页；第 2、3 卷有关部分。
⑤ 同上书，第 18 页。
⑥ 同上书，第 57 页。
⑦ 同上书，第 58 页。

由只有在世界政治机构的治理下，才有实现的可能。"① 就上述思想而言，说但丁是文艺复兴时期自然法思想的先驱也不为过。

二

马基雅维里的现实世俗化法学理论

马基雅维里（Machiavelli, 1469—1527）是意大利文艺复兴时期法学思想的代表性人物。其生平可分为三个阶段：第一阶段从他1469年5月3日出生到1498年7月14日成为佛罗伦萨共和国第二国务秘书。对于这一时期的马基雅维里生平状况我们知道得很少。第二阶段是马基雅维里从政的主要时期，从1498年一直持续到马基雅维里被复辟的美狄奇政权在1512年11月7日驱逐为止。由于马基雅维里留下了大量的信件、文书、政论集等，因此对于这一时期，我们几乎可以逐年、逐月、逐日地加以研究。第三阶段始于1512年，这是马基雅维里政治失意、发奋写作、等待东山再起的时期。但命运之神并未眷顾这位政治家，马基雅维里在度过了十几年的暗淡岁月后，于1527年6月22日逝世。

马基雅维里的法学思想结构就是要做到公民社会、法与自由的三位一体。公民社会是国家政治制度的基础。近现代西方国家制度的建设都是与公民社会的发育同步进行的。公民是一个承担法律意义上的权利和义务的社会成员。因此，公民社会的发育过程会对国家的宪政建设提出其内在和合理的要求。从某种意义上讲，宪政国家的完善过程是对公民社会需求的回应过程。只有以公民社会为基础，才谈得上所有的治理和国家稳定，与共和国相关的公民社会也是马基雅维里考虑的重点问题。马基雅维里经常以古代罗马的立国者为例说明问题。马基雅维里分析共和国的基本出发点就是以公民社会的立场来考虑国家统治的艺术。② 马基雅维里在《李维史论》的第1部中对罗马共和国与公民社会诸问题作过非常明确的阐述。在

---

① 但丁：《论世界帝国》，朱虹译，第16页。

注
释
② See M. Viroli, *Machiavelli*, Oxford University Press, 1998, Chapter II, "The Art of the State".

《佛罗伦萨史》、《战争的艺术》（亦译作《兵法七论》）①里，马基雅维里对军事、公民社会、共和国三者的关系同样作了详细的论述。根据马基雅维里在不同著作中所表达的观点，只有在公民社会里才谈得上真正意义的宪政。或者说"宪政"是公民社会的主要特征。真正的理想社会就是以公民社会为基础的、能充分体现共和国整体功能的国家。同时，公民在国家中享有充分的自由，并由公民来做最后的断定。在马基雅维里的心目中，最初的罗马政治体制对于那些腐败了的国家来讲已经不适用了。主要的理由是，原来官员的选任和职能，原来制订法律的形式已经很难在腐败的政府中执行了。例如，原来罗马的公民是按照他们的需求去授予元老、各种官员的职权。② 当然，在具体依赖人民的问题上也要讲究策略。其中最根本的就是要在生活和经济问题上使老百姓感受到现政府的好处是其他政府所不可取代的。马基雅维里举了一个例子，罗马人习惯于自由的生活，所以真的危险到来时，比如历史上波西那（Porsenna）试图进攻罗马，恢复塔昆斯（Tarquins）的统治，那时元老院曾犹豫起来，是否罗马人真的会不愿接受国王的专权统治而去作战？于是元老院就想出一个办法，即告诉人民：共和国政府会减免人民的各种税收，即使是贫穷的家庭也能享受到政府的优惠。最终使大家意识到，这样的政策只有共和国政府才能做到。③

在马基雅维里的政法思想体系里，人是就公民这一层含义而言的。按照马基雅维里的观点，任何人都生活在特定的公民社会之中。因此任何人包括君主在内都享有、履行法所规定的权利和义务。就权力形式而言，君主权力形式即使是世袭的也有法的认可限度。同时意味着君主权力、地位的取得有多种样式和途径。从统治与被统治的关系看，君主所统治的对象是与自己处于同一个法制约下的公民。君主与公民的关系因而也是一种法的关系。从理论上讲，公民对于君主也有法的制约力。当然这种制约力是

注释

① Machiavelli, *The Art of War*, Da Capo Press, Inc., 1965.

② See Machiavelli, *The Discourses*, translated from the Italian by C. E. Detmold, Modern Library, 1940, p.169.

③ Ibid., pp.196-197.

④ Pelican Books, 1976.

通过特定的机构发生效应的。所以在法的限度内君主失去其权力和地位也是极正常的。

一个社会的道德风范都由具体的公民行为来展示。正是公民所具有的这种才气维系着社会的清明。其实，法是道德的一种转换，是强制性的道德。因此，道德的力量如果能够完整地发挥，其功能要强于法的功能。当然，这只是在特定的历史阶段、在特定的社会场合才有可能。马基雅维里对罗马刚刚获得自由独立时的历史予以仔细的分析，他发现，罗慕鲁斯（Romulus）和努玛（Numa）统治时期，虽然法制不如后来的繁杂，但那个时代的政治清明，社会稳定，胜过以后任何共和国时期。无论是肥沃的土地、宽阔的海洋、诸多的胜利，还是帝国领土的扩展，这些都不能使那时的公民腐败，说到底，还是社会道德、公民的才气发生了效力。因此在历史的特殊阶段、在社会的特殊场合，社会道德和公民的才气具有决定性的意义。①

马基雅维里公民理论的重要环节就是公民自由。马基雅维里的自由观有如下几点：第一，公民社会必然与自由相联系；第二，自由离不开共和政治体制和法制；第三，公民自由的实现程度将从根本上影响政局的变化。马基雅维里也意识到人们可能获得的理想性的自由是共和国范围内的公民自由。共和国的政治体制和法制等政治结构将决定公民自由的内涵和实现方式。马基雅维里说："我们自由的另一方面在于享受公民权利与各按才能得到应有的提升；没有比在自由共和国里享受自由的权利规定得更明确，提升的机会更公开了。"②这句话同时告诉人们，自由不能仅仅被理解成一种普遍性的准则，在实现自由的过程中，由于各个人的才气不同，因而各个人对自由的理解和需求也有差别，人们最终得到的自由不可能是最大化的普遍自由，而是实现了可能实现的自由。总之，人民需要自由，而自由的基础还是人民。马基雅维里的论断是，"一个君主，特别是那种有过暴政经历的君主，企求人民回归善途，消除对自己的敌意，就必须真正了解人

注
释

① See Machiavelli, *The Discourses*, translated from the Italian by C. E. Detmold, p.109.
② 弥尔顿：《建设自由共和国的简易办法》，殷宝书译，商务印书馆 1964 年版，第 39 页。

民的愿望是什么。其中有两个愿望是君主必须切记的：第一，人民总有一天会对曾使自己为奴的君王加以报复；第二，恢复自由。"① 马基雅维里高度赞美罗马共和国时期政权的基础，即以人民（平民）为基础。相反，古代斯巴达的拉栖第梦（Laced monians）和马基雅维里时代的威尼斯都以贵族为政权的基础。马基雅维里的想法是，以人民为基础，共和国的自由才能真正有保证。② 所以自由来自于公民这个权利和义务的主体，而公民实现权利和义务的过程必须由自由作保障。这里就牵涉到后来卢梭所思考的问题，即自由是最后一道政治权利防线。一旦公民权利和义务的实现出现了障碍，就必须有一种最后的手段来重新恢复公民的权利和义务。从马基雅维里和卢梭的自由理论中可以看出，真正的自由不仅是公民享受权利和义务，还应当是捍卫自己的权利和义务。

　　自由的实现除了与国家的自由相关外，还与法律的性质、运作有关。

文艺复兴时期意大利一所令人生畏的刑讯处

注
释
① Machiavelli, *The Discourses*, translated from the Italian by C. E. Detmold, p.162.
② Ibid., p. 121.

马基雅维里认为，法是调控人性、实行有效治理和维系社会的手段。马基雅维里在其政治著作里经常表达这样一个想法，即听命于神的安排、遵守法制、懂得公民社会的权利和义务，这是共和国或公民社会正常运行的基本条件。[1]与那些形而上学的法学论证不同的是，马基雅维里没有使自己的法学理论停留在法律的普遍性问题上。相反，在马基雅维里的政治法律学说对法律的局限有足够的认识，例如法律与人的情感就不是一一对应的关系。马基雅维里借他人之口说："现在请您告诉我，有什么法律禁止人们虔诚、豁达大度、乐善好施呢？有什么法律能反对这样的行为、对这样的人判罪呢？"[2]

作为一名历史经验主义者，马基雅维里善从历史的事实中探讨法律的发生、法律的性质等。马基雅维里《李维史论》的第1部第1章就从城邦国家的地理位置起笔开始其整个政治理论的叙述。马基雅维里指出，人们总是选择一些比较有利的地理位置来组建他们的城邦国家，如雅典、威尼斯等，这些地理位置多半有利于防卫。但马基雅维里对此的分析并未着墨过多，随即就指出，当一些流民来到一个新的地方时，他们还不可能拥有一个君王，或者说还来不及去选出一个君王，但他们意识到要有一个法律，并按照法律去组织城邦国家。[3]在马基雅维里的心目中，选择一块地理位置适宜、土地肥沃的地方建国，这固然是明智的，但地理的条件也会生发出一些不良的习性来，例如肥沃的土地也会导致不好的结果，但法制可以预防坏的结果的发生。[4]由此看来，法律在立国之初的作用尤其重要。马基雅维里在《李维史论》的一开始就仔细地研究了一个国家在开国之初的各种举措及其对后来历史的影响。根据马基雅维里的历史观，历史总是由一些领袖人物用其才气创造的。其中，开国之初的一些领袖的举措尤其值得重视。马基雅维里提到的人物有摩西（Moses）、埃涅亚斯（Eneas）等。而总结其成功的原因，除选择城邦的位置这些自然因素外，更重要的是立

注释
① See Machiavelli, *The Art of War*, p.4.
② 马基雅维里：《佛罗伦萨史》，李活译，第217页。
③ See Machiavelli, *The Discourses*, translated from the Italian by C. E. Detmold, p.106.
④ Ibid., p.109.

法。正是法律制度使一个民族开化起来，并养成许多独到的才气。① 马基雅维里在《李维史论》中对罗马共和国建立法制的过程做了描述。② 罗马共和国建立法制、维护自由的过程也不是一帆风顺的，虽然罗慕鲁斯、努玛、豪斯梯里乌斯（Tullus Hostilius）、塞尔维乌斯（Servius）最后由十人团（Decemvirs）制定了法律，但形势还在不断变化，法律也要相应做出调整。另外还要完善相应的机构，如对于维护自由有相当重要作用的监察机构等。在论述法制问题时，马基雅维里对监察机构和检察官员的任期等都有描述。例如监察官的任职期限就不能过长，长了会影响到办事的公正性等。马基雅维里注意到罗马历史上的独裁者马梅尔库斯（Mamercus）就曾经将监察官的任期从 5 年削减为 18 个月。③ 在西方的历史上，后来英国的清教徒来到新英格兰时，其政治的景况也同样如此。马基雅维里站在历史事实的基础上进一步强调，罗马人正是因为有了法律才能在以后的历史中不断恢复他们的自由、重新获取他们原先国家的地位和施展其巨大的政治影响。④ 无论是哪一个党派都必须在法律的限度内实施其政治主张。马基雅维里注意到李维对罗马共和国时代党派纷争的描述。这种党派纷争是以对对手的压制为前提的，其结果必然是一胜一败。所以马基雅维里认为，只有法律而不是个人能够超出于所有人之上。⑤ 在《兵法七论》中，马基雅维里还指出，权力的集中除非在军事上的非常时期有其必要性，因为那时需要在极短的时间内对重要的问题做出迅速的反应和决断，在其他时候就不能由一个人说了算，而应当由顾问等共同商议决断。⑥

　　总之，法是国家权力的基础。⑦ 如果在这个问题上举棋不定、模棱两

注释

① See Machiavelli, *The Discourses*, translated from the Italian by C. E. Detmold, p.107.
② Ibid., Book I, Chapter X L IX.
③ Ibid., pp.238-239.
④ Ibid., p.231.
⑤ Ibid., pp.232-233.
⑥ See Machiavelli, *Art of War*, translated, edited and with a commentary by C. Lynch, the University of Chicago Press, 2003, pp.16-17.
⑦ See A.Bonadeo, *Corruption, Conflict, and Power in the Works and Times of Niccolò* Machiavelli, University of California Press, 1973, p. 105.

可，就会导致一个人的政治命运乃至一个国家的政治命运的损毁。马基雅维里举了一个佛罗伦萨当时非常重要的政治事件即以萨沃纳洛拉改革为例，马基雅维里对政治法律的探索一直将萨沃纳洛拉改革作为典型的事例予以考察。马基雅维里的分析和评判是：在1494年的改革事件中，萨沃纳洛拉起了主导的作用。萨沃纳洛拉的一系列政治改革中，有一项关于法律申诉的改革很引人注目。其中规定，如果八人国务委员会和正义旗手在做出涉及国家利益的重大事项时，那么当事人有向人民申诉的权利。这项决定刚通过不久，正义旗手就指责有5个公民因犯有侵害国家利益的罪行而必须受到死刑判决。这时，5个公民决定向人民申诉这项判决。但这个申诉请求很快就被当局拒绝了，因为他们明显地触犯了法律。这就把萨沃纳洛拉推到政治生涯的风口浪尖上，如果这个申诉是可以进行的，那么法律的权威性就受到了挑战，因为法律不能随意被践踏；如果这个申诉不可提起，那么申诉就应当停止，他关于法律申诉的改革就是一纸空文。可萨沃纳洛拉的许多布道从来不谴责那些有违法律的人，对那些一意孤行的人反而有所宽容。这种对漠视法律的偏袒精神严重影响了萨沃纳洛拉的政治声誉和前途。① 所以政治家应当一切从法律出发谈政治治理、谈公共的和个人的关系。一个君主，如果他还记得以前暴君统治的一切后果的话，那么他就会用法律来维系新的国家。当然，君主要维护自己的利益，这是很自然的事情，但只有在法律的前提下，才能既照顾到个人的利益，又兼顾共和国的利益。②

基于上述理由，马基雅维里十分谨慎地看待历史上的法律变更问题：历史上有一些国家在其最初制定法律时都有一个特别精明的立法官。历史上的斯巴达由于坚守自己的法律，其统治维持了八百年之久。还有一些国家的法律体系是在不同时代按照不同的需求逐渐完善的，如罗马人和许多共和国所做的那样。这里就产生了一个问题，由于那些国度的法律从一开始就不是很完整，加上时代的变化，法律不可能始终起到其捍卫正义的效

① See Machiavelli, *The Discourses*, translated from the Italian by C. E. Detmold, pp.229-230.
② Ibid., p.113.

果，于是就有了变更法律的需求。这时，马基雅维里十分慎重地提醒统治者，无论情况如何，法律的变更总是有一定危险性的。虽然完善法律和政治体制是一件好事，但人们一般是很注重传统的。以佛罗伦萨为例，阿雷佐（Arezzo）在1502年重组政治体制，1512年帕雷托（Prato）又将其推翻了。① 法律不是抽象的理论，而是一套发生现实效应的制度。从法律和制度的具体实行情况看，还需要借助一定的信仰来维系，这是政治家不能忽视的方面，仍以萨沃纳洛拉修道士的遭遇为例，"当大众一旦不再相信他的时候，他就同他的新制度一起被毁灭了，因为他既没有办法使那些曾经信仰他的人们坚定信仰，也没有办法使那些不信仰的人们信仰。"②

根据上述政治逻辑，一个政府背离法制和传统，其垮台是不可避免的。马基雅维里这样告诫君主："君主开始忽视法律和长时间人们习惯了的传统，也就是他们丧失国家统治之时。"③罗马国家依靠了法律和制度的完整性而得到维系，这些制度有：民众、元老院、保民官、执政官和法律制度等等。所以由这样一些因素组成的政体就有持久的稳定性，不会因具体事件的变化而随之发生变化。当然，人是会变的，法律应当随着新出现的情况而发生相应的变化，例如就应当有防止各种通奸、腐败等具体问题的法律条文的出现。④马基雅维里特别注意到作为法制基础的公民素质问题，在一个具有良好素质的公民社会里，法制就有了基础，反之如果公民也腐败了，那么政权的基础也就彻底完结了。⑤古代的罗马帝国之所以获得成功，还在于有法制制定者的才气，"一个人读懂了罗马国家的起源，读懂了罗马的法律制订者和国家开创者的情况，就不难懂得为什么罗马人的才气能够使这个国家维持那么多世纪，并由此产生出一个帝国来。"⑥罗马的这批法制的制定者和执行者还以自己严肃的行为规范、约束了公民的行为。

注　释

① See Machiavelli, *The Discourses*, translated from the Italian by C. E. Detmold, pp.110-111.

② 马基雅维里：《君主论》，潘汉典译，第27页。

③ Machiavelli, *The Discourses*, translated from the Italian by C. E. Detmold, p.409.

④ Ibid., p.168.

⑤ Ibid., pp.169-170.

⑥ Ibid., p.105.

当然，罗马人更具有维护法制的手段，《君主论》这样谈罗马人的统治方法，"罗马人在他们夺得的地方，很认真地遵守这些办法，他们派遣殖民，安抚弱国，但是不让弱国的势力增长；他们把强大的势力压下去，不让一个强大的外国人赢得声誉。"①

确实，自然法理论在马基雅维里的思想体系中难寻踪影。但这不等于说马基雅维里的思想与自然法的形而上学抽象思辨没有瓜葛。我们认为，自然法与其他西方带有形而上学意味的思想文化内容一样，它除了是一种理性的设定外，也浸透在具体的制度之中。马基雅维里十分强调公民自由权利，注重人性论意义上的个体充分自由，这实际上涉及自然法的内容，并给自然法理论带来诸多新的思考和问题。马基雅维里所要回答的新课题是：如果将人性当做政治权利的基础，其正当性何在？人性是多变的，理性社会则强调普遍性原则，那么人性和理性的关系又是何种关系？这些问题除非置于特定的历史条件下去考虑，没有其他方案可寻。马基雅维里对上述问题的总体想法是，最终意义上的人性没有人能够说得清楚，但人性主导着政治社会的走向，这是一种历史事实。在历史和现实中，人们看见了自身如何用理性等力量去照应人性的世界，同时，政治家总结历史和现实的经验努力控制和利用人性的力量去实现政治目标。政治与人性无法达到最终的切合关系，但政治切近地去诉说人性的语言则是可能的。我们不禁要发问：马基雅维里的上述想法是不是构成了一种独特的自然法学说呢？马基雅维里的上述观点表明，国家政治是人性、理性、各种实际的权益等多重因素共同驱动的结果，国际关系也由各种实际的因素在起支配作用。在上述政治的运作过程中，传统的和马基雅维里时代的自然法也不过是适时而出的理论包装，是一种理论设定。当然，马基雅维里缺乏对自然法理论层面的思考和解释，这或多或少影响到某些重要的国际法理论在马基雅维里政治法律思想体系中受重视的程度。例如我们很难看到马基雅维里对自然法与主权国家之间的内在关系的论述。

注释

① 马基雅维里：《君主论》，潘汉典译，第10页。

第二节 德国的法学思想

我们先来简单地提一下马丁·路德（Martin Luther，1483—1546）。1517年，教皇列奥十世批准出售赎罪卷，引起社会的普遍不满情绪。路德在维滕堡大学张贴了《九十五条论纲》，点燃了德国宗教改革的烈火。路德的法律思想与他的神学思想互为一体。路德和加尔文（Calvin）一样，也把法律分为神法、自然法和实在法几个部分。路德认为，"自然的律法"与摩西的戒律是基本一致的，但仅涉及基督徒。路德论述说，自然的律法烙刻着人类本性的印记，人的本性是善与恶的不可磨灭的标志。[1]在言及人的辨识能力时，路德认为由于人的本性已经完全堕落，人只依赖自己是无法区分正义与邪恶、对与错、美与丑的，尽管人类依然拥有理性。因此，"即使上帝的命令写在人们心中，但由于恶魔撒旦，人心变得如此混浊，以致人既不能看到，也不能辨别善恶。"因而，在上帝和人类之间已不存在任何可以沟通的桥梁，唯有上帝的恩赐是最终的保证。在他那里，"基督徒的自由"不是建立在法律之上，而是仅基于四福音书，自由就是"摆脱一切原罪、法律和命令"。[2]总体上看，路德法学观融入了他的宗教改革理论之中。到了后路德时代，宗教的激情稍有冷却，德国出现了很多一流的大法学家。

一

阿尔图西乌斯的共生体契约法设想

阿尔图西乌斯（Johannes Althusius，约1557—1638）是日耳曼政治法律思想家，笃信加尔文教。他曾在加尔文创办的巴塞尔大学学习民法和

注释 [1][2] 参见阿图尔·考夫曼、温弗里德·哈斯默尔：《当代法哲学和法律理论导论》，郑永流译，第76页。

教会法并获得博士学位。1604年，他担任神圣罗马帝国弗里斯兰省的一个
小镇的首席执政官。阿尔图西乌斯倾向于新教的荷兰，阿尔图西乌斯也被
后世学者视为16世纪末荷兰的政治思想家，是"加尔文主义在政治科学与
法学领域中产生的头脑最清醒、思想最深刻的思想家"，著有《为宗教与世
俗历史所确证的系统政治学》一书。

　　阿尔图西乌斯生活的时代恰处于三十年战争来临之前的一段和平时期。
其时，近代政治思想观念正茁壮成长，但旧的教会与国家理论仍未彻底清
除。作为一名教会学者，阿尔图西乌斯的学说中也包含着传统与现代观念
的对立与冲突。一方面，亚里士多德主义在其心目中尚有一席之地；另一
方面，近代自然法的权威与契约论思想逐渐占据主导地位。①他的学说特
征是：以契约论来解释社会、政治思想；明确的主权观念；强调主权在民；
人民观念不具有普适性。

　　"共生体"理论：阿尔图西乌斯同样吸收了亚里士多德的国家学说，②
他也认为人的社会本性是组建社会的基础。个体的人无法自给自足，只有
结成"共生体"（symbioticus），才能分享各种财物、服务和法律。共生体
由特定职能和目标组成，分为很多等级，最高的一级就是国家。阿尔图西
乌斯对国家的定义是"一个总的公共联合体，其中，许多城市和省订立契
约以建立、维持和保卫主权权力"③。一切团体都是政治性的，尽管有些
是简单的私人团体（如家庭），它们是一切共生联合体的基础。每一类联合
体作为一个实体，成员是下属团体。王国的成员是城市、省和地区，而不
是个体的人或者家庭。每个联合体都有首领代表团体，有议会代表成员。

注
释

① 参见徐大同主编：《西方政治思想史》（第3卷），第116页。
② 德国学者亨利希·库诺认为，阿尔图西乌斯主要受到加尔文派名理论家郎居特《反暴君论》
　的影响，阿尔图西乌斯的贡献就是将郎居特的学说系统化，并通过逻辑推理填补他留下的
　漏洞。他们所持的论据实质上是相同的，只不过郎居特所得出的结论是为了适应法国加尔
　文教的夺权要求，阿尔图西乌斯的结论是为了适应德国管理城市的市议会贵族的利益。参
　见亨利希·库诺：《马克思的历史、社会与国家学说》（第1卷），袁志英译，商务印书馆
　1988年版，第67页。
③ William Archibald Dunning, *A History of Political Theory： from Luther to Montesquieu*,
　Macmillam Company, 1923, pp.61-67.

这样最高权力也就掌握在作为总体的人民，而不是个体成员手中。但出于治理需要，主权可以交给代理人君主或者行政长官行使，他们服从作为整体的人民。但是，阿尔图西乌斯的"共生体"与亚里士多德的政治体存在差异。阿尔图西乌斯使用该词重在强调政治生活的生物学基础，而并非如亚里士多德那样仅仅将其归结为抽象的人性。①而这与其时代的科学有一定亲缘关系。阿尔图西乌斯的共生体所指的政治组织也不同于亚里士多德时代的城邦。在他看来，共生体就是当时广泛存在的城市国家。阿尔图西乌斯清楚地意识到，不是城市国家而是领土国家，才是占有压倒优势的国家的近代形式。②他将共生权定义为团体中的个体成员必须承认的团体中的每一个成员的权利，其意显然不仅是指城市国家，而且是整个地域国家。他的国家学说也与格劳修斯、霍布斯等不同。他们认为国家和一切政治社会都来源于人们的自由意志、自愿选择，是各个个体为了获得荣誉和利益而自愿组成的"人为的集体"。而在阿尔图西乌斯看来，人类结成各种共生体，这是人性的内在组成部分，也是一种生命现象，一种对个体而言别无选择的自然现象。国家之形成是再自然不过的事情。③阿尔图西乌斯倾向于一种独特的联邦主义理论。在他的学说中，高级团体是由低级团体通过契约形式联合组成的。这种理论是对博丹思想的一种承袭和推向极端。④同时，它也与德国的社会现实密切相关，也受到荷兰各省联合组成国家，共同抗击西班牙封建君主统治的影响。

　　关于"主权在民"问题：阿尔图西乌斯的整个政治法律学说建立在契约基础上。阿尔图西乌斯认为，契约联合是组成共生体的唯一方式，人们首先通过契约，组成家庭；家庭通过契约组成村社、城市；最后以契约联合组成国家。在五种类型的联合体中，只有国家拥有统治权。但是其他联合体也具有不可让渡的权力，它们是作为个人和国家之间的各种独立的社会而存在的。政府的建立是在已经组成的政治实体与统治者之间进行的，

注
释
① 参见徐大同主编：《西方政治思想史》（第 3 卷），第 118 页。
②③ 同上书，第 119 页。
④ See William Archibald Dunning, *A History of Political Theory: from Luther to Montesquieu*, Macmillam Company, 1923, pp.87-93.

此种权利则为一个整体的人民所拥有。统治者的权力是有条件的，人民的权力是绝对的，人民的权力高于国家。[①] 因为，根据自然法，所有人都是平等的，由此推断人们除非根据自己的同意或自愿行为授权，在法律上可以不会臣服任何人。人民是先于或高于统治者的，正如低级团体高于高级团体。但他们都受制于国家法律。"从逻辑上说，这一理论只取决于契约这个单一的思想，从本质上讲丝毫也未借助于宗教权威。"[②] 契约的神圣性通过自然法予以说明，上帝和圣经成为似乎可有可无的事物。阿尔图西乌斯认为，政治学是将人们联合在一起过社会生活的一门科学，[③] 政治著作中，宗教思想的存在"与政治学说格格不入或互相对立"。[④] 阿尔图西乌斯自觉地将政治学从神学中解放出来，排除神学的干扰。他的努力是西方政治思想世俗化、近代化进程中的重要一环。

二

普芬道夫的自然法学说

普芬道夫（Samuel Pufendorf，1632—1694）是当时最著名的德国法学家。生于普鲁士萨克森的一个信奉路德教派的牧师家庭。为了将来也能当一名牧师，曾入莱比锡大学攻读神学，因与当地宗教的专断气氛不容，不久后改学语言、法学。后于1656年转学耶拿大学，师从威格尔教授学习笛卡儿哲学、自然法、数学。1658年曾任瑞典驻丹麦公使科埃特的家庭教师。不幸的是丹麦和瑞典旋即开战，普芬道夫受牵连被捕入狱。期间他对法学思考良多。1660年，出版著作《一般法律学要义》。1661年，应帕拉丁选帝候卡尔·路德维希的邀请，赴海德堡大学担任教授，开设自然法及国际法讲座，这是政治学史上第一个以自然法为名的讲座。期间普芬道夫

注释
① 参见戴维·米勒、韦农·波格丹诺主编：《布莱克韦尔政治学百科全书》（修订版），邓正来译，第20页。
② 乔治·霍兰·萨拜因：《政治学说史》（下），刘山等译，第474页。
③ 卡尔·J.弗里德里希：《超验正义：宪政的宗教之维》，周勇等译，生活·读书·新知三联书店1997年版，第72页。
④ Quentin Skinner, *the Foundations of Modern Political Thought*, p.350.

得以大量接触名流。1668年，发表《日耳曼帝国》，引起争议。1671年辞掉海德堡教席，应瑞典国王查理十一之邀赴瑞典伦德（Lund）大学任教，担任法理学教授。1672年，发表了著名的《自然法及万民法》。1677年，任瑞典王室史料官等职。此后，便鲜有法学著作问世，而转向历史、政治和神学著作。10年后出版《对于公民生活之基督教的习惯》。后回国任勃兰登堡史料编撰官。1694年，被瑞典国王乔治三世封为男爵，是年逝世。普芬道夫一生法律著作颇丰，他建立了一个比格劳修斯更为详尽的自然法体系，并有诸多忠实的追随者，如让·雅克·伯雷曼奎（Jean Jacques Burlamaqui）等。但却受到哥特夫利特·威廉·莱布尼茨（Gottfried Wilhelm Leibnitz, 1646—1716）的诽谤，后者称普芬道夫"法律学之素养太少"、"在哲学上是无足轻重之人物"。[①]莱布尼茨倾向于保守思想，而普芬道夫有进步倾向，政见不同，终生罅隙，故有此失之公允的评价。

普芬道夫的少年时代基本上是在宗教战争中度过的。毋庸置疑，战争的恐怖在年幼的普芬道夫心中刻下难以抹去的伤痕。所幸战争的阴霾逐渐远去，特别是《威斯特伐利亚和约》给欧洲带来的和平与安宁的氛围使他对未来充满信心和希望。其时，神圣罗马帝国已经解体，瑞典、法国、普鲁士、荷兰等近代民族国家正在欧洲大陆崛起。出于对三十年战争的恐怖心理，欧洲各族人民要求建立和平、公正、合理的社会秩序，这就为每一个政治思想家提供了施展才华的广阔空间。在1667年出版的《日耳曼帝国》一书中，普芬道夫出于一腔爱国热情，提出组建强大的日耳曼联盟的主张，普芬道夫"以极明了且雄劲之文笔，痛论现状……请求绝灭暴君及资格不合格之君主之方策，而开拓一新的路径。"[②]此外，普芬道夫的政治思想还受到16世纪以来日渐被政府所强化的重商主义的影响。对于普芬道夫而言，探寻新教与新型民族国家关系，支持新教君主的开明专制，拥护重商主义政策，发展近代民族经济，构建和谐社会是其人生理想。因而，他的政治著作成为近代德意志民族国家政治实践的一种哲学表达。

注释

① 引自寺田四郎：《国际法学界之七大家》，韩逸仙译，第232页。
② 同上书，第178页。

　　普芬道夫的法学论述以一套普遍有效的原则——自然法为起点,并由此出发建构一套能为当时普遍采用的政治规范。普芬道夫的主要自然法著作除前文提到的《普遍法理学基础》,更重要还有《自然法和万民法》(*On the Law of Nature and Nations*,1672)以及《根据自然法论人和公民的义务》(*On the Duty of Man and Citizen according to Natural Law*,1673)等。这两部作品被欧洲学术界视为法学理论精品,它们曾被欧洲各大学当做法律和哲学专业基础教材长达100多年之久。①这些著述使普芬道夫成为近代自格劳修斯以来自然法思想的第一位集大成者。

　　普芬道夫的自然法理论有许多创新之处。与近代其他自然法思想家相同,普芬道夫的思想体系也是建立在自然法基础之上。不过在普芬道夫这里,自然法理论发生了些许变化,抑或是创新,我国有些学者对此使用"重建、重构"等语词来修饰。②一般认为,普芬道夫的自然法思想主要受到格劳修斯和霍布斯两位前辈自然法学家的影响,③我们在普芬道夫的有关著作中能够找到他引述两位前辈学者的思想、甚至大篇幅的原文文献来证

注　释

① 参见戴维·米勒、韦农·波格丹诺主编:《布莱克维尔政治学百科全书》,邓正来译,第664页。
② 参见徐大同主编:《西方政治思想史》(第3卷),第265—276页,马德普主编:《中西政治文化论丛》(第三辑),天津人民出版社2003年版,第139—156页。我国学者黄颂认为,普芬道夫虽然还未曾发现理性的根本缺憾,但已经意识到它的局限性。他认为,普芬道夫受到堕落人性的影响,因而不再从人性中推演自然法的基本原则。以"人们如何行为从而使自己成为社会和政治体中有用的一员"这一原则为理论基础和导向,普芬道夫将其自然法理论建立在人的极端自爱和社会交往性的基础上,两者之中他又尤其强调后者。因而,普芬道夫的自然法就成为一种道德原则,其"内容不过是人们对自己和对他人应尽的义务,以及由对他人的义务而派生出的一系列美德"。上述对普芬道夫自然法的认识基本是准确的,在理论探讨上也是较为深刻的,但他在论争中大量使用来自美国学者庖林·G.威斯特曼的《自然法理论的解构》的有关资料和说理论证,特别是有关普芬道夫理性认识方面的反面论据几乎全部来自该文献,从而造成了作者对普芬道夫关于理性认识的判断方面有所偏差。经查对,普芬道夫在其著作中对理性功能的负面评价并不十分强烈。在《自然法理论的解构》中,理性甚至成为理论批判的核心。参见黄颂:《重建政治道德的基础:略论普芬道夫的自然法思想》,载马德普主编:《中西政治文化论丛》(第3辑),第139—156页。
③ 参见Samuel Pufendorf, *On the Duty of Man and Citizen According to Natural Law*, Introduction, p.xxi, A. P. d'Entreves, *Natural Jaw, An History Survey*, Harper Torchbooks, The Academy library, Harper and Row, publishers, New York, 1965, p.157, 弗朗茨·维亚克尔:《近代私法史》(上),陈爱娥、黄建辉译,生活·读书·新知三联书店2006年版,第305页,E.博登海默:《法理学:法律哲学与法律方法》,邓正来译,第44页。

明自己的观点，也能更容易地发现他对两位前辈学者思想的批判。故此，我们说这种影响不仅有承继，更重要的是扬弃。某种程度上，也许正如维多亚克所言，与其前辈学者相比，普芬道夫的理论还不只是更完整、更深入，在许多方面观察更为细致、思路更为清晰，从而显得更为精致、更富有朝气。①

普芬道夫仍然将自然法界定为"正当理性的命令"。就此而言，这仅仅是对格劳修斯观点的复述而已。但普芬道夫在继承格劳修斯理论的同时又对正确理性问题附上自己的解释。他说："人类的理解力能使其对人类自身的条件思量后明白，依据这种法律范式生活应当是很有必要的，与此同时，这种理解能力也能使这种法的某些准则从中确定不移地得到证实……尽管大多数人没有知识，因而不了解如何正式地证实自然法的准则，他们通常从习俗和日常生活中体会和察觉自然法，但这些事实均不能为此设置障碍"。②普芬道夫的这些言论说明，他的理论仍然坚持古代斯多噶派的自然法的重要主张——"与自然和谐地生活"，同时坚持人的理性能够认识自然法传统的主张，这是文艺复兴以来自然法思想发生的显著变化之一。如前所述，斯多噶主义的复兴一方面是欧洲早期近代社会经济和文化发展后，罗马法复兴的必然结果；另一方面，在现实性上，它是对天主教会神学主义自然法的反抗。倘若联系到16世纪初在德国发生的宗教改革运动，以及17世纪前期刚刚结束因宗教原因而酿成的三十年战争，那么对普芬道夫的思想转向是不难理解的，"真正思想家是时代的产儿……唯有肩负时代使命的人才能够自觉地在思想领域中不畏艰险地跋涉，并最终成为思想的巨人。"③普芬道夫一直坚信宗教是引发三十年战争的主要根源，也是战后德意志甚至整个欧洲政治争端的根源。因此他主张，"如果要使自然法成为对

注释

① 参见弗朗茨·维亚克尔：《近代私法史》（上），陈爱娥、黄建辉译，第305页。
② Craig L. Carr, *the Political Writings of Samuel Pufendorf*, Oxford University Press, 1994, p.150.
③ 黄颂：《重建政治道德的基础：略论普芬道夫的自然法思想》，载马德普主编：《中西政治文化论丛》（第3辑），第143—144页。

欧洲有用的政治工具,它就不能以宗教为基础。"①对于普芬道夫而言,将自然法从宗教神学束缚下解脱出来是一项重要而意义深远的工作。正是在此前提下,普芬道夫致力于以自然法为基础建立一套全面的世俗化的道德哲学,以适应后威斯特伐利亚时代的欧洲现实。普芬道夫仍然像他的前辈们一样以人的自然本性——主要是自爱和社会交往性——为基础,从假设的自然状态出发构筑他的思想体系。②

从基于自然理性的人类特质出发,普芬道夫展开他的自然法理论。普芬道夫认为,在自然状态下,人都有自爱和自私的原始本性,人的一切行动受到这一本性的强烈驱使。"对我们来说,发现自然法,似乎没有比仔细思考人的本性、状况和倾向更为直接、更为恰切的方式了。"③普芬道夫认为,在人的这种原始本性中,存在两种倾向:一种是恶,它使人生性好斗;另一种是好社交,它使人向往在社会中过和平的社会生活。上述两种倾向虽然同时存在于人的本性之中,但在某种程度上,普芬道夫更强调人的社会性,并提出由于人类的软弱,人必须依赖他人的帮助,自然法就是人的双重特性的反映。他谈道,"所以,首先,人与所有其他生物的共同之处在于,他们自身都意识到,他爱自己爱到无以复加的地步,因而,竭尽接近所能保全自己,并尽力攫取那些对己有益的事物、摒弃那些对己有害的事

注释

① Torbjrn L. Knutsen, *A History of International Relations Theory*, Manchester University Press, 1992, p.108. 德国学者维亚克尔也认为,普芬道夫意欲建立一套独立于教会信条之外的世俗化社会伦理学。参见弗朗茨·维亚克尔:《近代私法史》(上),陈爱娥、黄建辉译,第301页。

② 在这一问题上,克努成认为普芬道夫的整个理论体系建立在两个在普芬道夫看来是不容置疑的前提基础之上,即他通过近代科学重建的自然状态与经实证检验的人的本性——人的自爱和自我保护的愿望。参见Torbjrn L. Knutsen, *A History of International Relations Theory*, Manchester University Press, 1992, pp.108-109. 黄颂否认普芬道夫是以人的自然本性为其自然法的理论基础的,但他又无法解释人性与自然法的密切关系。参见黄颂:《重建政治道德的基础:略论普芬道夫的自然法思想》,载马德普主编:《中西政治文化论丛》(第3辑),第146—147页。

③ Craig L. Carr and Michael J. Seidler, ed., *the Political Writings of Samuel Pufendorf*, Oxford University Press, 1994, p.151.

物。"① "除此以外，我们也发现，人有一种天生的弊病和致命的弱点。因此，如果我们将他视为孤独地被弃之于这个世界上而没有任何人来帮助他，他的生活就是对他的一种惩罚。显而易见，除了上帝的恩典之外，对于一个人来说，没有比其他人的帮助和怜悯更重要的了。所以，我们发现以个人的力量保护自己是如此脆弱，以至于人们极需其他事物和其他人的帮助以便生活得更安逸、更舒适。"② 也许感到这样的阐释无法达意或意犹未尽，普芬道夫进一步对自爱做出解释。他指出人优先考虑自爱，"并非因为人喜欢自己胜于其他任何人，或者估价任何事物皆以自己的利益为核心，提议将一些事物归自己所有（以便同其他人的利益区分开来）作为最高的目标，而是因为，人，天生最先意识到他自己的存在，然后才感觉到他人的存在，自然地爱自己就先于他人。除此之外，关心我自己的任务更确切地说是属于我个人的事情，而非其他任何人的事情"。③ 在这一问题上，有些学者认为，普芬道夫的这段解释过分强调了利己的个人主义特征。事实上普芬道夫意在说明，自爱是人的本性，是天生的。普芬道夫还引述培根关于"每个人并非生来只为自己也是为了人类"④的观点来证实。普芬道夫进一步认为，自爱和社会性是相联系的而非割裂的关系。社会性并不仅仅是组成特殊社会的趋向，它还是一种品性，凭借这一品性，我们就可以理解为什么一个人能以仁慈、和平和宽容为纽带与其他任何人团结在一起。所以，尽管普芬道夫也认为人性中存在着某些丑恶的因素如存心不良、蛮横无理、易被激怒、有意制造祸端等，但这与人的社会交往性绝不相矛盾，两者可以进行调和。⑤

他在此基础上推出基本的自然法则，即"任何人必须就其所能，培养和保持对他人具有一种符合人的本性特征和人类的整体目的的和平的社会性"。⑥但是，普芬道夫并未因此搁置自爱的有效作用，而是很看重两者之间的平衡，他认为，"当这种平衡被无节制的欲望所打破，每一个人都只为

注释
①②③ Craig L. Carr and Michael J. Seidler, ed., *the Political Writings of Samuel Pufendorf*, p.151.
④⑤ Ibid., p.152.
⑥ Ibid., p.152.

获取自己的利益而损害他人的时候，就必然会出现各种各样的骚乱，使人类陷入彼此之间的纷争。为了防止这些本来可以避免的事情发生，对我们自身利益的关爱本身也要求我们必须遵循社会交往性法则，唯有如此，我们的利益才能获得安全保障。"①与人性的两种倾向相适应，自然法也主要有两项基本原则。第一，保全自身、保护个人财产。第二，不扰乱社会秩序。"人不可做任何给社会增添纷扰的事情。"普芬道夫强调指出，"每个人都应当积极地维护自己，从而使人类社会不受纷扰"。②这样一来，普芬道夫就把自然法的两种原则整合进一个单一的基本律令之中。

普芬道夫在双重契约与相对主权理论问题上认为，自然法是自然状态下人们必须遵循的法则，它具有普遍约束力。但是，这种约束力只是道德的，因而不具有强制性，所以自然法仍是"不完善的法"（Lex Imperfecta）。③也就是说，自然法不能"维持人类的和平"。④在普芬道夫那里，自然状态尽管只是一种自由、平等与和平的状态，不像霍布斯那样认为人与人之间无休止的战争占据了自然状态的几乎所有空间。但即便如此，普芬道夫仍然体会到它的缺憾：不安全、没有公认的法官以及权力不受限制。⑤因而普芬道夫认为，自然状态与国家相比仍是一种不完美状态，无法正常发挥它的效力，"这种自然状态可以用下面几句话表述出来，在自然状态下，每个人只凭自己的力量来保卫自己，在国家中可以通过所有的人力量来保卫自己；自然状态下没有人敢确信自己辛勤劳动的成果得到保卫，而在国家中每个人都可以确信这一点；自然状态中是激情在统治，那儿存在的是战争、恐惧、贫困、卑贱、孤独、粗俗、无知、野蛮，而国家中是理性在统治，存在的是和平、安全、财富、显赫、社会、高雅、知识、仁爱。"⑥"在自然

注释

① Craig L. Carr and Michael J. Seidler, ed., *the Political Writings of Samuel Pufendorf*, pp.152-153.
② Ibid., p.62.
③ 阿·菲德罗斯：《自然法》，黎晓译，西南政法学院法制史教研室1987年编印，第18—19页。
④ Craig L. Carr and Michael J. Seidler, ed., *the Political Writings of Samuel Pufendorf*, p.207.
⑤ See J. H. Burns, *The Cambridge History of Political Thought*, 1450–1700, Cambridge University Press, 1991, p.572.
⑥ Samuel Pufendorf, *On the Duty of Man and Citizen According to Natural Law*, Cambridge University Press, 1991, p.118.

状态下，如果一个人不依据协定向他人支付欠款，或者犯下错误，或者在其他方面引起争执，没有人能依据权威逼迫滋扰事端者依据协定履行义务，或者做出补偿，不像在国家里有可能做到的那样，人们可以恳求公共法官给予援助。"①

由上可见，相对于自然状态而言，国家是一种更加完美的共同体。普芬道夫的对比描绘映衬出人类从自然状态过渡到政治社会的必要性，但这还不能充分解释人类组成国家的原因。于是普芬道夫再次将视线转向人的"社会性"，任何人必须就其所能，培养和保持和平的社会性。因为它最符合人的本性特征和人类的整体目的。②正是"本性，最迫不及待地保护他自身，真正迫使他进入这些社会，因此，其主要成果就是，人们逐渐习惯于过一种体面的生活"。③正如法国学者维克多·埃尔所指出的那样，"普芬道夫在精神上继承了格劳修斯，而在思想上则效法托马斯·霍布斯。"④

在解决了自然状态向政治社会过渡的充分条件之后，普芬道夫将他的探讨转向国家的组建。普芬道夫认为，为了确保自然法得以实施，必须缔

注释

① Samuel Pufendorf, *On the Duty of Man and Citizen According to Natural Law*, Cambridge University Press, 1991, p.118.

② See Craig L. Carr and Michael J. Seidler, ed., *the Political Writings of Samuel Pufendorf*, p.152. 普芬道夫认为，任何紧张状态都不是这种双重身份的特征。事实上，根据社会性原则，只有和平状态才符合整个人类的天性和目的；紧张状态在这里被基本排除了，因为从原则上讲，任何导致革命的因素都不会在由公民组成的道德实体中表现出来。如果将普芬道夫和卢梭的思想作一比较，那么在关于主权和权力(行政权)的行使问题上有明显的观点差异，尽管他们在社会契约原则上是一致的。在普芬道夫的思想中，建立国家所需要的契约并没有把国家改变成契约制，它们只是指明了一种进程，道德实体就是沿着这一进程而实现的。所有形式的人类群体虽然都产生于个人意志的行为，但它们却形成了具有自己生命力的客观组织。国家政权中的这种超个人的个性和它作为主权工具的职能是浑然一体的，它在民主制度里等于国民议会，在君主制度里则等于国王。主权永远是不可争议的权力。为了避免同代人的误解，普芬道夫一再强调用于闻名其思想原则的这一事实：他宣称选择了"社会性"，而不是"社会性本能"作为自然权利的基础。换言之，人类原本就是群居的生物。参见维克多·埃尔：《文化概念》，康新文等译，上海人民出版社1988年版，第28页。

③ Craig L. Carr and Michael J. Seidler, ed., *the Political Writings of Samuel Pufendorf*, p.205.

④ 我们知道，霍布斯认为人生来就是自私的，但他同时又看到人的合群性。所以他指出，要解决这种两难困境最好的办法就是组建国家政权。由此，他为国家的存在找到合理性根据。参见维克多·埃尔：《文化概念》，第21页。

结两个基本契约，进而组建国家。第一个契约是人们之间的契约。为了保护相互之间的安全，人们就要放弃自然状态下的自由，并达成契约采取适当的治理形式组建一种永久的共同体。"如果我们在头脑中想象一下，有这么一群人，他们本来享有自然自由和平等，现在打算主动建立一个新的国家，所有这些未来的公民首先很有必要作为许多个体相互彼此之间签署一项契约，以表示他们联合起来组成一个单一而持久团体，并通过一个共同的议事会和领袖来处理与他们自身的利益和安全相关的事情。"①当这个团体建立起来之后，还要引入一个有关政府形式的敕令，因为，此时还没有任何人或者机构为公共利益担负责任。对每个自由的民众而言，除非他对这一政府形式表示赞同，否则，不能成为该共同体的公民。第二个契约是公民和政府之间所缔结的契约。根据这个契约，统治者宣誓满足公共安全的需要，而公民则承诺服从统治者，并在一切有关国家安全的事务方面，使自身的意志受制于统治者的权力。"按照这一契约的内容，这些人都要约束自己关心共同利益和公共安全，而其余的人则约束自己服从他们的命令。这项契约也包含臣服和意志的统一，通过这种臣服和意志的统一，国家被理解为一个人，由此最终产生一个完美的国家。"②

以这种方式建立的国家既可以由一个人也可以由一个议会来表达，这主要取决于最高控制权是交于前者还是后者。对于前者来说，主权属于一个君主；对于后者来说，主权属于代表臣民的一群议员。普芬道夫认为，他的著作主要是弄清主权问题，并为在国家政权建设中缓慢产生的法学思想作出贡献。③为了达到共同幸福或维护公共福利，人们组建政治社会，并将最高权力交给主权者掌握，以保证自然法得以有效实施。他说："毋庸置疑的是，无论如何，尽管人类得到繁衍，正当理性仍不足以维持它的荣誉、和平与安全除非建立国家……这就是国家及其主权被认为是来自作为自然法创造者的上帝的原因……既然，除非建立国内主权，自然法很难在大量民

注
释
① Craig L. Carr and Michael J. Seidler, ed., *the Political Writings of Samuel Pufendorf*, p.211.
② Ibid., p.212.
③ 参见维克多·埃尔：《文化概念》，康新文等译，第24页。

众中间推行，不言而喻，上帝已给人们下达指令，明确他们建立国内主权，以便他们发挥培养自然法手段的职能。"①

普芬道夫强调，所有法律实体，无论它们有无权力、无论这种权威对于它们的成员来说有多大，都要完全受到最高权威的限制，而且无论如何都不能与主权对抗、不能胜过主权。②但他同时又指出，对于主权者而言，自然法是真正的法律，而不只是一种道德指南，主权性权力因而受到自然法原则的限制。但是，统治者遵守自然法的义务只是一种不完全的义务，因为并不存在可以受理人民对国王提起的诉讼的法院。只有上帝才是"自然法的复仇者"，因此在通常的情况下，公民没有权利反抗违反自然法的君主。只有在君主成了国家的真正敌人并使国家面临实际危险的非常情形下，个人或人民才拥有权力为保卫自己和国家的安全而反抗君主。③不管怎样，他的主张与霍布斯不同，国家的这一契约模式不仅要求人民承诺服从，而且要求统治者做出保护的承诺。正如有人所说，他倡导了一种服从式契约，④他的主权理论因此被称为"相对主权理论"。在他看来，只有这种绝对性和相对性统一的国家实体才是合法的。

对于神法，普芬道夫虽然仍承认以《圣经》为代表的"神法"的权威，主张除通奸之外，不承认任何其他的离婚原因。但他已将"神法"的约束限制在很狭小的范围内，代之以强调自然法的普遍约束力。由此可见，普芬道夫关注的重点在自然法，并且更强调的是法律在现实中的运作。他指出："神是自然法的创造者，这种自然法基于自然理性。这种观点提示我们，人们应当从当下的状态中来考虑自己，不要顾忌原来是怎样的状态以及究竟发生了何种变化。"⑤这种观点不仅反映出普芬道夫是站在人的而不是神的角度来看待自然法的，同时也发展了苏亚雷兹的学说。"若就全部精

注释
① Craig L. Carr and Michael J. Seidler, ed., *the Political Writings of Samuel Pufendorf*, p.218.
② Ibid., p.217.
③ 参见爱德加·博登海默：《法理学：法律哲学与法律方法》，邓正来译，第45页。
④ See J. W. Gough, the Social Contract, *A Critical Study of its Development*, Oxford, 1936, p.118.
⑤ Pufendorf, *On the Duty of Man and Citizen*, p.36.

神而言，他其实是唯理主义政治哲学家的代表，唯理主义政治哲学家以为政治权力的源泉与标准应求诸人而不盲目地、神秘地求诸神，普芬道夫尽了许多力量以指责当时一般神学界流行着的蒙昧派理论"。① 普芬道夫的自然法思想乃至国际法思想，都是基于现存的权利状态，也可以将其当做实在国际法派。由于当时最迫切的任务即国际文本的签订牵涉到许多诸如国家主体等方面的问题。普芬道夫在这方面进行了论述。他的 8 卷本著作《自然法及万民法》就是围绕着自然法来全面阐述公法、私法及国际法等各种问题的。

总之，作为古典自然法学派的代表人物，普芬道夫的法学思想致力于创建一个宏伟的自然法体系，其论著《自然法与万民法》结构完整、体例得当、条理一贯，被认为是"创立了基于自然法的普通法律科学的基础"。② 甚至有学者认为"普芬道夫的论文，实为后继者全部非掘不可之矿山"。③ 在自然法领域中，他更是被尊为"自然法的国际始祖"，后人推崇"普芬道夫为'自然法学派'之最良适之代表者，同时亦为该派之首领。其著作中，无不显露着宽容异教之精神，对于褊狭的宗派主义之愤激、将法律与神学加以划分之决心、及不论为基督教徒、为异教徒不问其文化之高低、欲对广泛之人类施以正义之希望者也。"④

第三节　格劳修斯的法学思想

雨果·格劳修斯（Hugo Grotius，1583—1645）是荷兰著名法学思想

注释
① 达宁：《政治学说史》，谢义伟译，神州国光社 1931 年版，第 258 页。
② 沃克：《牛津法律大辞典》，北京社会科学与发展研究所译，光明日报出版社 1989 年版，第736 页。
③ 寺田四郎：《国际法学界之七大家》，韩逋仙译，第 233 页。
④ 同上书，第 234 页。

家，近代理性主义自然法学奠基人，被奉为"国际法之父"，亦为当时低地国家法学思想的代表。1583年，格劳修斯出生于荷兰共和国德尔佛特城的一个法裔家庭，其父是位学识渊博的律师。格劳修斯天资聪慧，11岁便进入莱登大学文学院攻读文学、法律、哲学、数学等课程。14岁毕业，后赴法国学习法文。18岁获得奥尔良大学法学博士学位。1603年出任官方历史编修官，编修《荷兰史》，1607年被任命为荷兰最高法院副总检察长和辩护律师。1618年，因在政治斗争中支持共和派而被捕入狱。1621年越狱逃往巴黎，从此开始了颠沛流离的逃亡生涯，期间曾任编典法官及瑞典驻法大使。1645年，在从瑞典返回巴黎途中不幸遇船难身亡。格劳修斯出生时，他的祖国尼德兰联合省和西班牙已经进行了几十年的战争。在他出生后不久，联合省执政奥兰治的威廉因内乱被暗杀。西班牙宗教裁判所的法令规定国内所有异教徒居民需判死刑。而法国则发生了恐怖的圣巴塞罗谬之夜大屠杀。特别是在三十年战争中，格劳修斯亲眼目睹了战争的残酷与野蛮。这一切促使他希望通过自己的努力能够在纷争不断的西欧民族国家建立一种法律秩序，以恢复和平。他在《战争与和平法》中写道，"我看到制造战争的许可证在整个基督教世界泛滥着，这甚至对野蛮民族都是应该感到可耻的；我看到人们为了微不足道的理由或根本没有理由就诉诸武力，而一旦拿起武器，神法或人类法就被抛到九霄云外，恰如一纸敕令让一个疯子无法无天，无恶不作。"[1]格劳修斯的著作包括《荷兰法律导论》（关于荷兰古代法与罗马法的著作）、《捕获法》（成书于1604—1605年，1868年始正式发表）、《论海上自由》（1609年）、《战争与和平法》（1625年）。后三部著作彼此联系，皆系关于国际法的论著。其中《战争与和平法》是格劳修斯法学思想的集大成者。这本著作以理性主义、人道主义作为思想基础，向全世界提出一种新的法律，被后人推崇为近代国际法的奠基之作。从此，国际法学开始真正成为一门独立学科。因此格劳修斯被认为是国际法的鼻祖。而他的这部鸿篇巨制自成稿之日便已多次再版，至今已经多达

注释

[1] 引自时殷弘、霍亚青：《国家主权、普遍道德和国际法——格劳修斯的国际关系思想》，《欧洲》2006年第6期，第14页。

70多版，并被译成24种文字，成为每个法律人士案头必备之书。

先来分析格劳修斯关于自然法、实在法、国际法互为一体的理论。现在学术界一般认为，格劳修斯在法学史上的重要地位主要不在于国家论或国家宪法等问题方面，而在于他关于调整主权国家之间关系的系统阐述。事实上，格劳修斯法学思想的重点、他全部的思想学说无不围绕着重新建构主权国家间的秩序——国际法而展开的。格劳修斯的法学观点和国际法基本理论源于他的自然法。如果说国际法是格劳修斯法律思想中的核心内容，那么自然法就是他整个法律思想体系的根基。格劳修斯认为："自然法是正当的理性准则，它指示任何与我们的理性和社会性相一致的行为就是道义上公正的行为；反之，就是道义上罪恶的行为。由此可知，这种行为如果不是创造人类理性的上帝所赞许的，就必然是它所禁止的。行为的是非一经理性断定，如果不是合法的就必然是非法的，因而我们必须把它看做是上帝所准许的或禁止的。由于这种性质的自然法不仅与人类法而且与成文的神法也不相同，因为后两种法本身及其性质不能禁止人们去做非法的行为，支配人们去做必须履行的行为。自然法不但尊重那些由自然本身产生的东西，而且也尊重那些由人类的行为产生的东西。"[①] 这里集中论述了自然法以人的理性和社会性为基础的问题，而人类理性就是自然法的渊源。那么对人类理性与社会性的理解显然成为理解自然法特质的一个直接的途径。他认为理性与社会性是人的本性。人是一种动物，但是他是一种与众不同的高级动物。人的特性中有一种对社会的强烈欲求，亦即对社会生活的欲求。除了这种社会性外，人不同于其他动物之处还在于他有一种识别力，使他能够对利害关系做出判别，因此他所欲求的生活"并不是指任何一种生活，而是指按照他们的智识标准跟那些与他们自己同属一类的人过和平而有组织的生活。"[②] 人的这个本性（包括理性与社会性）是与生俱来的，具有普遍性、不变性。而自然法的效力既不靠权威，也不靠强制。它是寓于人类的理性之中的，凡是具有理性的人都会接受自然法的支

注
释

① 引自西方法律思想史编写组编：《西方法律思想史资料选编》，第143页。
② 引自E. 博登海默：《法理学——法律哲学与法律方法》，邓正来译，第45页。

配。因此建立在这种普遍永恒理性上的自然法所体现的公正和正义的原则，就是普遍适用的，是永恒不变的法则。它是最基本的、起决定性作用的法。在这个定义中，格劳修斯虽然也承认"上帝的自由意志也是产生自然法的渊源"，① 但他强调上帝指导下的人的理性就是自然法本身。格劳修斯给出自然法定义后，为了突出人类理性对自然法的决定作用，进而强调"自然法是如此的不可变易，就连上帝也不能加以变更。因为上帝的权力虽然无限，但是有一些事情即使有无限权力也是不能动摇的。例如上帝本身不能使二乘二不等于四，他也不能颠倒是非，把本质是恶的说成是善的。"② 而这正是格劳修斯对自然法认识的深刻之处。尽管他没有彻底摆脱上帝的影子，但是却洋溢着人的理性的色彩。使自然法突破了古典自然主义和中世纪神学的园囿，而呈现出近代理性主义的特点。格劳修斯对自然法的解释还体现他将财产私有权定为自然法的重要原则。他说："他人之物，不得妄取；误取他人之物者，应该以原物和原物所生之收益归还物主。有约必践，有害必偿，有罪必罚等都是自然法。……凡是个人或团体的所有物，都应分别审查，物归原主。……自然法的根本原则：一是各有其所，二是各偿其所负。"③"当财产成立之后，一人若违反另一人的意志而掠夺他的财产，即为自然法所禁止。"④ 这种对私有财产不受侵犯原则的强调，不仅再现了罗马法学家开辟的自然法私法化的取向，同时也成为近代思想家反复阐释的天赋人权论的主要原则。

在上述有关自然法的概念的表述中，格劳修斯对法律的类型进行了划分。自然法是最基本的类型，与之相对的是意定法（实在法）。意定法又可分为神命的和人为的两种，人为的又可继续划分为国内法和国际法。国内法即由国家立法机关制定和颁布的法律，包括政治法（现代意义上的宪法）、民法和刑法。在这些类型的法律中，格劳修斯主要对自然法、实在法

注
释
① 引自西方法律思想史编写组编：《西方法律思想史资料选编》，第138页。
② 同上书，第143页。
③ 引自《从文艺复兴到十九世纪资产阶级哲学家政治学家有关人道主义人性论言论选辑》，商务印书馆1966年版，第222—223页。
④ 引自西方法律思想史编写组编：《西方法律思想史资料选编》，第138页。

和国际法三者的关系进行了梳理。如前所述，我们已经看到格劳修斯对自然法的界定，即自然法是人的正当理性的命令，是判断一个行为是否符合理性而具有道德上的必然性或罪恶性的命令。而实在法则不同于自然法，它不能"根据明确的推理过程从那些永恒不变的规则中演绎获得，因为其唯一的渊源乃是人的意志"，① 就是人们的彼此间的同意。这种同意的意志又是因时因地不断变化的，所以实在法的效力是非永久性的和非普遍性的。不过，格劳修斯也强调实在法的制定并非是随意的，它必须遵循某个更加一般的原则。而这个一般性的原则就是自然法。因为人类的各种意志以及依此而制定的法令必须以自然法为标准。因此，在格劳修斯看来，实在法是通过正当意志体现的自然法，而自然法是判断意定法的标准。

可以认为，格劳修斯对自然法和意定法的解证在很大程度上是为其国际法理论铺建道路的。因为在他看来，国际法中"存在着将这两种形式的法律结合起来的问题"，而"他毕生的主要工作就是致力于研究这个结合的问题。对他来说，万国法是由那些被许多或所有国家作为义务来接受的规则组成的。但是，他却试图从社会的自然原则中探寻出万国法更深刻的根源。"② 这样为了能够达成这一目的，对自然法和意定法以及它们之间关系的考察就成为他进一步研究国际法的前提。

有关国际法的理论研究早在古罗马时期就已经开始了。比如战争、条约以及各国之间的商业往来问题都已经进入了罗马法学家的视野。不过在当时，法学家并没有单独地界定国际法的概念。而是在对主要属于私法范畴的万民法或自然法的研究中，涉及某些国际法的具体原则。中世纪以来，从奥古斯丁、阿奎那到博丹，也都研讨过有关国际法的具体问题，如关于宣战、休战以及对于敌人维护信义、实行人道主义等。西班牙后经院学派学者（如维多利亚、苏亚雷兹）也都开始研究国际法的问题，如有关大使豁免权、公海自由等。但是这些研究都未脱离一般的神学与哲学伦理。只有格劳修斯摆脱了这种框架，在自然法的基础上，将其作为专门的法律问

注
释
　　①② E.博登海默：《法理学——法律哲学与法律方法》，邓正来译，第46页。

题予以探讨，并使之系统化成为一个新的法律部门。格劳修斯所讲的国际法是借自罗马法的概念。原文为拉丁文的 jus gentium，本意为万民法，是在非罗马公民之间或罗马公民与非罗马公民之间采用的涉及财产、契约、婚姻等事项的法律，属私法范畴。在中世纪，这一词的含义一直是含糊不清。格劳修斯借用这一概念来指代适用于主权国家之间的法律，于是本来以个人为法律主体的私法性的万民法经改造就成为以主权国家为权利义务主体的万国法（国际法）。关于国际法的概念和内容，格劳修斯认为国际法是"支配国与国相互交际的法律"，是维护各国之间的共同利益的法律，"一国的法律，目的在于谋求一国的利益，所以国与国之间，也必然有其法律，其所谋取的非任何国家的利益，而是各国的共同利益。这种法，我们称之为国际法"。①对于国际法存在的合理与合法性，格劳修斯是从自然法入手进行推导的。他指出各主权国家的构建是为了运用公众的力量，并征得公众的同意，保证社会的安宁，以便每个人的财产和生命安全都有所保障。然而在无政府状态下的国际社会中，由于主权国家的行为不受另一个权力的限制，过于强调国家至上和本国利益就会导致国际社会的混乱。这种混乱实际上是无益于国家建立初衷的实现。因此在国家间有必要存在一种普遍的道德和法律准则来约束各国的行为，以维持国际社会的和平有序，从而实现各国的根本利益——维护和实现由人的理性所决定的和平而有组织的社会生活，这也是国际社会的共同利益。国际法的出现正是这一诉求的结果。对格劳修斯而言，国际法起源于各国基于自然法的共同同意，②因为自然法是建立在普遍的人类理性基础上的最基本的道德准则，它"约束所有人类，不仅包括个人而且还包括国家在内"，③构成了一切人类法律的共同基础和根本来源。这就决定了国际法的内容在本质上是由自然法决定的，同时也解释了格劳修斯对国际法成分的划分。在他看来国际法首先包括来自自然法的部分，其次是补充自然法的"万国法"。前者是国际法的自

注释

① 西方法律思想史编写组编：《西方法律思想史资料选编》，第143页。

② See Grotius, "The Rights of War and Peace", from Michale Curtis ed., *The great Political Theories*, Vol. 1, New York 1961, p.325.

③ Frank M.Russell, *Theories of International Relations*, New York, 1936, p.155.

然法成分,后者是国际法的实证法成分,即由大多数或者全部国家通过契约的方式,或者是明示或者是暗示所制定的法律。至此,格劳修斯对自然法和实在法的论述以及二者之间的基本关联在他的国际法理论中得到了最佳的结合。作为实在法的国际法是建立在自然法之上的处理国家之间关系的规范,国际社会之所以必须尊重这一法则,不仅因为它的效力源于共同允诺的意志,更源于人类理性以及追求更大范围的社会生活的天性。①换言之,国际法就是体现了自然法精神的实在法。

格劳修斯还对战争法的规定进行了阐释。战争法是格劳修斯国际法理论中的重要部分。《战争与和平法》一书的核心就是有关战争法的理论。他的战争法理论是以对"战时无法律"的观点的驳斥为前提的,格劳修斯认为国际法不仅存在于和平时期,也存在于战争期间。各国在战争期间应遵循国际法和国际习惯。在此基础上,格劳修斯对战争权(参战权)、中立权(善意中立)、国际干涉权以及其他战争法原则进行了论证。

针对17世纪欧洲国际社会中流行的国家具有绝对战争权的观念,②格劳修斯提出了不同的见解。他从对战争性质的剖析入手,对战争权进行了阐释。根据发动战争的理由,格劳修斯将战争分为正义战争和非正义战争。对于抵御非法入侵、要求恢复原状或赔偿以及对违反自然法和国际法的行为进行惩罚的目的而发动的战争,属正义战争。因为这些战争的理由源于自然法的权利或义务,它们所达到的目的则恰是自然法与人类理性所要求的状态。除此之外,其他的战争皆为非正义之战。而主权国家只有出于正当的理由才有权发动战争,战争才具有合法性。这样格劳修斯就否认了国家的绝对战争权。所以格劳修斯的战争权观念是承认符合自然法和法律的有限战争权。当然各主权国家除具有发动战争的权利外,还具有参战权。通过上文我们已经知道格劳修斯的战争权只限于为正义理由而发动和进行正义战争的权利,因此在此基础上论及的参战权当然也只限于正义战争中。

注
释

① 参见黄基泉:《西方宪政思想史略》,山东人民出版社2004年版,第126页。
② 所谓绝对战争权,即凡是主权国家为了它自己规定的目的或利益而发动的,并以它自己拥有的所有手段进行的战争都属于合法战争,其行为具有法律效力,不受其他权力干涉。

格劳修斯认为进行正义战争的权利不仅局限于受害国,对于自身利益受到威胁的人能成立的正义理由,对于给予他们帮助的人来说同样是正义的。[①]因此,任何一个国家,无论它是否是直接受害者,都可以参加正义的战争,即具有参战权。这似乎就是今天国际法中集体安全思想的肇端。格劳修斯有关战争性质理论还对国家在战争中保持中立权事宜产生了影响。它排除了一国在交战国之间保持绝对中立的权利(或义务),而要求一国应对代表正义之战的一方保持善意的中立,即一国虽没有义务必须站在正义的一方参战,但是它有权对正义方提供一定的支持。通过主张第三国有为了正义一方参加战争的权利(而非义务),以及对这种为维护普遍道德准则和国际社会总体利益、而不是为谋取本国私利的行为的倡导,格劳修斯否定了国家的绝对中立权。[②]除对上述各种权利外,格劳修斯还对战争期间必须遵守的国际法原则进行了规定:包括坚持宣战的原则,反对不宣而战的狡猾行为;坚持战争中的人道主义原则,对非参战人员——妇女、儿童和老人等应采取保护措施,对战俘要人道地对待;坚持公海自由通行的原则,任何国家和个人组织的非武装船只在公海上自由通行都是国际法准则所允许的。此外,还要坚持遵循保护交战双方外交代表安全的原则。

再来谈一谈格劳修斯对国际干涉权问题的论述。所谓国际干涉权即国际法允许国际社会或某个特殊的国家在一定情况下享有的为维护人的根本的自然权利而对他国进行干涉的权利。这一权利不可避免的涉及国家主权问题,在格劳修斯的国家观中,探讨国家发生的逻辑起点是政治社会出现之前存在的自然社会。不过由于人的本性是天然地倾向于过社会生活,加之在自然状态下,人们经常受到异族或其他动物的侵袭,因此人们在理性的启示下,认识到联合起来的好处,于是他们就联合起来,建立起了有组织的社会。格劳修斯把国家定义为一群自由的人为享受权利和他们的公共利益而结合起来的完整的联合体。在这个联合体中,人们把他们的权利让

注释
① 引自时殷弘、霍亚青:《国家主权、普遍道德和国际法——格劳修斯的国际关系思想》,《欧洲》2006年第6期,第16页。
② 同上书,第17页。

法王查理七世出席法庭会议

渡给了统治者。"所谓主权就是说他的行为不受另外一个权力的限制，所以他的行为不是其他任何人类意志可以任意视为无效的。"① 具体而言，主权是国家的最高统治权。这种权利是至高无上的。有这种权利的人，其行为不受他人权力的限制，其意志不能为他人的意志所取消，同时，这种权力也是独立的，不受其他法律或个人干涉。对格劳修斯来说，主权国家为了正义的缘由使用武力的权力在国内冲突中与在国际冲突中一样适用；君主们除了具有保护其臣民的安全和福利的责任外，还负有维护所有地方的根本人权的责任。② 由于国家主权的至上性和排他性，格劳修斯对国际干涉的权限进行了严格的规定，只有在下列情况下，其他国家才可以对一主权国家内的人民提供国际支援：国王否定自己的权威或声称放弃它；国王试图将自己的国家转让给他人；或者公开表示自己是人民的公敌；或明显地篡权或公然地滥用权力。在这种情况下，人民有权反抗国王，同时其他国家可以为该国人民的根本自然权利对其进行干涉。按照当代国际法大师赫歇·劳特派特的观点，格劳修斯第一个做了关于人道主义干涉原则的权威陈述，这个原则的内容是：对人类或人性的凶暴摧残开始的地方，就是国内管辖权的排他性终止的地方。③

注释
① 西方法律思想史编写组编：《西方法律思想史资料选编》，第 145 页。
② 同上书，第 17 页。
③ 同上书，第 16 页。

第七章
法国和西班牙的法学思想

　　文艺复兴时期的法国和西班牙虽然受到新教的种种影响,有些思想家如加尔文无法在本国实行改革,只能到周边地区进行政治、宗教改革,但它们与意大利一样都是以天主教为主体的国度。这些国家的另一突出现象是,它们都比较早地完成了国家的统一,国力强盛,并在开辟新航路的形势下向外殖民扩张。这种国际形势新格局的产生极大地开阔了法律思想家的视野,诞生了早期近代欧洲重要的西班牙法学派等。思想家们不仅解决了许多法学上的难题,还创造性地提出了许多新的观点,所有这一切都对当时的社会产生了实际影响。

第一节　法国的法学思想

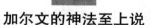

加尔文的神法至上说

　　让·加尔文 (Jean Calvin, 1509—1564) 出生于法国东北部皮卡第省的努瓦永城。其父是努瓦永主教的秘书兼律师。因同当地有权势的家族结交，使加尔文熟悉当时上层社会的生活方式，并通过其父亲少年时就身兼数个教职。加尔文在 1523 年进入巴黎大学学习，师从马蒂兰·科尔迪埃，主攻哲学和辩证法，后又进入奥尔良大学。1529 年转入布尔日大学。他同其他人文主义者有诸多交往，受伊拉斯谟和路德教派影响很深。当时法兰西国王迫害宗教改革派，加尔文被迫于 1533 年逃离法国。1535 年他来到瑞士比较自由和宽容的巴塞尔，写作拉丁文版的《基督教原理》，以此为自己的同伴辩护，并于 1536 年 3 月出版。1536 年，加尔文转道日内瓦，随即被日内瓦宗教改革的负责人法雷尔挽留。加尔文与法雷尔一起在日内瓦市进行了第一次模范社会的尝试，但由于反对派的攻击，他们在 1538 年 4 月被驱逐出境。加尔文又去了斯特拉斯堡，担任这里法国流亡者的牧师，受到市民们的尊敬，并被选派为代表参加查理五世发起的新教和天主教会重新统一的辩论会。[①]此时的日内瓦在经历了政治变革后，亲加尔文派掌权，他们又对加尔文发出回归故里的邀请。1541 年 9 月，加尔文重回日内瓦。1543 年他写了一个新的政治组织法，按照他所认为的真正的教会组织模式重建教会。这种教会有牧师、教师、长老和执事四种职司，牧师和教师各有其责，长老由会员采用古希腊民主的方式投票选举，在两人中选择一人。教会对市政当局有相对的自主性和独立性。同时加强教会法庭的功能，以监控整个日内瓦市的生活。加尔文想把日内瓦建成一个完美的基督教公社，并招揽来自各地的难民和有产者。这些外国人的入住和对加尔文的支持也使他遇到了反对的声音。加尔文与对手进行了激烈、反复的斗争，使其作为日内瓦道德和神学正统的维护者的身份逐渐确立。有一个来自巴黎的名叫热罗姆·埃尔梅·博尔塞克的新教徒，攻击加尔文的预定论为错误的学说。1551 年 10 月，市政府最终审问了博尔塞克，后来加尔文又把他驱逐出境。也正是这时，反对派在选举中不断势逼加尔文派。这时又发生了一件事情，攻击加尔文三位一体论的西班

注
释
　① 参见威利斯顿·沃尔克：《基督教会史》，孙善玲等译，中国社会科学出版社 1991 年版，第 448 页。

加尔文教派在政治实践中重新阐释神法与人法的关系，此图为里昂的一处加尔文派布道堂

牙医生迈克尔·塞尔维特①从监狱中逃出后，来到了日内瓦，但立即遭到逮捕和审判，最后被处以火刑。通过这一系列的事件，加尔文树立起正统信仰主义的形象，反对者也开始转变态度，这些最终使加尔文赢得了1554年的选举胜利。加尔文派政府承认众多的外来民的选举权。不久，加尔文派利用反对派的叛乱加强了对城市政权的控制，并第一次平等地同伯尔尼结盟，共同对抗来自萨伏依的威胁，使日内瓦保持独立的地位。他于1559年建立了日内瓦学院，成为加尔文派教义教育和宣传的国际中心，从该校毕业的学生把他的改教思想带到了欧洲各地。1564年5月，加尔文逝世。

　　加尔文不仅懂得政治手段，而且在日内瓦推行宗教改革，将政治理想

注释　① 塞尔维特是一个聪明的神学家和有成就的医生，他在1531年发表了《论三位一体论的谬误》，1553年出版了《恢复基督教义的本来面目》，并写信抨击加尔文的《基督教原理》。他尽管隐姓埋名，但加尔文的一个朋友发现了他的身份，并向里昂罗马教会当局揭露了他的行为，于是他在法国被捕。

和政治手段高度结合起来，粉碎各种反对力量，最后按照其设想建立起一个具有宗教性质的政府。① 就国家理论而言，加尔文与马基雅维里有不同的出发点。马基雅维里的出发点是人性，而加尔文更强调形而上学的宗教理想。加尔文的核心理论是预定论，即一个人的得救与否，完全取决于上帝。甚至一个人的祸福与否也是预定的。当然，加尔文的得救理论比较复杂。历史上又解释各异，需要我们认真阅读后做出评价。文德尔《加尔文——宗教思想的起源与发展》② 第4章第4节专门就加尔文的预定论观点做了详细的评述。加尔文认为上帝的语词就是最高的法律。正是上帝的语词给了真理以保障。创造教会就是让人现实地感悟上帝的力量。教会国家与世俗国家是有区别的，世俗国家的政权不是以普遍的道德信仰为基础的，因而是有缺陷的。反之，教会国家是以最高的道德力量或者说是一种普遍的精神作为基础，它要建立的是最完美的政治体制。由此看来，真正的国家只有一个即教会国家，或者说教会与国家必须合一。对此问题，艾伦在《16世纪政治思想史》的"加尔文"章做了细致的分析。③ 其基督教哲学的依据是，人都由上帝创造，人的精神都由神的意志使其充实起来。一个人之所以还能够有信心活下去，就在于他怀抱着这样的希望即上帝会在我们的身边。④ 因此上帝的语词就是法，它能够保证精神和法的普遍有效性。所有这一切政治理论，我们在马基雅维里的思想体系中找不到任何踪影。正因为这样的国家是为了达到最高的善和最和谐的社会，它需要每个人对自己的情感有所克制。这是加尔文的基督教人文主义和人性论理论的又一个支撑点。加尔文站在传统的基督教立场，认为人的灵魂与肉体是有区别的。⑤ 肉体拖累了灵魂。因此上帝给了人美好的东西，但却不是以完美的世界来回应上

注释

① See J. W. Allen, *A History of Political Thought in the Sixteenth Century*, Methuen & Co Ltd., 1957, p.50.

② F. Wendel, *Calvin-The Origins and Development of the Religious Thought*, Collins, 1963.

③ See J. W. Allen, *A History of Political Thought in the Sixteenth Century*, pp.63-67.

④ See Calvin, *On the Christian Faith: Selections from the Institutes, Commentaries, and Tracts*, The Liberal Arts Press, Inc., 1957, p.75.

⑤ Ibid., p.38.

帝。①这样，人就需要禁欲，就需要在教会国家的指导下洗练自己的灵魂。②加尔文的名言是："教会就是我们的母亲"。③人必须无条件地服从神的意志，服从教会。当然从根本上讲，人是能够得救的。人只要凭借耶稣唤醒的力量，凭借人自己的信仰，就可以拯救自己。④教会国家则应当担负起这一神圣的职责，甚至不惜动用国家的力量来监督每个人的行为。这样，加尔文所建立的日内瓦国家是试图实现一个最理想的精神社会。但事实证明，信仰的世界与现实的世界不能合而为一。梅列日科夫斯基在《宗教精神：路德与加尔文》一书中也以情感式的语句指出加尔文宗教政治理想的不现实性。⑤结果是：加尔文政权虽然从形式上看有民主的一面，但实际上已经成了窒息人的自由精神的地狱。因为每个人都要服从教务会议的一切决议，每个人都要被迫相信，自己的各种错误是对上帝的亵渎。加尔文政权为了保持信仰的纯正性，甚至动用各种手段来对付异端思想，其中对异端思想家西班牙人塞尔维特的火刑处决就是这种极端行为的明证。但最后，加尔文政权也以失败告终。

加尔文的政治实践进一步证明了这样一个道理，即在现实的政治生活中，道德的合理性与国家权力的合法性不是等同的，两者也不能合而为一。但我们仍应站在16世纪的历史场景中，从欧洲思想文化的大背景中去理解加尔文的政治实践。加尔文的宗教理想一直没有中断，从某种意义上讲，英国的清教革命、清教徒登陆美洲后的政治实践都有加尔文的精神在鼓动。我们以为，加尔文的政治实验和后来清教徒的政治实验的根本区别是，加尔文将神法与实在法的界限弄模糊了，而清教徒在特定的社会环境中逐渐认识到神法与实在法的区别，用实在法的完善来体现神法、自然法的理想

注释

① See Calvin, *On the Christian Faith, Selections from the Institutes, Commentaries*, and Tracts, p.36.

② Ibid., p.103.

③ Ibid., p.98.

④ Ibid., p.85.

⑤ 参见梅列日科夫斯基：《宗教精神：路德与加尔文》，学林出版社1999年版，第339页。

性。从以上历史线索看，艾伦所说的16世纪的政治思想没有比加尔文更重要的言论，是有一定道理的。①韦伯则评论道，"在16-17世纪最发达的国家中，如尼德兰、英国和法国，正是加尔文教这一信仰引起了这两个世纪中重大的政治斗争和文化斗争。"②

加尔文把自然法置于上帝的意志之下，认为自然是上帝建立的秩序，万事万物都受到神的管制，人的罪也是出于自然，并且人的灵魂的各部分都有罪。而一个人的得救与否，完全取决于上帝。甚至一个人的祸福与否也是预定的。上帝早就对信徒进行了拣选，而基督徒要证明自己是否被拣选，只能以自己的行动来证明，按照上帝的旨意去工作，履行自己的义务。加尔文同其他神学家一样，认为基督徒分属于两个不同的国，一个是上帝的属灵的国，一个是世俗的属世的国，政府是为我们活在世上时所设立的，"为要维持对神的外表崇拜，保存纯正的教义，维护教会的组织，并约束人的行为，使之符合社会的要求，遵守国家的法律，彼此和睦，维持治安"。③世俗社会中的律法和权威是要禁止恶人作恶，神的教会不能取消一切律法。他还说，世俗政权对人类而言如同面包、水、阳光和空气一样重要，对神之名的亵渎、对神之真理的污辱以及其他冒犯圣教的事都不能让其在人民中间传播，以使宗教得以维持，使私有财产不受侵犯，使正义与人道存于人间。④

加尔文认为，"法律是国家政制的神经系统"，也是国家的灵魂，"没有法律，官吏无从存在；……没有官吏，法律没有力量。法律可说是不言的官吏，而官吏乃是发言的法律。"⑤在官吏与法律的关系上，他的思想同伊拉斯谟一样，官吏是法律的执行者，但他的说法比伊拉斯谟更明白易懂。例如，官吏是上帝在尘世间的仆人和代理人，上帝赋予他们权柄以统治人民。因此，民众应对官吏心存尊敬，要从良心上服从，"对君王和官吏的服

注
释

① See J. W. Allen, *A History of Political Thought in the Sixteenth Century*, p.59.
② 韦伯：《新教伦理与资本主义精神》，于晓、陈维纲等译，生活·读书·新知三联书店1987年版，第74页。
③ 加尔文：《基督教要义》（下），谢秉德译，基督教辅侨出版社1959年版，第4卷，第242—243页。
④ 同上书，第242—243页。
⑤ 同上书，第255页。

从，就是对授权给他们的上帝服从"。①百姓要"听从命令，交纳赋税，履行公务，负担有关国防的责任，并遵守其他命令"，②因为抗拒掌权的人就是抗拒神的命令，即使对不尽职的政府也当服从。如果是残暴不仁的统治者来统治人民，那是神在用他们的手来惩罚百姓的不义，这也是神对人实行的审判，百姓要服从和敬重他们。他还从《圣经》中举出大量例子来说明由神授予的王权是不可侵犯的。

加尔文认为教会必须自由制定自己的教义和道德标准，尤其是教会法庭要有独立的惩罚权如可以开除教籍等。他也因为这一点同日内瓦的市议会斗争多年，但这实际上剥夺了公民担任公职的权力，实际是要求教会权力支配世俗权力。他想用牧师来指导世俗政府，用教会的道德原则支配人们的所有行动和生活。因为教会涵盖了所有的居民，把国民都纳入一个宗教的共同体中，开除了教籍就等于开除了世俗的政治生活。他在《条例》中说："只要我们生活在人们当中，世俗统治的目的便在于促进并支持对上帝的外在崇拜，捍卫纯洁的教义和教会的立场，使我们的生活适合于人类社会，使我们的行为对社会正义产生影响，使我们彼此之间和谐一致，从而保持共同的和平与安宁。"③

加尔文把行政分为三个部分，一是维护法律的官吏；二是官吏得以施行治理的法律；三是官吏之下受法律治理的人民。他认为一切官吏都是神所任命的，他们拥有神所赋予的权柄，作为神的代理人来进行统治。他还引用《圣经》中的话说："帝王借我坐国位，君王借我定太平，王子和首领，世上一切的审判官，都是借我掌权。"④他还引用《圣经》上的话说，世俗的权柄要屈服于基督，并且要保护教会，他们的口是宣扬神的真理的工具，他们的手要书写神的命令。各种官职都是神命令的，所有的权力都来自于神，甚至包括专制政权在内。可见加尔文的政治观是神学目的论的，他把世俗政权的一切归于神的作用，为神服务，这就是他的神权政治观，也是

注释

① 加尔文：《基督教要义》（下），谢秉德译，第4卷，第262页。
② 同上书，第263页。
③ 引自乔治·霍兰·萨拜因《政治学说史》（下），刘山等译，第420页。
④ 《圣经》，《箴言》第8章，第15—16节。

他在日内瓦建立神权政府的理论基础。

他在书中提到，基督教的诸侯和长官是神的代理人，是靠着神的恩掌权。他们应尽力表彰并维护神的尊荣，使宗教纯洁安全。同时要判决世俗的争端，"当为贫寒的人和孤儿伸冤；当为困苦和贫乏的人施行公义。当保护贫寒和穷乏的人，救他们脱离恶人的手"。①长官、审判官不得图私利，应以公义行使自己的职权。他们的职责是增进民众的安全与和平，压抑邪恶，惩罚犯罪。国君和官吏的责任就是根据基督教和自然律的观点，按照理性和《圣经》的教训行事，赏善罚恶，主持公道与正义，消除恶行。当然，长官一方面不可过于残酷而导致受害者无从医治；另一方面则不可迷信宽仁，从而"陷入错误的人道主义——其实是极大的残酷——以致姑息恶人，贻害大众"。②

加尔文一方面强调对当权者的尊敬就是对神的敬爱，但另一方面又指出，要把官吏本人和他的官职区分开，对官吏的服从只是服从他们的职分本身，而不是他们个人。因为无论谁做我们的治理者，只因他们的职位而受我们的尊敬。所以，在加尔文的神学和政治法律理论中，也有对付残暴统治者方法的论述，也因为这一点，使后来的加尔文主义发展了其中的理论而成为激进主义。加尔文有言："今日若有长官派人来保护百姓，来制裁王权……我非但决不禁止他们行使职权来反对君王的残暴或虐政，我反倒认为他们若纵容君王来压迫人民，乃是极不信不义的。因为他们明知自己是神派来保障人民自由的，却把它欺诈地出卖了"。③因为一切君王都应当服从神的旨意；一切君王都应当屈服于神的命令；一切王权都应当顺从神的尊容。他不断强调神的至上性，并说明神掌管一切君王的心和一切国度的变迁，凡是邪恶的君王和审判官，神自会惩罚他们。因此神有时会派他的代表来为民众伸冤，并授命他们惩罚不义之君。同时，"他根据自然律和神权，对政治采取积极的态度，他要发展具有一般政治意义上的平信徒，训练他们，使他们知道在政治上的责任，并能以承认基督为元首及以荣耀

注
释

① 《圣经》，《诗篇》，82，354。

② 加尔文：《基督教要义》（下），谢秉德译，第4卷，第253页。

③ 同上书，第269页。

上帝来作为判断执政者及其行为的标准,执政者亦可接受一般基督徒的批评。"①他著作中的这些观念,对于后来荷、英、美建立民主政府有极大的影响。

在把统治者的个人与职位分开之后,加尔文又谈到了对统治者的不服从的条件。他论证说,因为当权者是依据神的旨意来统治的,所以神的权威和命令是至高无上的,在当权者与上帝的公义发生冲突的时候,我们应给服从上帝的公义。可以对违反上帝的当权者的命令置若罔闻,不顾及他们的尊容。也就是说,听从命令的人要用上帝的公义原则对当权者的命令进行再检测,然后决定是否遵从。在这里,加尔文把评判世俗当权者命令的权力交给了个人,如同个人与上帝的联系交给了个人一样,使得宗教信仰和世俗权力都变成个人与上帝之间的事情。

关于战争问题,他认为正义的战争是合法的,凡是为了保卫领土安宁、平定叛乱、解救民困、惩罚罪行和抵制侵略而进行的战争就是正义的战争。为了这些目的的驻戍、联盟和军备都是合法的。

为了全方位地认识加尔文的历史影响,可参见杜克《加尔文主义在1540—1610的欧洲:资料集》②等著述。在评传方面则推荐法国著名宗教改革史专家文德尔《加尔文:宗教思想的起源和发展》一书,学术界对文德尔的为人和著述评价甚高,又有大量法文和德文附于书后,极大地扩张了参考面。在原著的翻译方面我们还做得很不够,加尔文《基督教的制度》载于周辅成编《西方伦理学名著选辑》③一书。传记作家茨威格的《异端的权利——卡斯特里奥反对加尔文史实》④帮助人们更全面地去认识加尔文的思想和个性。

注释

① J.T.Moneill:《导论:加尔文的生平、思想及著述》,许牧世译,第87页。引自加尔文:《基督教要义》(上),徐庆誉译,基督教辅侨出版社1962年版。
② A.Duke, selected, trans. and ed., *Calvinism in Europe, 1540–1610: A Collection of Documents*, Manchester University Press, 1992.
③ 商务印书馆1964年版。
④ 生活·读书·新知三联书店1986年版。

二

博丹的自然法指导主权理论

让·博丹（Jean Bodin，1530—1596）出生于法国翁热一个殷实的贵族之家。曾于图卢兹大学修习法律专业，毕业后留校任教。尔后在巴黎从事执业律师一职，并进行学术活动，很快进入政界。1576年，为法王亨利三世赏识，出任宫廷辩护官。同年，他当选为第三级的代表，并参加了布卢瓦的三级会议。博丹在他的政治法律生涯中深感国家的统一对法国成为一个强盛的民族国家的重要性。这不仅促使他在法国天主教徒与雨格诺教派信徒之间的纷争日益激烈时，成为"政治家派"的思想代表。①而且也促成了他以国家主权为核心的政治法律思想的形成。他于圣巴托罗谬节大屠杀之后的1576年发表了《国家论六卷》②（又译《共和国六论》或《论共和政体》），集中论述了国家与法律关系问题，并系统地阐发了国家特别是主权学说。博丹早年曾是一名笃信立宪主义的新兴市民阶级的代言人。16世纪的法国，资本主义生产关系已有了相当大的发展，城市手工业和商业十分繁华，城市市民阶级实力不断壮大。法国国王借助新兴市民的力量不断打击封建割据势力，加强王权，使法国逐渐发展成为近代民族国家。作为中产阶级的知识分子，他一方面赞成王权强大；另一方面主张对王权进行必要的限制，这样才能从根本上维护新兴阶级的利益。然而1562年，法国内部教会之间的冲突终因争夺政治利益扩展为宗教战争，法国正常的社会秩序遭到严重破坏，封建势力乘机抬头，新兴市民阶级的利益面临威胁，法国民族国家的统一正经受严峻的考验。如何建立秩序是许多思想家和学者的终极关怀。作为一名有远见的政治思想家，博丹迅速调整自己的

注
释

① 16世纪50年代末60年代初，法国政局因宗教纷争即天主教与胡格诺教派的斗争而呈现出失控的状态。以大法官米歇尔·德·罗比塔尔为首的一批人，为了维护国家的统一，而提出国家利益高于一切，实行宗教容忍的主张，持有这种思想的人被称为"政治家派"。

② 1576年第1版，1606年即由Richard Knolles译成英语。《剑桥政治思想史原著系列丛书》（*Cambridge Text in the History of Political Thought*）从中辑为《论主权》（Bodin，*On Sovereignty*，Cambridge University Press，1992）一书。

立场，适应社会环境的变化，强调中央集权，维护民族国家的统一。从此，他由一名立宪主义者转而成为君主专制论者。在西方政治思想史上，他是第一个明确主权概念，并把主权与国家联系起来系统论述国家主权理论的学者，"主权从此不再和某个具体的统治者联系在一起，而是作为一种抽象的至高无上的权力归属于国家。"①

博丹认为君主的权利来自上帝，只受神、神法和自然法的制约。在这一点上，君主所受的制约要胜于大臣。②显然这种说法所强调的是道德律令。博丹的理论之独特在于君主对于其臣民而言有绝对的权力，正是君权规定其他实在法的制定和实施。这里就牵涉到一个问题，即如何评价16—17世纪的君权神授理论。对于当时转型期的社会而言，对于一个秩序高于一切的历史环境而言，颂扬君主统治的权威，有现实的意义。一旦政治制衡需要打破君主的绝对统治，那么君权神授理论也必须做相应的调整。但问题的另一面是，实在法来自神法和自然法，因此它也是最高权威的象征。如果假定国王受神的委托制定实在法，那么就其桥梁的地位而言，君主有超出实在法的权利。如果实在法是习惯法的延续，是共同契约的产物，那么君主也必须受实在法的制约。这些想法在当时也是十分普遍的。从根本上来讲，君主不能超越神法和自然法。这是博丹坚持的观点。从博丹的论述中，我们看到了上帝法律或神法中派生的平等权利。

博丹确立了国家权力整体至上的理论基础，"博丹认为，政治学的起点既不是君主，也不是公民，而是'res publica'，即拥有最高权、不从属于其他权力的国家。国家的根本特征就是'主权'，即拉丁语的'summa potestas'。"③可见，国家主权是博丹整个法律思想的核心，其所有论述都在国家主权至上这一论调下展开的。这样一来，国家主权至上的合理性便成为博丹必须论证的问题。对于这一问题，博丹是分别从国家的起源与主权两方面展开的。在国家起源的问题上，"博丹承袭了亚里士多德的城邦源

注释

① 徐大同主编：《西方政治思想史》（第3卷），第73页。

② See Bodin, *On Sovereignty*, p.31、76.

③ 萨尔沃·马斯泰罗内：《欧洲政治思想史——从十五世纪到二十世纪》，黄光华译，社会科学文献出版社1998年版，第56页。

于家庭的发生说,通过国家与家庭的类比性论述而适时地考辩国家的发生史,进而论证国家之为国家生成的根本标志和正当目的。"①亚里士多德就认为,国家的产生是一个合乎目的的自然过程,因为人是天生的政治动物,人需要过一种优良的生活,家庭、村坊和一般社会团体都不能满足人过优良生活的愿望,只有在社会政治共同体中人才能达到过优良生活的目的。在这里,亚里士多德对国家起源作出了历史的和逻辑的两种含义的解释,他认为,从时间上讲,家庭、村坊先于国家而存在;但从逻辑上看,则是国家先于家庭、村坊而存在。在博丹看来,家庭是人类社会联系的首要和关键的形式,国家最终是从家庭产生的,人的本性所要求的生活的基本需要,使人们组成家庭,家庭是最接近自然的社会组织。许多家庭彼此结合,形成联合体,联合体统一而形成国家。不过,博丹并没有从逻辑上去澄清家庭向国家过渡是如何完成的。对于这一问题,他侧重于把家庭与国家之间的同异之处相对照,试图通过对家庭和国家之间同异性的辨析,把国家确认为一个权力系统。博丹认为,家庭是国家的自然原型,家庭之间的联合构成了国家。国家带有家庭的特点,国家的公民因家庭成员间的不平等而不平等;家庭因私有财产而生,国家也离不开公共财产而存续;家庭中父权的至上权威,国家也应有至高而绝对的威权——主权。但是,家庭与国家之间存在着本质上的区别。他指出,家庭是一个自然的单位,国家则是一个政治实体。虽然家庭之间的联合构成了国家,但在这里的"联合"是基于共同防卫和追求相互利益的家庭联合,而非家庭之间的任意联合。因此,国家的产生具有功利性的色彩。不仅如此,博丹还认为国家的产生还要借助于强力,他指出,要使建立在功利基础之上的家庭之间联合成为真正的政治共同体,强力的介入是不可避免的。因为家庭之间的联合由共同防卫和相互利益促成,如果缺乏某种权威,则根据这种功利原则建立起来的家庭联合自身则缺乏牢固性,而只是某种松散的联合体,那些促使家庭之间联合的契机一旦消失,联合体就将不复存在。所以,家庭联合

注
释

① 黄基泉:《西方宪政思想史略》,第93页。

产生国家必须要凭借强力征服来完成。因此，国家是通过功利和强力两种因素而产生的。所以博丹通过对国家起源的阐述，将国家定义为"国家是由多数家族的人员和共同财产组成的合法政府，并被一个拥有最高权力（a sovereign power）及理智（reason，或理性）的所支配的团体。"①这样不仅为国家的产生找到可由历史理性给予说明的基础，借以区别神创国家说，使国家与其他非法组织区别开来，同时也为国家权力的起源找到了合法的依据，即来自于家庭中的家父权，而这已然是罗马法中的合法规定。

　　"主权"这一概念并非博丹独创，在他之前这一术语用来指称统治者实际的政治权力与地位，"也就是说，它虽然是一定地域之内的最高统治权所在，但他同时又受到各方面的限制，比如说皇帝、教会、法律等等。"②博丹借用了这一术语，并赋予它以新义，他认为"主权是在一个国家进行指挥的，超乎公民与臣民之上，不受法律限制的最高权力。也可以说，它是一个国家中，无上级、同级或下级之同意，一项由个别或集体享有为臣民或公民们实在法律的政治权力。"③他认为，国家权力的根本特征就是主权，这种权力至高无上，不从属于任何其他权力。可以说，用主权概念来标示国家权力，这是博丹对西方政治哲学作出的最大理论贡献。在他看来，正是主权概念使国家与包括家庭在内的其他社会群体最后区别开来。他说，家庭、部落、社团和城市等都可能拥有各种宗教的、法律的甚或习俗方面的权力，但国家作为一个权力系统则必须由主权概念来加以表达，并根据这一定义来确定主权的基本特征。他认为在任何时间内产生的权力都是有限的、暂时的，而主权是永恒的、不被授予的，主权不会随着时空的改变而变化。权力可以移交、政府可以让渡，但主权是不可分割、不可转让的。也就是说，主权是绝对的，它凌驾于法律和各种相对的权力之上。博丹还说，主权是区别政体的标志。他不承认混合政体的形式，认为混合政体是将主权分为几个部分，由几个机关分别掌握，这是违背主权不可分割的原理的。博丹主张把国家和政府分开，国家包括对最高权力的掌握，

注释

　　① 引自张宏生、谷春德：《西方法律思想史》，北京大学出版社1990年版，第78页。
　　② 引自唐士其：《西方政治思想史》，北京大学出版社2002年版，第191页。
　　③ 引自黄基泉：《西方宪政思想史略》，第96页。

政府包括一个机构,通过这一机构实施最高权力。"主权是保障国家内聚力和国家独立的前提,但是必须把作为主权的'国家'同具体实施这一权力的'政府'区别开来。换句话说,博丹虽然接受了亚里士多德对国家所作的君主制、贵族制和民主制的分类,但他认为,在每一种国家形式当中又可以有不同的政府类型。"①不仅如此,博丹还从八个方面来确定主权的内容:1.立法权。他强调指出,立法权不能为主权者之外的任何权力所拥有,包括议会也无立法权。2.宣战和缔结和约的权力。3.政府官员的任命权。这表明,主权与政府权力是有区别的,主权派生政府权力,主权者可以随时收回政府官员的权力。4.最高裁判权。这一权力为主权者所把握,这一权力不可转让。5.赦免权。属于最高裁判权的一部分。6.要求臣民和公民服从的权力。也就是说,臣民和公民有服从主权者的义务,不经主权者的同意就不能解除这一义务。7.铸币和度量衡的选定权。8.征税权。博丹认为,主权者有权向臣民和公民征税,但应该征得公民的同意,不可随意增加税收。从上述介绍的情况看,博丹的主权理论有着十分丰富的内涵。他不仅回答了什么是主权,揭示了主权的基本特征、各项内容以及各种属性,而且他还把主权的各种内容视为一个统一的整体,认为丧失其中任何一项权力都势必危及到其他各项权力,并最终导致主权的瓦解。博丹正是根据主权的基本内容来凸显他的国家权力整体至上的哲学思想。在博丹看来,由明君统治的君主国是最合时宜的政治形式,在这种国家中,君主是主权者,行政管理有条不紊,臣民的天然自由与财产权有所保障,国家是一个和谐的整体。

另一方面,博丹依然坚守传统的自然法观念。对于博丹来说,主权体现为最高公共权力,只有自然法与神法高居其上。他的主权理论深受自然法学说的影响,正如美国学者乔治·萨拜因所指出的那样,博丹主权理论体系的基础是他的自然法理论。②对博丹而言,主权是一切稳固的政体不可缺少的一个特征。在君主遵守神法和自然法这类最高规范的前提下,主

注释

① 引自萨尔沃·马斯泰罗内:《欧洲政治思想史——从十五世纪到二十世纪》,黄光华译,第56页。

② 参见乔治·霍兰·萨拜因:《政治学说史》(下),刘山等译,第470页。

权才能得到最理想的行使,因为"对他和所有他的同时代的人来说,自然法是居于人类法之上的,并规定了某些不可变更的权力的标准,遵守这一法律就是真正的国家与有效的暴力的区别"。①他说:"至于神法和自然法,每一个君王都应该受其规范,君王没有权力去违反它们"。②虽然自然法不能使违反它的主权者担负现实的法律责任,但它的确使主权者丧失了一些法律资格,特别是自然法要求遵守协议和尊重私有财产。主权权力行使的自然法限制是博丹主权理论的重要特征之一。因此,尽管博丹认为主权在国家内具有绝对至高的权力,但他的主权理论绝不同等于绝对主义。③对博丹而言,主权的绝对性并不是宗教或伦理意义上的,而只有以作为政治上的国家成员的市民为对象时才有意义。所谓主权不受限制,并不是不受自然法、道德、神法的限制,只是不受自身创造的法律限制而已。也就是说,在博丹的主权理论体系中,主权者被置于法律和自然法之间的中间地带。然而遗憾的是,虽然博丹强调主权受限于上帝的律法和自然准则,但是对于如果主权者违反这一自然法的处理问题(譬如授予被统治者抗拒的权利等),他却未加以界定和探讨。因此博丹的主权限制论只停留于观念上的讨论。④

在博丹的主权理论中,有一点特别值得注意,即主权的绝对性不等于主权的无限性和随意性。事实上博丹在《国家论六卷》中提出了对主权的限制,即提出了主权的合法性基础。在论述国家起源问题时,博丹曾援用罗马法关于国家管理权不得进入私人住宅的规定原则,对家庭中的家长权予以保障;在论述保护私有财产时他通过对柏拉图和莫尔的财产共有论的批判,提出了家庭与国家的主要差别,即前者为私人领域,后者为公共领域,国家主权在性质上与私人权力不同,特别是在规定主权的内容时,他指出主权者不能任意增加公民的税收,而在他的主权原则中并没有包括对私有财产权的占有权。在他看来,国家要维持其存在就必须承认人的私有财产权利。这样看

① 乔治·霍兰·萨拜因:《政治学说史》(下),刘山等译,第465页。

② Jean Bodin, *On Sovereignty: Four Chapters from the Six Books of the Commonwealth*, trans, Julian H. Franklin Cambridge: Cambridge University Press, 1992, p.13.

③ See F. H. Hinsley, *Sovereignty*, Basic Books, Inc., 1966, pp.122-123.

④ See Julian H. Frankin, *Jean Bodin and the Rise of Absolutist Theory*, Cambridge University Press, 1973, pp.70-92.

来，在博丹主权论的背后"掩饰着这样一种政治社会建议，即主张建立一个以维护私有制为基础的社会。"①就此而言，他的政治理论内在地包含了国家主权的合法性基础问题。而这个问题在他关于主权与法律之关系的研讨中也得以体现。一方面，他认为主权者是法律的来源，法律、法令出自主权者，法律必然要体现主权者的意志；另一方面，他又意识到法律秩序与实现政治正义联系在一起。法律一经制定就获得了相对的独立性，它可以使主权者意志的行使被无形地限制在法的规范之中。根据这两个方面，博丹实际上赋予了法律以独立的地位，从而限制了主权的绝对性。从权力与法的关系中，博丹对国家权力合法性基础问题的探讨得到了落实。

当然，除了从法的正当性上探讨国家权力的合法性基础问题之外，博丹还需要从道德价值的正当性和普遍性上来思考国家权力的合法性基础问题。他在赋予主权以绝对的、永恒的性质之时，提出了主权者要遵守神法和自然法，同时还要受制于神法和自然法。前文一直谈及，西方法学史上的自然法是一个极为古老的概念。自然法在古希腊、罗马以及中世纪的政治法律理论中一直是作为实现政治法律正义的价值目标，并作为成文法的根据和价值尺度而为哲学家们、法学家们所津津乐道。博丹重提自然法的意图一是给予主权者以必要的限制，以此来协调各主权国家之间的关系；二是为国家权力的合法性确立起道德价值的基础。尽管博丹最终没有对自然法进行系统地论述，但他认识到自然法在国家权力的合法性问题上所具有的价值基础地位。在他之后的一个多世纪里，自然法成了近代政治哲学和法哲学中国家问题研究的方向。

由于博丹的政治思想只是近代新政治观念的萌芽，因此具有许多含糊不清之处。其中有两大问题受到博丹之后一百年间政治哲学界的广泛关注，"一个问题是用权力来表示的主权论——关于国家作为政治上的下级和上级之间关系的定义以及关于作为命令的法律的定义。霍布斯系统地发挥了这个概念。另一个问题是古代自然法理论的近代化和世俗化，为的是如果可

注释 ① 萨尔沃·马斯泰罗内：《欧洲政治思想史——从十五世纪到二十世纪》，黄光华译，第58页。

能的话为政治权力找到伦理的而不只是权力主义的基础。这一修正工作主要是由格劳修斯和洛克完成的。这一工作做得非常成功，根据17世纪和18世纪的估计，自然法理论成为政治理论的有效科学形式。"①

第二节　西班牙的法学思想

西班牙法学派②通常指16—17世纪欧洲天主教改革运动③中在西班牙出现的宗教学术团体，它以复兴托马斯主义（即所谓托马斯经院哲学）为旗帜，因此该学派又被赋予"第二经院哲学"④的称号。西班牙法学派的其他主要代表人物除弗兰西斯科·德·维多利亚（Francisco de Vitoria，约公元1492/1493—1546⑤）外，还有德·索托（De Soto，公

注释

① 乔治·霍兰·萨拜因：《政治学说史》（下），刘山等译，第470—471页。

② 学术界对这一学派有许多称呼如后经院学派、第二经院学派、伊比利亚半岛法学派以及撒拉曼卡学派（Salamanca）等。我们认为这些称谓不仅体现了学者们分析问题的不同视角，也体现了对该问题讨论的重心问题。但与此同时，我们也隐约感到这些称谓似乎对同一团体的限定是有些许出入的。他们所讨论的主体并不完全处在一个固定的范围内。本书主要论及西班牙法学家对国际法理论作出的贡献，故此选用上述命名。

③ 传统上，学者们习惯将这时期的天主教改革称为"反宗教改革"，但现在多数学者都承认它不仅仅是一场反宗教改革运动，其根源可追溯到前路德时代。从15世纪后期、16世纪初期，欧洲各国天主教领袖就已发起教会改革运动，主要内容是整治教会腐败、倡导新的精神价值观念、重建宗教秩序等，如建立方济各会等。但他们并未大张旗鼓，而是力图保持沉默、高雅的风格，也不去发动群众或者赢得教皇支持。只是后来随着宗教改革的深入，教皇意识到问题的严重性，才大力推进天主教改革并使之呈现出一些活力。因此，天主教改革应是与宗教改革有某种相似性的一场宗教改革运动。参见斯塔夫利阿诺斯：《全球通史》，董书慧等译，北京大学出版社2005年版，第380页。

④ 叶士朋：《欧洲法学史导论》，第172页注[4]。

⑤ 维多利亚的出生日期与地点不详。过去有一种较普遍的说法是1480—1486年之间生于维多利亚，现在有人提出更为可靠的说法：即1492年生于喀斯特的布尔高斯（Burgos）。参见J. B. Scott, *the Spanish Origin of International Law*, Oxford, 1934, p.70；Arthur Nussbaum, *A Concise History of the Law of Nations*, the Macmillan Company 1947, p.58。日本国际法学会编：《国际法辞典》，世界知识出版社1985年版，第824页，格尔德·克莱因海尔等主编：《九百年来德意志及欧洲法学家》，许兰译，法律出版社2005年版，第443页。

元1494—1560)、阿丰索·德·卡斯特罗 (Afonso de Castro, 1495—1558)、卢斯·德·莫利纳 (Luzi de Molina, 1535—1600)、巴尔塞泽尔·阿亚拉 (Balthazar Ayala, 1548—1584)①和弗兰西斯科·苏亚雷兹 (Francisco Suares, 1548—1617)、费尔南多·德·瓦兹奎茨 (Fernando de Vázquez, 约1551—1604) 等。其中又以维多利亚和苏亚雷兹对国际法理论的贡献最为突出。

西班牙法学派对托马斯·阿奎那的神学主义自然法学说进行修正,将法植根于个人理性之上,并以此演绎获取有关法律。他们的理论学说与18世纪理性化的法学体系更为接近,该学派对欧洲近代法学思想的转变具有重大影响。国际法理论正是借助国际法律秩序的一些早期实践,并在西班牙法学派哲学家的勾绘下逐渐孕育产生的。正如肯尼恩·汤普逊所说,国际法理论依靠古典哲学的肥沃土壤"重新找到了自己的历史地位"。②

一

维多利亚的自然理性国际法学说

弗兰西斯科·德·维多利亚出生于西班牙巴斯克地区阿拉瓦省的维多利亚城。成年后考入巴黎大学,在那里学习和讲学达16年之久。维多利亚曾就阿奎那的《神学大全》做过系统的研究和讲学。③从其学生记录的讲稿中,我们可以得到维多利亚对法学的系统看法。许多观点就是在阐释阿奎那《神学大全》中的观点。例如维多利亚在是否存在着自然法的问题上答道,按照阿奎那的观点自然法是存在的,因为尽管法的规则都存在于神,

---

① 西班牙名法学家,格劳修斯派先驱人物。主要著作是《战争的权利和职务与军纪》(*De Jure et Officiis Bellicis et Disciplina Militari*, 1582),其中与国际法理论联系最密切的是该作的第1卷《论战争法》。

② Kenneth Thompson, *Fathers of International Thought:The Legacy of Political Theory*, Louisiana State University Press, 1994, p.8.

③ See *Vitoria Political Writings*, edited by Anthony Pagden and Jeremy Lawrance, Cambridge University Press, 1991, p.153.

但神把自然法的意识启示给人，这也应当是一种规则。①其实，这就是理性的中介作用。该学派的核心论点是：从根本上讲，自然法思想的发展史与公民社会的发展史相伴随，是公民社会私产发育的政治反应。当然也有理性自身发展的考虑。自然法在国际法中的运用也是民族国家主权发育的政治反应。民族国家的形成、近代国家制度的确立、国与国之间关系的变化，都是公民社会原则和利益的延伸。西班牙法学派往往从人的现实的自然权利、理性出发考虑自然法，从国家主权的角度出发考虑自然法，这是他们的进步之处。

我们在谈维多利亚的自然法思想时，不应忽视一个重要的时代背景，那就是当时西班牙对美洲的殖民侵略。维多利亚法学思想中比较有特色的地方是他对战争法和美洲印第安人的看法。②维多利亚从1526年开始对殖民侵略的道德问题进行研究。作为国际法的奠基人，维多利亚在发展他的理论时，所关注的问题是西班牙人能否在自然法的基础上证明自己占据印第安人领土的正义性，也就是说，如何论证早期西班牙帝国殖民的合法性。维多利亚反对以宗教的理由占领印第安人的土地和剥夺土著人的财产。作为一个神学家，他认为不能仅仅因为印第安人是异教徒或者拒绝改变信仰就对他们发动战争，因为信仰是意志方面的事情，不能强迫。美洲当地的居民是否也应当享有各种自然权利，这是当时天主教会的重要议题。维多利亚认为，新大陆的印第安人对他们的土地拥有不动产意义上的所有权，它不受皇帝和教皇的支配，也不能被剥夺，即使他们不信仰甚至拒绝聆听基督教的布道；他们和基督教信徒一样拥有自己合法的君主；他们不应被视为有罪而受到处罚，因为"不同的宗教信仰不能成为正义战争的理由"。③除此之外，"帝国的扩张不能成为正义战争的理由"、"国王的个人荣耀和便利也不能成为战争的理由"。④那么，到底什么是正义战争的理由

注释
① See *Vitoria Political Writings*, edited by Anthony Pagden and Jeremy Lawrance, p.163.
② Ibid., "On the American Indians" and "On the Law of War".
③ Ibid., p.302.
④ Ibid., p.303.

呢，他说："发动战争的唯一理由是因为伤害而遭受打击"，但"不是任何伤害都可以成为发动战争的充足理由"。①维多利亚从神权法的角度提供了自然法的依据，他认为人身自由、贸易自由和传教自由的法则是自然法的基本假设。如果印第安人敌视西班牙人在美洲的正常旅行、贸易和定居，而企图阻止和破坏这些活动，那就构成对印第安人发动正义战的合法理由。当维多利亚在论述西班牙人的旅行、和平贸易及定居权利时，他显然指的是：在全体人类看来，这些活动都是合法的。只有在具备正当情由时，才能对印第安人发动战争。个别情况下，虽然不能发动战争，但是维多利亚从当时西班牙的政治实践出发，认为对于拒绝给予本国臣民信教自由的国家，是可以进行干涉的。这一观点后来发展为国际法上的"人道主义干涉"理论，维多利亚便是这一理论的首创者。

维多利亚认为君主是有资格发动战争的最高权威，但是他认为君主的战争行动还是应当有所限制。维多利亚还在自然法的基础上论述谁拥有主权、谁不拥有主权等问题。所以说，现代主权概念的产生与西班牙占领美洲的帝国背景是密不可分的。关于在正义战争中可以做什么以及怎样做的问题，维多利亚认为为了保护公众的财产，可以做任何需要做的事情；可以要求归还所有损失或赔偿相应的价值，这都是合法的；攫取敌人的财产作为战争代价的赔偿也是合法的，因为所有的损失都是因为敌人的不正义行为而引起；在正义战争中，国王可以做任何必要的事情去获取和平和安全；战争胜利后财产要归还原主，和平和安全要相继建立，此外，对敌人进行报复以及针对敌人造成的损失对敌人进行教训都是合法的。②

维多利亚十分注重国家是基于现实利益的契约。③国家成为一个基本的道德实体，个人的利益借助于它在国际社会中得以体现。对于维多利亚而言，人类普遍的道德社会被看做是对国家行为的一个真正的约束，公民已有的基本义务属于国家，而国家的基本义务也属于它的公民，从次要的因素来讲，属于作为整体的人们。注重实在法的地位是西班牙法学派法律

注
释

① *Vitoria Political Writings*, edited by Anthony Pagden and Jeremy Lawrance, p.303.

② Ibid., pp.304-305.

③ 参见 J.M.凯利：《西方法律思想简史》，王晓红译，第161页。

思想的一个重要特点。维多利亚坚信，政治权力并非来源于人民，而是上帝的恩典。产生在同意基础上的社会，不管明示还是暗示，都把权力赋予统治者，类似于罗马天主教选举教皇，最后权力由统治者或教皇履行。在同意基础上而产生的社会认可这样一个事实，整个世界从某种意义上来讲就是一个共和国。在其中，基督教建构了一个简单的共和国或组织。全世界的人们都服从自然法和万民法。维多利亚一直将万民法与人定法相提并论，并坚持认为整个世界都要靠它来维系。任何政治社会或国家是没有权利对更大的社会造成损害的。

维多利亚的重大贡献在于他对"万民法"概念做出了不同于罗马时期万民法概念的解释。在此，我们主要尝试对他关于万民法与自然法关系的论述作初步解析。维多利亚认为万民法源出于自然法，但他同时强调它已经不同于自然法，在某种意义上，它已经具有人间成文法的性质。一方面，万民法与自然法存在密切联系。自然法理论曾是一切特殊观念譬如法律、政治等的渊源。①自然理性是罗马万民法的基础，万民法的产生与发展与自然理性的高涨密切相关。依据自然法，所有人都是人，所有人当然会遵守某些共同规则。万民法就是这些共同规则的组成部分。由此，我们可以推知它源于自然法，实际上，万民法是"如此接近自然法，以致如果没有万民法，自然法就无人遵守"。②不仅如此，"在与自然法的关系中，万民法还具有保护功能。"③对于自然法，万民法即使"不是完全必要的"，然而对保护自然法下人的基本权利则是几乎必不可少的。

另一方面，万民法是所有民族均使用的法，它与自然法存在着区别。罗马法学家乌尔比安认为，自然法是所有动物共同的法，而万民法则仅仅是人类自己的法。④维多利亚则进一步认为，万民法不仅是人类自己的法，

注释
① 参见梅因：《古代法》，沈景一译，第46页。
② De Jure Gentium et Naturali, infra, Appendix E, p. cxiii. In J. B. Scott, *The Spanish Origin of International Law*, Oxford, 1934, p.170.
③ J. B. Scott, *The Spanish Origin of International Law*, p.171.
④ 参见桑德罗·斯奇巴尼编：《民法大全选译·正义与法》，第35—36页。事实上，在帝国初期的罗马法学家之间，关于自然法的解释，具有不同的观点。一种是以盖尤斯为代表的，他强调自然法代表自然和人的本性，并且往往将自然法与万民法并列，因而就仅有自然法（或万民法）与市民法之分。另一种是以乌尔平斯为代表的，他将法律划分为自然法、万

而且是由世界共同体制定的"公正而有利于所有人的法律",它不仅具有人际间的公约和协定的效力,而且还具有真正的法律(lex)的效力。因而,它是整个世界的权威。① 维多利亚在此处使用"lex"一词,"lex"在拉丁文中指具体制定的法,即人间成文法。也就是说,维多利亚认为万民法具有人间成文法的性质。维多利亚的观点是,万民法不仅不必从自然法中推出,而且也不必仅仅是保护自然法。因为如果万民法必然从自然法中推出,那么,将不再有两个而是只有一个体系。②

不仅如此,在实践上,维多利亚将"侵犯大使"看做滔天大罪,本身就意味着他已将万民法视为实在法。因而,维多利亚的万民法更多地被置于实在法之下,而不是自然法之下。③就连昆廷·斯金纳也不得不承认,维多利亚已将万民法应被视为人间成文法的一个方面,并且只被看做是广泛遵守的一系列判决,而不是正常理智本身得出的一系列推论(或正常理智本身的一系列事例)。④

这样,维多利亚一方面承认万民法植根于自然法;另一方面又认为万民法的诸多原则不可能完全从自然本性中推导出来,还需要国家间的习惯、条约作为现实的文本负载着。⑤这种看似有些悖谬的观点一方面反映出万民法与自然法趋于分离的现实。另外,从精神层面上讲,这也清晰地描绘出文艺复兴时代的思想家面对时代变革对新旧事物表露的复杂情绪。毕竟,政治科学已经成长起来,特别是在意大利政治思想家马基雅维里演绎出国家利益之后,政治科学与道德哲学之间的联结渐行渐远。维多利亚的万民

注
释

民法与市民法,并认为"自然法是自然教导一切动物的法律,它不仅适用于人类,而且适用于一切动物"。因而,在研究罗马法的著作中,这两种解释就称为两分法和三分法的矛盾问题。在《查士丁尼民法大全》中,这两种释义兼收并蓄。不管我们对这一矛盾如何理解,但可以肯定的一点是:根据当时罗马法学家的一般解释,自然法是合乎自然的、人的理性的法律,万民法是各族共有的法律。

① See *Vitoria Political Writings*, edited by Anthony Pagden and Jeremy Lawrance, p.40.

② See J. B. Scott, *The Spanish Origin of International Law*, p. 170.

③ See De Jure Gentium et Naturali, infra, Appendix E, p. cxii. From J. B. Scott, *the Spanish Origin of International Law*, p.169.

④ See Quentin Skinner, *the Foundations of Modern Political Thought*, Vol. 2, p.215.

⑤ 参见周春生:《文艺复兴时期人神对话》,华东师范大学出版社 2002 年版,第 127 页。

法虽已逐渐远离自然法,趋向于世俗的成文法,但它仍需自然法提供了一切世俗法律所必须在其中运作的道德架构。因为,倘要使万民为自身制定的成文法体现真正的法律的性质和权威,这些成文法就必须始终符合自然法所提供的天赋公道的一般原理。①

维多利亚在罗马万民法(jus gentium)的基础上给国际法下了一个定义,他认为国际法就是自然理性在所有国家之间建立的法。现代含义上的国际法这一概念起源于自然法,将整个国际社会包容于一个相互需要的和谐体之中。同时,国际法的全部内涵并非都能从自然本性中推导出来,概因自然法规定的是人类行为的基本原则,而这些原则必须有国家间的习惯和条约作为载体,使其具体化,脱离抽象的层面。从现实的地理环境的经验论立场出发,世界是一个整体,故那些习惯和条约实际上就具有世界性的法律效应,并可按照世界性的法律效应进一步制定国际性法规,形成一般的实在国际法。②

这里再就共同体观念和国家概念之间的关系做些分析。共同体观念是西方文明古老的遗产之一,也是西方国家学说的滥觞。前文已有所述及,在古希腊时期,著名思想家亚里士多德在《政治学》一书中最先提出了城邦共同体(πόλις κοινόν,拉丁文译为 civitates societas)的概念,它是由"自由和平等的公民在一个合法界定的法律体系下组建的政治共同体"。③亚里士多德认为,城邦共同体的形成晚于个人和家庭,但其自然本性却高于家庭。在这类共同体中,人类的生活可以获得完全的自给自足。④中世纪后期,基督教的普世帝国土崩瓦解,这一观念又恢复了生机。以国际法西班牙法学派创始人弗兰西斯科·德·维多利亚为首的一批学者以此为基础表述了一种具有近代特征的国家概念,并尝试构建近代国际社会的观念,⑤这种观念长期影响着后世诸多学者的思想。在《讲稿》中,维多利亚使

注
释
① See Quentin Skinner, *the Foundations of Modern Political Thought*, p.210.
② 参见菲德罗斯等:《国际法》(上),李浩培译,第 123—125 页。
③ Jean L.Cohen and Andrew Arato, *Civil Society and Political Theory*, MIT Press, 1992, p.84.
④ 参见亚里士多德:《政治学》,吴寿彭译,第7—9页。
⑤ See Gerhard von Glahn, *Law among Nations*, Macmillan Publishing Company, 1986, p.55.

用了"civitates societas"、"res publica"、"perfecta societas"等词汇。当时,"国家"(英文为 state,拉丁文为 stato)这一概念还未曾出现。①依据拉丁文词典的解释,"civitates societas"与"perfecta societas"可分别译为"城邦共同体"和"完美共同体",这一点在学术界似乎争议不大,重要的是对"res publica"一词的翻译,这是我们理解维多利亚国家学说的关键所在。因为,维多利亚在为"res publica"定义时曾说,"res publica"就是一个"perfecta societas"。所以,只要搞清维多利亚文中的"res publica"一词的性质,"perfecta societas"的属性也就迎刃而解。在翻译上,我们发现,由于英译版《维多利亚政治著作选》将上述概念视为"commonwealth",因而,中译版的《近代政治思想的基础》则直接将其译为"国家"。问题是,此处的"res publica"与"commonwealth"是何层次上的"国家"呢?古罗马学者西塞罗在其专著 *De Re Publica* 一书中曾提出"res publica res populi"的说法,我国学者王焕生先生把它译做"国家乃人民之事业";②沈叔平、苏力两位学者认为拉丁文"res publica"本义为"公共的事情或财产",与"res pupuli"(一个民族的事情或财产)同义。而英文"国家"(commonwealth)也是由"普通人"(common)和"财富"(wealth)两词构成。因而他们将之译作"国家是一个民族的财产"。③上述两例显然认为"res publica"就是"国家",虽然这一"国家"更可能是普遍意义上的。

注
释

① 英国学者安东尼·帕格登等将维多利亚使用的"res publica"一词译为"commonwealth"。拉丁文"res publica"本义为"公共的事情或财产",与"res pupuli"(一个民族的事情或财产)同义。英文"国家"(commonwealth)也是由"普通人"(common)和"财富"(wealth)两词构成。正如西塞罗所说,国家是一个民族的财产。参见西塞罗:《国际篇 法律篇》,沈叔平、苏力译,商务印书馆 1999 年版,第 35 页。近来徐国栋在其文《国家何时产生》中提出"国家普遍说"和"国家近代说"的观点,让人耳目一新。徐国栋认为,"国家"只是到 16 世纪才产生,而其本质则在于与其构成成员的人格相独立的人格和主权。他还指出,"国家"(state)一词也是在这个世纪产生的,16 世纪之前的政治实体都因缺乏这些要素而不成其为国家。国家之所以后来被理解为一种更早的存在,是黑格尔为了统一德国而杜撰国家普遍说的结果,而他的观点又深刻的影响了社会主义的国家理论。本书将依据他提出的观点来界定维多利亚的"国家"。参见 *Vitoria Political Writings*, edited by Anthony Pagden and Jeremy Lawrance. 徐国栋:《国家何时产生》,载《私法》第 1 辑,北京大学出版社 2001 年版。

② 西塞罗:《论共和国》,王焕生译,中国政法大学出版社 1997 年版,第 39 页。

③ 西塞罗:《国家篇 法律篇》,沈叔平、苏力译,第 34 页。

徐国栋则对此提出异议，他认为张宏生主编的《西方法律思想史》对该句的译法"公共事务（共和）即人民的事务"[1]更为准确。他还进一步指出，尽管"现代的一种国家形式——共和国——确实由这一拉丁词（"res publica"）演化而来"，但是，"西塞罗理解的'res publica'是政治权力的一种运作方式——在现代被称为'共和'的方式——这种特定的治国之术当然不能与国家本身相等同。"[2]换句话说，将"res publica"译为"国家"是不合适的，至少对古罗马时期的"res publica"是不太合适的。显然，徐国栋支持的是国家近代起源说。

众所周知，维多利亚所处的16世纪情况S则与罗马时代大不相同，"16世纪正是近代社会真正的开始"。[3]正如英国剑桥学派领袖昆廷·斯金纳所说，"正是在这个时期逐渐具备了关于国家的可公认的近代概念的主要因素"。[4]16世纪，意大利思想家马基雅维里在其《君主论》中首次使用对"status"进行改造的新词"stato"来表达"国家"的观念。徐国栋认为，马基雅维里认为Status（"身份、地位、情势、资格"）源于罗马法学家乌尔比安的公法定义："公法是关系到罗马人的事务之状况的法律"（Publicum ius est quod ad status rei Rosmanae spectat）。这里的"status"一语，指"一种固定的、稳定的地位，一种以道德上的确定性为基础的秩序的延续性和持久状况的活的标志"。而"罗马人的事务"（status rei Romanae）与"公共事务"（status rei publica）完全同义，它们是同一概念的不同表达，因此，马基雅维里的Stato，不过是对status rei publica的简化。再结合16世纪社会大背景，独立、自治和自我保全等近代国家要素已经得到清晰表述。[5]因此，徐国栋提出，马基雅维里的国家概念只不过是对这一现实的真实反

注释

① 张宏生主编：《西方法律思想史》，第63页。

② 徐国栋：《国家何时产生》，载《私法》第1辑。

③ 基佐：《欧洲文明史：自罗马帝国败落到法国革命》，程远遼等译，商务印书馆1998年版，第175页。

④ Quentin Skinner, *the Foundations of Modern Political Thought*, Cambridge University Press, 1978, p.2.

⑤ See Emil Lucki, *History of the Renaissance 1350-1550*, Book V: "Politics and Political Theory", University of Utah Press, 1964, pp. 168、175、177、197.

映。① 不言而喻，依据徐国栋的观点，在维多利亚的《讲稿》中所使用的
"civitates societas"、"res publica"、"perfecta societas"等词汇，无论对照
普遍说还是近代说，都可以视为"国家"。因此，本文将维多利亚的有关学
说视为"国家"学说。至于它是否近代意义上的"State"（国家）呢？我们
将在下文逐步论述。

维多利亚的国家学说继承了他的前辈学者尤其是亚里士多德和托马
斯·阿奎那的学术思想，其中，后者的神学主义自然法思想为其构建国家
学说提供了理论指导。② 根据维多利亚的论述，政治共同体可分为三个层
次：第一，城邦共同体（civitates societas）。国内有的学者根据语境需要
将其译为市民社会、公民社会或者政治社会。维多利亚有时也将它们与王
国并列使用，可以看出，在维多利亚眼中他们是可以替换使用的，因而，我
们认为它们应属同一范畴。也就是说，这种性质的城邦共同体其实就指代
早期国家，包括城邦、诸侯国等，这些都是政治概念的共同体。如前文所
述，维多利亚并未将民众社团（civilis societas）视为共同体，原因可能就
在于此。第二，完美共同体（perfecta societas）。完美共同体与城邦共同体
的关系是很微妙的。维多利亚在为共同体定义时使用这样一些修饰语，原
句如下："The short answer is that the commonwealth is, properly speaking,
a perfect community（perfecta societas）。"在这里，维多利亚没有使用
"civitates societas"这一词汇，而是直接使用"perfecta societas"并采用
"简洁地回答"、"准确地说"进行修饰，这里没有将完美共同体等同于城邦
共同体。我们认为，维多利亚实际上是在不同的意义、层次上使用两个不
同的概念。我们看到，维多利亚的完美共同体定义是：完美共同体就是这

注
释

① 参见徐国栋：《国家何时产生》，载《私法》第 1 辑。
② 在某种程度上，11 世纪末劳登巴科的莫尼果德(Manegold of Lautenbach)政治主权来自人
民的观念；12 世纪的约翰·撒里斯布里（John of Salisbury）和 14 世纪的奥卡姆(Ockham)
所表明的"人民就可以罢免滥用职权的统治者"的信念；15 世纪德国库萨的尼古拉政府运
作基于"自发服从的选举性同意"、英国的约翰·福蒂斯丘莫基于原初蒙昧状态的"大共
同体"等等思想主张，这些都对他产生重大影响。参见 S. J. Frederick Copleston, *A History
of Philosophy*, Volume III, Part II, the Newman Press, 1963, pp.166-167；J·M·凯利：《西
方法律思想简史》，第 161 页。

样一种政权，"它不是其他政权的组成部分，它有自己的法律、自己独立的施政方针、自己的地方政权。"并且，维多利亚认为，它的至关重要的一个特征是"王国或者他们的君主拥有对外宣战的权利"。[①] 而在此后讨论君主对外战争权的问题时，他明确指出有些共同体的君主无权对外宣战或者进行战争，而完美共同体必须是自给自足的，没有这一能力它就不是完美共同体。很显然，完美共同体是共同体中的完美形态。第三，世界共同体。这是维多利亚的预想。维多利亚在不同地方谈到任何联邦（共同体）都是作为整体世界一部分的问题，从某种意义上讲，整个世界就是一个联邦（共同体），这也是维多利亚关于近代国际社会表达的一个不甚确切的概念。

在维多利亚看来，"完美"的国家才是真正的国家，因为"这是每一个国家所享有的自治权的真正基础[②]。"我们知道，独立、自治和自我保全是近代国家的基本特征。[③] 因此，在某种程度上，我们可以说，维多利亚创立的"完美共同体"已经具备了近代国家的某些因素。正如一位学者宣称的那样，维多利亚"在某种程度上预见到博丹式的主权理论"。[④] 甚至有人进一步指出，其实维多利亚早已提到"在创世之初，上帝就授予全世界、全人类以权利和主权。只不过他将主权视为一种权力"。[⑤] 创建公共权力源于公众一致的需要。没有权力，共同体（国家）将无法存在。[⑥] 正如一位学者所言，正是因为政治权威的形成，城邦才转变为完美共同体。人们宁愿选择不组建社会，也不能消除政治权威。[⑦]

注释

① *Vitoria Political Writings*, edited by Anthony Pagden and Jeremy Lawrance, p.301.

② J. H. Burns, *The Cambridge History of Political Thought*, *1450–1700*, Cambridge University Press, 1991, p.86.

③ See Emil Lucki, *History of the Renaissance*, *1350–1550*, Book V: Politics and Political Theory, University of Utah Press, 1964, p.168, p.175, p.183.

④ Arthur Nussbaum, *A Concise History of the Law of Nations*, the Macmillan Company 1947, p.59.

⑤ Brian Tierney, "Vitoria and Suarez on Ius Gentium, Natural Law, and Custom, Centre for Research in the Arts", from *social sciences and humanities annual report 2005*, University of Cambridge.

⑥ See J. A. Fernández-Santamaría, *Natural Law*, *Constitutionalism*, *Reason of State and War: Counter-Reformation Spanish Political Thought*, Vol. 1, Peter Lang, 2005, p.42.

⑦ Ibid., p.41.

二

苏亚雷兹的自然法规约说

西班牙著名神学家弗兰西斯科·苏亚雷兹也是国际法西班牙法学派的重要代表人物之一。苏亚雷兹出生于西班牙格拉纳达一贵族世家。据史料记载，苏亚雷兹祖上曾因为西班牙王室建立功勋而获封。苏亚雷兹的父亲是一名律师，他自幼被其父送至当时著名的耶稣会大学萨拉曼卡去学习教会法、神学和哲学。1564年，他加入耶稣会。1571年以后，他先后在西班牙塞哥维亚、巴利亚多德、阿尔卡拉、萨拉曼卡等地大学讲授哲学和神学，他还曾在罗马学院任职。1597年，他遵照西班牙国王菲利普二世的意愿，接受葡萄牙科英布拉大学最重要的教席（Cátedra de Prima）。① 不久他还获得埃沃拉大学神学博士学位。苏亚雷兹为神学作出过突出的贡献，因而他被视为经院主义最后的一位杰出代表人物。② 苏亚雷兹著有《论法律及作为立法者的上帝》(*Tranctatus de Legibus ac deo Legislator*，1612)、《论信仰、希望和爱》(*De Fide，Spe et Charitate*)、《论战争》(*De Bello*) 等。苏亚雷兹主要承袭了托马斯·阿奎那的理论，但他卓有成效地发展了后者的政治哲学如国家、主权等有关论题的学说。文艺复兴对西班牙影响较小，但对苏亚雷兹是个例外，"人们从苏亚雷兹所开创的较自由的哲学写作风格里无疑可以看到文艺复兴时期人文主义的影响。"③

苏亚雷兹在其名著《论合法性》中阐明了托马斯主义的自然法理论。但是，由于文艺复兴时期欧洲经历的社会变革造成一种新的文化环境和时代精神，传统经院哲学已无法适应和满足社会需要。这一点在苏亚雷兹的自然法思想中也有反映。也就是说，苏亚雷兹虽然是托马斯主义的积极倡导者，但他的思想与托马斯·阿奎那的法律理论之间已有了很大距离。在

注
释

① 参见格尔德·克莱因海尔等主编：《九百年来德意志及欧洲法学家》，许兰译，法律出版社2005年版，第416页。

② 参见戴维·M. 沃克：《牛津法律大辞典》，北京社会与科技发展研究所译，第864页。

③ S. J., Frederick Copleston, *A History of Philosophy*, Volume Ⅲ, Part Ⅱ, p.163.

苏亚雷兹以前，在有关自然法与上帝的关系方面，瑞米利（Rimili）的格列高利（逝于1358年）步奥卡姆之后尘，继续尝试对上帝意志和理性进行某种调和。依据圣·奥古斯丁的学说，"罪"就是对上帝永恒法的违反；而依据圣·托马斯的学说，永恒法就是神圣而正当的理性。据此推论，"罪"就是对神圣而正当的理性的违反。但格列高利认为，对永恒法的违反是有"罪"的是因永恒法的正当，而不在于它的神圣，因为"罪"只是对上帝永恒法中"指示性"的违反。在格列高利看来，违反上帝的理性无论如何都是罪过。因此他大胆推论，"即便不存在神圣理性，或（'一个不可能的假设'）上帝是不存在的，对人类可获致的理性的违反也仍然是有罪的。"[1]尽管这一表述是对奥卡姆主张的实证性演绎[2]，但我们可以看出，他的思想已与托马斯有所区别，这种表述上的转变对后世法学理论产生了至为深远的影响。苏亚雷兹紧随格列高利的主张而做出另一种相关的阐释。他认为托马斯·阿奎那和诸多神学家的认识是很有道理的，即自然法是一种训诫法。苏亚雷兹同时也承认，自然法源于上帝。但他同时强调，上帝并非自然法专横的创造者，而那些违法自然法的行为，也只是引起自然法的创造者上帝的不快而已。[3]

在此前提下，苏亚雷兹发展了托马斯的自然法思想。苏亚雷兹继续将法律区分为永恒法、自然法、神法和人法等四种。关于永恒法，苏亚雷兹认为，严格说来，永恒法只是就理性造物而言的，而对于非理性的造物，只在隐喻意义上，它才是一种法律或法则。并且他还强调，永恒法并非神规制自己公正行为的法则，它只是神意志的自由法令，它的受众是理性的人的道德或者本性行为。神为人设定了各种行为规范，为了实现共同善，神要求宇宙内部分造物遵守这些规范。在此意义上，苏亚雷兹得出结论：由于永恒法的自由性，所以永恒法并非永远是永恒的或者绝对必要的，因为

注释

① H. Welzel, *Naturrecht und materiale Gerechtigkeit*, Gettingen, 1951, p.94. 引自J.M.凯利：《西方法律思想简史》，王笑红译，第178页。

② 奥卡姆曾经指出，"上帝没有因某物正当而公正而规定它，反之，某物正当而公正是因为上帝规定了它。"引自 J.M.凯利：《西方法律思想简史》，王笑红译，第178页。

③ See S. J. Frederick Copleston, *A History of Philosophy*, Volume III, Part II, p.165.

在宇宙间除了上帝之外，没有一种自由的事物（包括人自身）是永恒存在的。①

关于自然法，苏亚雷兹坚持自然法是人性的体现和自然流露，自然法乃是"一种植根于人之心智之中的法律形式，以明辨善良与邪恶。"②他明确指出，"自然法包括一切箴规和道德原则，而这些箴规和原则是明显以正直行为所必要的美德为其特征的，就像与之相反的箴规明显包含不道德或者邪恶一样。"③苏亚雷兹认为，自然法是人类一切法律的基础，而自然法的公正性和约束力均源于上帝。在苏亚雷兹看来，人定法也是如此，制定法律的权力的终极本源是上帝。④君主的意志并不足以制定法律，除非"它是一种正义的、政治的意志"。⑤苏亚雷兹认为人间成文法的效力并非是神性的，而是直接来自一个合法的立法者的意志或者人性权威，它只是间接地来自永恒法。⑥

从严格意义上讲，自然法需要依据人的思维对某种行为进行有关道德判断。因而，自然法是一种道德规范，如"趋善避恶"、"崇拜上帝"、"生活有节制"等都属于自然法范畴。但并不是任何一种这样的伦理行为都是自然法，例如，一些劝告与婚约就不是自然法。那么在此情况下，人们将如何做出区分呢？苏亚雷兹提出了自己的界定标准——"正直理性"。根据他的理论，一种行为，如果符合正直理性，那么，它便是善的，否则，它便是恶的。因而，在苏亚雷兹看来，"依据自然法，为法律给定的行为并不都是善的行为。"⑦

那么自然法是否可变？苏亚雷兹认为，从内容上讲，对于具有理性和自由的人性而言，无论是在整体性上还是在特殊性上，自然法都是不可改

注释

① See Francisco Suarez, *De legibus ac Deo legislatore*, Lyons, 1613, pp.1, 2, 5.

② Francisco Suarez, *Selections from Three Works*, *The Classics of International Law*, ed. J. B. Scott, Oxford, 1944, p.42.

③ Ibid., p.210.

④ See Francisco Suarez, *De legibus ac Deo legislatore*, pp.3, 4.

⑤ Francisco Suarez, *Selections from Three Works*, *The Classics of International Law*, p.58.

⑥ See Francisco Suarez, *De legibus ac Deo legislatore*, pp.2, 4, 8–10.

⑦ Pars Secunda, *De Religione*, p.1, 7, 3.

变的。然而若抛开理性，就自然法的具体存在而言，自然法是可以被更改的。因为自然法作为人本性的流露，一旦离开理性就会发生内在的改变。所以自然法的改变不是人力所能控制的。苏亚雷兹主张，"任何人的权力，即使是教廷的权力"也无法改变自然法的规定，"它也未曾真正地与本质地限制着一种戒规，而且也未获准废除它"。①但苏亚雷兹似乎并不反对自然法对人的权力的从属关系。他指出，虽然自然将万物赐予人类，但是私有财产制度并不违背自然法。因为人类依据自然法，共同占有所有财产，所以财产权不违背自然法。又因为每个人都有权利使用共同财产，于是在某种情况下，人的本性并未积极禁止分割共同财产，并且分配给若干个人。②由此可以看出，苏亚雷兹的思想主张也代表着新兴市民阶级的某些主张，尽管在身份上他仍是一名经院神学家，但在实际上它无法挣脱16—17世纪资本关系成长的国际国内环境。

　　苏亚雷兹认为人类统治的基础是契约。③认为政府是契约的产物，是人们经过理性的考虑而做出的决定，任何一方都必须遵守其承诺，国王和人民虽在承诺上有别，但谁违反承诺则都要受到相应的惩处。苏亚雷兹把帝王的权力视为原罪，并且用权威来自自然法的论点重申了这种态度。在这个问题上，苏亚雷兹受到了博丹的影响，接受了博丹的君权论。他相信君权常常会受到来自内部或外部的各种因素的限制。君权应当是为臣民的幸福生存而存在，因此君主不能不讲正义和公理，除非他是个暴君，实行的是残暴统治。作为君主，应当信守被赋予权力时的诺言和条件，比如宪法规定的权利和就职演说。除此之外，君主还要尊重有益于人类进步的东西，尊重臣民的自主权和自治权，尊重民族的种种权利。

注释

① Francisco Suarez, *De legibus ac Deo legislatore*, pp.2, 14, 8.
② Ibid., pp.2, 14, 19.
③ 参见 J．M．凯利：《西方法律思想简史》，王晓红译，第202页。

第八章
英国的法学思想

　　文艺复兴时期的英国法学思想与欧洲大陆各国的法学思想相比有其自身的特点。英国在长期的法律实践过程中形成了一套独特的普通法体系。这套体系逐渐成为与罗马法系同等重要的法学内容。但文艺复兴时期英国的法学思想与欧洲大陆的法学思想之间又有许多相似的地方。特别是在自然法思想的阐述方面，两个地区的法学家之理论基础十分相近，阐述的主题和内容也多有互补的性质。这些反映出法学家在回答相同社会时代课题时表现出的共同理论视野。

第一节　14至16世纪的英国法学思想

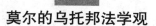

莫尔的乌托邦法学观

　　托马斯·莫尔（Thomas More，1478—1535）是一个在理想世界和现实世界的矛盾冲突中走完悲剧人生的英国人文主义者。莫尔的家庭有基督教虔诚的氛围；曾被安顿在坎特伯雷大主教学识渊博的莫顿家里，受到莫顿的熏陶和抬举；1492年进牛津大学学习，受到新柏拉图主义者科雷特等人的指导；1496年进林肯法律大学研习法律；1502年成为律师，并在林肯大学任教；1504年成为下议院议员，莫尔曾在议会拨款问题上顶撞过亨利七世，父亲受累，莫尔被迫脱离政治；1509年，亨利八世继位，伊拉斯谟到莫尔家做客；1516年出版《乌托邦》；1523年在大主教沃尔西推荐下成为下院议长；1529年成为大法官；1534年因反对亨利八世的婚姻被打入伦敦塔；1535年莫尔以叛国罪的罪名被砍头。托马斯·莫尔对人文主义充满情趣；对宗教改革不报任何好感；对官场直言行事；对市民生活带着一份留恋，这些就是一个复杂的思想家的特征。莫尔思想体系的核心是要塑造一个完整的人。如前文所言，文艺复兴时期所谓完整的人就是一种有美德有品行的人，一种能听从自然理性召唤的人。而要实践上述品行，其首要任务就是要笃信上帝。①所以从总体上看，莫尔是一位对基督教神圣天国保持虔诚信仰的人文主义者。英语世界的莫尔研究著作有马留斯的《托马斯·莫尔传》②等。马留斯的作品是到目前为止最完整地反映莫尔一生的传记。

莫尔的代表作《乌托邦》于1516年写成出版。拉丁文"乌托邦"(Utopia)一词由莫尔自撰而成，它得自希腊文，其原意是"无何有之乡"。《乌托邦》出版后曾被译成多国文字，广为流传。对《乌托邦》一书及乌托邦社会主义的各种解释和批评也成了政治科学和政治社会实践的中心议题之一。为此，学术界同仁经过长期的学术研究、考释，编订了不少有学术价值的善本，③

注
释

① 参见奥西诺夫斯基：《托马斯·莫尔》，杨家荣、李兴汉译，商务印书馆1984年版，第34页。

② Richard Marius, *Thomas More-A Biography*, Alfred A. Knopf, Inc., 1985.

③ 较好的英文评注本有亚当斯翻译、编辑的《托马斯·莫尔爵士的乌托邦》(*Sir Thomas More Utopia*, translated and edited by R. M. Adams, W.W. Norton and Company, 1992)。目前权威的莫尔著作集是耶鲁版15卷本《莫尔全集》(*Complete Works of St. Thomas More*, Yale edition)。其中第4卷是《乌托邦》的专卷，另外耶鲁版的第15卷也涉及《乌托邦》著作。该全集每卷都由学术性导论、评论、图片、重要名词（包括拉丁文在内的考释）等组成。还有各种《乌托邦》的单行本，如：Thomas More, *Utopia*, The Harvard Classics, Vol. XXXVI, 1910; More, *Utopia*, edited by G. M. Logan and R. M. Adams, Cambridge University Press, 1989; Sir Thomas More, *Utopia*, introduction and notes by A. R.Wayne, translated by R. Robinson, Barnes & Noble Classics, 2005, 该译本附有罗珀的《莫尔传》，等等。最新的莫尔研究情况可参见盖伊《托马斯·莫尔传》(J. Guy, *Thomas More*, Arnold, 2000)。

以正本清源。我们应当在研读这些一手资料的基础上对莫尔的乌托邦进行学术评判。为了正确地理解莫尔的法学思想，首先有必要就"空想社会主义"概念做些辨析。曾几时许，中文用"空想社会主义"来对译"Utopian Socialism"一词，以至于空想社会主义成了司空见惯的政治概念。当然，我们的许多著述在具体阐述空想社会主义问题时都力图避免理论的片面性，但使用"空想"译名本身已表明在理解莫尔的政治思想时发生了片面性的情况。中文"空"的字面意思一般与"虚"、"无"关联在一起，因此"空想"等于是无中生有，甚至可以贬为大白天说梦话。引申开来的话，莫尔的乌托邦从根本上讲是一种不切实际的政治理念。这种评价空想译名都是不确切的。我们发现，国内早期的一些《乌托邦》译本和乌托邦评价并未使用空想概念，或朝空想的方向进行思考。刘麟生在其翻译的《乌托邦》书前写有"导言"一篇，其中对乌托邦的理想成分和积极意义做了充分的肯定，大致的意思是：莫尔的乌托邦是一种社会改良的理想，对人们的社会改造有积极的指导和鼓舞意义，它能调动起人们的想象力，并为实现乌托邦的理想而努力。作者还指出，乌托邦中的理想未必全部能实现，但人们总是需要理想，并去实现部分的理想。[1]同时刘麟生始终未用空想来称呼乌托邦。现在学术界用空想来对译乌托邦，这可能受到经典著作翻译的影响，而经典著作翻译过程中所使用的译词、译文，其影响不容小觑。恩格斯于 1876 年至 1878 年间撰写了《反杜林论（欧根·杜林先生在科学中实行的变革)》[2]一书。书中"引论"的第一章和第三编"社会主义"的第一章和第二章集中论述与社会主义问题相关的政治思想问题。1880 年，恩格斯应拉法格的请求，将这三章改写成一部单本的著作，最初以法文出版，名为 Socialisme Utopique et Socialisme Sceintifique，中文直译应当是《乌托邦社会主义和科学社会主义》。1883 年出版了德文版，取名《社会主义从乌托邦到科学的发展》（Die Entwicklung des Sozialismus von der Utopie zur Wissenschaft)，现在通行的英文译法 Socialism from Utopian to Scien-

---

注释 ① 参见托马斯·莫尔：《乌托邦》，刘麟生译，商务印书馆 1939 年版，第 8—13 页。
② 中文版见《马克思恩格斯全集》（第 20 卷），人民出版社 1971 年版。

tific 即由德文而来。中文均译为《社会主义从空想到科学的发展》①。这里先做个提示：法、德、英等文本都使用了"乌托邦"一词，而没有代之以其他形容词，当然更无所谓"某某社会主义"的称呼。实际上恩格斯在著作中始终没有用其他短语来取代"Utopian Socialism"的概念。另外商务印书馆1982年版的《乌托邦》一书前有戴镏龄所撰"导论"一篇，其中提到，"乌托邦社会主义却成为空想社会主义的同义词，乌托邦在后代被人们和空想等同起来。这也许非莫尔始料所及。"②"他的乌托邦缺乏科学根据，只能是一种'空想'。"③译者的这种看法在国内学术界很具代表性。对于以上译法和看法，我们应进一步加以分析。

从逻辑的角度讲，空想确实不是一种科学的态度。因为科学所涉及的对象是经验事物，并通过实验、逻辑推理等手段对经验事物进行观察分析，最后得出有规律性的结论。就此而言，莫尔乌托邦一词的内涵不能视之为与科学完全没有关联性，因为乌托邦的观念和内容得自文艺复兴时期思想、文化和社会现实；因为对乌托邦观念的分析处处以人的自然性和理性为指导；因为乌托邦观念中的结论符合未来社会发展的基本方向，具有现实的指导意义。所以从根本上讲，乌托邦观念所体现的是一种社会理想。④在科学哲学领域和其他人文学科领域，从理性的角度出发提出一种理想性的模式等，这对于推进学术进步、社会进步不无重要的意义，甚至是其中的一个重要环节。乌托邦作为一种理想，其中充满了理想和现实两难的内容，有些目标很难实现，或者目标本身还存在这样那样的问题，也可能是实现目标的某种条件很难达到之故。因此我们可以说乌托邦的某些方面缺乏科学性，但不能说乌托邦就是空想。因为至少许多目标都不是空想出来的。

注释

① 参见中文版《马克思恩格斯全集》（第19卷），人民出版社1963年版。另外，新版《马克思恩格斯全集》（如2001年版第25卷第367—414页）仍采用旧的译法。
② 戴镏龄为其译本《乌托邦》撰写的"序言"，载《乌托邦》，商务印书馆1982年版，第3页。
③ 同上书，第10—11页。
④ 学术界已经注意到从哲学的高度重新认识乌托邦概念的重要性，可参见论文: 张彭松:《超越现代性: 乌托邦观念的批判性重建》(《西南师范大学学报》2005/3)、邬晓燕:《科学乌托邦主义的问题提出和概念内涵》(《自然辩证法通讯》2007/6)、刘慧:《自由主义的批判与乌托邦观念的合理性》(《教学与研究》2007/10) 等。

再则，如果条件、手段等发生了变化，那么原本是理想的目标就有可能实现。莫尔的乌托邦同样如此，它可能在某些方面流于理性设计的表面，但整体上则是照应现实的理想社会模式。考茨基《莫尔及其乌托邦》① 一书对乌托邦做了这样的解释，认为莫尔所缺乏的是达到这种目的的手段，所以才称其为乌托邦，"有关乌托邦的全部叙述中，只有一个因素是一种幻想，甚至莫尔本人也并不确信这一幻想有实现的可能：那并不是他企图要达到的目的，而是怎样才可以达到这个目的的方式和方法。"② "我们管它叫空想的或乌托邦社会主义，倒不是因为目的不能实现，而是在于他所拥有的或想加以利用以达到目的的手段不充分。"③（注意这里的中文译文又出现了"空想"一词，我们查考了考茨基的德文原著，其中空想的德文词是 Unerreichbarkeit，该词在英德词典中的对应释义词有 inaccessibility，unattainability，unavailability，unapproachability 等，都是"难以实现"的意思，并不见得是空想。）当然对于考茨基的解释我们并不完全认同，因为莫尔的理想目标中确实存在着理论上和实际内容上的不尽完善之处。但考茨基至少提醒我们，莫尔的乌托邦社会主义可能在诸多环节上有问题，但从整体上考虑不应以空想论之。我们甚至可以说，正是乌托邦理想中存在着与科学有关联性的因素，所以社会主义从乌托邦到科学的发展才有可能。按照恩格斯的看法，乌托邦社会主义是一种不成熟的社会主义学说。在其最初产生的时候，因为资本主义的种种弊病和本质的特征尚未充分地表现出来。因此像莫尔乌托邦之类的学说也只能从已有社会所表露出来的一些情况出发，并根据理性的原则在头脑中去设想未来社会主义的图景。这造成了最初的乌托邦社会主义学说中带有一些不切合实际的因素。恩格斯想要说明的是，人们不应该去嘲笑那些乌托邦社会主义的学说，如果说那些学说还存在着如此这般不科学的地方，那是由特定的历史情况决定的。随着历史条件的变化，社会主义理论就会向更科学的方向发展。因此人们要

注释

① 德文原版情况：Kautsky，Karl，*Thomas More und Seiner Utopia：mit Einer Historischen Einleitung*，Verlag JHW Dietz Nachf，1947.

② 考茨基：《莫尔及其乌托邦》，关其侗译，生活·读书·新知三联书店1963年版，第264页。

③ 同上书，第264页。

从历史的特定条件出发去认识和把握那些学说。①总之，莫尔的乌托邦观念有其特定的理想性、历史性和现实性的一面，它是欧洲思想文化的重要内容，其源头是柏拉图。②乌托邦也是欧洲理性主义和形式主义思维样式的必然产物，它提供一种超越的、和谐的、完美的理想标准，这同时就给现实世界以一个完美的形式关照。以往的研究总是认为，乌托邦的原则是超出于现实之上的思想，但事实上并非这么简单。乌托邦的原则有几个层次，第一个层次就是对最高的善的理想世界的肯定，所以就能否在现实中体现而言，它超出于现实。不过这是西方思想文化的传统。第二个层次就是在法和制度上的设想，这已经很有现实的意义。第三个层次则是对现实的社会制度、生活要求、工作环境、教育水平等的设想，这些是十分现实的部分。后来的文明发展和社会制度实践已经使很多这部分的内容得以实现。所以在文艺复兴时期，乌托邦的思想是与现实比较接近的政治构想。从自然法的探讨到乌托邦思想的流行，是当时政治法律思想发展的一大进步。

通过以上辨析，我们就能得心应手地理解莫尔的乌托邦法学观。莫尔的法学思想可概括为：以自然法为核心的神法、自然法和乌托邦法的统一。莫尔的所有政治学、法学理论都是以自然法思想作为出发点，例如莫尔从自然法中推出乌托邦和财产公有等想法，但也有人（索托等）不同意这样的说法。③遵循自然（环境、人性），是最高的神意，也就是《乌托邦》一书或乌托邦社会的最高宗旨。在莫尔的乌托邦理论里，敬爱上帝、遵循自然是乌托邦人的快乐，"乌托邦人给至善下的定义是：符合于自然的生活。上帝创造人正是为了使其这样地生活。乌托邦人说，一个人在追求什么和避免什么的问题上如果服从理性的吩咐，那就是遵循自

注
释
① 参见《马克思恩格斯全集》（第20卷），第281—283页。
② 关于莫尔的乌托邦理论和柏拉图的理想国设计之间的联系、区别可参见《乌托邦》第一部，商务印书馆1982年版。英文版有 Thomas More，"Utopia"，*The Harvard Classics*，Volume 36，1910；More，*Utopia*，edited by George M. Logan and Robert M. Adams，Cambridge University Press，1989。较好的评注本有 Adams translated and edited，*Sir Thomas More Utopia*，W.W. Norton and Company，1992。
③ 参见 J.M.凯利：《西方法律思想简史》，王笑江译，第188—189页。

然的指导。"① "而理性首先在人们身上燃起对上帝的爱和敬，我们的生存以及能享受幸福是来自上帝。其次，理性劝告和敦促我们过尽量免除忧虑和尽量充满快乐的生活；并且，从爱吾同胞这个理由出发，帮助其他左右的人也达到上面的目标。"② 乌托邦里有一个单一的神，是自然本身。"并且，其他所有的乌托邦人尽管信仰不一，却在这点上意见一致，即只有一个至高的神，是全世界的创造者和真主宰，在本国语言中一致称为'密特拉'。但不同的人对这个神持不同的观点。然而乌托邦人都认为，不管这个至高的神指谁，他是自然本身，由于其无比的力量和威严，任何民族都承认，万物的总和才形成。"③ 乌托邦人欣赏基督的品德和基督教团体的共同生活，"但是乌托邦人听见我们提到基督的名字、他的教义、他的品德、他的奇迹……他们多么欣然愿意接受这个宗教，这也是由于上帝的颇为不可思议的灵感，或是由于他们认为这个宗教最接近他们中间普遍流行的信仰。可是我认为这一个因素也很重要，即他们听说基督很赞同他的门徒们的公共生活方式，又听说这种方式在最真正的基督教团体中还保持着。"④

　　莫尔提出按照自然法塑造完美的人之设想。按照此设想，乌托邦社会要达到教育、劳动和品性三者的完美结合。教育的重任由教士担任，教士必须向儿童从小灌输热爱国家的品德。可以这么说，莫尔所设想的乌托邦世界里，教士占有非常特殊的地位。教士是受人尊敬的人群，他们得以教士的神圣性在危急的时刻保护争斗双方的任何弱者。⑤ 莫尔思想体系的核心是要塑造一个完美个体之人。文艺复兴时期人文主义所指的完美个体之人首先是指有美德、有品行、有能力、有健全体格的人，当然更是一种能听从自然理性召唤的人。按照莫尔的设想，要实践上述品行就必须笃信上帝，就必须接受教育如古典文化教育等，从而成为"高度有文化和教养的

　　注
　　释
①② 托马斯·莫尔：《乌托邦》，戴镏玲译，商务印书馆 1982 年版，第 73 页。
③ 同上书，第 103—104 页。
④ 同上书，第 104 页。
⑤ 同上书，第 110—111 页。

人"。①只有此等完美的个体才富有个性和创造性,《乌托邦》里用一技之长的概念来表示人的创造性。②莫尔还认为要实现上述目标,就必须以健康的身体作为基础。③这些都是人文主义孜孜追求的人之最高理想境界。莫尔为什么批判私有制,其理由之一就是私有制将人身上最优秀的因素给扼杀掉了。④

作为人文主义者的莫尔又处处体现出作为一名信仰坚定的基督教徒所特有的情感。⑤他的基本宗教立场是,《圣经》是基督教整体思想文化的核心,但不是全部。教皇、基督教会及基督教礼仪存在发展的历史就是其中不可或缺的组成部分。这种思想在莫尔与路德的论战中得到最充分的体现。⑥所以莫尔的乌托邦理想中有很浓厚的基督教人文主义色彩。从人文主义之父彼特拉克起,将完美个体与人神和谐境界联系在一起的想法是文艺复兴时期人文主义的重要特征之一。莫尔的乌托邦理想正是特定时期的思想文化写照。在中世纪的西方社会,基督教社团是社会结构中的重要组成部分。从某种意义上讲,莫尔的乌托邦理想就是从现实社会中的基督教社团引申而来。当时的许多人文主义者的乌托邦王国都带有基督教社团的性质,或以基督教社团为原型,如康帕内拉的《太阳国》、安德里亚的《基督城》等。从基督教社团的角度讲,财产公有、人与人之间的相互尊重、社会公共管理等都是很正常的事情。这些均可视作有限度的乌托邦历史实践。我们应当充分认识基督教社团的存在对西方政治社会及公民社会各个方面的影响。莫尔以基督教社团为原型的乌托邦理想政治,其核心观点是把

注释

① 托马斯·莫尔:《乌托邦》,戴镏玲译,第50页。

② 同上书,第56页。

③ 同上书,第78—79页。

④ 同上书,第44页。

⑤ See More, *Dialogue of Comfort against Tribulation*, Sheed and Ward, 1951; *The Last Letters of Thomas More*, edited and with an introduction by Alvaro De Silva, William B. Eerdmans Publishing Company, 2000, 这时期的信件使人领略既始终如一又复杂深邃的莫尔内心世界; *Thomas More's Prayer Book: A Facsimile Reproduction of the Annotated Pages*, Yale University Press, 1969, 莫尔在监狱中仍不忘读圣经、记感受,本书是相当考究的原本照相复制本。

⑥ See *The Yale Edition of Complete Works of St. Thomas More*, Vol.5 "Responsio ad Lutherum", Yale University Press, 1969.

完美的人及其道德性当做政治社会的基础，从而使现实社会中的人有了与自己生活相关照的理想政治模式指引，并以此为基础去批判现实社会，改造现实社会。这种理想政治观念和理想政治活动也是推动近代西方文明进程的重要因素之一。然而在莫尔的时代，还有人试图将基督教社团的理想放到整个国家范围进行实践，其结果当然以失败告终，意大利佛罗伦萨修士萨沃纳洛拉的政治实践、日内瓦加尔文的政治实践就是其中的典型。

当然，作为人文主义者的莫尔与一般的基督教信徒又有区别。莫尔的宗教情怀或人的宗教信仰是以人的自然性和理性为基石。对神的信仰不是一个简单的宗教问题，它所体现的是一个人如何保持自己的尊严。[①]由此看来，乌托邦理想社会以完美个体之人为基础，这是人文主义理想的生动体现，也为现世中的人提供了努力追求的现实目标。汉索在《完美与进步：乌托邦思想的两种模式》一文中总结出，古典的和近代的乌托邦在理想目标上存有差别，前者追求抽象的完美，后者追求现实的进步。[②]这不失为中肯之论。

莫尔的法学思想还涉及国家、社会的一系列问题。其中公民、道德与法是维系乌托邦社会的最基本因素。试述如下：

其一，国家和社会必须从自然人性或自然法出发设定最高的政治伦理准则，尽管这些准则中含有很难企及的超越性、理想性和完美性因素。为此莫尔就上帝命令和人类法律之间的关系做了探讨。莫尔发现，实际的情况是人类在按照自己的法律行事，但莫尔又提醒不能不顾及上帝的命令而擅自行事。[③]其实，这就是一个道德律令的问题。我们过去总是认为乌托邦的原则是超出于现实之上的思想。但事实上并非这么简单。莫尔一方面遵循柏拉图的想法，将完美的国家理念当做政治社会的指导；另一方面又认为完美的东西很难在现实社会中一一实现，因此人们必须在法的基础上建立有各种社会区分的国家制度。有学者指出，莫尔的这种乌托邦设想与

注释　　① 托马斯·莫尔：《乌托邦》，戴镏玲译，第 106 页。
② E.Hansot, *Perfection and Progress: Two Modes of Utopian Thought*, The MIT Press, 1974.
③ 托马斯·莫尔：《乌托邦》，戴镏玲译，第 25—26 页。

其他人的共同福利思想相比，有着根本的差别。① 但莫尔内心中的矛盾是，想用现实中的手段如"法律"等来维系一个社会，总不是最完美的。因为法律等只是从形式的表面来制约一个人的行为，而不能从根本上使人回归宗教世界。因此要设想一个全新的、完善的乌托邦世界。莫尔对人的自然本性充满信心，认为只要任何人、任何国家以最简单的发自人的自然本性的东西来约束各自的行为，那么一切就是和平与友善。② 在莫尔看来，当实在法繁琐到人民无法卒读的程度，并想以此法律来约束人民，这是极不公正的。③ 莫尔这里是在提醒政治家如何注意道德和法治在国家治理中的双重杠杆作用。接着就在国际法问题上导致了如下乌托邦的设想，即乌托邦人不与其他国家定约，因为"条约有什么用，莫非自然本身还不能将人们紧密地联系在一起？难道对自然不尊重的人还会重视用文字写的东西吗？"④ 从表面上看，这种想法纯属异想天开。但就文艺复兴时期的国际关系及后来的国际法实践而言，这种想法并非没有现实意义。它想说明的是，国家之间的关系和人群之间的关系一样，必须以自然平等的关系为基础。只是莫尔对国家之间的关系不抱太大的希望。这里提出了一个问题，即国际法必须在有主体权利的国家之间签订，而主体国家又必须以自然法为准则，对一个没有达到对自然法理性认识的国家而言，与其签订协议是无效的。莫尔自己也给出了一个例证，他认为在基督教信仰和教义盛行的欧洲国家，则国与国的协议是有效的。⑤ 但莫尔还是不赞成乌托邦与其他国家签订协议，因为即使在基督教盛行的区域出现了对协议遵守的情况，也是以教皇的权威和国王的明智这样一些先决条件为基础的。以此推论，一旦这些条件失效，那么协议也失去了保证。"天然产生的伙伴关系须取代条约，能更好更牢固地把人们团结在一起的是善意而不是协定，是精神而不是文字。"⑥ 所以协议的有效性必须有自然法、道德理性等的基础。正是

注释
① See J. W.Allen, *A History of Political Thought in the Sixteenth Century*, p.153.
② 参见托马斯·莫尔：《乌托邦》，戴镏玲译，第92—93页。
③ 同上书，第91页。
④⑤ 托马斯·莫尔：《乌托邦》，戴镏玲译，第93页。
⑥ 同上书，第94页。

在这种政治观念的支配下，莫尔还意识到战争的不可避免。甚至认为，一旦战争出现，乌托邦人就利用最小牺牲的办法去赢得战争的最后胜利。其中策略和勇敢等是获胜的重要保证。①有时莫尔又从自然规则的角度去理解自然法，并由此出发探讨国与国之间的关系。莫尔提出人口扩张、殖民和战争三位一体的理论。莫尔设想，当一个乌托邦国家的人口压力过大，超过了规定的数量，这时就可以向邻近荒地殖民。如果邻近地区的人愿意与乌托邦人合作共同开发，那么一切安然无事，大家都有利可图。如果邻近地区的人自己不按照自然法的原则很好地去利用土地，同时又不让按照自然法去利用土地的乌托邦人去开垦土地，这时，乌托邦人就可以用战争去解决问题。②这种理论与后来的殖民理论如出一辙。

其二，建立与人的进步相一致的公民社会样式。近代西方的国家制度等多半是从公民社会的环境中自下而上发育而成。按照莫尔的设计，乌托邦是一个公民社会，每一个公民都必须遵守乌托邦的法律。乌托邦社会有权继承的单位即家庭。每三十户每年选一名官员，称"摄护格朗特"。然后再由"摄护格朗特"推举"总督"。③最后形成国家、家庭和个体三者完美结合的公民社会。所以联系具体的公民社会内容来考虑国家制度等是莫尔乌托邦理想政治的又一特点。其中涉及的公民社会内容有：官员选任问题、工作与社会保障问题、法律制裁与道德教育的关系问题、家庭伦理问题、工作与业余生活的关系问题，甚至还有不同城市之间的布局问题等。所有这一切都与现世的人联系在一起。与上述问题相对应，《乌托邦》中提出了这样一些设想：1.官员采取选任制，④这是西方公民社会延续至今的政治内容；2.提出人人劳动和6小时劳动制的设想，⑤此设想在18世纪法国的乌托邦社会主义者那里得到进一步的发挥，且在当今社会成为很普遍的社会现象；3.要为年老无力工作的人建立社会保障，⑥这种社会保障的观念

注释
① 参见托马斯·莫尔：《乌托邦》，戴镏玲译，第94—103页。
② 同上书，第61页。
③ 同上书，第54—61页。
④ 同上书，第54—55页。
⑤ 同上书，第56页。
⑥ 同上书，第30页。

在文艺复兴时期的欧洲已经超出了设想的层面，而在现实社会中得到了许多贯彻，比如在意大利的威尼斯和伊丽莎白一世治理下的英国就有引人注目的相关政策措施等；4.盗窃是生活所迫，关键不是惩罚，而要给予谋生之道，①这里涉及法律惩戒之效力和限度的问题，对司法界不无启示意义；5.在刑事处罚中莫尔提出"为公众服劳役"②以及法律不能让那些拒绝认罪、继续作恶的人占到任何便宜③的设想，人们不难看见这些设想在后来直至今天的司法界得到了广泛的采纳；6.必须重视社会伦理道德如婚姻伦理道德等，④公民不要崇尚那些虚浮的荣誉，⑤而要如上文所言使每个人成为有品行的公民，重视这些问题无疑对公民社会的稳定能起到积极的作用；7.工作和业余爱好要兼顾，⑥并且一方面从事体力劳动；另一方面要有充裕的时间去开拓人的精神自由，⑦这些想法虽是人文主义理想的产物，但对后来工业社会发展与人的进步之关系具有根本性的指导意义；8.还有各种细化的内容如各城市之间的布局要位置距离恰当、城市本身的建筑要注意美观⑧等。总之，上述内容不仅是对现实社会的思考，而且充分估计到实行的可能性。后来的文明发展和社会制度实践是最好的证明。

二

胡克对自然法的理性释义

理查德·胡克（Richard Hooker，1554—1600）是英国基督教神学家、安立甘宗神学创始人之一。毕业于牛津大学，1581年加入修会。以安立甘教的立场与清教徒论战，强调教会与国家一体，认为宗教生活应当由国家政府进行管理。其代表作为《教会政制法》（*Laws of Ecclesiastical Polity*，

注
释

① 托马斯·莫尔：《乌托邦》，戴镏玲译，第18页。
② 同上书，第27页。
③ 同上书，第28页。
④ 同上书，第88—89页。
⑤ 同上书，第76页。
⑥ 同上书，第57页。
⑦ 同上书，第60页。
⑧ 同上书，第50—53页。

又译为《宗教政治的法律》。)

胡克极力主张自然法与理性法的一致性。胡克的法律思想受到了阿奎那的影响。如同阿奎那一般，胡克认为法律具有三种存在的形态：神法、自然法、人类法或实在法。同时他也认为法律中那些超出自然的因素是因为神是超自然的缘故，所以法律的神圣性就是来源于神。这与他早年曾研读阿奎那的著述不无关系。但胡克更重视自然法与理性的关系，而不提倡依赖于神的启示。[①]他把神法看做是永恒的自然规律，将其归结为一种理性的东西。然后推导出在神法指引下产生的自然法和人类实在法必须体现理性的结论。[②]

胡克认为，上帝为他自己以及他的所有的创造物创立了一种可供普遍遵循的永恒的规律。在这种永恒的规律的支配下，宇宙自然的运行呈现出一种合理的秩序。这种永恒的规律就是上帝依照事物的类型而设定的管理它们的法令。为了使这种规律能够保证宇宙自然处于一种有条不紊的状态中，它就必须也必然是合乎理性的。因此，这种体现为宇宙自然的永恒规律、普遍理性和完备秩序的法令就是神法。在界定了神法之后，胡克紧接着提出了自然法的定义。既然神法是由上帝依照事物的不同类型而制定的管理它们的法令，那么自然法就是源于上帝意志而依据人的特点所形成的法律。他还进一步指出，这种法则应该是由自然平等衍生出来的正义的准则。所以自然法是一种理性法，是人作为理性的动物特别必须遵守的法则，它必然地也是不自觉地遵循着宇宙自然的永恒规律，是神法的一种反映。

尽管神法和自然法是完备的，具有普遍意义的，但是必须借助人类法或成文法来适应不同的国家的需要及特定的环境。[③]"这种人法或许是人'出于适应自己的需要和便利'而'从理性的法或上帝的法中撷取汇集而成'"。[④]它是指导人类具体行动的尺度。当然，这种人法必须符合神法和自然法的规定，因为人类法或实在法与神法、自然法不同。它只是根据各

注释
① 参见 J.M.凯利：《西方法律思想简史》，王笑江译，第180页。
② 参见汪太贤：《西方法治主义的源与流》，第218页。
③ 同上书，第219页。
④ 卡尔·J.弗里德里希：《超验正义：宪政的宗教之维》，周勇等译，第47页。

种具体目标形成的，并不具有普遍性。为了保证它能够具有合法以及合理性，就必须要有更高的法则对其加以规范。这种更高的法则应该摒弃一切特殊的模式，体现出一种普遍永恒的理性。而神法和自然法恰恰具备了这种理性，是具有普遍指导和约束意义的法。人类法一旦依托神法和自然法而制定，就一定是体现了"正当理性命令的良善之法"。①

综上所述，胡克对神法、自然法和人法（实在法）的观点集中体现在理性问题的焦点上。自然法对理性的归依以及人法对理性的尊崇，使理性取得了普遍依从的地位。这种思想恰恰反映了当时英国国内的宗教政治情况。伴随着《至尊法案》的颁布，英国国王被宣布成为英国教会的最高首脑；罗马教皇对英国教会不存在任何管辖权；英国国王对英国教会拥有决定教义、崇拜礼仪、宣判异端和任命神职的权利；英国教会的主教由英国国王提名，宗教会议只具有形式上的意义，它不能对国王的提议持否决态度；由国王提名而被任命的神职人员必须向国王宣誓，过去向教皇所作的宣誓一概予以废除。②这一法案的颁布，不仅标志着英国教会与罗马教廷的彻底决裂，也确立了英国国王对英国教会的至尊地位。它揭开了英国宗教改革的序幕，同时也拉开了新教徒与国王之间的斗争。《至尊法案》确定了英国国王对英国教会的绝对权威，这就意味着英国教会的控制权从教皇的手中转移到了国王的手中。英国教会所期待的独立地位并没有实现。对宗教改革的个人主义各方面认真看待的新教徒们，不愿意屈从于教皇，也同样不甘心顺从国王。③他们力争在摆脱罗马教皇的支配之后又得到不受国王的控制而独立的地位。④与此同时，《废除不同信仰法案》⑤的颁布，

注
释

① 黄基泉：《西方宪政思想史略》，第 105 页。
② 张绥：《中世纪"上帝"的文化——中世纪基督教教会史》，浙江人民出版社 1987 年版，第276 页。
③ 参见黄基泉：《西方宪政思想史略》，第 101 页。
④ 同上书，第 104 页。
⑤ 亨利八世的宗教改革主要局限在教会的行政方面，对宗教信仰和神学方面的问题则涉及较少。而激进的新教徒则坚决要求把改革进行到底，提出了大陆国家新教教派所实行的一些改革措施，这是亨利所不愿看到的。面对天主教与新教徒的双重压力，亨利八世于 1539 年授意国会通过了《废除不同信仰法案》。在这个法案中，亨利表明了试图于罗马教会重修旧好的倾向性，从而招致新教徒的强烈不满。

则进一步激化了新教徒与国王之间的业已存在的矛盾。正是在这样的背景下，胡克从阿奎那的法律观点出发，对神法、自然法和人法（实在法）三者的共性进行了归纳，认为正是理性的中介使三者具有了内在的一致性，并为基于理性而达成的国家政府权力以及法律（特别是人法即实在法）存在的合理性和权威性提供了有力的支持。以此推论，遵从了人法也就等同于遵从了理性的神法。同时消除了教会与国家的对立，使得教徒对国家或政府的服从成为必然之事，以达到新教徒对国家政权真正认同的目的。可以说，胡克对法律的阐述是中世纪末期欧洲社会对新秩序诉求的一种即时的反映。

胡克倡导法治国家理论，主张法律至上。既然国家政府的目的是为了满足人们的"愿望"，使他们获得"和平、安宁和其他美满的生活状态"，那么为达到这一目的，国家就需要一种达到共识性的秩序，以阻止冲突，协调人们之间的各种利益纠纷。因为人们成立了国家，并不等于就剔除了人们的欲念，"他们就不仅需要一个有组织的政府，还需要实在法赋予理性的规律以'约束'或强迫的力量"。①因此，胡克说："公共社会有两大支柱：一个是人们都要求社会生活和合群的自然倾向；另一个是他们明白地或默认地同意有关他们集团生活的方式的秩序。后者我们称为共同福利的法律，它是一个国家的灵魂，这国家的各部分由法律赋予生命，使它团结，并促使它根据公共福利的要求而有所行动。"②在此，胡克提到了"共同福利的法律"，在胡克看来，这种法律应当是公共意志的体现，是国家的最高意志，是"从我们和我们相同的他们之间的平等关系上，自然理性引申出了若干人所共知的、指导生活的规则和教义。"③"制定法律来支配人们的全部的政治社会的合法权力，本当属于同样的整个社会，所以世界上无论哪种君主或统治者，如果以他自己的意志来行使这种权力，而不是基于直接亲自受之于上帝的明白托付，也不是基于由受制于这些法律的人们最初同

注释

① R.B.沃纳姆：《新编剑桥世界近代史》（第3卷），中国社会科学院历史研究所组译，中国社会科学出版社1999年版，第661页。引自汪太贤：《西方法治主义的源与流》，第223—224页。
② 胡克：《宗教政治的法律》（第1卷），第10节，引自洛克：《政府论》（下），叶启芳、瞿菊农译，商务印书馆1964年版，第83页注①。
③ 同上书，第6页。

意而给予的权威，这就并不比纯粹的暴政好多少。因此，未经公众赞同制定的法律就不是法律。因此，不论哪一种人类的法律都是基于同意才有效的。"①所以法律效力的来源同政府或公共权力一样，得自于人们的认同。在对法律效力的来源论证的同时，也反映了胡克提出了"法律至上"的观点。既然法律是经过共同的同意而达成的，那么任何已然同意该法律的人，就势必有义务服从法律。同时，不仅个人应服从法律，即便是国家政府，由于其缘生于个体合意的性质，以及其消除自然状态而保全人们和平与利益安全的目的，其行为也当然在法律的规定之中。

为了说明国家的起源，胡克也借助于对"自然状态"的假设。胡克认为，在这一状态下，人们都是自由而平等的。人类基于自然平等关系相同的自然动机，可以从自然理性引申出若干人所共知的、指导生活的规则和教义。但这需要处于自然状态的人们艰辛的努力以及理性的指导，以契约方式建立"公共政府"，并接受经他们授权的统治者的管理，以这种服从换取和平、安宁和其他美好的生活秩序。②胡克指出，"要摆脱那些伴随自然状态中的人类而存在的争吵、侵害和损害，没有别的途径，只有通过在他们中间进行和解和协议来组成公共政府，使自己受制于那些享有他们所授予的统治权的人们，由他们来获得和平、安宁和其他美满的生活状况。人们总是知道，当强力和损害施加于他们的时候，他们可以进行自卫。他们知道，尽管人们可以谋求财物，但是如果这样做的时候使别人遭受损害，那是不能容忍的，而只有由所有的人和使用一切好的方法来加以制止。最后，他们知道没有人可以有理由让自己来决定他自己的权利，并根据他自己的决定来加以维护，因为每个人对自己和他所爱的人总是偏心的。因此，争吵和纠纷将会不断发生，除非他们一致同意由他们所公推的一些人来统治所有的人，而如果没有这种同意，就没有理由使任何人自命为另一人的主人或裁判者"。③由上可见，在

注
释

① 胡克：《宗教政治的法律》第 1 卷，第 10 节，引自洛克：《政府论》（下），叶启芳、瞿菊农译，第 82 页。

② See Richard Hooker, *of the Laws of Ecclesiastical Polity*, London: J. M. Dent & sons, ltd., 1922, p.89.

③ The Rev. John Keble, M. A., *the Works of Mr. Richard Hooker*, Burt Franklin, 1970, p.242.

胡克关于国家起源过程的描述中又包含了"社会契约"观念。人们以契约结成社会、组建国家，同时也就产生政治权利。胡克认为，政治权利的产生必须经过作为被统治者的人民共同体的共同同意，"除非由他们一致同意，并由他们所公推的一些人来统治所有的人，否则争吵和纠纷将会不断发生，而如果没有这种同意，就没有理由使任何人自命为另一个人的主人或者裁判者。"①公众同意成为合法政治权利的基础，这一思想被后来的洛克所继承。在胡克看来，作为政治社会或国家重要的载体或标志物，统治形式或政体都是人类不断地公共选择（同意）的结果，它大体经历了渊源于父权而以默认方式"同意"的君主制到以明示方式"同意"的法治共和国。从国家起源于契约的一般视角而言，"不论哪种公共统治，都似乎明显地起源于人们之间的深思熟虑、协商和和解，认为它是便利和适宜的。而从自然本身来观察，人类在没有任何公共统治的情况下而能生活，这是不可能的"。②不过，首先，必须明确，生活在自然状态的人们是自由而平等的，除了同意之外，任何人都无统治他人的资格或接受他人强制统治的天然义务。"既然人们基于自然并不拥有充分的和正当的权力来命令所有的人们，所以，如果未经我们同意，我们就不会处在任何人的统治之下。如果我们所属的社会曾一度表示过我们愿意接受统治，其后，又没有以同样的全体协议取消这一同意，那我们确实是同意被统治的。"③

胡克认为，在国家或政治社会中，政府的基本特性就是社会性与法律性。人的社会联合天性是基础，政府的建立和法律的颁布最终通过人们"一致同意"。胡克为之写道，"公共社会有两个支柱：一个是人们都要求社会生活和合群的自然倾向；另一个是他们明白地或默认地同意有关他们在一起过集体生活的社会形式的秩序。后者我们称之为共同福利的法律，它是一个国家的灵魂。这个国家的各个部分有法律赋予生命使它团结，并促使它根据会共福利的要求而有所行动。为了人们中间外在的秩序和统治而制定的国家的法律并非像应有的那样制定，除非假定人的意志暗地里是顽固

注　① The Rev. John Keble, M. A., *the Works of Mr. Richard Hooker*, p.242.
释　②③ Ibid., p.245.

的、反抗的和绝对的不服从他的天性的神圣法则的。一句话，除非假定人的劣根性比野兽好不了多少，并针对这情况作出规定，以规范人的外部行为，使它们不致妨碍所要组成社会的公共福利，除非法律做到这种地步，否则，它们便是不完美的。"①也就是说，胡克已经意识到，在自然状态下，人们出于安全或者自我保全的目的，依据契约方式或者一致同意原则组成国家或政府。在将政治社会的起源归诸人性和自然方面，胡克和格劳修斯起到同样的作用，这种作用处于亚里士多德的人性说与霍布斯等近代政治思想家的自由意志说之间。也就是说，他们的国家起源说发挥了承上启下的桥梁作用。

英国政治体制成为政教合一的结构以后，国家制定的法律具有了普适性特征。但在清教徒看来，理性受到罪孽的损害，只有《圣经》才能为人类行为提供可靠的指导。②基督教会原本是一个具有象征意义的完整的独立实体，只是在现实生活中教会各有自己的名称。英国的教会就是一个现实中的基督教会，它存在于英国国家之内，具有自己的特点和礼仪，但它与基督所做的规定不同。每个国家教会都有自己的教士，这些教士构成一个"等级"，人民对它必须"俯首听命"。作为"世界之光"，教会人士应该受到爱戴和尊敬。然而在国家教会中，教士应该有一种独立于世俗制度的自主制度。③胡克对清教徒的上述理论进行了批驳。④胡克认为，英国教会既是一个与各地教徒共奉《圣经》真理的信徒组织，又是一个有能力依照其特殊传统制定的规章进行祷告的组织。也就是说，教会类似于任何世俗组织，可被视为政治和精神社团，因而教会与国家不但不可分离，恰恰相

注
释
① The Rev. John Keble, M. A., *the Works of Mr. Richard Hooker*, p.239.
② 参见戴维·米勒、韦农·波格丹诺主编：《布莱克维尔政治学百科全书》，邓正来译，第350页。
③ 参见萨尔奥·巴斯泰罗内：《欧洲政治思想史：从十五世纪到二十世纪》，黄华光译，第87页。
④ 他与清教徒之间激烈的冲突可以追溯到在如下观点的对立上：以个人堕落的形式表现出来的人类的境况是怎样的？对于加尔文和所有那些从他的神学派生出来的新教派别来说，人类的自由意志及其理性的洞察力皆因其堕落而遭破坏。意志和理性都屈从于情欲，因此，不靠启示人类就无由得知真理，不靠圣德的强行推动人类也就无由培养美德。对于如此堕落的创造物，可感知的上帝只是其不可知的愿望，上帝"根据自己的意愿"预先决定所有人的命运。因此，蒙圣恩之处，堕落的本质即行消失。只有少数选民和无罪者可获得真理，人类的绝大多数处于外围的黑暗中、沉陷于他们的无知与罪恶的天然状态中。参见 R. B. 沃纳姆主编：《新编剑桥世界近代史》（第3卷），中国社会科学院世界历史研究所组译，第659页。

反，它们是同一的。①而为了防止教会分立引发政治冲突，国家的最高权威赋予君主，君主既是教会首脑，也是政府首脑。

胡克的政教一体论重在说明英国的教会法律和国家法律具有同等权威，它的任何一名成员包括任何教派的教士都必须无条件服从，宗教的约束与政治义务是一致的。在胡克看来，只有国教统一，国家才能避免教派冲突，从而实现社会和谐，否则，就会破坏整个社会秩序，而"没有秩序就无法在公共社会里生活"。②政教一体论其实质就是最高主权问题。在胡克看来，国家的最高权力不能掌握在两个以上的集团或者个人手中，只能由一人或者一个团体集中控制，政出多门必然带来矛盾和争端，最终酿成暴乱。胡克的这一主张遏制住了新教教徒要使国教分立，进而使教会凌驾于世俗王权之上的企图。同时，胡克的这一主张也为后来的思想家霍布斯所借鉴，关于这一点我们可以从霍布斯对国家主权的表述中看出，"如果某种权力之上再无其他权力，这种权力我们称之为主权或者最高权力……因此，当人们说基督教国王有着精神上的统治主权或在宗教事务上有着最高权力，其意思是说在他们自己的疆土领域内他们甚至在基督教事务上都有发布命令的权力或者权威，而且在那些他们被安排为王进行统治的疆域里，在那些事物当中，没有更高更大的权力能居于其上来命令他们。"③

但胡克认为国王的权力也不是不受限制的，"在法律授予主权的地方，有谁会怀疑拥有主权的国王必须处于法律之下、依照法律掌握主权？"④在胡克看来，君主位于法律之下依照法律行使权力是一个"古老的公理"。神法、自然法、市民法等都会对王权有所限制。这种对王权的限制既是中世纪的，也是英国特有的传统。⑤在胡克的政治思想中，古老的同意观念、法律至上观念、混合政府观念以及代表观念都汇聚于一起。⑥另外，由"一

注释

① 参见戴维·米勒、韦农·波格丹诺主编：《布莱克维尔政治学百科全书》，邓正来译，第351页。

② Richard Hooker, *of the Laws of Ecclesiastical Polity*, p.139.

③ 霍布斯：《利维坦》，黎思复、黎廷弼译，第162页。

④ Richard Hooker, *Of the Laws of Ecclesiastical Polity*, p. xxviii.

⑤ 参见徐大同主编：《西方政治思想史》（第3卷），第147页。

⑥ See Alexander Passerin d'Entreves, *the Medieval Contribution to Political Thought: Thomas Aquinas, Marsilius of Padua, Richard Hooker*, p.135.

人统治"的君主制演变成的"成文法"主治的社会共和国是人类政治实践与经验累积的产物。"最初,在选定某种类型的统治时,可能当时并未再进一步思考关于统治的方式,但是最后他们根据经验,感到听任统治者凭他的智慧和自由裁量来支配一切,在各方面都很不便,他们所策划的补救办法,反而增加了它应该治疗的创伤。他们看到受一个人的意志的支配,成为一切人痛苦的原因这就迫使他们制定法律,让所有的人在法律中事前看到他们的义务,并且知道违犯法律将受到什么处罚"。[1]胡克进而指出:"一切社会的公共权力是驾于同一社会的每一个人之上的,其首要用处在于为所有那些受权力支配的人制定法律。对这样的法律我们必须服从,除非有十分充足的理由证明,理性或上帝的法律有相反的规定"。[2]而且由于人类就是这种堕落的创造物,他们就不仅需要一个有组织的政府,还需要实在法赋予理性的规律以"约束"或强迫的力量。然而实在法与自然法不同,它受时间和地点的制约,因为它是由"各种具体的目标"形成的。但它的基础同那些政治团体的形式一样,在于人们的一致认可。而用"实在法来支配人们的全部的政治社会的合法权力,本当属于同样的整个社会,所以世界上无论哪种君主或统治者,如果以他自己的意志来行使这种权力,而不是基于直接亲自受之于上帝的明白托付,也不是基于由受制于这些法律的人们最初同意而给予的权威,这就并不比纯粹的暴政好多少。因此,未经公众赞同制定的法律就不是法律"。[3]胡克据此驳斥了许多他同时代的安立甘宗信徒及其后继者认为的政府直接具有法理上的神圣性的观点。政府与法律的形式决定于人类的明智,因为理性是上帝赋予的手段,人们靠它可以在社会中指导自己的生活。[4]在胡克看来,立法权与神的授予和被统治者的同意都有关系,它的最终权威来源于神,它的直接权威则来自公众同意。因而,这种立法权具有神圣与世俗的双重性质。胡克的这一思想反映

注释

[1][2] The Rev. John Keble, M. A., *The Works of Mr. Richard Hooker*, p.242.

[3] Ibid., p.245.

[4] 参见 R. B. 沃纳姆主编《新编剑桥世界近代史》(第3卷),中国社会科学院世界历史研究所组译,第660—661页。

出近代早期的教会思想家一方面仍未从中世纪的"君权神授"的泥潭中完全脱身出来；另一方面却又受到先进的资本主义民主思想的影响的现实。

此外，为巩固君权的统治地位，胡克也不赞成民主共和国而是主张法治化的君主控权的共和国，后者相当于后来实行的英国君主与议会共存的立宪共和制。因为他明确地指出，同意是可以通过代表作出的，共和国一旦成立，其法律将永远约束它的成员，因为社团是永存的。权威一旦建立起来，社会就无法撤回它的同意。由此，我们就不难理解洛克在《政府论》中多处援引胡克的观点来论说自己的政治思想了。

第二节 17世纪的英国法学思想

一

科克的普通法至上理论

爱德华·科克（Edward Coke，又译柯克，1552—1634）是古典宪法基础理论创始阶段的杰出代表，英国历史上最伟大的大法官之一。他的宪法思想曾对美国宪法及其宪政制度的创立产生过深刻的影响，并对世界宪法文明的发展做出了不可磨灭的历史贡献。1552年科克出生于英格兰诺福克郡的米勒汉姆（Mileham），早年曾进入剑桥大学的神学院（Trinity College）学习，但并未获得任何学位。1572年进入伦敦律师协会名下著名四大法学院之一的内殿律师学院（Inner Temple）学习。1578年他取得了高级律师资格。科克才华横溢，记忆力超凡，能在法庭上高超地运用大量英国封建时期的判例。这为他日后的职业法官生涯乃至形成和发展自己的法律思想奠定了深厚的普通法法理基础。科克因赢得了首相威廉·西世尔·伯赫里勋爵的欣赏而进入议会，1592年成为伦敦首席法官和副检察长（solicitor general），1593年成为下议院议长，1594年被提升为伊丽莎白一世女王的检查总长（Attorney General）。作为检查总长的科克是王权的有力支持者。到了1606年詹姆士一世时期，科克任首席大法官。1613年前后，他进入了枢密院并被提升为星座法院大法官。这一时期，科克成了普通法至上的坚定捍卫者，他坚决反对国王的特权，宣称英国法是英国人生活的最高权威，每一个人包括国王在内都有服从的义务，并力主排斥国王对司法权的干涉，认为国王的命令与法律相抵触就是无效的。在与王权的摩擦及与其他政敌的对抗中，科克于1616年被解除了所有的法官职务。然而，科克渊博的法律知识和政治立场使他很快又再次被国王选入枢密院和星座法院成为王室法律顾问。然而倔强的科克却并未放弃对王室特权的反对。1621年被关入伦敦塔，后获释。科克于1628年出任议会下院院长，起草了《权利请愿书》（the Petition of Right），抵制查理一世未经议会同意擅自征税的行为。科克一生的著作不多，没有纯宪政理论著作。他的宪政思想都是通过他在司法实践中对各种判例的评述以及他对英国法尤其是对《大宪章》富有生命力的重新解释而家喻户晓。他为后人留下的著作是13卷的《法律报告》和4卷《英国法概要》。而后一部著作由于其内容的丰富而被西方学者称为英国法的百科全书。①

每当谈到科克时，人们都会立刻想到那场发生在"星期日上午会议"中的精彩辩论。1612年11月10日的上午，在英国汉普顿法院中发生了这样的一幕：参加会议的大主教鼓吹法官只是国王的代表，因而国王可以定夺法官们的断案范围。这一主张遭到星座法院首席法官科克的反驳，"根据英格兰的法律，国王无权审理任何案件，所有案件无论民事或刑事，皆应依照法律和国家惯例交由法院审理。但是国王说：'朕以为法律以理性为本，朕和其他人与法官一样有理性'。'陛下所言极是'，科克回答，'上帝恩赐陛下以丰富的知识和非凡的天资，但微臣认为陛下对英王国的法律并不熟悉，而这些涉及臣民们的生命、继承权、财产等的案件并不是按天赋理性（natural reason）来决断的，而是按人为理性（the artificial reason）

① 引自何勤华：《西方法学史》，第287页。

和法律判决的。法律是一门艺术,它需经长期的学习和实践才能掌握,在未达到这一水平前,任何人都不能从事案件的审判工作。'詹姆士一世恼羞成怒,他说:按这种说法,他应屈从于法律之下,科克的言词是大逆不道的犯上行为。科克引用布莱克通的名言说:'国王不应该服从任何人,但应服从上帝和法律'。"①这场辩论不仅成为英国法律史乃至西方法律史中经典的一章,同时也使科克因反对王权而著称于世。于是每当述及科克的法律思想时,人们总是乐于花费大量的篇幅,在反对王权的基调下来谈论他的法律思想,大有将其视为反对王权统治的领袖人物之势。

然而事实并非如此。综览科克的法律生涯,其对王权的维护与认可的言行也时有出现。在担任检查总长期间,科克曾代表王室提起了若干诽谤罪与叛国罪的公诉。其中最为典型的是"拉雷夫"(Raleigh)一案。在该案中科克在没有确凿证据的情况下,将反对詹姆士一世继位的拉雷夫定为叛国罪。他甚至在担任大法官一职期间说过"任何法令都不能约束国王的特权,这些特权只属于国王一人,且与他本人不可分。不过国王也可以行使免除权(Non Obstante)来撤销这样的法令;免除权可以作为一项主权权力,用来命令其臣民为了公共福利而服务于他。"②这些言行显然与反对王权的科克不符。而从反对王权的角度来审视科克思想的做法当然也不够准确。于是,如何看待科克的言行及思想中的这些矛盾之处,就成为正确认识科克法律思想的关键点和切入点。对此,考文教授写道,"作为一位中世纪史学专家和法学家,科克的目标明显是政治性的,即约束王权。所以先例和权威——必须服从于他所选定的目标。"③在这里,考文教授提到了科克思想的政治性,这正是科克思想的要点所在。科克所追求的"政治性目标",实际上就是继续保持从《自由大宪章》(1215年)颁布以来在英国所形成的有利于社会各个阶层利益的平衡状态。他赞成的是"英国习惯所规定的和谐或平衡的观念。这种观念为国王和政府中每一其他机构都提供

注　释

① 罗斯科·庞得:《普通法的精神》,唐前宏等译,法律出版社2001年版,第41—42页。
② 爱德华·S.考文:《美国宪法的"高级法"背景》,强世功译,生活·读书·新知三联书店1996年版,第46页。
③ 同上书,第41页。

了一席之地，而不使任何一方拥有至高无上的权力"。①为保持传统中的和谐与平衡不被打破，当其中任何一者的权力超出了其应该存在的范围时，就要对它进行抵制。上述的那场辩论便是王权超越了其权限范围的结果。因此，在科克的思想中无论是国王还是议会，其权力都要受到限制和约束。这也是科克言行缘何由早期对国王的权利维护转为后来对王权的不断斗争的原因之所在。以往由于对当时英国政治环境的烘托，使得科克抵制王权的思想被过度地渲染，而其限制议会权力的观点却往往被忽略了。于是导致了对科克法律思想的误读。因此，我们应该从历史的维度对科克的法律思想进行考察。科克的法律思想是与英国"普通法至上"的法律传统相关联的，事实上，科克那些伟大的法律思想的形成，通常是在为了维护英国法律传统的过程中才形成的。

对于科克而言，多年的法律教育与司法实践，已使"普通法至上"的传统深植于他的思想中。在 1612 年对罗尔斯（Rowles V. Mason）案的判决中，科克曾陈述道，普通法"更正、认可和否决实在法，因为如果实在法中有自相矛盾的地方，或者习惯法中有不合理的地方，那么普通法将否决并拒绝这些东西，就像在邦哈姆博士的案件中所展示的那样"。②在他看来，普通法是英国的"高级法"，任何法律不得与其相抵触，任何权力都必须受到它的制约，否则就是非理性的滥用。③这意味着普通法具有了宪法的某些特质。因此，科克认为除了法律与国家认可的特权外，国王没有其他的特权。而且，这种特权的权威解释者是法官而不是国王。④正是凭借这样一种信念，科克成为限制王权的一位不屈不挠的斗士。当所有法官附和詹姆士一世以王权利益干涉司法的要求时，科克成为唯一持反对意见的人；当詹姆士一世希望以国王命令更改议会的立法时，又是科克制止了这种对法律权威的挑战。更为重要的是，这些事迹也再次强化了"普通法至

注
释
　① 乔治·霍兰·萨拜因：《政治学说史》（下），刘山等译，第 508—509 页。
　② 引自李龙主编：《西方宪法思想史》，高等教育出版社 2004 年版，第 109 页。
　③ 同上书，第 110 页。
　④ 参见爱德华·S.考文：《美国宪法的"高级法"背景》，强世功译，生活·读书·新知三
　　联书店 1996 年版，第 41 页。

上"的法律传统。当然这种传统不仅及于国王，同样也及于议会。科克认为议会的权力也同样必须受到法律的限制。这在他对邦哈姆案件（Bonham's case）的附述中得到了体现，"我们的记录表明，在许多案件中，普通法对议会法案都施以了限制，并可以裁定这样的法案无效。"① 因此，科克所强调的议会权力至上实质上是"法律约束下的议会权力至上"。② 可见，科克对议会权力的强调，并非限制王权的初衷，而是对因国王超越权限所引起的英国传统的权力均势失衡所采取的一种补救手段。在科克的思想中，国王与议会从来就不是相互排斥的，他们不过是国家（政治社会）这座天平两边的砝码。而普通法则是维持天平平衡的法则，两边砝码的增减都要遵从这一法则。当然，为了保证这个法则得到普遍遵从，科克提出了独特的保障措施，这也就是科克思想中最为精华和意义重大的部分——司法自主与违宪调查。

如果说科克对"普通法至上"传统的重新确认与强调是他的所有法律思想的出发点，那么我们将要提到的则是在这个出发点指导下产生的一个具有深远影响意义的成果。这就是科克有关司法自主与违宪审查的思想。如前所述，科克那些伟大的法律思想的形成，并非出于他主观的意愿，而通常是在为了维护英国法律传统的过程中形成的。应该说，科克关于"司法自主"与违宪审查的思想，并没有形成系统化的理论学说。这些闪光的思想是表现在他与王权的斗争和主张议会权力受限的一系列言行中的。他对王权插手法院司法的抵抗以及对议会法案应受普通法限制的论述，充分而清晰地表达了他的思想，即法院的司法行为不受其他权力的干涉，并且法院拥有对违反普通法的法律条文的否决权。对于司法自主，科克为其铺设了合理的理论根据。

首先，他认为在英国存在着一部古代宪法。"根据他的观点，古代宪法是包含在英国的普通法之中的，而后者在当代英国依然保持活力并继续得到发展。这样，英格兰就可以被认为有一部体现在普通法的判决之中的实

注释

① 引自李龙主编：《西方宪法思想史》，第110页。
② 爱德华·S.考文：《美国宪法的"高级法"背景》，强世功译，第58页。

在的宪法。"①正是这部"宪法"的存在，使得英国的普通法院拥有独立于国王与议会的权力具有了历史根据。这种包含于普通法之内的宪法授予了国王、议会以及法院乃至"每个英国人以其符合其身份的权力与特权。"②而对普通法的最高解释权，即为法院的权力与特权，不容其他权力干涉，也不能被废除。这样一来，法院自然被"提高到了与议会和国王相提并论的一种自主的政治地位。"③

其次，科克还指出法律的专业化发展特点也必然要求司法自主。《自由大宪章》及《牛津条例》的签订，使普通法逐渐从以王室令状与诉讼形式为主要内容的程序法开始向以王室法院的司法判决为基础的判例法的过渡。这种转变对法律从业人员的专业性技能的要求越来越高，以保障法律能够得到公正而有效率的实施。从而使得法官这个职业阶层在司法中的地位与作用凸显出来，排除了其他人对司法的僭越。这也即是"司法自主"的必要性所在。因此，当科克在审理"薪俸代领权"一案（1617 年）中被要求征询詹姆士一世的意见时，他回绝道，"如果服从陛下的命令，停止审案，那么就会拖延实施公正。这是违反法律的，也是违反法官的誓言的。"④ 此外，为了防止议会的专权，科克还提出了有必要对议会的立法进行司法审查，从而形成了他的另一伟大思想——违宪审查。他指出，"在许多情况下，普通法将审查议会的法令，有时会裁定这些法令完全无效，因为当一项议会的法令有悖于共同理性，或自相矛盾，或不能实施时，普通法将对其予以审查并裁定该法令无效，这种理论在我们的书本里随处可见。"⑤ 并且科克认为只有能够掌握普通法体现的共同理性的法院或法官才能够行使这一审查权。也"正是普通法院或法官有了审查议会行为是否合法之权位理念与相应的制度性设置，'司法'与'立法'及'行政'在（宪法性）法律面前才有了平等的法律政治地位，'司法'才由此真正地获得'独立自主'

注释

① 斯科特·戈登：《控制国家——西方宪政的历史》，应奇等译，江苏人民出版社2001年版，第257页。
② 黄基泉：《西方宪政思想史略》，第135页。
③ 斯科特·戈登：《控制国家——西方宪政的历史》，应奇等译，第258页。
④ 引自黄基泉：《西方宪政思想史略》，第138页。
⑤ 爱德华·S.考文：《美国宪法的"高级法"背景》，强世功译，第43页。

的宪政地位。"①

作为一个生活在由中世纪向近代转变时期的法学家,科克在各种政治权力的斗争中,始终提倡并坚持普通法至上的原则。他的一切出发点是为了维持13世纪以来在英国形成的各方权力的政治平衡。然而他的法学思想和政治法律行为的结果却具有深远的意义。他反对国王插手司法诉讼,强调法官职业的独立性,坚持法官判案不受其他任何权力的干预。这些观点与中世纪英国社会各阶层间形成的权力分割的传统可谓一脉相承。不过在客观上却已经具有了司法权从立法权与行政权分立出来的明显倾向。尽管他并未将这一倾向进行深化,也未对其进行明确地表达,但是这并不影响其思想的伟大。他"最重要的贡献在于英国的司法体系作为既独立于国王又独立于议会的一个独特的政治权威中心的确立。……它勾画了完全不同于亚里士多德式的'混合政体'的三元模式的政治体系。……承认普通法院是第四个主要的实体本身就有实践的重要性,但它作为把多元主义学说从法典的三分模式的智识束缚中解放出来的标志,也具有宪政理论历史上的重大意义"。②科克的思想缺乏理论性和系统性,也没有提出新的研究路径与方法,他的思想依据甚至仍然是中世纪的理论。但正是在他的思想中,中世纪的观念已经开始带有了近代的色彩,正如哈耶克所言:"正是在科克的论著中,这个观念(亦即普通法至上的观念)以及其他一些中世纪的观念获得了它们的现代形式;因而在很大程度上也是在他的论著的影响下,这些中世纪的观念变成了我们现代法律的一部分。"③可以说,科克思想的出发点是中世纪的,而它的结果却是近代的。

不过令人遗憾的是,科克思想中的最重要的司法自主与违宪审查内容在后来的英国法律思想及法律实践中并没有得到继承。在诸如弥尔顿、哈林顿、洛克等人的思想中,最终也未能形成司法权与立法权、行政权并列独立的观点。仅仅是在18世纪中期的布莱克斯通曾说过"司法从立法权和

注释

① 黄基泉:《西方宪政思想史略》,第139页。

② 斯科特·戈登:《控制国家——西方宪政的历史》,应奇等译,第254页。

③ 冯·哈耶克:《法律、立法与自由》(第1卷),邓正来译,中国大百科全书出版社2000年版,第150页,注释[32]。

执行权中独立，这是这个国家最主要的自由之一。"①这时，完整的"三权分立"学说已成为了孟德斯鸠最为著名的理论。与此相对应，科克的思想在大西洋彼岸落地生根、开花结果，影响了美国的几代学人。科克的著作《法律报告》和《英国法概要》曾是17世纪北美学生的重要法律教材。美国年轻的国父们如亚当斯（John Adams）、杰弗逊（Thomas Jefferson）和麦迪逊（James Madison）都是科克宪法思想的追随者和实践者。他们领导的独立运动、他们所创建的宪政制度无一不是从科克的思想中获取精神支持的。而正是在这个国度中，第一次将违宪审查变为现实的制度。法官在联邦最高法院院长的指导下经常对国家立法予以检查，如有法律与正义与公理相悖，或与宪法相悖，法官便可以废除此法。②

总之，科克凭借其独特的思想不仅实现了中世纪与近代的对接，也成就了其在法律思想史、特别是宪法思想史中的地位。正如威廉·霍兹沃斯爵士评述的那样，"科克对于英国公法和私法的贡献就像莎士比亚对文学，培根对哲学，圣经权威译本者对宗教的贡献。"③

二

霍布斯的自然法与纯粹自然国际法

托马斯·霍布斯（Thomas Hobbes，1588—1679）是17世纪英国著名的政治思想家，古典自然法学的代表人物。霍布斯生于英国威尔特郡所辖的马尔麦堡镇一个贫寒的乡村牧师家庭。15岁时得人资助，进入牛津大学文学系求学，毕业后留校任教。后曾受聘于威廉·卡文迪希伯爵及吉·克列福顿爵士，担任家庭教师。借助于执教名门贵族之机，霍布斯多次周游欧洲列国，结识了笛卡尔、伽利略等大学问家。此前，他还曾一度担任

注
释

① 引自李龙主编：《西方宪法思想史》，第111页。
② 参见丹宁勋爵：《法律的未来》，刘庸安、张文镇译，法律出版社2000年版，第357—358页。有关18世纪美国学者的违宪审查思想可参见E.博登海默：《法理学——法律哲学与法律方法》，邓正来译，第67—69页。
③ 同上书，第7页。

"实验科学之父"培根的秘书（1621—1626）。在与这些思想家的交往中，霍布斯广泛涉猎当时先进的自然科学和哲学，这些对他政治法律思想的形成有重要的影响。1640年底，因在国会与王权的斗争中支持后者而被迫流亡法国。流亡期间因著述《利维坦》而为流亡巴黎的王党人士所恶，霍布斯遂返回英国，并得到克伦威尔的赏识。斯图亚特王朝复辟后，他的思想因受迫于政教双重压力而趋于保守。霍布斯亲身经历了英国内战这"无法无天"的大动乱，也目睹了欧洲大陆的"三十年战争"。面对空前的社会、宗教、政治争斗，他试图用当时的新科学去解释人和社会的本质，发现政治的内在规律。他的思想主要体现在《论法律原理》(1640)、《论公民》(1642，这部书是在《自然法与政治体原理》的基础上扩充而成的)和《利维坦》(1651) 3部著作中。其中《利维坦》最享盛名。

曾有一些西方学者（如笛卡尔、菲尔默等）认为，霍布斯政治思想的主要目的是论证君主制的绝对权威，是为了支持君主制。我国学者中也有相类似的看法。[①]但也有学者反对这一传统的观点，如德国学者亨利希·库诺认为，霍布斯并未为王权专制进行辩护，而是试图证明国家的全智全能。因为在霍布斯看来，国家的全智全能对抑制反公众利益的情况、对国家的强盛和民族的统一都是完全必要的。库诺这样认为的理由是，霍布斯强烈反对在他眼前所发生的政治变革，反对工商业资产阶级势力的日益扩张，并把所要求的专制国家权力视为防止资产阶级滥用国家权力的最佳手段。这一倾向在霍布斯的著作《论人》和《巨兽或长期国会》中表露得特别明显。霍布斯唯恐商业资产阶级在国内的统治会导致富人的寡头统治，正是他在《巨兽或长期国会》中表露出的对商业资产阶级的憎恨促使他论证一个专制国家权力的必要性。[②]不可否认，霍布斯对君主制确有好感，但对君主制的辩护决不是他的主要目的。霍布斯政治思想的中心主题是"国家"与"主权"。至于这一国家是由谁来掌握，一群人还是一个人，是君主政体还是民主、贵族政体，在霍布斯看来都无关紧要。他所关心的是"国家的

注释

① 参见何勤华主编：《西方法律思想史》，第82—83页。

② 参见亨利希·库诺：《马克思的历史、社会与国家学说》(第1卷)，袁志英译，第85—86页。

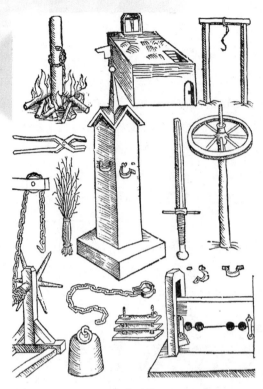

各种刑具

和平与秩序"，是"任何政府都
应该有的最高的、有效能的权
力"。①德国当代学者考夫曼则进
一步主张，霍布斯思考的并不是
暴政和独裁。②当国家不能保护
臣民时，国家对服从的要求也就
不复存在。总之在霍布斯那里，
国家不是目的本身。

　　美国哈佛大学政治哲学教授
理查德·塔克另辟蹊径，认为霍
布斯主要思考这样一个问题：
"即使人们本质上是自保的并因
此一般是相互寻求和平的，但是
它们对世界相互独立的判断也会
导致纷争。因此霍布斯提出的解
决途径是，减少在大多数事情上的独立判断的机会。自然人会认识到每个
人让渡在不确定情况下的判断权力的必要性。把这种权力让渡给一个代表
大家的裁判者，他的裁判意见是终极性的。"塔克由此得出结论，"霍布斯
的主权权力首先是一种认识论上的权力，旨在说明决定公共舆论中词语的
含义，引导臣民就什么是好和坏的意义达成一致意见。"③在塔克看来，霍
布斯的主权权力首先是一套话语系统，它的主要目的是帮助因激情而在恶
劣的环境中失去理性的冲突各方找回理性，从而恢复和平与秩序。这是符
合逻辑的。在霍布斯的人性论中，欲望和激情是两种最原始的情感，这种
情感引发人们追求财富、荣誉与和平三种品性。④也就是说，霍布斯所主

注
释
　　① 徐大同主编：《西方政治思想史》（第3卷），第237—239页。
　　② 参见阿图尔·考夫曼、温弗里德·哈斯默尔：《当代法哲学和法律理论导论》，郑永流译，
　　　　第81页。
　　③ 韦恩·莫里森：《法理学：从古希腊到后现代》，李桂林等译，武汉大学出版社2003年版，
　　　　第90页注2。
　　④ 参见霍布斯：《利维坦》，黎思复、黎廷弼译，第94页。

张的人们之间对自我权利的追求导致的那种无休无止的冲突是一种思想冲突，正是这种思想冲突又引发了"一切人反对一切人的战争"。在此情况下，只有理性才能制止这一切，正如霍布斯所言："理性则会促使每一个人为了自身利益而谋求和平。"这样，理性为人们提供的一套简易可行的和平条款，霍布斯称之为"自然法"。我们认为，自然法与主权权利之间的关系问题才是霍布斯政治哲学所要解决的核心问题。关于这一论点，也可以从一些西方知名学者的著作中找到某种支持。例如美国当代学者列奥·斯特劳斯评论道，"尽管霍布斯远不如自然法的多数鼓吹者那样重视'人的权利'的实际意义，他的学说却比任何人的学说都更清晰地体现了近代自然法的精髓及其所有的本质涵义。"①斯特劳斯所谓的近代自然法的精髓就是自然权利观念。他认为霍布斯的政治哲学"不像传统学说那样从自然'法则'出发，即从某种客观秩序出发，而是从自然'权利'出发，即从某种绝对无可非议的主观诉求出发；这种主观诉求完全不依赖于人和现在的法律、秩序或义务，相反，它本身就是全部的法律、秩序或义务的起源。霍布斯的政治哲学（包括他的道德哲学），就是通过这个作为道德原则和政治原则的'权利'观念，而最明确无误地显示它的首创性的。"②也正是基于此点，列奥·斯特劳斯将霍布斯视为现代政治哲学之父，他这样写道，"在现代和古典政治哲学的相互对抗中，无疑，霍布斯，而非其他人，是现代政治哲学之父。因为正是霍布斯以此前此后都无以比拟的明确性使得自然权利，即个人的合理要求成为政治哲学的根基，而用不着再时不时地借助自然法或神法。"③然而也有学者从另一个视角提出不同的看法，如英国学者韦恩·莫里森就认为霍布斯将自然法而不是自然权利、将法律而不是意志作为政治哲学和现代法理学的起点。他所强调的是法理学的任务、是使自然法现代化。以此维护社会秩序，缓解由于中世纪传统的衰落所造成的紧张关系。在这一过程中，霍布斯导入了现代的臣民和主权者的关系，为

注释

①② 列奥·斯特劳斯：《霍布斯的政治哲学》，申彤译，译林出版社 2001 年版，第 2 页。

③ Leo Strauss, *the Political Philosophy of Hobbes*, University of Chicago Press, 1947, p.156.

将犯人吊死在窗台上示众

文艺复兴时期的行刑图

统治权力提供了新的认识论和合法性基础。①其实，上述两种观点并不矛盾。莫里森教授更多地强调霍布斯解决问题的理性方式，而斯特劳斯在其政治学名著《霍布斯的政治哲学》开篇也强调与传统自然法相比，近代自然法则首先和主要是一系列的"权利"。无论如何，要想解读霍布斯的主权理论，就必须首先厘清自然法与主权的关系。

那么，作为道德规范的自然法在霍布斯的主权理论中处于何种地位呢？美国学者约翰·麦克里兰认为，霍布斯没有为政治义务提供任何道德基础，他没有提供任何理由来说明人会在内心觉得有义务服从主权者的问题。霍布斯似乎为了纯粹识时务者为俊杰的目的而误用并贬低了自然法的语言，传统的自然法意义从来就没有为这些目的服务的意思。他认为，

注
释

① 参见韦恩·莫里森：《法理学：从古希腊到后现代》，李桂林等译，第104—105页。

文艺复兴时期行刑的场面

除非霍布斯在实际层面上继续提高恐怖的级别,而会令他的臣民感到心惊
胆战，否则主权者的政令将无人遵从，霍布斯式的国家就会因此缺乏效
率。①因而他不赞同在霍布斯的理论体系中存在以自然律的惩戒作为人们
履行契约的道德基础的说法。麦克里兰认为，在霍布斯的《利维坦》中却
显而易见存在着唯物主义无神论的道德与政治义务理论，也就是说，霍布

斯的自然律绝非上帝的命令。①列奥·斯特劳斯则详细考证了霍布斯的政治哲学，并强调指出，霍布斯政治哲学的道德基础就是"根本上非正义的虚荣自负与根本上正义的暴力死亡恐惧之间的人本主义的道德对立，……这个道德对立，是霍布斯政治哲学的一个必不可少的本质要素，或者，更确切地说，它就是霍布斯政治哲学的核心基础。"②斯特劳斯强调，霍布斯的政治哲学与后来的思想家斯宾诺莎政治哲学有很大的不同。而就这一点而言，斯宾诺莎的政治哲学是自然主义的政治哲学，它主张强权即为公理，从而将正义本身作为一个概念从其学说中取消了，而霍布斯的政治哲学却"由于有一个道德的基础，并唯其如此，才保留了正义自身存在的可能性，保留了对强权与公理加以区分的可能性。"③我们也看到霍布斯这样的论述，"'正义就是将每人自己所有的东西给予自己的恒定意志'。这样说来，没有所有（即没有所有权）的地方就没有不义存在；而强制权力没有建立的地方（也就是没有国家的地方）就没有所有权存在；在那种地方所有的人对一切的东西都具有权利；因之，没有国家存在的地方就没有不义的事情存在。由此看来，正义的性质在于遵守有效的信约，而信约的有效性则要在足以强制人们守约的社会权力建立以后才会开始，所有权也就是在这个时候开始。"④霍布斯接着又说，"世俗社会的维持在于司法，司法的维持则在于国家的主权者所操的生杀大权以及程度较轻的赏罚。如果在主权者以外还有人能颁赐比生命更高的奖赏、施加比死亡更重的惩罚，那个国家就不可能立足。"⑤由此看来，霍布斯对主权权力服从的分析是有其道德基础的，也就是说，霍布斯在对主权的论述上也没有切断与自然法的联系，并且这些论述仍然仰赖自然法来论证国家权力的合法性问题。与此相近，英国学者韦恩·莫里森也认为，霍布斯为其主权者找到了服从的根据，那就是上帝，他引用霍布斯的话说，上帝"拥有一种独享的、不可违抗的权

注
释

① 参见约翰·麦克里兰：《西方政治思想史》，彭淮栋译，第248—249页。
② 列奥·斯特劳斯：《霍布斯的政治哲学》，申彤译，第32—33页。
③ 同上书，第33—34页。
④ 霍布斯：《利维坦》，黎思复、黎廷弼译，第109页。
⑤ 同上书，第355页。

力，有权利统治和惩罚一切背离他的律法的人"。①

在谈到国际法上的和平问题时，霍布斯认为和平是自然法的需求，但事实上并不是在任何情况下都有和平的可能。因此人们还必须利用各种权利以保证和平的取得，甚至不惜动用战争的手段。战争也是一种权利形态，这是文艺复兴时期国际法中的重要法理思想。对以后西方的自然法和国际法的发展都有重要的影响。当然，人与人之间和国家与国家之间可以在理性的指导下通过某种约定，达到相互之间的和平状态。下面是霍布斯围绕和平与战争问题对自然法和自然权利关系的完整论述："以下的话就成了理性的诫条或一般法则：每一个人只要有获得和平的希望时，就应当力求和平；在不能得到和平时，他就可以寻求并利用战争的一切有利条件和助力。这条法则的第一部分包含着第一个同时也是基本的自然律——寻求和平、信守和平。第二部分则是自然权利的概括——利用一切可能的办法来保卫我们自己。这条基本自然律规定人们力求和平，从这里又引申出以下的第二自然律：在别人也愿意这样做的条件下，当一个人为了和平与自卫的目的认为必要时，会自愿放弃这种对一切事物的权利；而在对他人的自由权方面满足于相当于自己让他人对自己所具有的自由权利。"②这种自然状态中的个人为了摆脱战争状态而通过订立信约组建主权国家的模式成为主权国家在国际社会中效仿的对象。在国际社会中，主权国家犹如自然状态下的个人，为了自身安全和利益需要缔结盟约。但因为国家主权的至高无上、不可分割以及国家不如个人生命脆弱，所以国家不像自然状态中的个人那样缔结永久性的信约，也不会出现超越主权国家的公共权威。所以"他们的武器指向对方，他们的目光互相注视，也就是说，他们在国土边境上筑碉堡，派边防部队并架设枪炮；还不断派间谍到邻国刺探，而这就是战争的姿态。"③至于霍布斯对战争状态例证的说明④是否充分，这还需要做进一步的研究。

注
释
① 韦恩·莫里森：《法理学：从古希腊到后现代》，李桂林等译，第89页。
② 霍布斯：《利维坦》，黎思复、黎廷弼译，第98页。
③ 同上书，第196页。
④ 同上书，第95页。

霍布斯还谈到了其他自然法问题。① 从中可以看到霍布斯自然法思想的丰富性。只有人的自然本性能决定一切和说明一切。是人的本性驱动使国与国之间订立契约,也是人的本性的驱动使国与国走向对立。因此人类应将注意力放在自然本性的如何变化上,注意自然本性如何制约国际关系这些事实。持上述倾向者后演化为"纯粹自然国际法学派"。霍布斯就是纯粹自然国际法的竭力维护者。

霍布斯还以自然法思想和社会契约论为根基,完整地提出了罪刑法定和罪刑相适应等刑法基本原则,并论述了刑法和犯罪学的一些基本理论,提出了大量的颇具远见卓识的有关犯罪学、刑法学和刑事诉讼法学的思想,论及了犯罪的概念与原因、刑罚权的来源、罪恶与罪行、不得自证其罪、反对刑讯逼供等刑事法学思想。这在中世纪欧洲的刑事法学和犯罪学(刑法学)学科发展史上起到了承前启后的作用。

霍布斯的刑罚理论有如下几点:1) 关于国家刑罚权的起源。霍布斯用实证主义的方法对刑罚进行了明确的定义:"惩罚就是公共当局认为某人做或不做某事是违法行为,并为了使人们的意志因此更好地服从起见而施加的痛苦",② 霍布斯认为刑罚必须是来自公共当局即国家,任何的私人报复或侵害都不是刑罚,即刑罚权是一种国家的专有权力。这种权力来自人们缔结的契约,也就是说,刑罚权来自于人们权利的让渡。2) 关于罪刑法定原则。所谓罪刑法定即"法无明文规定不为罪,法无明文规定不处罚",可以看出,霍布斯为近代和现代刑法基本原则的确立作出了巨大贡献,他的学说为其后的孟德斯鸠以及刑事古典学派的代表人物贝卡利亚极力推崇。根据罪恶与法以及罪行与民约法的关系,霍布斯推论出三个观点:没有法的地方便没有罪恶;没有民约法的地方就没有罪行;没有主权的地方就没有罪行。因为没有这种权力的地方就不可能从法律方面得到保障。霍布斯上述三条所要表达的意思,是说没有国家就没有法律规定,没有法律规定也就没有犯罪,而这恰恰应当被看做是罪刑法定主义的天才萌芽。他同时

注
释
① 参见霍布斯:《利维坦》,黎思复、黎廷弼译,第15章等。
② 同上书,第241页。

还阐述了罪刑法定的另一思想,即刑罚法定思想,认为"对禁令制定前所犯行为施加的损害不是惩罚而是敌视行为。因为法律没有制定的时候就无所谓违法,而惩罚则假定有一种经审判认为是违法行为的行为,所以在法律未制定前所实施的惩罚便不是惩罚,而是仇视行为"。①法律未制定之前实施的惩罚不是刑罚,与上文的罪刑法定主义思想相结合,霍布斯表达了完整的罪刑法定原则。3)关于罪刑相适应原则。霍布斯认为,"罪行的轻重程度是根据许多不同的尺度来衡量的。首先是犯罪根源或原因所含有的恶意,其次是犯罪的影响,第三是后果的危害性,第四是时间、地点和人物等条件汇合造成的情形"。此外,霍布斯还论及了一些具体的罪行轻重问题。他强调罪行有轻重,量刑要适当,罚必当其罪。这些思想充分体现了罪刑相适应的现代刑法基本原则。霍布斯提出的罪刑相适应的思想对孟德斯鸠和贝卡利亚有很大的启发作用。后来孟德斯鸠继承了罪刑相适应的观点,认为"无论政府温和或酷虐,惩罚总应当有程度之分,按罪行大小,定惩罚轻重",②贝卡利亚在论述这个问题时指出,"如果说,对于无穷无尽、暗淡模糊的人类行为组合可以应用几何学的话,那么也很需要有一个相应的、由最强到最弱的刑罚阶梯。"③贝卡利亚还从遏制犯罪这一功利主义角度详细论述了该理论。4)关于思想不为罪原则。罗马法有一句格言:"任何人不因思想受处罚",它的基本含义是,人的思想是自由的,国家不能将任何人的思想作为刑罚处罚对象。霍布斯积极捍卫这一传统的原则,认为构成犯罪的只能是人的行为,思想不构成犯罪。5)关于刑法与自由的关系。霍布斯认为,法律是保障自由的,刑法更是为保障自由而制定的。霍布斯认为人民的自由是在国家与法律基础之上的自由,它是以法律的存在为前提的,由法律规定其范围与内容,并由法律来保证它的实现。离开法律的自由,或简单的把法律尤其是刑法看成是对人民自由的限制,都是错误的。

注 ① 霍布斯:《利维坦》,黎思复、黎廷弼译,第243页。
释 ② 孟德斯鸠:《波斯人信札》,罗大纲译,商务印书馆1962年版,第141页。
③ 贝卡利亚:《论犯罪与刑罚》,黄风译,中国大百科全书出版社1993年版,第66页。

三

其他英国思想家的法学观

约翰·弥尔顿（John Milton，1608—1674）是英国伟大的诗人和政治家，17世纪英国资产阶级独立派代表人物之一。弥尔顿于1651年和1654年先后用拉丁文撰写《为英国人民声辩》和《再为英国人民声辩》两本书，论证人民完全有权处死查理一世这个暴君。弥尔顿于1660年发表《建设自由共和国的简易办法》这篇论文，希望挽救革命，却因此而被逮捕。1674年11月8日，这位伟大的斗士离开人世。作为独立派代表之一的弥尔顿，其政治法律思想的核心是人的自由。这种自由的涵盖十分广泛，不仅包括财产方面，还包括信仰、言论、出版等方方面面。而这种自由则是来自于人的本性。按照弥尔顿所继承的传统理论，上帝在人的身上设置各种情欲、享乐之物等，是使一个人经过适当的调节达到道德完美的有机构成部分。这就决定了政府的价值在于充分保障人们的自由。因此，当人们根据自然法订立契约转让权利时，是从全体人民的自由、安全与福利着眼的。如此这样，君主以能够实现人民的自由、安全和利益为其存在意义，倘若君主行为的后果与此相背离，人民就有权用法律来惩罚并废黜他。"我们对这样的政权与君主并没有服从的必要，也没有服从的义务。只要经过慎重考虑，便没有人会禁止我们反抗他们。因为我们反抗的并不是这里列举的圣明君主，而是强盗、暴君和人民公敌。"①对于暴君，人民可以合理合法地予以废黜，道理很清楚：废黜一个暴君显然比拥立一个暴君更符合神意；人民废黜一个昏庸无道的国王也比国王压迫无辜的人民更符合神意。不仅人民的权力高于君主，而且法律的权威也高于君主。在弥尔顿看来，法律和人民是至高无上的。从摩西、柏拉图、亚里士多德到使徒保罗，都具有如此思想。②"圣·保罗不但让人民服从法律，而且也让国王服从法律。国王

注释

① 弥尔顿：《为英国人民声辩》，何宁译，商务印书馆1997年版，第73—74页。
② 同上书，第67页。

是决不高于法律。'因为除了上帝的权力以外就没有旁的权力了'。"① "法律永远是社会最高的权威"②他说，除了野蛮人的国家以外，法律总是比其他东西都神圣。因此，国王是决不高于法律的。接着，弥尔顿又从法律出发，认为国王必须服从法律，而不应当高高在上与众不同。根据神律，犹太的国王也要遵守一切法律，甚至和人民毫无区别。"圣经里找不出可以免除法律约束的证据，如果说'国王可以为所欲为而无禁'，或'国王不受人民惩罚'甚至还因此而断言：'上帝把惩罚国王的权力保留在自己的法庭里'，这些话都是毫无根据、毫无理性和完全虚伪的。"③假如一个国王不受法律的约束，可以得到宽容，为所欲为，那么他的权限就会远远超越君权的范围，就会利用法律把人当作牲畜来统治，人民则将沦为最卑贱的奴隶。反之，如果国王能让自己受到法律的限制，他们的政府就不像现在这样残暴脆弱，动荡不宁，并充满忧虑。他们的政府将是巩固、和平而持久的。国王应当遵守法律，如果不遵守的话人民有权"用惩治其他人的同一法律来惩治他，我看不出有任何例外。"④因为"他们告诉我们，自然法公正对待每个人捍卫自身的权利，甚至于反抗国王个人，那么让他们再告诉我们为何同样的自然法不能将公正扩展到整个国家和民族，而仅仅是处理个人的公正、处理私下的法律自卫呢？所谓的指涉一切的公正，就是公正地对待整体的善人，惩罚整体的恶人，公正地处置一个暴君正是出于整个共和国自我保卫的需要。"⑤弥尔顿反复论证，只有在自由共和国里，信仰自由才能得到充分保护，也只有在自由共和国里，"我们自由的另一方面在于享受公民权利与各按才能得到应有的提升；没有比在自由共和国里享受自由的权利规定得更明确，提升的机会更公开了。"⑥

詹姆士·哈林顿（James Harrington，1611—1677）是17世纪英国资

注释
①② 弥尔顿：《为英国人民声辩》，何宁译，第71页。
③ 同上书，第62页。
④ 同上书，第36页。
⑤ John Milton, *Political Writings*, "The Tenure of Kings and Magistrates", Cambridge University Press, 1991, p.45.
⑥ 弥尔顿：《建设自由共和国的简易办法》，殷宝书译，第39页。

产阶级独立派代表人物之一。在思想上他反对君主专制。哈林顿坚决反对复辟活动，曾领导共和国主义集团，组织罗塔俱乐部，发表演说，撰写文章，进行反君主专制的宣传。到1660年，俱乐部被禁止活动。次年，他本人被捕入狱。晚年因病被释，逝于1677年。其著作包括《大洋国》（1649—1656）、《人民政府的特权》（1658）和《七种国家模式》（1659）。与同时代的其他思想家不同，哈林顿没有以笛卡尔式的逻辑演绎法和从预设的人的自然状态出发来推演国家或政治社会产生及存在的合理性与正当性。相反，他的政治法律主张来自其对历史事实和经验性结论的求证。从这一点上来说，他的法律思想不是思辨型的，而是经验型的。其思想的重点也不在于对国家的起源及治理方式优劣的辨析。因为在哈林顿看来，法治的共和国应当是最优秀的国家统治方法。他指出，综观历史，古代治国无非人治与法治两种方式。"根据法律或古代经纶之道来给政府下定义，它便是一种艺术。通过这种艺术，人类的世俗社会才能在共同权利或共同利益的基础上组织起来，并且得到保存。根据亚里士多德和李维的说法，这就是法律的王国，而不是人的王国，……根据事实或近代经纶之道来给政府下定义，它也是一种艺术，通过这种艺术，某一种人或某一些人使一个城邦或一个国家隶属于自己，并按他或他们的私利来进行统治。在这种情况下，由于法律是按照一个人或少数家族的利益而制定的，因而就可以说是人的王国，而不是法律的王国。"[1]所以法治优于人治则是千百年历史经验的总结，这既不需要费尽心力地假设什么"自然原则"，也无需对其存在进行反复的论证，它是不证自明的公理。对于霍布斯提出的亚里士多德在人治和法治问题的认识上犯有错误的说法，[2]及其认为这些理论因非推论于自然原则而不具合理性的观点，哈林顿予以毫不留情的批驳。他指出霍布斯的观点不仅是毫无根据的，甚至是荒唐可笑的。他甚至把霍布斯的观点归谬

注释

[1] 詹姆士·哈林顿：《大洋国》，何新译，商务印书馆1996年版，第6—7页。
[2] 霍布斯认为亚里士多德在《政治学》中的错误，在于他认为一个秩序良好的共和国不应由人来统治，而应由法律来统治。霍布斯的理由是：一个人只要具有自然的感官，哪怕他不能读书、不能写字，也能够发现自己被自己所惧怕的人统治着，而不是法律统治着。如果他不服从，就将被这个人杀死或伤害。如果没有武力威胁，他是不会相信法律能够伤害他的。

为下面的例子，如果按照霍布斯的逻辑，则"我们也应当要求一个著名的临床医生的医学结论，也必须从自然原则推导出来。"①所以，哈林顿的政治法律思想的核心集中在如何建立一个法治共和国的政府，而不是在那些他看来已是历史经验结论的事情上毫无意义地徒费精力和唇舌。从上述对哈林顿思想的考察中，我们不仅可以看到亚里士多德的"良法之治"与"普遍遵从"，②还可以看到近代分权理论与代议制的雏形。对洛克、孟德斯鸠等人都有一定的影响。而他的宪政构想更是最为实际地对欧洲的政治法律实践产生影响。或许我们可以援引美国现代法学家考文的评述来总结哈林顿思想的意义所在，"在《政治学》中，亚里士多德提出人治与法治哪一个更可取的问题，他对自己的问题予以毫不含糊的回答。'看起来，给法律赋予权威就是仅仅给上帝和理性赋予权威；而给人赋予权威就等于引进一个野兽，因为欲望是某种具有兽性的东西，即使是最优秀的人物，一旦大权在握总是倾向于被欲望的激情所腐蚀。因此，我们可以得出这样的结论：法律是摒绝了激情的理性，所以比任何个人更可取。'这段话的意思后来凝结为哈林顿的名言：'要法治的政府，不要人治的政府。'它于亚里士多德之后近两千年，首先体现在1780年的马萨诸塞宪法中，后来又体现在马歇尔大法官在 Marbury V. Madison 一案的判决意见中。"③而这个过程中，架起了由古典理性主义法治思想通往近代理性主义法治思想桥梁的，恰恰是哈林顿的理论。

杰拉德·温斯坦莱（Gerrard Winstanley，1609—1660）是英国掘土派的领袖和思想代表。1649年1月，温斯坦莱的第一部社会政治问题著作即《新的正义的法律》问世。文中批判了私有制并初次提出了共同使用土地和共同享受土地果实的思想，为正在酝酿中的掘土派运动奠定了理论基础，成为后来掘土派运动的纲领性文件。在总结塞利郡掘土派运动失败的经验教训的基础上，温斯坦莱于1652年发表了他的最成熟的著作——《自

注释

① 詹姆士·哈林顿：《大洋国》，何新译，第8页。

② 通过元老院（上院）的提议及人民大会（下院）的表决，共同制定法律，确保法律的理性与公正。通过行政机构的执行，确保法律能得到严格的遵从。

③ 爱德华·S.考文：《美国宪法的"高级法"背景》，强世功译，第3页。

由法》（全称为《以纲领形式叙述的自由法或恢复了的真正的管理制度》）。这部著作除继续捍卫土地公有制的思想外，着重描述了关于理想社会的蓝图。该书是乌托邦社会主义思想史上第一个以法律条文形式出现的关于未来社会的基本纲领，与莫尔的《乌托邦》、康帕内拉的《太阳城》齐名。温斯坦莱为"真正自由的共和国"进行了规划，他特别强调法律的重要性，认为它是至高无上的，是"共和管理制度"的基础，同时为了使共和国能够"使一切人都得到生活在世界上的资料，不是使一部分人奴役另一部分人，而是使所有的人丰衣足食，都有自由。"①温斯坦莱认为必须加强法制建设，议会作为立法机关，在制定法律时必须严格按照法定的程序活动。第一步，议会讨论，探索能改善人民处境的立法；第二步，以宣言的形式公布议会的讨论结果，让全国人民讨论批准；第三步，议会赋予这个决定以法律效力，从而成为全国人民必须遵照执行的、带有强制性的原则。②从这里我们可以看到，温斯坦莱所设想的立法程序是为了使法律能充分反映劳动人民的意愿，法律从起草到征求意见、到公布实施，都贯穿这民主原则。他还拟订了耕种法、仓库法、买卖和游手好闲惩治法、监督人法、公职人员选举法以及婚姻法，等等，用以"卫护温和、勤劳和淳朴风气"，防止一个人对另一个人的犯罪行为。法律一旦生效，就"应该认真执行这些法律"，因为"政府真正的生命就在于此"。③在执法过程中，"法官是被选出来宣读法律和根据法律判决的人"。④"某个人或某些人（只有议会的法院除外）如对法律擅自加以增减，一律将被撤职，并且将永远不能再选出来担任公职。……任何人不能为了金钱或报酬而使用法律，敢于这样做的人将被当做共和国的叛徒处死，因为当金钱能够买卖审判的时候，只会造成压迫。"⑤只有法律才是真正的法官。

注
释
① 《温斯坦莱文选》，任国栋译，商务印书馆 1965 年版，第 126 页。
② 同上书，第 155—156 页。
③ 同上书，第 150 页。
④ 同上书，第 195 页。
⑤ 同上书，第 195—196 页。

尾声：
文艺复兴时期法学思想的
延续和发展

从 14 世纪到 19 世纪，是欧洲资本主义文明从酝酿到最后确立的漫长演变时期。文艺复兴作为一种思想文化现象是这一长时段历史的一个环节。同样，当时的法学思想有其产生的渊源，又成为以后发展的一个起点。我们注意到，17 世纪以后，资本主义文明开始向制度化的结构演变，思想文化的理性地位得到前所未有的确认。正是在这种历史背景下，原来的罗马法内容和自然法思想得到了洛克、卢梭、康德等启蒙思想家的阐述，并焕发出新的思想生命力。

第一节　时代的变迁与文化的变迁

17 世纪及 17 世纪以后的西欧历史图景发生了诸多变化：与资本主义文明相适应，各个国家的政治体制逐渐制度化；国际社会在资本力量的推动下也在建立近代的国际关系秩序；更重要的是随着工业文明的发展，理性和科学的力量逐渐在上升，如此等等。与此相应，基督教的道德哲学与理性主义指导下的功利主义道德价值体系相互呼应，逐渐成为西方社会稳定的主流道德意识。所有这一切汇聚成一个思想和时代的主题即文艺复兴史研究学者鲍斯玛所说的"秩序"。鲍斯玛在自己的研究中还谈到了艺术中的秩序问题，认为艺术与道德的关系正在受到越来越多的批评家的关注。其中，鲍斯玛特别提到了英国诗人锡德尼《为诗辩护》（*Apologie for Poetry*）中的观点，指出诗在指引真理、道德等方面的优势地位和作用。[①]此"秩序"不是对个体精神的排斥，文艺复兴时期的人文主义个体精神在近代西方的思想文化史上一直延续了下来。即使是今天，西方思想文化仍旧在很大程度上受着个体精神的推动。但到了启蒙时代，理性主义开始成为社会的主导意识。在制度化的政治结构中，个人与社会的契约关系有了政治的强力制约。鲍斯玛不时提到16、17世纪人们对确定、稳定的强烈意识。[②]

　　欧洲思想文化史上的理性启蒙时代始于16世纪末、17世纪初。理性启蒙就是运用各种理性内涵[③]对人的认识功能、存在特性做整体的反思批判，以揭示人的主体性内涵和确立人的主体地位。可见，这一时代是文艺复兴时期人文主义思想的一种延续。我们发现，17至19世纪那些思想文化巨擘其创作风格与文艺复兴时期相比已发生了很大的变化。其思维风格总体上可归入洛克、笛卡儿、斯宾诺莎等的框架。思想家已经不满足文艺复兴时期得到初步表现的人文主义、理性主义、怀疑主义等文化内容，他们企求对上述内容进行深化，并在更大范围内体现科学的确定性原理，企求理性的指导。在哲学上，随着启蒙运动的展开，理性主义思维方式逐渐为学人和世人公认、效仿。人文主义之父彼特拉克提出怀疑原则，认为怀疑是最高意义上的对自我的确认，笛卡儿接过这个话题，认为怀疑所要达到的目标是思维的确定性，尽管这个确定性中同样有上帝，但这时的上帝

注
释

① See W. J. Bouwsma, *The Waning of the Renaissance：1550－1640*, Yale University Press, 2002, p.249.

② Ibid., p.198.

③ 理性一词在近代欧洲思想文化史上有各种解释，如自然理性、思辨理性、本体理性等。不同的思想家对某一类理性的解释也差异颇大。因此在谈理性这个词时要尽量避免随意性。

存在是为了给人的主体性和理性提供一种终极意义上的保证。按照笛卡儿的观点，"理性是一种普遍的工具，可以使用于任何一种场合。"①就法学而言，17 至 19 世纪是欧洲资本主义迅速发展的时期，也是资本主义政治制度在较广大的区域逐步确立的时期。这一时期法学研究的核心课题是如何使实在法更好地适应资本主义经济、政治发展的新的需求。其中有洛克与孟德斯鸠的三权分立理论、卢梭与康德以人权为中心的社会契约论和权利论等等，这些理论共同给传统的自然法与实在法相互关系问题注入了新的思想兴奋点。法国启蒙思想家伏尔泰在他的《哲学词典》里撰写了"平等"等词条，重申传统的自然法思想。其中指出，"凡是具有天然能力的人显然都是平等的；他们在完成动物功能和进行理解的时候是平等的。"②通过一系列政治实践，这些理论的核心部分又以国家法律文本的形式被确定了下来，原来自然法中的理性因素得到进一步的论证，从而在人们的政治行为中起到"共同意志"的作用。康德认为人类最初处于自然状态之中，是人的内在理性驱使人类进入法律社会，使人与人之间发生权利关系。③显然康德的这种理性化社会契约理论更强调理性自觉的作用。为此，康德还用"对人权"概念来表达这种理性自觉，"这仅能通过积极的转让或让予，才获得一种对人权，这只有通过公共意志的办法才能做到；用这种办法，种种对象便进入一人或他人的权利之内。"④也就是说，权利个体都必须在理性思考的前提下通过法的中介相互进行权利交换。合法婚姻就是这种权利交换的集中体现。

总之，法学领域中的人文主义与理性主义逐渐合流，从而生长出一种新的、符合时代变化要求的法学文化。

注释

① 笛卡尔：《方法谈》，引自《十六——十八世纪西欧各国哲学》，商务印书馆 1975 年版，第 155 页。
② 伏尔泰：《哲学词典》（下），王燕生译，商务印书馆 1991 年版，第 465 页。
③ 参见康德：《法的形而上学原理》，沈叔平译，商务印书馆 1991 年版，第 133 页。
④ 同上书，第 88 — 89 页。

第二节　承上启下的洛克法学思想

约翰·洛克（John Locke，1632—1704）是欧洲启蒙思想的先驱，古典自然法学派的杰出代表。历史上"没有一个哲学家比洛克的思想更加深刻的影响了人类的精神和制度。"[①] 1652年，洛克进入牛津大学教会学院，学习哲学、物理、化学和医学。此间他不仅结识了波义尔、牛顿等名人，并且广泛研读了培根、笛卡尔、霍布斯等名家著作。1667年，洛克以其妙手回春般的医术治愈了政治活动家阿希莱勋爵的怪病。这次偶然的医治经历却是洛克一生的转折点，为以后的生涯特别是政治生涯升起了新的风帆。1668年当选为英国皇家学会会员。这样一种学识经历对洛克的思想创造活动有独特的影响。1682年，因受到复辟派迫害，而随阿希莱逃亡至荷兰。1688年"光荣革命"后重返英国。而这段逃亡荷兰的生涯对洛克的思想和学术成就而言具有重要意义，是其法律思想体系化的重要阶段。当时的荷兰不仅是17世纪发展较快的资本主义国家，而且也是思想活跃自由的国度。那里生活着古典自然法学派创始人格劳修斯、近代自由理论奠基人斯宾诺莎等思想家，他们的思想成为洛克法律思想的渊源。归国后的洛克先后在新政府中担任上诉法院院长、贸易殖民部部长等职，于1700年辞职退休。1704年辞世。洛克主要著作有《政府论》（上下篇）（1689）、《论宗教宽容》（书信）（1689）、《人类理解论》（1690）等。

自然法理论是洛克法学思想的基础。受霍布斯等人的影响，洛克也以自然状态理论作为自然法的出发点。在洛克看来，自然状态"是一种完备无缺的自由状态，他们在自然法范围内，按照他们认为合适的办法，决定他们的行动和处理他们的财产和人身，而毋须得到任何人的许可或听命于

① 梯利：《西方哲学史》（下），葛力译，商务印书馆1979年版，第94—95页。

任何人的意志"。①也就是说自然状态是一种完全平等的状态。不仅如此，自然状态还要求每一个生物尊重对方和自己，不能随意放弃平等和自由的状态。②可见，洛克论证自然法的前提与霍布斯设想的人最初是狼一般互相对待的情景有天壤之别。洛克所强调的是人与人之间和谐相处前提下的自然状态。于是洛克进一步论证生命、自由、财产、平等法学问题。所谓生命权，是每个人都拥有不可剥夺的保护自己生命的权利，人们不能把支配生命的权力交给别人，"因为一个人既然没有创造自己生命的能力，就不能用契约或通过同意，把自己交给任何人奴役，或置身于别人的绝对的、任意的权力之下，任其夺去生命"。③自由权则指人人可自由地处置自己的人身、财产和以自己意志去做不损害他人的任何事情。财产权是自然权利的核心内容，洛克对此进行了浓墨重彩地论述，特别是就财产权的自然合理性问题做了充分论述。洛克指出在自然状态中，"人类一出生即享有生存权利，因而可以享用肉食和饮料以及自然所供应的维持他们的生存的其他物品"，④这等于宣告了人人都平等的具有占有使用各种自然界物质的权利，从这一意义而言，财产是共有的。那么如何在承认人的自然权利的前提下肯定人对财物取有的合理性。首先，洛克指出，"土地和其中的一切，都是给人们用来维持他们的生存和舒适生活的。土地上所有自然生产的果实和它所养活的兽类，……这些既是给人类使用的，那就必然要通过某种拨归私有的方式，然后才能对于某一个有用处或者有好处。"⑤以此来证明自然共有物的某些部分成为人们的私有财产，这是一个不需证明且为人们默认的事实。其次，洛克非常明确地意识到，一旦人投入创造活动并使人与人之间产生动态的关系，于是人与人的权利、义务关系等就会在一定条件下向有差别状态转化。洛克关于劳动的一段名言说明了劳动与私有之间的关系："土地和一切低等动物为一切人所共有，但是每人对他自己的人身

注释
① 洛克：《政府论》（下），叶启芳、瞿菊农译，第6页。
② 同上书，第7页。
③ 同上书，第17页。
④ 同上书，第18页。
⑤ 同上书，第18—19页。

享有一种所有权，除他以外任何人都没有这种权利，他的身体所从事的劳动和他的双手所进行的工作，我们可以说，是正当地属于他的。所以只要他使任何东西脱离自然所提供的和那个东西所处的状态，他就已经掺进他的劳动，在这上面参加他自己所有的某些东西，因而使它成为他的财产。既然是由他来使这件东西脱离自然所安排给它的一般状态，那么在这上面就由他的劳动加上了一些东西，从而排斥了其他人的共同权利。因为，既然劳动是劳动者的无可争议的所有物，那么对于这一有所增益的东西，除他以外就没有人能够享有权利，至少在还留有足够的同样好的东西给其他人所共有的情况下，事情就是如此。"①洛克设想，一方面要承认劳动属于人的自然能力，他体现着自然法的特征。但另一方面劳动造成了不同的结果，使不同的劳动者享受着不同的劳动产品，于是劳动的结果产生了权利差异。这种权利差异固然已超出了自然法，但人们没有任何理由去否定这种权利差异，因为引起权利差异的前提即劳动能力完全是自然赋予的，与自然法的内涵完全吻合。此外，洛克巧妙地用自然本身的安排来说明从劳动私有到财物取有权利的自然合理性。为了进一步论证这种自然合理性，洛克又设想从最远古的时代起人们就自然地感到，当自己的劳动和对财物的取有侵犯到一个群体的存在时就会使他人连同自己一起陷于最危险的境地。因此每个人都会自然而然地将自己的劳动和私有财产限制在一定的范围内。②洛克的这种观点虽有一定的随意性，但其中包含了一条重要的政治学、法学原则，即个人的财物取有只有在群体认可的限度内、在形式上不违背自然法的限度内才是有效的。因此，洛克通过他劳动财产论的理论，为财产权的合乎自然理性做了最好的诠释。平等权是指人人生而平等，没有任何人具有高出他人的权利，不存在从属或受制关系。在上述权利的基础上，洛克进一步引申出反抗权与同意权。这些权利都是与生俱来的，是不可剥夺、不可转让的。③应该说，洛克将这些权利归于人类

注
释
　① 洛克：《政府论》（下），叶启芳、瞿菊农译，第19页。
　② 同上书，第23—24页。
　③ 参见李龙主编：《西方法律名著提要》，江西人民出版社1999年版，第145页。

的自然权利是经过精心考虑的。他的目的并不仅是以此来描述自然状态，更重要的是为了他在后面对国家政府权限的设定提供依据。

什么是自然法的保障呢？洛克承接着古代的和文艺复兴时期的法学思想，将自然法与理性相关联。他认为"自然状态有一种为人人所应遵守的自然法对它起着支配作用；而理性，也就是自然法教导着有意遵从理性的全人类：人类既然都是平等的和独立的，任何人都不得侵害他人的生命、健康、自由和财产。"①这样，凭借着理性的自然法，人们通过自律与他律就能够使自然状态保持和谐。自律是指人们对自我的约束。洛克认为在理性的支配下，人们"当他保存自身不成问题时，他就应该尽其所能保存其余的人类，而除非为了惩罚一个罪犯，不应该夺去或损害另一个人的生命以及一切有助于保存另一个人的生命、自由、健康、肢体或物品的事物"。②所谓他律是指人迫于外在因素的强制而对自我欲望的控制。洛克承认理性并非每时每刻都存于每个人的心中，这必然导致人通过自然法而形成的自律行为有时会无效，在这种情况下"每人都有权惩罚违反自然法的人，以制止违反自然法为度"。③而被惩罚之人则通过这种他律的方式，改正其行为，控制欲望。但是由于自然状态本身存在着许多弊端，在洛克看来，尽管自然状态是一种完备无缺的状态，但它终究是人类的原初状态，存在着一些致使人们的自然权利受到侵害的原因，洛克将这些原因归结为三个方面，即缺少一种明文规定的众所周知的法律、缺少一个有权依据法律来裁判正误的裁判者以及缺少一种权力来保证判决的执行。例如，人的理性能"把一个人提高到差不多与天使相等的地位，当一个人抛弃了他的理性时，他的杂乱的心灵可以使他堕落到比野兽还要远为残暴"。④又如，人们共同拥有对自然法的解释与执行权，以及对犯罪行为的裁判权和惩罚权，这一方面可以对因个人理性的缺失所造成的自然秩序失衡来施行救济；另一方面也会造成惩罚权和执行权的滥用。因此无论自律还是他律，

注释
① 洛克：《政府论》（下），叶启芳、瞿菊农译，第6页。
②③ 同上书，第7页。
④ 同上书，第49页。

其是否有效关键取决于人的理性。一旦人类抛却理性,人的意识就会任意
而为,结果只会发生混乱无序,使自然状态进入到战争状态。战争状态是
自然状态中的自然法遭到破坏时人与人之间关系的一种状态,战争状态的
造成是由于有人将另一个人或另一些人置于自己的绝对权力之下,而想要
消灭对方,它是一种敌对和毁灭的状态,被迫处于战争状态之中的人们有
用毁灭对方的手段反抗对方的权利,这也是一种自然权利。于是为了消除
自然状态的弊端,避免战争状态的出现,保护人们的自然权利,就必须要
寻求一种有效解决问题的方法,而这种方法就是通过订立契约,自愿放弃
对自然法的解释和执行权,以及"各自放弃他们单独行使的惩罚的权力,
交由他们中间被指定的人来专门加以行使;而且要按照社会所一致同意的
或他们为此目的的规定来行使。"①这种由契约联合起来的社会就是国家,
而人们让渡权力的主体就是政府。"这就是立法和行政权力的原始权利和两
者之所以产生的缘由,政府和社会本身的起源也在于此。"②很明显,洛克
的"契约论"不同于霍布斯的"服从式契约",它由两个层次的契约构成:
第一次契约是自然状态中的人们缔结契约,组成一个共同体政治社会,这
个契约的关键是人们的同意,"政治社会的创始是以那些要加入和建立一个
社会的个人的同意为依据的"。③政治社会形成以后,人们便把自己的部分
权利转移给社会,由社会委托特定的人来行使,而且要按照社会所一致同
意的或他们为此目的而授权的代表所一致同意的规定来行使。④至此,第
二次契约完成。可见,洛克的两次契约把个人——社会——政府联系起来,
这与格劳修斯的双重契约说有异曲同工之妙。就契约的内容而言,洛克认
为个人通过契约所转让的只是部分权利,即"在自然法的许可范围内,为
了保护自己和别人,可以做他认为合适的任何事情"的权力以及"处罚违
反自然法的罪行的权力"⑤。人的自然权利并未放弃或转让给政府,只是

注
释

①② 洛克:《政府论》(下),叶启芳、瞿菊农译,第78页。
③ 同上书,第65页。
④ 同上书,第78页。
⑤ 同上书,第79页。

转化了他们的社会权利。即便是"执行权"与"惩罚权"也只是属于社会而非政府，政府是经过社会的委托后方可取得行使它们的权力。这种转让和委托的真正动机就是旨在使人们的自然权利在社会的条件下得到更稳妥的保障。因此产生于人们同意基础上的政府的存在仅在于它的工具性价值，它的性质应是责任制的政府。[1] 其权力应受制于其目的，其权威来自于它所承担的"保障义务"。只有政府切实忠诚地履行义务，才有接受人们服从的资格。一旦"它专断地不适当地处理人民的生命和财产，那么它就违反了社会契约的基本条件和它得以掌握权力所依凭的委托关系"，[2] 人民就有权废黜它并重新将权力委托给他人。也正是"据此理念，一反霍布斯强有力政府的措辞，洛克及其以后的英国自由主义者，政治上一贯的主张'迷你式的政府'（minimal start），不愿看到国家的力量过分地扩张。"[3] 至此，洛克完成了他以自然状态——自然法——社会契约——国家、政府为逻辑演绎理路的自然法理论，而他将自然法、社会契约与信托理念的结合，对自然权利与政府权力源流关系的剖析以及对政府的"受信托人"性质的界定，则是他自然法理论中的闪光点。

洛克提出与自然法相关的自由主义法律观。17世纪，一种"破坏性、革命性的社会思潮"[4] 逐渐崭露头角，成为西欧思想领域的一大主流思想，这便是正在形成中的自由主义。它的起源在与"1688年的英国革命有联系的思想和政策方面看得最为清楚。立宪主义、宗教信仰自由和由这个'光荣革命'所促进的商业活力，或为18世纪欧洲和美国自由主义者的标准。"[5] 伴随着这种以维护个人自由为核心，以个人、政府与社会间的内在逻辑关系为关注点，以寻求社会起源和政治治理的基本原则为内容的自由主义的发展进程，西方法律思想也进入了一个新的阶段，个人自由和权利成为法律思想逻辑结构的起点和终极价值。正如博登海默所言："古典自然

注释
[1] 参见黄基泉：《西方宪政思想史略》，第178页。
[2] E.博登海默：《法理学——法律哲学与法律方法》，邓正来译，第60页。
[3] 杨肃影：《英国政治传统中的"自由"观念》，载王炎：《自由主义与当代世界》，生活·读书·新知三联书店2000年版，第62页。
[4] 何兆武：《西方近代社会思潮史》，山东教育出版社2001年版，第158页。
[5] 郁建兴：《自由主义批判与自由理论的重建》，学林出版社2000年版，第31页。

法学发展的第二个阶段是以试图确立防止政府违反自然法的有效措施为标志的。在这一阶段，法律主要被认为是一种防止独裁和专制的工具。专制统治者在欧洲各国的出现，明确表明迫切需要一些防止政府侵犯个人自由的武器。因此，古典自然法学的重点便转向了法律中那些能够使法律制度起到保护个人权利作用的因素。法学理论在这一阶段所主要强调的是自由，而第一阶段对安全的关注则远远超过了对自由的关注。"①而被马克思、恩格斯誉为近代"自由思想的始祖"的洛克，更是这种侧重于自由的法理学理论的开创者，其法律思想带有鲜明的自由主义色彩。"自由"一词，早在古希腊罗马时期就已经开始使用。例如，男子达到一定年龄便可以摆脱父权的控制，成为自由人。但是，这种自由并非现代意义上的自由，贡斯当指出，古代人的自由是一种政治的参与，"那种自由表现为积极而持续地参与集体权利。"②可以说，古代人没有个人自由的概念，其"自由"只是一种参与政治生活的权利，而这种权利所关注的是城邦的利益，并非以个人自由和权利为基本出发点。而到了中世纪，由于人身依附关系的盛行以及宗教的束缚，"自由"这一概念在现实生活中似乎已经消失，只有城市仍在某种意义上成为"自由"的载体，尽管这种自由也并非近代意义的自由。近代的自由萌发于中世纪后期，但丁宣布自由的第一原则就是意志自由，这是在向人类宣告：自由在人间而不在天堂；培根则主张服从自然规律才有行动的自由，这在一定程度上认识到了自由与必然的联系；霍布斯提出自由是法律所允许或不干涉之事的命题，认为真正的自由离不开法律。正是在这样的思想背景下，洛克总结了前人的思想成果，对自由进行了集中表达，提出了系统的自由学说。洛克认为，"人类天生是自由的。"③，这种自由意味着不受他人束缚和强暴，人们可以"在他所受约束的法律许可范围内，随其所欲地处置或安排他的人身、行动、财富和他的全部财产的那种自由，在这个范围内他不受另一个人的任意意志的支配，而是可以自由

注
释
① E.博登海默：《法理学——法律哲学与法律方法》，邓正来译，第58页。
② 贡斯当：《古代人的自由和现代人的自由》，生活·读书·新知三联书店1999年版，第32页。
③ 洛克：《政府论》（下），叶启芳、瞿菊农译，第64页。

地遵循他自己的意志。"①在洛克的这段对自由主义的界定中，我们可以看到在他心目中，自由绝非一种任意妄为，而是以理性为基础，以法律约束为前提的。自由的内涵不是放纵而是理性的约束。他驳斥了保皇党人菲尔默将自由视为个人乐意怎么做就怎么做、高兴怎样生活就怎样生活、不受任何法律约束的观点，因为当一个人的自由权利无限扩张时，就会损害他人的自由权利，"当其他任何人的一时高兴可以支配一个人的时候，谁能自由呢？"②因此，人的自由权利的行使必须以理性为基础，因为"理性能教导他了解用以支配自己行动的法律，并使他知道他对自己的自由意志听从到什么程度。"③在此，洛克将自由分为自然自由与社会自由两大类型。自然自由是指人们在自然状态下的自由，这种自由，虽然不受人间任何上级权力的约束，不在人们的意志和立法之下，但是它却要受到自然法——他理性的约束。社会自由则是指人们订立契约、组成社会以后所享有的自由，这种自由，既要受到自然法的限制，更要受到以自然法为基础的人定法的限制。洛克所研究的自由，主要就是后一种自由——社会自由。他说："处在社会中的人的自由，就是除经人们同意在国家内所建立的立法权以外，不受其他任何立法权的支配；除了立法机关根据对它的委托所制定的法律之外，不受任何意志的统辖或任何法律的约束。"④他还进一步指出，"处在政府之下的人们的自由，应有长期有效的规则作为生活的准绳，这种规则为社会成员所共同遵守，并由社会所建立的立法机关来制定。"⑤洛克在自由与法律的关系上深受霍布斯的影响，他所提到的"自由"并非人人爱怎样就怎样的那种自由，而是在他所受约束的法律许可范围内的自由的观点，无不浸染着霍布斯自由观的色彩。但是与霍布斯不同的是，法律的目的不是对自由权利的约束和限制，而是为了更好的保障人的自由权利。在洛克看来，法律按其真正的含义而言与其说是限制还不如说是指导一个

注释
① 洛克：《政府论》（下），叶启芳、瞿菊农译，第36页。
② 同上书，第3页。
③ 同上书，第39页。
④⑤ 同上书，第16页。

自由而有智慧的人去追求他的正当利益。①因为自由不仅是理想追求，而且重要的是人们的社会权利。作为具体的社会权利，如果没有法律的明文规定和切实的保护，那就是空洞和抽象的。所以，不管会引起人们怎样的误解，法律的目的不是废除或限制自由，而是保护和扩大自由。②对此，洛克还用对君主统治的批判从反面证实了法律对自由的保护。在君主专横统治下，由于君主是用心血来潮或毫无拘束的意志代替法律，而没有任何准绳和规定约束君主的行为，因此，人们的处境很糟。在自然状态下，人们尚有权力保护自己的生命和财产的自由，但在专制君主统治下，人们如果受到君主的侵害，不仅没有申诉权，而且还丧失了上述的自由。为此，洛克坚持反对君主专制政体，不仅反对暴君专制，也反对"贤君"的专制。他认为，不管在什么情况下，君主政体都"不可能是公民政府的一种形式"，相反，是人民的祸害。洛克对君主专制的揭露，指出了君主政体同自由的根本对立，这个思想是深刻的。他写到，哪里没有法律哪里就没有自由。这因为自由意味着不受他人的约束和强暴，而哪里没有法律，哪里就不能有这种自由。③所以在洛克的法律观念中，法律限制的非但不是自由，相反，恰恰是自由的天敌——任性妄为。法律也不再是自由的对立物，而是保障自由得以实现的有效手段。当然要使这一手段能够切实地发挥效果，使自由能够真正得以保全，就需要社会拥有良好的法治环境。

那么洛克的法治观念又如何呢？如前所述，洛克的整体思想以"自由"为核心，对人的自由和权利的关注，是他一切思想的起点。这一特征在他的法治观中亦体现得淋漓尽致。在洛克的法律思想中，没有对法治的合理性、优越性进行长篇累牍的阐述，正如汪太贤所言，"在洛克的法治思想中，我们虽然既没有读到像亚里士多德那样的关于法治优于人治的证明，也没有看到像哈林顿那样设计一套法治共和国的理想蓝图，甚至就连'法治'或'法律的统治'这样的字眼在他的著作中也很少碰到；但是，在他的著述中，我们不仅明显地感受到古代法治思想与近代法治思想的差异，

注
释

① 参见洛克：《政府论》（下），叶启芳、瞿菊农译，第35—36页。
②③ 同上书，第36页。

而且也真切地体会到了近代法治的基本精神。"① 而洛克法治思想的核心内容则是强调以确保人的自由和权利为宗旨的法治的基本属性，即法的权威性、公允性与法的普遍约束力。按照洛克的逻辑，人们通过缔结契约，放弃和转让了自然状态下的权力而结成政治社会或国家，其目的是为了使人的自然权利得到更切实的保障，而这个契约又是通过法律的形式表达的，因此国家要实现其保障自然权利的初衷，就必须遵守契约，亦就是要处在法律的统治之下。所以洛克认为法律就是政治社会的最高准则，国家的统治和统治者的行为都应该按照正式公布的和被接受的法律进行。特别是政府的一切权力都来自于契约，所以更应该服从于法律。只有这样，才能防止暴政的发生，人们的自由和权利才有望实现。因此洛克阐述道，政府所有的一切权力，既然只是为社会谋幸福，因而不应该是专断的和凭一时高兴的，而是应该根据既定的和公布的法律来行使；这样，一方面使人民可以知道他们的责任并在法律范围内得到安全和保障；另一方面，也使统治者被限制在适当的范围之内，不致为他们所拥有的权力所诱惑，以达到上述目的。② 洛克还特别指出，国家的立法权也应服从国家的法律。尽管立法权是国家的最高权力，但是不能因此而将他与法律相混淆，只有法律才是体现人们最初协议和契约内容的载体，而立法权则只是促成这一载体的手段，"把自己交给了一个立法者的绝对的专断权力和意志，这不啻解除了自己的武装，而把立法者武装起来，任他宰割"。③ 就这样，洛克揭示了人们服从于国家政府的实质，服从政府虽是每一个人的义务，可是，这种服从所指的只是服从那种有下命令的权威的人的指导和法律，而不是别的。同时，也确立起法律的权威地位。法律的这种至高无上的权威则充分地体现在它具有的普遍约束力上。由于立法权与行政权均服从于法律，因此立法机构与行政机构必然受到国家法律的约束。而法律都是由人民同意和委派的授权者制定的。在法律面前谁都不享有特权。谁违背法律，人民甚至有反抗的权利。④ 所有受托制定法律的人和机构在

注
释
① 汪太贤：《西方法治主义的源与流》，第 336 页。
② 参见洛克：《政府论》（下），叶启芳、瞿菊农译，第 11 章和第 12 章。
③ 同上书，第 85 页。
④ 同上书，第 132—135 页。

"法律制定以后，他们重新分散，自己也受他们所制定的法律的支配"。①
至于行政机构，由于其权限来自立法机关的授予，所以其行政行为也必然服从于法律。此外，这种普遍约束力也体现其对社会全体成员平等的实际效力上。立法机关"应该以正式公布的既定的法律来进行统治，这些法律不论贫富、不论权贵和庄稼人都一视同仁，并不因特殊的情况而有出入。"②每一个个人和其他最微贱的人都平等地受制于那些他自己作为立法机关的一部分所制定的法律。"法律一经制定，任何人也不能凭他自己的权威逃避法律的制裁；也不能以地位优势为借口，放任自己或任何下属胡作非为，而要求免受法律的制裁。公民社会中的任何人都是不能免受它的法律的制裁的。"③

　　为了从根本上实现自然法意义上的人的个体权利，洛克提出以"议会为主"的权力分立制衡理论。然而洛克的权力分立制衡理论又有许多不完善之处。例如洛克将三权分为立法权、行政权和对外权，其中司法权包括在行政权之内，这就使三权的界限还不太明确。到了孟德斯鸠那里则明确提出立法、行政、司法三权分立的理论。孟德斯鸠是一位深受洛克政法思想影响的法国启蒙思想家，但在说明为何要实行三权分立的理由时则显得比洛克更为激进。孟德斯鸠也承认自然法的优先地位，同时又认为自然法只是与自然状态中的人相适应的一种法。这样的人是软弱的、自卑的，只有进入实在法支配的社会，人类才能摆脱上述软弱、自卑状态，并真正开始其法律意义下的、与理性相应的自由。然而自由"只在那样的国家的权力不被滥用的时候才存在。但是一切有权力的人都容易滥用权力，这是万古不易的一条经验。有权力的人们使用权力一直到遇有界限的地方才休止。说也奇怪，就是品德本身也是需要界限的！"④这里说出了一条十分重要的原则，即实在法为了使人的自由得到保证，首先要规约人的自由、权力等，而非首先去考虑复现自然状态下的自由。其实在孟德斯鸠看来，人类

注释
① 洛克：《政府论》（下），叶启芳、瞿菊农译，第90页。
② 同上书，第88页。
③ 同上书，第59页。
④ 孟德斯鸠：《论法的精神》（上），张雁深译，商务印书馆1961年版，第154页。

一进入政法社会，自然法就失去了其现实的制约功能。故"从事物的性质来说，要防止滥用权力，就必须以权力约束权力。"①总之，洛克之后的欧洲政治学、法学进入了这样一种思考时代，即人们不仅要深化从终极意义上去思考自然法如何才能实现的问题，还必须站在现实政治的立场，不割断权力和利益的前史，让实在法起到最大程度地使权力和利益不超出法律规约范围的作用，并使自由和平等等理想目标通过实在法和实在法下的行为去体现。如果人类能做到如此自由和平等的话，那么这也许就是与自然法最切近的表现了。

在西方法律思想史的长河中，洛克的思想以其睿智的学说、严密的逻辑成为这条长河中最重要的汇流之一。尽管他的思想存在着缺陷，但无论在当时还是在后世都对西欧乃至整个世界产生了无可比拟的影响；尽管洛克的思想主要依据英国现实并为之服务，但是这朵法律思想史的奇葩却在大西洋两岸结出了丰硕的果实。在法国，无论是伏尔泰、孟德斯鸠抑或激进的卢梭，其思想无不深受洛克的影响，随处可见洛克思想留下的印记。而伏尔泰更是认为只有洛克才可以算做时代的伟大榜样。在孟德斯鸠的分权理论中，在卢梭的社会契约论中，在大西洋彼岸，洛克的思想更是大放光芒，成为美利坚民族的立国之本。现代美国研究者约翰·邓恩呼吁人们不要忘记，美国宪法创作者所以能形成自己的观点，首先在于国内具备了为独立而斗争的条件。但他也承认，为了确认和论证自己独立形成的观点，杰弗逊·麦迪生、富兰克林、亚当斯和其他人曾求助过洛克的著作，他们从这位英国思想精英潜心研究过的体制中吸取了许多东西。正如威尔·杜兰所描绘的那样，洛克的观念在1729年自英国由伏尔泰传到法国，然后孟德斯鸠在1729年到1731年访英时也接受了那些观念。在卢梭及法国大革命时代前后人们的口中都可以听到那些观念。这些在1789年法国立宪会议所拟的《人权宣言》中得到充分的体现。当美国13个洲的殖民者向乔治三世（George Ⅲ）的王朝发起抗争的时候，他们所用来表示他们独立宣言的

注释

① 孟德斯鸠：《论法的精神》（上），张雁深译，第154页。

观念的句子甚至所用的字，都几乎采自洛克。洛克人权思想内容后来写进了美国宪法第一次 10 条修正案的《人权法案》；他的政治分权理论经过孟德斯鸠的补充后最后演变为美国政治的典型形式；他所思考的财产权问题也经美国国会的立法活动后得到保障；他的宗教宽容说使政治与宗教逐渐分离，并成为欧洲公民社会中政治、宗教关系发展的趋势。杜兰断言，"在政治哲学中很少像他有如此深远的影响的人"①。"洛克的法治主义、不仅比哈林顿的法治共和国更加完善和成熟，而且有力地参与塑造英、美、法等国的宪政模式，从而深深影响了这些国家从传统社会走向现代社会的进程。"②文艺复兴时期思想家们的个人权利、分权制衡、议会民主、私有制等经典原则与自由主义相结合，已转化为现代西方国家的政治道德和意识形态。

第三节 文艺复兴自然法思想在启蒙时期的发展

上文提到了洛克的思想对启蒙时代思想家的影响。其实从文艺复兴到启蒙时代，人的问题一直是思想家关注的主题。说到底，探讨自然法与实在法的关系是为了更好地从政治学、法学这个与人的现实生活关系最密切的思想文化领域去确证人的主体地位。使政治自由、平等权力等政治学、法学范畴紧紧地与人的主体性范畴结合起来。在这方面，卢梭与康德的理论无疑是最重要的。他们共同表达了这样一个观点，即自然法与实在法都必须以象征人的主体性的天赋权力为投射焦点，同时都必须以最恰当的形式来反映、强化刻着人的主体性印记的天赋权利。这样，卢梭和康德的政治学、法学围绕着人、围绕着人的主体性将自然法、实在法的内涵及相互

① 威尔·杜兰：《世界文明史》(8)，台湾幼狮文化公司译，东方出版社 1999 年版，第 811 页。
② 王人博、程燎原：《法治论》，山东人民出版社 1998 年版，第 27 页。

关系更深刻地展示了出来。

卢梭（Lean-Jacques Rousseau，1712—1778）是一位日内瓦钟表匠的儿子。由于很小就失去双亲，所以卢梭从10岁起就开始了寄人篱下的生活。他当过学徒、仆人，受尽人间沧桑。一个偶然的机遇卢梭看到了法兰西第戎科学院的悬赏征文题目：科学和艺术的复兴是否有助于敦化风俗？见此题目，卢梭的思想如泉涌喷发，零散的思绪顿时汇集起来，即刻成文。论文得奖后又发表《论人类不平等的起源和基础》的论文。在这两部著作中，卢梭的整个思想体系有了初步的表述。后来卢梭与百科全书派渐渐疏远，又不时受到教会和政府的迫害，这些使卢梭的心力每况愈下。1778年7月2日，卢梭在孤独中离开人间。

当然，卢梭在欧洲思想文化史上的地位、影响首推政治学、法学领域。卢梭生活在一个理性启蒙时代。18世纪的欧洲资本主义处于极需以政治革命为其发展开辟道路的时期。资本主义社会的阶级力量的两极即雇主和雇用劳动者也在这一时期成为社会的主导力量。从法理上讲，这两极都应当是自由的主体。那么这种自由性、主体性是先天地根植于人性之中呢，还是先天地根植于人性之中又由后天的实在法予以确认？从这一人性论问题中又能为资本主义政治革命和国家治理的纲领提供什么理论基础呢？卢梭的社会契约理论就是试图以其独特的自然法、实在法思想来回答上述问题。卢梭有一句话曾引起人们的费解，原话是："人是生而自由的，但却无不在枷锁之中。自以为是其他一切的主人的人，反而比其他一切更是奴隶。"[1]这里所讲的"人是生而自由的"其实就是指人的自然状态，但卢梭并不认为那种纯自然状态的人的自由就是真正的自由，因为在自然状态中，人们只凭个体性的自然感性生命冲动去感受自由，并以极低下的自然力来支配、捍卫这种自由。这种个体性的、盲动的、事实上根本无法支配的自由只能给人带来软弱、无序、不知所措的结果，将其比做"枷锁"，恰如其分。卢梭在另一处把那种由嗜欲、冲动所支配的状态称做"奴隶状

注释 [1] 卢梭：《社会契约论》，何兆武译，商务印书馆1980年版，第8页。

态"，①亦不算刻薄。所以，自然状态虽表现了一个人的本真生命，但自然状态却无法保证本真生命的安全、和谐、自由的延续，人还不是主人，即本真生命还没有被"艺术化"。卢梭的自然主义、自然法思想是以人的本真生命为出发点的，但不是简单的回归。那么如何才能真正实现人的自由呢？由此引出了卢梭的社会契约理论。卢梭说："我设想，人类曾达到过这样一种境地，当时自然状态中不利于人类生存的种种障碍，在阻力上已超过了每个个人在那种状态中为了自存所能运用的力量。于是，那种原始状态便不能继续维持；并且人类如果不改变其生存方式，就会消灭。然而，人类既不能产生新的力量，而只能是结合并运用已有的力量；所以人类便没有别的办法可以自存，除非是集合起来形成一种力量的总和才能够克服这种阻力，由一个唯一的动力把它们发动起来，并使它们共同协助。"②此处，卢梭表明了这样一个观点，即社会契约的发生是人性的必然，或人由自然状态向法律社会的转变亦是人性的必然。自然法只有取得了实在法的形式，并由相应的政权机构来实施，才有其实际的意义。这时，人通过社会契约而进入了一个社会共同体，并通过社会共同体捍卫其实在法意义上的自由和权利等等。卢梭举了如下几点理由，"首先，每个人都把自己全部地奉献出来，所以对于所有的人条件便都是同等的，而条件对于所有的人都是同等的，便没有人想要使它成为别人的负担了。其次，转让既是毫无保留的，所以联合体也就会尽可能地完美，而每个结合者也就不会再有什么要求了。……最后，每个人既然是向全体人奉献自己，他就并没有向任何人奉献出自己；而且既然从任何一个结合者那里，人们都可以获得自己本身所让度给他的同样的权利，所以人们就得到了自己所丧失的一切东西的等价物以及更大的力量来保全自己的所有。"③在卢梭看来，当人们进行契约时都以主权者的身份献出了一切，所以个人便不能使契约变成对另一个人奴役的手段。相反，所有的人都献出了自己的一切后，共同体会产生大于各个人力量相加总和的力量，因此，社会共同体会以更完美的形式来实现

注释

① 卢梭：《社会契约论》，何兆武译，第30页。
② 同上书，第22页。
③ 同上书，第23—24页。

人的自由。这时，个人失掉的是那种天然的、盲动的自由，而得到的是社会的自由以及他曾享有的一切东西的所有权。①这种社会的自由以及获取的所有权便是先前自然状态的"等价物"。卢梭的社会契约理论充满了人性论的诗意想象。它表达出如此理想，即人的自由性、主体性是社会契约美的外观。在共同体中人仍有自由，这体现了自然法；同时通过契约使自由变成了实在法意义上的法律自由，所以又比自然法意义下的自由更具理性的、完整的形态。简言之，人得到了由自然法意义下的自由引申出的并由实在法加以确认的人的权利和义务。在社会契约中、在实在法的范围内，人以主权身份出现，又以完整权利的获得作为回报。这样，卢梭以人的自由性、主体性、天赋人权等为核心的社会契约理论为近代欧洲资本主义国家的实在法和政权组织形式确定了不可动摇的思想基石。

卢梭作为一名哲学家也充分兼顾社会契约作为人由自然状态向法律状态转变的认识论基础，也就是说，社会契约的发生是与人的理性发展的一定程度相适应的，所以实在法意义下的自由又是一种与理性相关的道德的自由。②从中也反映出卢梭一生的最高追求，即一个人不能遗忘自己的自然感情生命，又要通过理性来完满的反映自然感情生命。卢梭美学中对形式主义自然美的追求，政治学、法学中的社会契约理论无不反映着这种追求。只不过卢梭以过于理想化的美学观、法学观将存在于人和社会中的感性和理性之间的冲突暂时地掩饰了起来。

继卢梭之后，自然法理论在康德那里以天赋人权为核心的权利科学的形式提了出来，也就是要以科学的水准加以研究。康德(Kant,1724—1804)生于德国的哥尼斯堡，此时正值启蒙时代的兴盛时期。1740年至1746年，康德在哥尼斯堡大学就读，毕业后当了几年家庭教师。1770年康德成为逻辑学、形而上学正教授。经过10年的细心构思，从1781年起康德相继发表了三部以"批判"冠名的巨著即《纯粹理性批判》(1781)、《实践理性批判》(1788)和《判断力批判》，之后康德名声远扬。这三部《批判》把理

注　① 参见卢梭:《社会契约论》,何兆武译,第30页。
释　② 同上书,第9、30页。

性启蒙时代的精神发展到了逻辑的顶峰。

调节康德天赋人权光环的两道基色仍是自然感情与理性。他的权利科学也就是要回答：天赋人权的发生、发展过程中人的自然感情与理性是如何结合的。康德也受卢梭自然主义的影响，将人的自然感性生命当做天赋人权的基石。按照康德的哲学体系，无论是本体论、认识论还是社会伦理学说都不能脱离人的自然感性生命。如果失掉了生动的自然感性生命，那么所有的概念、判断、推理就成了从思维到思维的空中楼阁。只有以自然感性为前提，人的存在和认识过程才具有现实的意义。康德的用意很明显，是试图积极地肯定现实的人的七情六欲，并进而肯定人的主体性。但问题是如果把人的自然感性生命当做政法的一般原则，或者说不加删选、改造地将自然状态作为准则，这又会引起政治学、法学和政法实践的混乱。每个人的自然感性生命都有其特殊性，如果大家都以自己特有的情感来判断事物，都要实现以自己特有的自然感性生命为核心的自由，那么天赋人权乃至一切社会权利系统就会失去一致性。（这里有洛克等人的影响。）所以自然法、天赋人权等既然属于权利科学的范畴就不能纯粹从自然感情的角度去解释，也就是说，自然情感、自然状态等还不是自然法，作为权利科学的自然法是人们进入法律社会后的法理概括，是以权利形式表现的自然状态。显然，康德比其他启蒙学者更注重天赋人权的理性因素、历史因素等。康德又认为那些理性因素是先天的存在于人的身上的。故人的某种自然权利不是由谁赋予的，而是由内在的理性赋予的即"天赋的"。由于康德十分强调理性的先天性，因而天赋人权或自然法等都只是内心的、形式化的、纯粹的权利，它与实在法的经验性内容有本质区别。康德说："确实，每一个人在他的心中都具有这种形而上学，只是一般说来，他对此是模糊不自觉的。因为如果没有先验的原则，一个人怎么能够相信在他自身中有一种普遍法则的源泉？"[1]"自然的权利以先验的纯粹理性的原则为根据；实在的或法律的权利是每个人根据自然而享有的权利，它不依赖于经验中

注
释　　[1] 康德：《法的形而上学原理》，沈叔平译，第17页。

的一切法律条例。获得的权利是以上述法律条例为根据的权利。天赋的权利又可称为"'内在的我的和你的'；因为外在的权利必然总是后得的。"①在康德这些充满形而上学思辨特征的论述中，纯粹理性并不仅仅是天赋人权存在的守护神，它更是借天赋人权的内容和形式（如自由、平等等）为实在法的制定提供一种内在的能力和最高准则。正如康德所述，"可以把纯粹理性看成是一种实在法规的能力。……它只能成为意志行为准则的形式；如果就它作为一个普遍法则来说，它又是最高法则和意志去做决定的原则。"②当然，天赋人权、纯粹理性及其与实在法的关系又是一个动态的、历史的展开过程。康德也认为人类最初处于自然状态之中，是人的内在的理性在驱使人进入法律社会，使人与人之间发生权利关系。康德说："对于法律的状态，则可以这样说：'所有的人，如果他们可能甚至自愿地和他人彼此处于权利的关系之中，就应该进入这种状态。'"③康德的这种社会契约理论是对卢梭社会契约说的补充。卢梭主要强调人类自然状态的种种局限性催使人走向社会共同体。康德则强调理性自觉的作用。从康德对理性自觉的强调又可以看出，康德的天赋人权理论及权利科学更突出了人的主体地位。在权利发生、发展的过程中人始终是主体。唯其如此，天赋人权的实现、实在法的运用才有坚实的基础。④

然而康德将纯粹理性、法律主体意识打扮得如此完美是否就解决了他权利科学中自然感性与理性之间的矛盾呢？是否解决了自然法、天赋人权与实在法、获得的权利之间的冲突呢？根据前面已提及的康德的看法，天赋人权以自由意志间的相互契约来表现自己，它纯粹受理性的制约。譬如说自由就不可能由任何现实的经验来体现，因为任何现实的经验（如两人达成某一协议的过程）都是在一定的因果关系中展开的，而自由恰恰不能受因果关系制约。为了使天赋人权能在实在法中有适当的表现形式还必须提出这样一些权利范畴，它们是自然感性与理性双重因素的结合，并通过

注释
① 康德：《法的形而上学原理》，沈叔平译，第49。
② 同上书，第13页。
③ 同上书，第133页。
④ 同上书，第26页。

这些范畴使所有实在法进入完善的境界。于是康德先提出"物权"概念。物权关涉到具体的物质对象，是由各种的经验的法的行为来承负的。同时，对物质对象的法的占有形式又对一切人普遍适用。康德觉得法的普遍适用性还不能与天赋人权有实质的关联。为此又提出"有物权性质的对人权"概念，即把一外在对象作为一物去占有而对象又不失其主体性、天赋人权等。原文是："'有物权性质的对人权'是把一外在对象作为一物去占有，而这个对象是一个人。这种"我的和你的"的权利，专门指涉及家属和家庭的权利。这里所涉及的关系是一些自由人彼此间真实存在的关系。通过这些关系和影响，彼此都作为人相待，根据外在自由（作为这种关系影响的原因）的原则，他们组合成一个社会，它的全部成员在此社会组织中彼此作为人相互对待，这样便组成一个家庭。这种模式（个人在其中获得了这种社会地位）及其作用（那些在此模式中被公认的作用），既不是产生于专横的个人的行为（事实），也不是来自单纯的契约，而是来自法律。这种法律（它不仅仅是权利，而且也构成对人的占有），是一种高于一切单纯的物权和对人权的权利。这种权利必须实际上构成我们自身中人性的权利。此外，就这一点而论，这种权利以一种自然的允许的法则作为它的推论，依靠这个法则的力量，这样的获得对我们才成为可能。"① 就如同夫妻结合既是自由意志的体现又是自然感情生命的互相占有。此处康德有一个假定：夫妻结合、"有物权性质的对人权"等均是以人的纯粹理性、自然法完整地渗透进法律文本和司法实践为前提的。但即使如此，婚姻、家庭等法律关系中的自由仍是一个抽象的世界。夫妻间自由意志方面的关系仅仅是双方心灵中互相默认的天赋人权形式，而实际上发生效应的是法律文本上的天赋人权形式，也就是说，夫妻双方达成的是法律文本上的对自由的确认，而法律文本上的自由绝不能涵盖内心中的自由，不然的话，婚姻和家庭的破裂就无法想象了，当然更不用说法律文本的静态性和自由意志的动态性之间的差异了。由此看来，康德的天赋人权理论是以一个个理性存在

① 康德：《法的形而上学原理》，沈叔平译，第94—95页。

312 欧洲文艺复兴史 ▌ **法 学 卷** ▌

的假定来加以圆释的。理性达到何种程度，自然法与实在法的差别就缩小到什么程度，反过来说，两者间的结合也就达到什么程度。问题是何谓实现天赋人权所必备的理性呢？显然，抽象的理性内涵、理性标准是不存在的。人们通过具体的社会实践逐渐产生出具体的社会理性。自由、平等等普遍的社会理性也离不开特定的社会实践。因而具有普遍性特征的社会理性在不同的民族、不同的文化背景、不同的历史条件、不同的阶级结构及不同的实践过程中也会有种种差异。由此看来，与天赋人权相应的、特定的理性问题绝不是像康德那样仅靠哲学思辨就能解决，而必须由特定的、历史的实践过程来回答。总之，对理性的崇敬和乐观态度导致康德撰述天赋人权理论时突出了人的主体性；但另一方面，康德看到了自然法与实在法的矛盾后又以抽象的理性思辨将矛盾紧紧裹住。这就留下了一个思想和时代的缺憾。

　　康德的法学思想以后在费希特、黑格尔等思想大家那里得到进一步的发展。费希特在 1796 年至 1797 年间发表了法哲学著作《以知识学为原则的自然权基础》。[①]该著作在康德法权理论的基础上，以自然法为核心系统阐述了理性存在物与自由、法权等的关系；还阐述了国家公民契约、国际法、世界公民法等问题。费希特的核心观点是只有当一个人上升到理性的程度才谈得上必然的、自由的等法权形式。正是理性使公民社会得以成立和运行；也正是理性使国际社会有了相互交流的基础。[②]总之，费希特的自然法理论将启蒙时代的理性原则抬高的判断一切的法学标准。费希特的法学思想在19世纪德国古典哲学集大成者的黑格尔法哲学中得到进一步的发展。黑格尔在阐述自己的法哲学过程还不时修正费希特的某些观点。[③]由此使理性主义的法学观达于极致。

　　启蒙理性时代还诞生了一批具有乌托邦情结的思想家。法国18世纪著名乌托邦主义者摩莱里（Morelly，生卒年月不详）著有《自然法典》（1755

注释

① 中文版收入梁志学主编：《费希特著作选集》（第 2 卷），商务印书馆 1994 年版。
② 同上书，第 263 — 268 页。
③ 参见黑格尔：《法哲学原理》，范扬、张企泰译，商务印书馆 1961 年版，第 61 页。

年出版）①一书，其全名是《自然法典或自然法律的一直被忽视或被否认的真实精神》。此书可谓乌托邦思想史上关于自然法理论的经典之作。摩莱里及所有的乌托邦主义都试图将自然法与纯理想化社会逻辑结构相呼应。以下就是由摩莱里所构思的自然法图景：

第一，摩莱里认为人最初处于一种纯自然状态之中。"人既没有天赋的观念，也没有天赋的倾向。他在自己生命的第一刹那，处在完全无所谓的状态，甚至对于自身的存在也是如此。"②但自然法作为一种法理准则，则含有意识的成分。那么自然状态如何被人意识到并转成为自然法呢？摩莱里对此的回答是，自然状态的觉醒是人投入社会之后因自身的需求而产生的，"人被自身的需求逐步唤醒，这种需求使他关心自我保全。他正是从所关心的最初事物中获得自己的初步的观念的。"③因此真正的自然法就是人对最初自然状态、对最初自然和人的相互关系的感觉。此处摩莱里特别强调两点，其一是人与自然最初处于十分和谐的关系之中。自然界就像一部均衡的机器，使人与人、人与自然相互依赖，融为一体。其二是人对这种关系的认识主要凭借感觉，人们了解自己权力的平等性、共同劳动的必要性等也全凭感觉。④简言之，自然法就人们感觉得到的人与人、人与自然相互依赖的权利、义务。摩莱里和所有乌托邦主义者的自然法理论都将起点定为人的纯粹自然感性生命，当然人类的最终得救亦是纯粹自然感性生命的解放。这与基督教神学、近代理性启蒙学说的自然法理论均有所不同。但对欧洲以后的人学理论和社会批判理论的影响则是持久和强烈的。

第二，由于摩莱里十分强调自然感性生命，故在他的构想的乌托邦社会里，所谓自然法是由自然情感决断一切，"自然正直……是由感情支配并为精神和心灵所赞许和喜爱的法律。"⑤显然在摩莱里的由自然感情统治一切的社会里，人们对实在法持排斥的态度。不仅如此，自然法还被认为是

注
释

① 摩莱里：《自然法典》，黄建华、姜亚洲译，商务印书馆1982年版。
②③ 同上书，第21页。
④ 同上书，第23页。
⑤ 同上书，第26页。

由于实在法的制定不当才消失的。按照摩莱里的设想，实在法本来应以自然法为准则，但实在法在诞生后的情况表明，它非但没有与自然法相符，而且与自然法背道而驰，故随着自然法的消失而出现社会混乱就不足为奇了。①这种无视前定利益和试图倒退到纯自然状态去的设想是乌托邦自然法思想的核心。有两种民族为摩莱里所赞美：一是仍由自然法则支配的野蛮民族；另一种是因为理性的缘故仍在遵从自然法则的民族。不过在摩莱里的字里行间尚看不出他对文明民族之遵守自然法的情况作更多的描述，也看不出他对文明民族如何重返自然状态有何独特的设想。摩莱里所倾心的是当时美洲野蛮民族与自然法的关系，并带着无限赞誉的口吻说道："这些准则会令他所要教化的野蛮民族变成世界上最温和、最人道、最聪明和最幸福的民族。"②在这样的民族中没有自然法与实在法之间的对立，因为实在法根本就子虚乌有。在乌托邦主义者的言论中不乏排斥实在法的主张，如在安德里亚的"基督城"里，人们"不受任何法律的约束"，③等等。

第三，完全凭自然感情行事的社会能否正常运行取决于这样一个假定能否成立：即这种自然感情是人人具有的，或通过启示能够具有的，并且是普遍一致的。对此摩莱里充满了信心，"谁会不懂得这种道德能够得到不仅最清楚而且最简单、最为人人所接受的证明呢？"④由这一假定而引出下面一点。

第四，当每个人都按自然法行事，这时社会将呈现怎样一种状态呢？具体地讲，每个人取得了怎样的地位和利益呢？摩莱里设想，社会是一个由不同成员组成的整体。⑤在保证整体存在的前提下，按每个人不同的天赋能力安排其不同的社会地位和利益关系。"自然怎样赋予每个人不同的才能以表明其身份，并据此安排每个社会成员的地位及其有益的关系，而并不扰乱这种基本平等的水准。"⑥这一点非常重要，说明摩莱里还是意识到

注释

① 参见摩莱里：《自然法典》，黄建华、姜亚洲译，第50页。
② 同上书，第35页。
③ 安德里亚：《基督城》，黄宗汉译，商务印书馆1991年版，第114页。
④ 摩莱里：《自然法典》，黄建华、姜亚洲译，第27页。
⑤ 同上书，第58页。
⑥ 同上书，第59页。

了人的自然差异。因此平等是一种给予每个人发挥其自然才能的条件,并非绝对等同的获取性。然而最初的权利不平等与这种差异不无关系。摩莱里又该作何解释呢?于是他又陷入乌托邦的想法,用每个人体力和智力的绝对值、由幼年到老年的绝对值来圆释,进而认为人与人之间的差异是可以互相补充的,例如娇弱者往往才华横溢,身强力壮往往弱于智力;幼者需长辈照顾,长辈到了衰老时又需前者帮助。"自然界正是抱着这种目的把全人类的力量按不同比例分配给每个人……。因而任何人都不是世界的绝对主宰者,谁也没有权利要求这样做。"①

说到底,人与人之间就各自身心的绝对值来讲是平等的。唯其如此,只要按自然行事社会就能正常,就能达到绝对自然的平等。摩莱里及诸多乌托邦主义者的绝对自然平等设想又是基于对原始部落社会平等结构的哲学推想。从纯学术的角度讲,这种推想的最大不足是缺乏实证经验材料,因为同样从哲学推想出发,人们也可对原始社会结构中的平等问题提出意见完全相佐的批评,认为正是前实在法时期那些以野蛮相称的不平等现象促使人们走向一个有实在法可依的不平等社会。因此,与其用"平等——不平等——平等"这个发展模式来构思人类社会的进程,还不如用低级向高级的发展序列即文明以各种形式上的平等不断制约不平等的发生来说明,或许更符合实际。当然,理论的设想归根结底要与历史的事实、历史的进程本身结合起来。

第四节　法典化运动

法典出现的正面意义是为了给社会提供一种新的规则,确立一种新的

注
释

① 摩莱里:《自然法典》,黄建华、姜亚洲译,第22页。另可参见该书第3页。

社会秩序；其负面的意义则是使先前的相应法律失去效力。法典具有系统性、全面性和确定性等特点，它意在追求法律的精简统一、易于理解，便于公众执行。法典化运动是以资产阶级革命为推动力、以自然法学和理性主义思潮为指导并在罗马法的直接影响下所开创的制定体系完整的成文法的运动。近代意义上的法典化运动兴起于19世纪，是在新的历史条件下对古老的罗马法传统的继承和发展，它随着欧洲文艺复兴和启蒙运动的展开，特别是随着资产阶级革命的胜利而兴起，它是资本主义经济发展和政治统治的直接结果。

法律本身是一种文化现象。它深深地扎根于特定的社会和民族之中，也与不同社会和民族的法律交往直接有关。并称为当今世界两大主要法系的大陆法系和英美法系都受到过罗马法的影响，因为罗马法是奴隶制简单商品经济高度发展的产物，是"以私有制为基础的法律的最完备形式"。①罗马法对大陆法系的影响尤甚，不仅体现在法的基本概念和规范方面，而且反映在法典编纂技术或法典化传统层面。对于法典编纂的重要意义，日本著名法学家穗积陈重博士曾经指出，"法典编纂之举，为立法史上最大之事业。国家千载之利害，生民亿兆之休戚，赖之而定。故凡为国民者，皆不可不沉思熟考，研究其是非得失。彼法律专攻之士，各尽微衷，吐露其意见，尤可谓对于其负荷之特务也"。②

在近代法典化运动过程中，文艺复兴时期日见成熟的自然法思想在很大程度上起到了指导作用。伴随着资产阶级的政治狂热和革命的热情，人们把希望寄托到新法典的制定上，使新法典的精神内容以人的自由、平等、权利和契约为旗帜。18世纪法国资产阶级启蒙运动的旗手、思想家伏尔泰曾经向人们发出号召："你们要求好的法律吗？把你们现有的全部烧掉，制定新的！"③另一些资产阶级革命领袖则认为："一个全新的法律制度只要吸收不合理的法律制度中的某些合理成分就会建成，并取代旧制度。这种设想是：从自然法学派思想所建立的基本前提进行推理，人们就能够取得

注释
①《马克思恩格斯选集》（第3卷），人民出版社1972年版，第143页。
②穗积陈重：《法典论》，樊树勋译，上海昌明公司1907年版，第1页。
③埃尔曼：《比较法律文化》，贺卫方、高鸿钧译，生活·读书·新知三联书店1990年版，第52页。

一种可以满足新社会和新政府所需要的法律制度"。①

法典化运动是一个不断积累和完善的过程,近代西方法典化运动可分为两个阶段:第一阶段的尾声是法国和奥地利民法典的修成;第二阶段的开始是《法国民法典》的传播及众多派生法典的诞生。②从文艺复兴后期开始,一些领域的法律就被汇编成了近代意义上的法典形式。比如法国1667年的《民事法规》(Ordennance Civil)就有了民事诉讼法典的影子,1670年的《刑事法规》(Ordennance Criminelle)则是刑法典的雏形。

17世纪启蒙运动时期,资产阶级启蒙思想家继续鼓吹自然法思想,他们设想用结构清晰的、全面丰富的立法成果来取代那些历史遗留下来的、纷乱无绪的法律,这成为大陆法系国家实行法典化的原因之一。法典化的趋势最早发生在丹麦,1683年丹麦国王克利斯蒂安(Cristian)五世颁布了综合法典(Dansde Lov);挪威于1688年颁布了性质类似的法典;瑞士的法典化道路则开始于1774年;普鲁士于1784年至1788年间完成了法典的起草,之后三年广泛征求国内外法学家的意见,于1791年公布。后来经过再次修改,于1794年颁布了大全式的法典:*Das Allgemeine Landrecht fuerdie Preussischen Staaten*,ALR,有人将其译为《普鲁士国家普通邦法》。③这部法典共计1万6千条,包含宪法、行政法、民法、刑法和诉讼法,可以称的上是近代第一部具有体系化、法典化的法典。1791年法国宪法的序言"人权宣言"明确宣布:每个人的自然权利只有成文法才能加以确定。欧洲大陆国家的资产阶级革命是比较彻底的,表现在法律上就是开展大规模的法典化运动。

在拿破仑统治时期的法国,资产阶级为了巩固革命成果,保护私有财产,于是在拿破仑的亲自领导下开始了大规模的立法活动,编纂成一系列法典。它们是:1804年《法国民法典》、1806年《民事诉讼法典》、1807年《商业法典》、1808年《刑事诉讼法典》和1810年《刑法典》。这五部法典

注
释
① 梅利曼:《大陆法系》,顾培东、禄正平译,知识出版社1984年版,第31页。
② 参见艾伦·沃森:《民法法系的演变及形成》,李静冰、姚新华译,第172页。
③ 参见K.茨威格特、H.克茨:《比较法总论》,潘汉典等译,贵州人民出版社1992年版,第255页。

连同法国宪法一起构成法国"六法"体系，这一法律体系的形成标志着法国的法典化运动推向了高峰。自然法精神对法国法典的制定产生了重要影响，法国法典是近代西方法典化运动中最光彩夺目的结晶，它成为欧洲大陆各国建立自己的法律制度的楷模，标志着近代意义上大陆法系的模式的确立。之后不久，奥地利于1811年颁布民法典，其渊源是罗马法、《普鲁士民法典》和一些奥地利地方法。奥地利民法典深受自然法学派的影响，其第16条明确规定："任何人享有与生俱来、通过理性而明晰的权利，此后，其可以被作为一个人加以对待。"①《法国民法典》随着拿破仑的征服战争而迅速得到传播，众多国家的法典在其影响下得以形成，他们纷纷效仿法国，制定统一的私法典，有些内容甚至是《法国民法典》的翻版，《法国民法典》的内容、体例，特别是它的近代民法的基本原则，影响了整个欧洲大陆国家民法典的制定。

德国在继承罗马法、研究和吸收法国立法经验的基础上于1896年制定了《德国民法典》，1900年开始施行。《德国民法典》成为资本主义从自由经济到垄断经济发展的时代的典型代表，问世之后即以其严密的体系影响了整个世界。凡是在20世纪制定或修改民法典的国家，都或多或少地受到了《德国民法典》的影响。其中受影响较深的有希腊、日本等国的民法典和旧中国20年代的民法典（现仍在我国台湾地区发生效力）。总之，"民法典的编纂并不是私法发展的结束，而是法律长期发展进程中的一个阶段，在这一阶段某些价值评价被暂时明文规定下来。"②人类进入20世纪，法律制度和法律思想在继续发展，法典化运动也在继续向前推进。在这个世纪共诞生了20多部民法典。二战以后，人类社会进入一个相对稳定与和平的发展时期，发展经济成为时代的主旋律，社会生活和经济生活变得日益复杂化。这需要不断地制定法律规范，调整变化了的社会关系，解决新出现的法律问题。期间单行法规开始大量出现，以弥补法典之不足。

纵观大陆法系的法典化运动，我们不难看出文艺复兴法律思想的影响，

注释
① 参见《奥地利民法典》原文第16条。
② R. 科尼特尔：《罗马法与民法的法典化》，载《罗马法、中国法与民法法典化》，中国政法大学出版社1995年版，第50页。

即自然法思想的渗透、人民主权思想和分权原则的影响等等。这些因素为大陆法系法典化奠定了基础。自然法思想认为每个人具有与生俱来的自然权利与义务,人类存在一种普世不变的法律,这种法律以自然理性为基础,并成为所有实在法的来源。在此精神的指引下,自然法学家们努力构造普遍性的法律体系,并尝试建立一套符合新社会与新政府需求的法律制度。启蒙思想家强调理性为人类形成正义及进步社会的工具,强调立法与司法的严格区分。法典化的立法要求以准确的概念和精密的逻辑构造出宏伟的规则体系;要求法典必须完整、清晰、逻辑严密,如此等等。法典一经颁布,法官必须忠实执行,适用同类问题的旧法即丧失效力。除此之外,西欧各主要国家要求实现国家法律统一的政治要求和愿望也是影响大陆法系法典化的重要原因,美国法学家艾伦沃森曾经说过:"对于法典编纂而言,政治因素必定是重要的,当法典问世之时,也必定有适当的政治环境。"①这些思想和愿望不仅为法国等诸多大陆法系国家实现法律统一奠定了重要的基础,而且从一定程度上决定了大陆法系法律发展的方向,为大陆法系法典化的传统的形成创造了条件。

注
释

① 艾伦沃森:《民法法系的演变及形成》,李静冰等译,第130页。

参考文献

中文参考书目（以姓氏笔画为序）

小詹姆斯·R.斯托纳:《普通法与自由主义理论:柯克、霍布斯及美国宪政主义之诸源头》,姚中秋译,北京大学出版社2005年版。

韦恩·莫里森:《法理学:从古希腊到后现代》,李桂林等译,武汉大学出版社2003年。

日本国际法学会编:《国际法辞典》,世界知识出版社1985年版。

马克斯·韦伯:《经济与社会》,林荣远译,商务印书馆1997年版。

马克斯·韦伯:《韦伯作品集》(第2卷),广西师范大学出版社2004年版。

尤尔根·哈贝马斯:《合法性危机》,刘北成等译,上海人民出版社2000年版。

巴里·尼古拉斯:《罗马法概论》,黄风译,法律出版社2000年版。

让-马克·夸克:《合法性与政治》,佟心平等译,中央编译出版社2002年版。

布罗代尔:《15至18世纪的物质文明、经济和资本主义》(第1卷),顾良等译,生活·读书·新知三联书店1992年版。

布罗代尔:《15至18世纪的物质文明、经济和资本主义》(第2卷),顾良等译,生活·读书·新知三联书店1993年版。

艾伦·沃森:《民法法系的演变及形成》,李静冰等译,中国政法大学出版社1992年版。

叶士朋:《欧洲法学史导论》,中国政法大学出版社1998年版。

弗朗茨·维亚克尔：《近代私法史》，贺卫方译，上海三联书店2006年版。

亚里士多德：《政治学》，吴寿彭译，商务印书馆1965年版。

亚里士多德：《尼各马可伦理学》，廖申白译，商务印书馆2003年版。

亚里士多德：《雅典政制》，日知、力野译，商务印书馆1959年版。

西方法律思想史编写组编：《西方法律思想史资料选编》，北京大学出版社1983年版。

西塞罗：《论义务》，王焕生译，中国政法大学出版社1998年版。

西塞罗：《论共和国 论法律》，王焕生译，中国政法大学出版社1997年版。

西塞罗：《国家篇、法律篇》，沈叔平等译，商务印书馆1999年版。

朱孝远：《近代欧洲的兴起》，学林出版社1997年版。

朱孝远：《欧洲涅槃：过渡时期欧洲的发展概念》，学林出版社2002年版。

朱塞佩·格罗素：《罗马法史》，黄风译，中国政法大学出版社1994年版。

乔治·霍兰·萨拜因：《政治学说史》，（上）盛葵阳、崔妙因译；（下）刘山等译，商务印书馆1986年版。

列奥·斯特劳斯：《霍布斯的政治哲学》，申彤译，译林出版社2001年版。

列奥·斯特劳斯：《自然权利与历史》，彭刚译，生活·读书·新知三联书店2003年版。

约翰·罗尔斯：《正义论》，何怀宏等译，中国社会科学出版社1988年版。

约翰·菲尼斯：《自然法与自然权利》，董娇娇等译，中国政法大学出版社2005年版。

约翰·麦克里兰：《西方政治思想史》，彭淮栋译，海南出版社2003年版。

优士丁尼：《法学阶梯》，徐国栋译，中国政法大学出版社2005年版。

汪太贤：《西方法治主义的源与流》，法律出版社2001年版。

劳特派特修订：《奥本海国际法》，商务印书馆1981年版。

雨果·格劳修斯：《海洋自由论》，宇川译，生活·读书·新知三联书店2005年版。

雨果·格劳修斯：《战争与和平法》，何勤华等译，上海人民出版社2005年版。

克洛德·德尔马：《欧洲文明》，郑鹿年译，上海人民出版社1988年版。

亨利·皮朗：《中世纪城市》，陈国梁译，商务印书馆1985年版。

亨利希·库诺：《马克思的历史、社会和国家学说》，袁志英译，商务印书馆1988年版。

汤普逊：《中世纪经济社会史》，耿淡如译，商务印书馆1997年版。

库朗热：《古代城邦：古希腊罗马祭祀、权利和政制研究》，谭立铸译，华东师范大学出版社2006年版。

何勤华：《西方法学史》，中国政法大学出版社1999年修订版。

何勤华主编：《西方法律思想史》，复旦大学出版社2005年版。

孟罗·斯密：《欧陆法律发达史》，姚梅镇译，中国政法大学出版社1999年版。

孟德斯鸠：《论法的精神》，张雁深译，商务印书馆1961年版。

昆廷·斯金纳：《近代政治思想的基础》，奚瑞森等译，商务印书馆2002年版。

罗斯科·庞得：《普通法的精神》，唐前宏等译，法律出版社2001年版。

周枏：《罗马法原论》，商务印书馆1994年版。

阿·菲德罗斯：《自然法》，黎晓译，西南政法学院法制史教研室1987年编印。

阿图尔·考夫曼、温弗里德·哈斯默尔：《当代法哲学和法律理论导论》，郑永流译，法律出版社2002年版。

《阿奎那政治著作选》，马清槐译，商务印书馆1982年版。

洛克：《政府论》，瞿菊农、叶启芳等译，商务印书馆（上）1982年版，（下）1964年版。

查士丁尼：《法学总论》，张企泰译，商务印书馆 1989 年版。

科瓦略夫：《古代罗马史》，王以铸译，生活·读书·新知三联书店 1957 年版。

哈罗德·J.伯尔曼：《法律与革命》，贺卫方等译，中国大百科全书出版社 1992 年版。

费尔德曼：《国际法史》，黄道秀等译，法律出版社 1992 年版。

格尔德·克莱因海尔等主编：《九百年来德意志及欧洲法学家》，许兰译，法律出版社 2005 年版。

耿云卿：《先秦法律思想与自然法》，中国台湾：商务印书馆 1973 年版。

特奥多尔·蒙森：《罗马史》，李稼年译，商务印书馆（第 1 卷）1994 年版；（第 2 卷）2004 年版；（第 3 卷）2005 年版。

埃里·凯杜里：《民族主义》，张明明译，中央编译出版社 2002 年版。

埃里克·霍布斯鲍姆：《民族与民族主义》，李金梅译，上海人民出版社 2000 年版。

徐爱国、李桂林、郭义贵：《西方法律思想史》，北京大学出版社 2002 年版。

盖尤斯：《法学阶梯》，黄风译，中国政法大学出版社 1996 年版。

基佐：《欧洲文明史：自罗马帝国败落到法国革命》，程远迤等译，商务印书馆 1998 年版。

勒内达维德：《当代主要法律体系》，漆竹生译，上海译文出版社 1984 年版。

梅因：《古代法》，沈景一译，商务印书馆 1959 年版。

菲德罗斯等：《国际法》，李浩培译，商务印书馆 1981 年版。

斯宾诺莎：《伦理学》，贺麟译，商务印书馆 1958 年版。

斯宾诺莎：《神学政治论》，温锡增译，商务印书馆 1963 年版。

斯宾诺莎：《政治论》，冯炳昆译，商务印书馆 1999 年版。

彭小瑜：《教会法研究》，商务印书馆 2003 年版。

黑格尔：《法哲学原理》，范扬、张企泰译，商务印书馆 1961 年版。

奥尔森：《基督教神学思想史》，吴瑞诚等译，北京大学出版社 2003 年版。

篠田英郎：《重新审视主权：从古典理论到全球时代》，戚渊译，商务印书馆 2004 年版。

滕尼斯:《共同体与社会:纯粹社会学的基本概念》,林荣远译,商务印书馆 1999 年版。

霍布斯:《利维坦》,黎思复、黎廷弼译,商务印书馆 1985 年版。

霍尔巴赫:《自然政治论》,陈太先等译,商务印书馆 2002 年版。

戴维·M.沃克:《牛津法律大辞典》,北京社会与科技发展研究所译,光明日报出版社 1998 年版。

戴东雄:《中世纪意大利法学与德国的继受罗马法》,台北正中书局 1981 版。

戴维·米勒、韦农·波格丹诺主编:《布莱克维尔政治学百科全书》,邓正来译,中国政法大学出版社 2002 年版。

P.登特列夫:《自然法:法律哲学导论》,李日章译,中国台湾:联经事业出版公司 1962 年版。

E.博登海默:《法理学:法哲学及其方法》,邓正来等译,华夏出版社 1987 年版。

H.科殷:《法哲学》,林荣远译,华夏出版社 2002 年版。

J.C.亚历山大编:《国家与市民社会》,邓正来译,中央编译出版社 1999 年版。

J.M.凯利:《西方法律思想简史》,王笑红译,法律出版社 2002 年版。

K.茨威格特、H.克茨:《比较法总论》,潘汉典等译,贵州人民出版社 1992 年版。

英文参考书目

Allen, J. W., *A History of Political Thought in the Sixteenth Century*, Methuen & CO LTD, 1957.

Aquinas, Saint Thomas, *the Summa Theologica*, trans. Fathers of the English Dominican Province, Vol. 2, Encyclopedia Britannica, Inc., 1987.

Aristotle, *the Nicomachean Ethics*, trans. J. R. C. Welldon, Macmillan, 1927.

Bobbio, Norberto, *Thomas Hobbes and the Natural Law Tradition*, the University of Chicago Press, 1993.

Bodenheimer, Edgar, *Jurisprudence: The Philosophy and Method of the Law*, Harvard University Press, 1974.

Bodin, Jean, *The Six Books of a Commonwealth*, Cambridge: Cambridge University Press, 1962.

Bodin, Jean, *On Sovereignty: Four Chapters from the Six Books of a Commonwealth*, trans. Julian H. Franklin, Cambridge University Press, 1992.

Brett, Annabel S., *Liberty, Right and Nature:Individual Rights in Later Scholastic Thought*, Cambridge University Press, 1997.

Braudel, Fernand, *The Mediterranean and the Mediterranean World in the Age of Philip II*, London, 1985.

Buckle, Stephen, *Natural Law and the Theory of Property*, Grotius to Hume, Clarenton Press, 1991.

Bunes, J. H., *The Cambridge History of Medieval Political Thought*, Cambridge University Press, 1988.

Burns, J. H., *The Cambridge History of Political Thought, 1450–1700*, Cambridge University Press, 1991.

Bury, J. B., *The Cambridge Medieval History*, Cambridge University Press, 1992.

Calvin, Jean, *The Institutes of the Christian religion*, ed. John T. McNeill, translated and indexed by Ford Lewis Battles, 1960.

Canning, J., *A History of Medieval Political Thought: 300–1450*, Routledge, 1996.

Carr, Craig L., *The Political Writings of Samuel Pufendorf*, Oxford University Press, 1994.

Cicero, M. T., *On the Laws*, trans. C. D. Yonge, George Bell and Sons, 1986.

Cicero, M. T., *On the Commonwealth*, trans. George Holland Sabine and Stanley Barney Smith, Macmillan Publishing Company, 1976.

Cobban, Alfred, *Rousseau and the Modern State*, G. Allen & Unwin ltd., 1934.

Cohen, Jean L. and Andrew Arato, *Civiil Society and Political Theory*, MIT Press, 1992.

Copleston, Frederick, S. J., *A History of Philosophy*, Volume III, Doubleday, 1993.

Covell, Charles, *Hobbes, realism, and the tradition of international law*, New York & Palgrave Macmillan 2004.

Dales,Richard C.,*The Intellectual Life of Western Europe in the Middle Ages*, University Press of America, 1980.

Edwards, Charles S., *Hugo Grotius: The Miracal of Holland*, Nelson Hall Press, 1981.

d'Entreves, Alexander Passerin, *the Medieval Contribution to Political Thought: Thomas Aquinas, Marsilius of Padua, Richard Hooker*, Oxford University Press, 1939.

d'Entreves, A. P., *Natural Law, An Historical Survey*, Harper Torchbooks, 1951.

Febvre, Lucien, *The Problem of Unbelief in the Sixteenth Century: The Religion of Rabelais*, trans. Beatrice Gottlieb, Harvard University Press, 1982.

Ferguson, Wallace K., *The Renaissance in Historical Thought: Five Centuries of Interpretation*, Houghton Mifflin Company, 1948.

Fernández-Santamaría, J. A., *Natural Law, Constitutionalism, Reason of State and War: Counter-Reformation Spanish Political Thought*, Vol. 1, Peter Lang, 2005.

Finnis, John, *Natural law and Natural Right*, Oxford University Press, 1980.

Gierke, Otto, *Natural Law and the Theory of Society 1500 to 1800*, Cambridge, 1934.P. G. Glare, *Oxford Latin Dictionary*, Oxford, 1977.

George, Robert P., *Natural Law Theory: Contemporary Essays*, Clarendon Press, 1992.

Haakonssen, Knud, *Natural Law and Moral Philosophy, from Grotius to the Scottish Enlightenment*, Cambridge University Press, 1996.

Haakonssen, Knud, *Grotius, Pufendorf, and modern natural law*, Hants Aldershot, Dartmouth & Brookfield & Ashgate, 1999.

Hearnshaw, F. J. C., *The Social & Political Ideas of Some Great Thinkers of the Renaissance and the Reformation*, Barnes & Noble, Inc., 1925.

Hearnshaw, F. J. C., *The Social & Political Ideas of Some Great Thinkers of the Sixteenth and Seventeenth Centuries*, Barnes & Noble, Inc., 1926.

Hillerbrand, H. J., *Men and Ideas in the Sixteenth Century*, Rand McNally College Publishing Company, 1969.

Hunter, Ian and David Saunders, *Natural Law and Civil Sovereignty*, Palgrare, 2002.

Johnson, Harold J., *The Medieval Tradition of Natural Law*, Western Michigan University, 1987.

Kristeller, *Renaissance Thought: The Classic, Scholastic, and Humanist Strains*, Harper Torchbooks, 1961.

Kristeller, *Renaissance Thought and Its Resources*, Columbia University Press, 1979.

Locke, John, *Essays on the Law of Nature*, ed. W. von Leyden, Oxford, 1954.

John of Paris, *On Royal and Papal Power*, translated with an introduction by J. A. watt, Pontifical Institute of Mediaeval Studies, 1971.

John of Salisbury, *Policraticus*, ed. and trans. Cary J. Nederman,

Cambridge University Press, 1990.

Lisska, Anthony J., *Aquinas's Theory of Natural Law*, Clarendon Press, 1996

Lucki, Emil, *History of the Renaissance 1350–1550*, Book V: Politics and Political Theory, University of Utah Press, 1964.

Mattingly, Garrett, *Renaissance diplomacy*, Penguin Books, 1955.

Moyle, J. B., *The Institutes of Justinian*, the Clarendon Press, 1999.

Nelson, Brian R., *The Making of the Modern State: the Theoretical Evolution*, Palgrave Macmillan, 2006.

Nussbaum, Arthur, *A Concise History of the Law of Nations*, the Macmillan Company 1947.

Oberman, H. A., *Forerunners of the Reformation: The Shape of Late Medieval Thought*, Holt, Rinehart and Winston, 1966.

Pennington, Kenneth, *The prince and the law, 1200–1600: sovereignty and rights in the western legal tradition*, University of California Press, 1993.

Pufendorf, Samuel, *On the Duty of Man and Citizen According to Natural Law*, Cambridge University Press, 1991.

Renaissance Philosophy Vol. I: The Italian Philosophers, Selected Readings from Petrarch to Bruno, edited, translated, and introduced by Arturo B. Fallico and Herman Shapiro, Modern Library, 1967.

Robb, N.A., *Neo-Platonism of the Italian Renaissance*, George Allen & Unwin Ltd., 1935.

Roeder, *The Man of the Renaissance, Four Lawgivers: Savonarola, Nachiyavelli, Castiglione, Aretino*, The Viking Press, 1933.

Schmitt and Skinner ed., *The Cambridge History of Renaissance Philosophy*, Cambridge University Press, 2000.

Taylor, H. O., *Philosophy and Science in the Sixteenth Century*, Collier Books, 1962.

Ullmann, Walter, *Medieval Foundations of Renaissance Humanism*, London, 1977.

Weiss, *Humanism in England during the Fifteenth Century*, Basil Blackwell & Mott LTD, 1957.

Weiss, R., *The Spread of Italian Humanism*, London, 1964.

Von Savigny, Cart, *The History of the Roman law during the Middle Ages*, Hyperien Press Int. Westpart 1979.

Shelton George, *Morality and Sovereignty in the Philosophy of Hobbes*, St. Martin's Press, 1992.

Strauss, Leo, *Natural Right and History*, Chicago University Press, 1953.

Strauss, L. and Loseph Cropsey, *History of Political Philosophy*, The University of Chicago Press, 1987.

Strayer, Joseph Reese, *On the Medieval Origins of the Modern State*, Princeton: Princeton University Press, 1970.

Suarez, Francisco, *Selections from Three Works*, *The Classics of International Law*, ed. J. B. Scott, Oxford, 1944.

The Works of Mr. Richard Hooker, arranged by The Rev. M. A. John Keble, Burt Franklin, 1970.

Tuck Richard, *Natural Rights Theories: Their Origin and Development*, Cambridge University Press, 1979.

Vinogradoff, Paul, Roman *Law in Medieval Europe*, Barnes & Noble, 1929.

Westerman, Pauline C., *The Disintegration of Natural Law Theory, Aquinas to Finnis*, Brill Leiden, New York, Koln, 1998.

Zimmermann, Reinhard, *The Law of Obligations: Roman Foundations of the Civilian Tradition*, Oxford University Press, 1996.

后　记

　　受总主编刘明翰教授的委托,《欧洲文艺复兴史——法学卷》的写作任务由徐家玲、陶永新和周春生共同完成。由周春生做最后的修改、统稿事宜。

　　这是一项有相当难度的创作任务。首先是国内在这方面的资料积累上存在着先天不足。其次要做"拿来主义"的打算也很难实现。可能是我们孤陋寡闻的缘故,要想找到现成可资参照的、有质量的国外文艺复兴时期法学史研究成果实属不易。最后就是以哪条线索为统领进行写作,这更是费神的事情。

　　初稿原来分成三个大的部分,即文艺复兴法学源流和罗马法复兴、文艺复兴时期的法学思想、文艺复兴法学的历史影响。写作分工情况是:徐家玲写第一部分;陶永新写第二部分;周春生写第三部分。另外,周春生先期提供过约15万字左右的文稿。实际的创作情况是:一稿出来后,觉得问题颇大,不敢示人,于是推倒重来。当时最大的问题是如何理出整本书的写作思路,但一时要搭出一个清晰明了的框架谈何容易。我们陷入举步维艰的境地,又担心拖了丛书的后腿,不好交代。由于我们的创作团队人员天南地北,所以会面商议颇费周折。但我们还是想尽办法找机会聚在一起切磋磨砺。最后经过集思广益,确定以罗马法、自然法和罗马法的复兴等为主线,并以历史的视角和社会的层面进行阐述,然后分头进行撰写。但一晃几年过去了,稿件由于种种原因仍差强人意。在时间十分紧迫的情况下只能采取不得已的应急措施,即由我重新编制大纲体例,并在此基础上进行修改、统稿和诸多重写。

　　就我个人而言,这次写作的过程也是重新审视自己关于欧洲自然法和实在法关系想法的良机。回想十几年前,自己在《悲剧精神与欧洲思想文化史论》中用了整整一个部分的内容阐述欧洲的法学理论特征和历史演变线索。时间在慢慢流逝，自己一直找不到一个合适的机会进行学术点的突破。现在机会来了，当然不会轻易放过。再说徐家玲教授对我的许多观点、想法始终给予积极的支持，放手让我进行学术创造，这使我深受鼓舞。尤其是修改、统稿过程中自己对以往在欧洲思想文化史和文艺复兴史研究过程中的相关笔记、资料、创作成果做了新的整理，并吸收了其中的主要思想和部分内容。我把此次修改、统稿工作当做是一次再创作，做了我所能做的一切。如果还存在什么不足，那就是自己的水平问题了。

定稿是经过徐家玲教授和陶永新讲师（博士后）的仔细审订后提交出版社的。在此过程中，刘明翰教授、庞卓恒教授、朱龙华教授、朱孝远教授等专家都给出过很有价值的指导性意见。责编杨美艳女士则全程跟踪、细心照料，使书稿能亮相学界。在搜集资料和写作过程中，东北师范大学历史文化学院的博士生王翘、宋保军、王小波、毛欣欣和上海师范大学人文与传播学院历史系的博士生杨勇勤、柯联民等人曾经付出过艰辛的劳动。在此谨表谢意。

周春生

2008 年 11 月 30 日